U0512846

定稿者

（以姓氏笔画为序）

刘叔成　夏之放　楼昔勇

编写者

（以姓氏笔画为序）

王长俊　王臻中　刘叔成　汪裕雄

夏之放　凌　珑　楼昔勇

全国高校文科教材

刘叔成　夏之放　楼昔勇　等著

美学基本原理

第四版

上海人民出版社

序

冯　契

　　上海人民出版社的编辑同志把《美学基本原理》的清样送来给我看,要我写一篇序。我粗粗读了一遍,感到很高兴。本书作者是几位在高等师范院校从事美学教学工作的中青年教师,他们根据亲身的教学实践经验,吸取了近年来美学界的研究成果,用集体力量编写成这本具有一定特色的教材,对美学研究作了可喜的贡献。

　　我觉得这本书有一些明显的优点:首先,全书分为"论美"、"论美感"、"论美的创造"三编,先探讨美的本质,然后从欣赏者和创造者两个角度进行考察。这一结构具有骨架干净、脉络分明的特色。其次,某些问题敢于提出作者自己的独立见解;设立专章讨论"现实美的创造",尤见新意。第三,涉及艺术问题,选材较严,抓住了艺术领域中有较高美学价值的重要问题进行讨论,避免了和另一门课程"艺术概论"(或"文学概论")的重复。此外,本书材料丰满,文字的表达也比较流畅,某些章节写得颇有诗情画意。

　　作者在《绪论》中说:"美学作为一门科学,既是十分古老的,又是十分年轻的"。正因为"十分年轻",所以关于美学理论的某些基本问题,如何运用马克思主义的立场、观点、方法来加以阐明,目前尚无定论,而有待于大家来研究、探索。在探索过程中,当然就不免见仁见智,异说纷纭。这是好现象。因为只有通过不同意见的争论,通过百家争鸣,真理才会明白起来,并与错误分清界限。大家知道,关于美的本质以及美与美感的关系,国内存在着不同意见、不同学派。本书也提出了自己的主张,但这当然不是说这种主张是定论。我以为,在课堂上,教师还是应该把不同学派的见解介绍给同学们,让同学们展开讨论。这样做,有利于把美学问题的研究引向深入。

　　从美学是一门"十分古老"的学科来说,我想要强调一下研究中国美学史的重要性。人类无疑具有共同的审美活动的规律,但过去东西方文化各自独立发展,形成了不同的传统,所以也决不能忽视民族特点。中华民族有着非常悠久的文学艺术的传统,也有着非常悠久的美学思想的传统。中国人在美学思想和艺术传统上有什么民族特点? 这是一个有很大的理论意义和现实意义的问题。

　　闻一多先生说过,四个古老民族差不多同时开始唱歌:印度人和希腊人是在歌中讲着故事,而《旧约》里的《希伯来诗篇》和中国人的《三百篇》则是抒情诗①。希腊人早就写了史诗、悲剧、喜剧,而中国人从《诗经》《楚辞》到唐诗,一直热衷于写抒情诗,而讲故事、演戏是比较晚出的,小说、戏剧要到宋以后才繁荣起来。和语言艺术的这种历史演变的特点相联系,中国人对其他各种艺术也注意发挥其抒情的功能,而中国古典美学则比较早地发展了"言志"说和意境理论。这种意境理论在庄子的寓言、荀子的《乐论》和《礼记·乐记》中已经具体而微,到魏晋南北朝便奠定了基础。陆机《文赋》、刘勰《文心雕龙·神思》和谢赫论画"六法",主要都是讲艺术意境创作过程中的形象思维。刘勰说:"陶钧文思,贵在虚静。……夫神思方运,万涂竞萌,规矩虚位,刻镂无形,登山则情满于山,观海则意溢于海。"他把艺术的形象思维看作是神与形、情与景、虚与实、静与动的辩证的统一。这种形象思维的辩证法,是从艺术创作的实践中总结出来的,也是同魏晋南北朝时期的哲学家们热衷于"形神"之辩、"言意"之辩、"有无(动静)"之辩相联系着的。到唐代,韩愈提出"不平则鸣"的论点,认为文学艺术是人类社会矛盾斗争的反映,作家真切地感受到时代的矛盾("不平"),感到心中有"不得已者",于是借助于一定艺术手段,形象地把这种"不平"表现出来,这就是艺术。这种说法不同于"温柔敦厚,诗教也",但也是"言志"说的发展,同时给小说、戏剧等叙事文学提供了理论根据。后来李贽说《西厢记》在"诉心中不平,感数奇于千载";《水浒传》者,发愤之所作也",就是用"不平则鸣"的观点来解释小说、戏剧的。而黄宗羲则进一步发挥了"不平则鸣"的思想,说"文章,天地之元气也"。"阳气在下,重阴锢之,则击而为雷;阴气在下,重阳包之,则搏而为风。"他以为真正的好文章应是风雷之文,那是现实的矛盾冲突的表现,能激发人们的热情,鼓励人们为时代赋予的使命而英勇斗争。他运用更明确的辩证法观点对文学艺术作了哲学(美学)的解释。

　　所以,中国古典美学的历史发展有其显著的民族特点。如果说西方人比较早地发展了"摹仿"说和典型性格理论(在亚里士多德那里),那首先是关于叙事文学和造

---

　　①　见《文学的历史动向》,载《神话与诗》。

型艺术的理论;那么中国人则比较早地发展了"言志"说和艺术意境理论,那首先是关于抒情诗和音乐的理论。中国人很注意揭示美感和形象思维中的辩证法因素,有一派人还特别强调艺术是现实矛盾的反映,这种特点则是同中国古代的富于朴素辩证法的哲学传统相联系着的。

现在有许多青年人对美学很感兴趣。我相信,只要他们深入掌握马克思主义的美学原理,运用于总结现实的审美经验,并和对中国古典美学的考察结合起来,那么,美学这门科学在中国一定会得到迅速的发展,并在社会主义精神文明的建设中发挥巨大作用。

以上是我的一点感想和期望。

目 录

第二编

第三编

第1章　绪　　论

　　历史的车轮滚滚向前。人类的历史已经进入了21世纪。随着科学技术的飞速发展,各个国家、民族、地区之间在空间和时间上的差距大为缩小。环顾全球,人们发现世界似乎已经紧缩为一个"地球村"。经济贸易领域的全球化趋向,不同文化之间的交流和碰撞,伴随着反对霸权主义的音符,共同组成了"地球村时代"的多声部合奏。在这种新的历史条件下,世界各地的人们更加关注自身生活的质量,更加关注人与自然、人与人的共同和谐发展,因而人文主义思潮空前高涨。在我国,随着社会主义现代化建设事业的发展,广大人民群众的物质生活水平逐步提高,人们的闲暇时间越来越多,衣食住行等各个方面的审美化趋向越来越突出。一批敏锐的思想家酝酿提出了人类生活的新目标——审美化人生或称艺术化生存的理想。人们在生活的美好之中时刻感受到美的现实存在,又在面对现实生活的缺陷时不断提出新的美好理想,不断为争取美好理想的实现而奋斗。同时也应看到,人们渴望自己的多方面多层次的物质和文化需要都能得到满足,也导致了物欲横流、价值观念混乱情况的出现。在这种情况下,引导人们的精神生活沿着健康、正确的方向不断提高,已经成为我们时代的重大课题。审美化的理想,因具补偏救弊的功效,而更具吸引力。因此,学习美学、树立正确的审美观、价值观以提高自身的审美能力,已经成为越来越多的人的普遍要求;普及美学,对社会全体成员进行正确的审美教育,已经成为新世纪时代赋予我们的重大任务。21世纪,人类正面临着世界文化大交流、大融合、大发展的新机遇,同时也面临着美学大普及大发展的新局面。

　　那么,美学是怎样产生的? 什么是美学? 美学研究哪些问题? 怎样学习美学? 这些最基本的问题,就是学习美学原理首先应该了解的。在我们周围的生活环境中,存在着形态各异的美的事物:挺拔雄伟的崇山峻岭,旖旎秀丽的湖光山色,英雄的业绩,壮丽的人生,令人难以忘怀的情思,多彩多姿的艺术作品,……现实中的美与丑,同善与恶一样,到处形成了鲜明强烈的对照,吸引着人们的注意。这些都是客观存在着的事实。现实中的美的或丑的事物被人们感受之后,就会引动人们的思想情感,对人产生性质和程度各不相同的种种影响。在欣赏和判断美的过程中,人们逐渐理解和把握了美的规律,从而在各种实践活动中能够按照美的规律进行创造,使我们周围的世界变得更加美丽。总之,在现实生活中,到处都存在着美;在现实生活中的人,大家都喜爱美,欣赏美,并不断地创造美。由于美的存在和发展,由于人类审美活动的不断展开,于是,作为专门研究人与现实的审美关系的科学——美学,也就历史地产生了。

1.1 既古老而又年轻的美学

人类的审美意识和美学思想的历史是很古老的,但是美学作为一门科学,却又是十分年轻的。

从历史上看,人类发现美、欣赏美以至从不自觉到自觉地在实践中创造美,是由来已久的。据考古学证明,人类的历史大约已有四、五百万年,而人类创造的原始艺术品,则大致出现在离现今数万年的旧石器时代。1879 年发现了西班牙阿尔塔米拉洞穴的壁画以后,普遍认为一种比较成熟的艺术至少在三万年前的冰河期就已经产生。开始是以粗略的轮廓和抽象的符号表现动物和人体的图画和雕刻,后来图像变得比较细致和清晰。出土的石器时代的各种遗留物,包括建筑、墓葬群、石器、陶器以及最初的装饰品等等,生动形象地向人们展示出古代居民的审美意识和审美观念的演变,代表着人类文明所经历过的一个重要的历史阶段。考古学家们正在致力于揭开这些文物所显示的古代居民生活的各个方面的含义。一般认为,这些古代文物蕴蓄着实用的、巫术礼仪的种种内涵,其中也透露出古代居民所理解的具有神秘色彩的审美情趣。

从对于具体的美的事物的欣赏,到凝聚为一种较为抽象的美的观念,无疑地经历了一个漫长的发展过程。标志着这一演变过程进入新阶段的重要成果,是在语言及文字中出现了"美"。以汉语来说,"美"字最早见于殷代的甲骨文。东汉时代的许慎在《说文》中解释说:"美,甘也。从羊从大,羊在六畜主给膳也。"徐铉注释说:"羊大则美,故从大。"可见古代美与善(即实用意义)同义。在殷墟卜辞的甲骨文中,美、羊、大的写法都与《说文》中的写法相同。《说文》羊下云:"大,人也。"大部又云:"大象人形。"所以"羊大为美"也就是"羊人为美"。现代有的研究者认为,"美"就是以羊头或羊角为装饰的人,也有人把"美"解释为"像头上戴羽毛装饰如雉尾之类的舞人之形"①。这两种说法都表明,"美"字是古代巫师化装跳舞(或称跳神)的象形字,说明了"美"的本义在于从事物的众多含义中显示出外观形式的美丽、美观的意义。现代欧洲语言中的"美"、"漂亮"等词的基础词,大多来源于梵文、古希腊语和拉丁语、哥特语。它们的本义既同表现人对现实的实践关系的词——健康、道德纯正、应受优待、好、舒适、合适、迅速、豪气、赞扬、光荣、有礼貌等——相关,也同表现人对现实的情感关系的词——愉快、感觉、高兴、快活等——有关。前者表明"美"和"善"是近义的,后者则侧重于表现人对事物的美丽外观的评价关系。

人们对于美的事物之所以美,在观念上进行概括和辨析,标志着人类对美进行理论研究的开始。现存的古代典籍中,还保留着人类进行美学研究的不少资料。在我国,早在二三千年前的奴隶制时代,人们对于一系列与美有关的问题,已经试图从理论上进行把握了。

据《国语》记载,楚灵王筑成了华丽的章华台,非常得意,便对他的臣子伍举说:"台美夫!"伍举回答道:"臣闻国君服宠以为美,安民以为乐,听德以为聪,致远以为明。不闻以其土木之崇高、彤镂为美……"②伍举对自己的见解作了具体的说明之后,就给美下了这样一个定义:

> 夫美也者,上下、内外、大小、远近皆无害焉,故曰美。若于目观则美,缩于财用则匮,是聚民利以自封而瘠民也,胡美之为?③

这是我国较早的对美的本质的一种看法。照伍举看来,美与不美,不能仅仅决定于"目观",而必须同社会功利、国计民生联系起来考察。这里,伍举强调的是美与善的联系,至于美与善的区别,则被他忽略了。在我国首先注意到美与善有所不同的,当推孔子。他对《韶》乐的评价是"尽美矣,又尽善也"。而对《武》乐的评价则为:"尽美矣,未尽善也"④。孟子继承和发展了孔子的美学思想,不仅提出"充实之谓美,充实而有光辉之谓大"⑤,从内容和形式两个方面对美的内涵作了规定,而且就共同的美

① 分别见肖兵:《从羊人为美到羊大为美》,《北方论丛》1980年第2期;康殷:《文字源流浅论》,荣宝斋1979年版,第131页。
② 《楚语》上,《国语》卷十七,上海古籍出版社1978年版,第541页。
③ 同上书,第544页。
④ 《论语·八佾》。
⑤ 《孟子·尽心下》。

感问题表述了相当精辟的见解。孟子说:"口之于味也,有同耆焉;耳之于声也,有同听焉;目之于色也,有同美焉。"①这对于我们今天研究美感的共同性,仍然有很大的启发。此外,墨子关于"食必常饱,然后求美"②的论述;老子、庄子提出的美丑关系的相对性学说;荀子的"不全不粹之不足以为美"③的观点,以及"心忧恐,则口衔刍豢而不知其味,耳听钟鼓而不知其声,目视黼黻而不知其状,轻暖平簟而体不知其安"④的美感论;……都显示了远在先秦时代,我国一些思想家已经广泛论及人类审美活动的许多方面,并取得了一系列重要成就。

事实上,从战国后期开始,随着物质生产的发展、精神生活的丰富,特别是文学艺术的繁荣,美学问题不仅得到了更为普遍的重视,而且深入到了文学、音乐、绘画、戏剧等各个艺术领域,并取得了较为出色的成果。比如,文论方面有陆机的《文赋》,钟嵘的《诗品》,刘勰的《文心雕龙》,司空图的《诗品二十四则》,白居易、苏轼的诗论和文论,严羽的《沧浪诗话》,叶燮的《原诗》等;乐论方面有荀子的《乐论》,公孙尼子的《乐记》,嵇康的《声无哀乐论》等;画论方面有顾恺之的《论画》,谢赫的《古画品录》,张彦远的《历代名画记》,郭熙的《林泉高致》,石涛的《苦瓜和尚画语录》等;剧论方面有王骥德的《曲律》,李渔的《闲情偶寄》等;书论方面有孙过庭的《书谱》,张怀瓘的《书断》等……这些著作体现了对美的规律的探索与把握,同审美体验与艺术鉴赏的有机结合,显示了我国古代美学的鲜明的民族特色。

在西方,美学研究的历史也是源远流长的。早在纪元前6世纪末,古希腊的毕达哥拉斯学派,就根据"数的原则"来剖析美,认为美在于"对立因素的和谐的统一,把杂多导致统一,把不协调导致协调"⑤。这一观念,对后世美学产生了深远的影响。柏拉图则从哲学的高度,对美的问题进行了深入的探讨。在他的美学名著《大希庇阿斯篇》中,他不仅对当时流行的种种美学见解提出了异议,而且辨析了"什么是美"和"什么东西是美的"这两个不同性质的命题。柏拉图强调,回答"什么是美",就是要找出"美本身"具有的特点,把握美的普遍规律。此外,柏拉图还对于艺术美的种种问题作了具体的阐述。⑥亚里士多德在批判地继承了柏拉图美学见解的同时,又有不少突破与创新,对欧洲美学思想的发展作出了杰出的贡献。亚里士多德

---

① 《孟子·告子上》。
② 《墨子·墨子佚文》。
③ 《荀子·劝学》。
④ 《荀子·正名》。
⑤ 尼柯玛赫:《数学》,北京大学哲学系美学教研室编:《西方美学家论美和美感》,商务印书馆1980年版,第14页。
⑥ 参见柏拉图:《文艺对话集》,朱光潜译,人民文学出版社1963年版,第178—210页。

肯定了现实生活中美的客观存在;肯定了艺术美对生活的依存关系;肯定了艺术作品中塑造的人物可以而且应该"比原来的人更美"①;这些卓越的见解,在美学发展史上,都具有十分重要的价值。在中世纪的欧洲,哲学成为论证基督教信仰、为神学服务的"婢女",延伸到美学领域,上帝也就成为美的根源。圣·托马斯·阿奎那明确指出:"事物之所以美,是由于神住在它们里面。"②正是在基督教神学背景下,深化了对于审美的形而上探讨。文艺复兴运动兴起之后,西方美学在"人的解放"的旗号下,进入了新的繁荣时期。

所以,如果仅就历史渊源而论,那么,无论在古代的中国还是在古代的西方,美学思想的确是十分丰富的。我国先秦诸子和古希腊学者关于美的问题的论述,尽管都有不少精辟的见解,但这些思想毕竟还比较零碎,没有独立构成一门完整的学科。在以后很长的历史时期内,美学虽然在不断发展着,却仍然未能从根本上摆脱这种状态。一直到了18世纪,由于当时哲学和自然科学的推动,美学发展才进入了新的阶段。1750年,德国哲学家鲍姆加登的美学专著《美学》(Äesthetik)第一卷的出版,在美学发展史上,具有划时代的意义。鲍姆加登认为,人的心理活动包括知、情、意三个方面,应该相应地有三门学科来加以研究。研究"知"的学科是逻辑学,研究"意"的学科是伦理学,研究"情"的学科则是"Äesthetik"——即感性学或美学。从此,"美学"这一名称才逐渐获得学术界的公认,美学也就成了一门有别于哲学、逻辑学、伦理学、艺术理论等的独立的学科。以后,经过康德、黑格尔、车尔尼雪夫斯基、丹纳、克罗齐等人的努力,美学研究又逐步走向深入,使这门学科获得了更为严密的理论形态。如果从形成独立的学科算起,美学的历史不过二百多年,因此,它又是一门非常年轻的学科。

康德和黑格尔都是在鲍姆加登感性学的基础上,以感性为思考的中心,致力于解决感性与理性的和谐自由统一问题。康德抓住感性与理性联结的中介——想象力,重点分析人的审美心理机制,力图使感性与理性统一起来,形成了由一系列范畴组成的严密体系。黑格尔把艺术纳入绝对理念发展的历史,视艺术为理念外化为主体心灵的感性表现,即美作为理念的感性显现,经历了一个有序的发展过程。黑格尔依据逻辑与历史统一的原则,以艺术美的理念(理想)为中心构建了一个庞大而又严谨的理论体系。康德、黑格尔对于美学学科的充实和发展都作出了自己的贡献,

---

① 《诗学》,罗念生译《〈诗学〉〈诗艺〉》,人民文学出版社1962年版,第101页。
② 基尔伯编:《圣托马斯的哲学文选》,北京大学哲学系美学教研室编:《西方美学家论美和美感》,商务印书馆1980年版,第66页。

代表了德国古典美学的最高成就。

马克思主义的创立,揭示了人类历史发展的规律,为人们提供了新的世界观和方法论,这就使包括美学在内的一切社会科学研究出现了革命性的变化。马克思主义的许多基本原理,诸如关于人类通过劳动实践而自我生成的思想,关于人的感性实践活动是人类生存的基础的观点,关于生产力与生产关系、经济基础与上层建筑相互关系的论断,关于物质生活与精神生活相互关系的理论,关于存在与意识辩证关系的学说等等,对于科学地进行美学研究都有着重要的指导意义。此外,马克思主义经典作家还非常关心美学理论的建设。马克思曾经打算写一部美学专著,并答应为《新亚美利加百科全书》撰写"美学"这一条目,后来虽然由于种种原因未能全面实现这些计划①,但他与恩格斯一起,在创立马克思主义的过程中,也论及了许多重要的美学问题。在《1844 年经济学哲学手稿》中,马克思提出了"自然的人化","人的本质力量对象化","劳动创造了美","人的激情的本体论本质"②,"人也按照美的规律来构造"③等重要命题。又如《政治经济学批判》的"序言"和"导言"、《德意志意识形态》以及有关文艺问题的不少书信等,对美、美感、美的规律等美学的基本理论问题,作了极为精辟的论述,为新的美学理论奠定了坚实的理论基础。此后,除列宁、毛泽东等配合革命运动需要发表了一系列文艺学美学言论外,拉法格、梅林、普列汉诺夫、高尔基、卢卡契等,也都坚持以马克思主义为指导研究美学和艺术问题,为美学的发展作出了重要贡献。

与马克思主义同时出现,以及此后 20 世纪的美学流派,大致可区分为三个方面:沿着哲学方向发展的有叔本华的生命意志哲学美学、克罗齐直觉主义美学、胡塞尔现象学美学(杜弗莱纳《审美经验现象学》为代表)、海德·格尔存在主义美学、维特根斯坦语义分析美学等;沿着心理学方向研究美学的,以费希纳实验美学为开端,中经里普斯移情说、谷鲁斯"内模仿说"、布洛"心理距离说",到 20 世纪弗洛伊德精神分析美学、荣格原型学说、格式塔心理学美学(以阿恩海姆为代表)、马斯洛人本主义心理学美学;从艺术社会学角度研究美学的,有格罗塞、丹纳、罗斯金以及符号论美学(卡西尔、苏珊·朗格)、接受美学(姚斯、伊瑟尔)、系统论美学(卡冈)、巴赫金美学等。这说明随着现代自然科学和人文科学的发展,原有的古典美学格局已经被突破,研究方法日趋多样化,美学研究呈现出异彩纷呈、学派林

---

① 现存《新亚美利加百科全书》中的"美学"条目是否为马克思所撰写,国内外学术界尚有争论。

② 以上提法分别见于《马克思恩格斯全集》第 42 卷,人民出版社 1979 年版,第 126、125—127、93 及 150 页。

③ 据新译文校改,《马克思恩格斯选集》第 1 卷,人民出版社 1995 年版,第 47 页。

立的多元化局面。

在中国，随着近代政治改革要求而兴起了近代美学新思潮，明显地接受了西方近代美学的影响。梁启超、王国维、蔡元培以及鲁迅，代表了中国近代美学自觉建构的开端。此后，朱光潜、宗白华、蔡仪等为中国美学的发展作出了重大贡献。20 世纪 50—60 年代的美学大讨论，形成了以吕荧为代表的主观派、以蔡仪为代表的客观派、以朱光潜为代表的主客观统一派和以李泽厚为代表的客观社会派，出现了四大学派争鸣的繁荣局面。①80 年代的"美学热"，不仅代表了美学研究的复兴，而且促进了美学研究的深入和分化，出现了生活美学、生产美学、商品美学、科学美学、文艺美学、景观美学、比较美学等分支，代表了美学研究的又一高潮。90 年代以来，围绕着对于实践论美学的反思而提出的超越实践美学和改造完善实践美学的争论，关于审美文化研究新热点的形成，关于中国美学话语重建的讨论等，表明中国美学进入了自由争鸣的新的美学转型时期。

美学作为独立学科建立以来的历史表明，尽管它取得了长足的发展，形成了学派林立、多元发展的新局面，但是总的说来，至今尚未形成一套独立完整且为大家公认的学科体系，仍然是有待建设的一门年轻的学科。美学学科的现状表明，随着经济的发展、科学技术的进步以及审美意识向生活的各个方面的渗透，美学在社会生活中的重要性更加突出，美学研究的内容和方法也将日益多样化、细密化和综合化。在今天，为适应新时代的需要，我们应该运用哲学的、心理学的、社会学的以及综合的多种研究方法，进行审美问题的多元探讨，取长补短，互相促进，以形成美学园地百家争鸣、多元发展的繁荣局面。

1.2　美学研究的对象和范围

我们说美学是一门年轻的学科，其重要表现之一，就是它的研究对象至今尚无定说。

在古代，当美学还从属于其他学科的时候，其对象当然难以界定。即使到近代，美学虽已成了一门独立的学科，但人们对其研究对象的认识，仍然众说纷纭。不少美学家认为美学就是艺术哲学，它的研究对象就是艺术。黑格尔就公开声称，只有

---

① 参阅杉思：《几年来(1956—1961)关于美学问题的讨论》，见《新建设》编辑部编：《美学问题讨论集》第六集，作家出版社 1964 年版，第 393—434 页；蒋孔阳：《建国以来我国关于美学问题的讨论》，《蒋孔阳全集》第 3 卷，安徽教育出版社 1999 年版，第 553—576 页。

艺术才是真正的美,因此,"我们的这门科学的正当名称却是'艺术哲学',或则更确切一点,'美的艺术的哲学'。"①有人认为美学除了研究艺术中的美与丑外,还要研究生活中的美与丑,并以后者为主要对象,所以美学就是关于美的科学。1858 年出版的《新亚美利加百科全书》"美学"这一条目就认为:"美学是研究自然和艺术中的美的科学。"②至于更多的美学家,尽管对美学研究对象没有发表过明确的意见,但从他们的美学著作中,我们仍然可以发现,他们有的只承认艺术中的美,有的则着眼于生活中的美,有的则表现出某些犹豫和矛盾。像车尔尼雪夫斯基这样的著名美学家,他在广泛地研究了实际生活中的美学问题后,提出了"美是生活"的著名论断,可是当他论及美学对象时,他又说:"美学到底是什么呢,可不就是一般艺术、特别是诗的原则的体系吗?"③总之,从历史上看,一些外国美学家关于美学研究对象的看法,是很不一致的。

在我国学术界中,关于美学研究对象问题,看法也同样是很不一致的。有人认为,"美学就是艺术观,是关于艺术的一般理论……美学的基本问题就是艺术与现实的关系问题,它的目的就是解决艺术与现实这一特殊矛盾"。因此,美学的基本内容应当是"艺术的起源、本质,艺术创作的一般规律,艺术在阶级社会中的发展规律,艺术与社会主义、共产主义,艺术的社会作用,艺术批评,艺术欣赏,艺术教育,艺术的范畴,艺术的种类、形式、风格等等"。有人则主张美学的研究范围应当是很广阔的,它"既要研究自然界与艺术中一切客观现实事物本身——即美的存在诸规律,又要研究作为那种美的存在反映于人脑中的一切审美意识——即美感经验和美的观念的形式及发展诸规律"。并且,他们还认为,现实生活中的美应该是美学研究的中心,因为现实美是艺术美的来源,弄清了现实生活中的美与丑,就能为艺术美的研究打下基础。

除了上述各持一端的见解外,还有人认为,美学是研究美、美感和艺术的一般规律的学科。它尽管既要研究艺术中的美,也要研究生活中的美,但却必须"以艺术为中心","以艺术为重点"。认为美学体系应分为美论、美感论和艺术论三大部分。

20 世纪 70 年代以来,前苏联美学界越来越多的人注意到美学就是艺术哲学的观点的狭隘性,主张面向人类生产活动和社会活动的一切领域中的审美现象。许多

---

① 黑格尔:《美学》第 1 卷,朱光潜译,商务印书馆 1984 年版,第 3—4 页。
② 《美学》第 2 期,陈焜译,朱光潜校,上海文艺出版社 1980 年版,第 251 页。
③ 《论亚里士多德的〈诗学〉》,见《缪灵珠美学译文集》第 3 卷,中国人民大学出版社 1990 年版,第 377—378 页。

美学著作都涉及了技术美学、劳动美学、生活美学、体育运动美学、行为和社会关系美学的各种问题。其中有一派美学家提出的"美学—审美活动的理论"的主张,颇为人们所注意①。他们认为:

> 人的(个人的和集体的)一切活动,除了它的直接的实用目的和功利目的之外,还具有全人类的成分(虽然是少量的),它表现在对于整个人类的意义上。具有全人类意义的因素能赋予人的活动以审美情调,甚至还有审美内容。从这个意义上说,人的一切活动在一定程度上都可以作为审美活动来考察。

> 可以说,审美活动就是人所进行的具有全人类意义的一切活动。审美活动的普遍形式就是按照美的规律进行创造,因为掌握世界的任何一种形式"也都是按照美的规律"进行的。②

"审美活动"除了"实用(园艺栽植、工业迪扎因)的和艺术实践(艺术作品的创造)的"活动形式之外,"还有内在的、精神的形式,例如情感—理智的形式,形成的审美印象和观念,审美趣味和理想,乃至在理论上形成的审美观念和观点。"③换句话说,"审美活动"一语,既包括了物质生产和物质生活领域中的审美活动,又包括精神生产和精神生活领域中的审美活动。因此,他们给自己的美学下了这样的定义:"美学,是关于受历史所决定的全人类价值的本质的科学,是关于对这种价值的创造、欣赏、评价和掌握的科学。"④

以"审美活动"为美学研究的对象的提法,涵盖了人的生命活动的各个方面的审美内涵,确乎是一个外延容量很大的提法。但是,我们应该看到,"活动"是指人的感性实践的动态形式和过程,一般包含着不止一个方面的含义;而当我们把"活动"作为研究对象进行静态分析的时候,不能不注意到决定某一活动性质的因素,是以从事这种活动的主体与客体之间的主导关系为转移的。换句话说,人们通常以主客体之间的关系为根据来界定人们所从事的活动的性质。因此,审美活动作为一种感性

---

① "审美活动"理论的代表人物为 IO. 鲍列夫,参见他的《美学》(第 3 版)。亦可参见 JI. 诺维科娃:《美学和技术:二者择一还是合二而一》,1976 年,莫斯科;JI. 泽列诺夫:《美学基础教程》,1974 年,高尔基市。

② 鲍列夫:《美学》,乔修业、常谢枫译,中国文联出版公司 1986 年版,第 20—21 页。

③ 同上书,第 20 页。

④ 同上书,第 3—4 页。

实践活动形式,实质上是由人对现实的审美关系决定的。也就是说,审美活动之不同于一般的认识活动、改造活动、交往活动①的特殊性,正是由于人与现实之间构成了有别于其他关系的审美关系。

我们认为,要明确美学的性质和对象,首先应当弄清楚美学研究所面对的人与客观世界的特殊的关系。客观世界是无比丰富复杂的,它不仅存在着各种各样的事物和现象,而且每种事物和现象也具有许多不同的属性。同样,作为主体的人的需要也是多种多样的。由于客观世界的复杂性和人的主观需要的多样性,就构成了人与周围世界之间的种种关系,如实用关系、政治关系、伦理关系、审美关系等等。为了更好地把握这些关系,满足人类日益增长的各种需要,分门别类的学科也就应运而生了。任何学科都是人们为着自己的需要而创建的,都无例外地直接或间接地标志着人与客观世界的某种特定的关系。随着社会历史的发展,人的需要越来越多样,科学研究的分工越来越细致,理论的探讨也越来越深入。美学就是人与现实的某种特定关系的产物。以我们身上穿的衣服为例,人们制作衣服,其基本目的就是为了满足实用上的需要,因为它可以保暖、遮羞,还可以作为区别各种职业的标志。这就是衣服的使用价值。如果衣服做成以后,进入商品流通的范围,成了商品,它就具有一定的交换价值,这样,它就成了经济学所要研究的对象。同时,衣服的质料和式样,总会具有一定的时代特点、民族特点,反映着一定历史条件下的生产水平、文化状况和社会风貌,因而它又可以成为历史学、社会学、民俗学等学科的研究对象。此外,制作精良的衣服,必然显示了衣服的原材料生产者和衣服制作者高超的技巧和水平,使人意识到自己的智慧和创造才能,感到它很美,从而获得精神方面的愉悦和满足,这样,衣服与人之间,除了前面的关系外,又形成了一种审美的关系。美学,就是研究人与现实之间审美关系的一门学科,它是在人类历史的发展中,随着社会生产的发展,随着其他科学研究的不断深入,而逐步丰富和发展起来的。

美学既然要研究人与现实的审美关系,它的研究范围自然首先要包括构成这一关系的客体(美)和主体(美感)这两大方面。同时,人类的实践活动,绝不仅仅局限于认识世界,更重要的还在于改造世界,以适应人类发展的需要。人类的审美活动当然也不能例外。因此,美学研究的范围,势必还应包括美的创造的问题。这样,围绕着审美关系这一轴心而出现的美、美感、美的创造三大方面,便构成了美学研究的

---

①　前苏联美学家卡冈在其《人类活动》等著作中提出,存在着四种基本的人类活动:改造活动、认识活动、价值定向活动、交往活动,此外还有艺术活动。见 M. C. 卡冈:《人类活动·系统分析尝试》,俄文版,1974 年,莫斯科。此书未见中译本。

三大领域。

　　就客体方面而言,美学要揭示美与丑的区别,研究美的本质与特性、美的内容与形式、美的形态、美的范畴等。就主体方面说,美学要研究美感的本质、美感产生和发展的一般规律、美感的心理要素、审美标准等基本问题。美的创造,是美学研究中的一个极为重要的领域。在美的创造问题上,各美学派别之间的分歧是十分明显的。有的学派认为,美的创造就是人的审美感受的外射,也即"审美移情";有的学派认为,美的创造就是艺术创造;……其实,美的创造既不是人的主观感受的外射,也不能局限于艺术的领域,它的天地是十分广阔的,它不仅包括艺术美的创造,而且还包括现实美的创造——例如环境的美化、劳动产品的美化、社会生活的美化、人的美化(美育)等等。对于这些,美学都应认真地加以研究。

　　综上所述,我们可以说,美学就是研究美、美感以及美的创造的一般规律的学科。

1.3　美学与其他学科的关系

　　美学是一门跨界的边缘学科,属于人文科学,它同哲学、伦理学、心理学、艺术理论以及自然科学等都有密切的关系。研究这种关系,明确它们之间的联系与区别,有助于我们进一步准确地把握美学的特殊性质。

　　美学曾经长期隶属于哲学,随着社会的发展、科学的进步,才逐步分立为独立的学科,所以,它与哲学的关系极为密切。哲学是研究自然界、社会和人类思维及其发展的最一般规律的学科,它为美学研究提供了世界观和方法论的基础,对美学研究起着指导作用。美学是研究人与现实的审美关系以及美的创造规律的学科,是关于如何树立人的审美观念的学科。而审美观的探讨,不仅涉及哲学,也涉及伦理学、心理学、艺术学、社会学以及自然科学等等学科,因此美学具有明显的跨学科的性质。美学中的许多基本问题,往往会直接涉及哲学中的许多基本原理,有的就是哲学问题在审美领域中的具体表现。正因如此,人们又认为美学是研究人与现实审美关系的一门哲学性学科。但是,美学却不是哲学的附庸,它有自己的研究对象,应该是一门独立的学科。

　　美学与伦理学的关系也十分密切。伦理学研究人的社会行为的准则,研究人与人之间的义务、个人对国家和社会的义务等。简言之,伦理学研究人们之间的道德关系,它的基本范畴是善及其对立面恶。美与善的关系非常密切。一般说来,美的对象应当是善的,恶的事物不可能美(恶的事物也可能具有吸引人的美的外观,那是一个需要专门研究的问题）。所以，不能把美学与伦理学截然分开。但是，美善分属不同范畴，相互不能混淆，善只是美的基础，并不是说任何善的事物都是美的。因此，伦理学与美学是有严格区别的。伦理学着重于人的内在本质、人与人之间的合理关系的研究，帮助人们明辨善恶，形成正确的道德观念；美学则研究人的本质力量的感性显现，启迪人们树立崇高的审美理想。因此，我们既不赞成割断美学与伦理学的联系，也不赞成把美学与伦理学机械地等同起来。

美学与心理学也有着相当密切的关系。心理学是探讨人类心理活动一般规律的学科，而人类的审美活动从其意识活动的心理形式来说乃是一种特殊的心理活动，因此，美学的发展就离不心理学的发展。在我国古代美学和文艺理论中，对于审美心理不仅有十分细致的分析，而且还提出了许多精到的见解。近代西方不少美学家也十分重视从心理学角度来研究美学问题，并把这种研究称作自下而上的研究，以区别于从哲学角度进行的自上而下的研究。当然，在考察美学与心理学的关系时，我们应该注意到，审美心理活动不同于一般的心理活动，而美学研究范围又不仅仅限于审美心理，因此，绝不能简单地把美学等同于心理学。

美学与艺术理论的关系尤为密切。我们知道，一切真正有价值的艺术作品应该是美的，而对于艺术美的欣赏和创造，又是人类审美活动的十分重要的方面，这样，美学和艺术理论势必都会研究艺术美的本质和特征、艺术美与现实美的关系、艺术美的欣赏和创造的一般规律等问题。可是，美学的研究范围又远远不限于艺术美，现实生活中的美以及人对美的欣赏和创造等问题，在美学研究中都占有重要的地位，这是一。其次，美学对艺术的研究，是围绕着人与现实的审美关系这个中心的，因而一般艺术理论中有关艺术与政治、艺术技巧及其训练等方面的问题，并不属于美学研究的范围。基于这两方面的原因，我们也不赞成把美学和艺术理论简单地混而为一。至于分门别类的艺术理论，有时也被称之为音乐美学、绘画美学、戏剧美学、电影美学等等，这是因为它们研究的基本内容确实也属于这一艺术领域中的美学问题，鉴于这个原因，它们也可以在美学的殿堂里占有自己的地位；但是，由于其研究的范围毕竟局限于某一艺术部门，因此，它们的内容也只是通常所说的美学在特定艺术部门的具体化。这正如在经济学领域中，除了政治经济学以外，还可以有部门经济学——农业经济学、工业经济学、财政学、金融学等一样。所以，从这个意义上讲，美学与各门艺术理论的关系，是总论与分论的关系，前者是总体美学，后者是部门美学。

美学作为人文科学的一个分支，同现代自然科学的发展之间的关系也是不容忽视的。自然科学虽然是面对自然界的，但它一方面要受哲学世界观和方法论的统摄,另一方面它的发展又不断地反过来推动哲学及思维方法的发展。20 世纪以来,以爱因斯坦的相对论为起点,现代物理学、数学、生物学、思维科学等都获得了长足的飞跃的发展。系统论、信息论、控制论的提出,统计数学、模糊数学、质变理论、协同论、耗散结构论、量子化学、分子生物学、遗传工程学、脑科学、人工智能研究和计算机科学的兴起,更加深化了人们对客观世界中各种事物不断运动、互相联系、互相转化的理解,有力地推动着人们突破固有的视野和思维模式。从目前现代自然科学的发展状况可以看出,现代自然科学能够启发我们在人与现实世界的大系统中来把握审美现象,在美学研究的某些环节上可以吸收运用信息传输理论和数学方法,从而促使美学研究的数量化、精确化,还可以启发我们突破线性思维模式的局限,引导我们认识审美判断的多向发展的各种可能性,认识审美现象的随机性,如此等等。当然,我们应该看到,现代自然科学的方法是适用于研究自然现象的方法,虽然自然现象同社会现象、思维活动之间具有某种一致性,但彼此之间从内容到形式毕竟各有不同的特点,因而不能简单地把自然科学的方法硬搬到美学研究中来。

通过对以上相关学科的比较分析,我们应当明确,尽管美学的研究对象同哲学、伦理学、心理学、艺术理论、自然科学等互有沟通,但仍有自己特定的范围,是其他任何学科所不能代替的。在学习美学的过程中,需要而且应该关注哲学、伦理学、心理学、艺术理论、自然科学等相关学科的学习,然而却不能以这些学科的学习来取代对于美学的研究与探讨。历史上曾有不少学者,从哲学、伦理学、心理学、艺术理论等的角度出发,来阐释美学中的有关问题,并取得了相当丰硕的成果;然而这也容易产生一定的局限。只有既加深哲学、伦理学、心理学、艺术理论等社会人文科学以及自然科学的修养,又确切地把握住美学研究的独特领域和范围,并为之进行不懈的努力,才能开拓美学学科的新天地。

1.4 美学研究的方法

任何一门科学,都必定依据本身特有的研究对象的性质来选择和确定自己的研究方法。美学自然也不会例外。美学作为具有哲学性质的跨界学科,必须具有最一般的哲学方法论作为基础,同时也应该广泛吸收多学科的具体研究方法,从社会、历史、文化、心理等各个方面进行多侧面多层次的研究,形成有主导的多元化的研究方法体系。

对于我们来说,美学的一般哲学方法论就是马克思主义的唯物辩证法和历史唯物主义。它的基本要求,就是从对象的互相联系、对立统一的矛盾中、从对象的矛盾的发生、发展和解决的历史发展过程中来发现其一般运动规律。马克思主义本身具有高度的革命性和科学性,它是无产阶级解放全人类并最终解放自己的科学。马克思恩格斯面对19世纪现实所得出的研究成果,并不是一种一成不变的终极真理,而是一种正确地认识和研究人类社会历史发展的世界观和方法论。因而,马克思主义为一切科学的研究,特别是人文科学和社会科学的研究,提供了一种基本线索和正确方法。恩格斯曾经指出:“如果不把唯物主义方法当作研究历史的指南,而把它当作现成的公式,按照它来剪裁各种历史事实,那它就会转变为自己的对立物。”①马克思主义作为一种世界观和方法论,毫无疑问是一种开放体系。在马克思恩格斯去世后的20世纪,随着社会进步和现代科学的发展,出现了许多新的学科分支和研究方法,取得了前所未有的巨大成果。因此,马克思主义的当代形态必须面对新形势和新问题,汲取新的研究方法和研究成果,在坚持中发展,在更新中壮大,才能成为富有生气的活的马克思主义。

马克思主义作为哲学方法论,体现为两条基本原则,即理论与实践相结合、逻辑与历史相统一的原则。这两条原则,也就构成了美学研究所必须遵循的两条方法论原则。

理论与实践相结合是学习马克思主义的根本方法,也是我们学习和研究美学的根本原则。这就是要求我们,把理论的研究和人类审美实践的经验紧密地结合起来,从实际出发,详细地占有材料,从无数生动的客观事实中寻求出规律性的东西,上升为理论认识,并进而用来指导实践和接受实践的检验,以证实和发展理论。理论联系实际的认识过程,实际上就是从感性到理性、从理性到实践的整个辩证思维的发展过程。它包括从具体到抽象、再从抽象到具体这样两个大的阶段,亦即由分析的阶段到综合的阶段。马克思称之为研究方法的“两条道路”。从具体到抽象,是指从感性的具体事物出发,剖析它所包含的各种抽象规定性;从抽象到具体,则是指各种抽象规定性的研究,经过一层层的中介,达到“思维的具体”。马克思说:“具体之所以具体,因为它是许多规定的综合,因而是多样性的统一。因此它在思维中表现为综合的过程,表现为结果,而不是表现为起点,虽然它是现实的起点,因而也是直观和表象的起点。在第一条道路上,完整的表象蒸发为抽象的规定;在第二条道路上,抽象的规定在思维行程中导致具体的再现。”②从抽象上升到具体的方法,只是思维用来掌握具体并把它当作一个精神上的具体再现出来的方式。这种具体的

---

① 《恩格斯致保·恩斯特》,《马克思恩格斯选集》第4卷,人民出版社1995年版,第688页。
② 《〈政治经济学批判〉导言》,《马克思恩格斯选集》第2卷,人民出版社1995年版,第18页。

再现,是理性认识的科学成果。它与实际生活中的具体事物相比,并非完全一模一样,而是舍去其偶然性因素,因而在更深的意义上表现和揭示了事物的本质和规律。一般来说,思维中的抽象是单纯的、简单的,而思维中的具体才能够丰富而全面地表现事物的本质。在这个"具体——抽象——具体"的总过程中,思维的运动往往经过一系列的中间环节(中介),从一级本质到二级本质,再到更高更深的本质;从一对矛盾两个参量的变化,到多对矛盾众多参量的综合和协同,于是,使思维的发展表现出层次性和阶段性。按照理论和实践相结合的原则,美学研究应当是从审美事实出发,发现审美活动的一般规律,即把审美事实的经验描述与理性思考结合起来,综合为诸多规定的统一整体,上升到理论系统;同时将这种理论成果同社会审美实践和生产实践相结合,在实践中把握审美事实,又将审美理论应用于实践,接受实践的检验。同时还应该看到,随着人类科学认识的发展,思维的不断精密化,我们在坚持马克思主义理论指导的前提下,不断地研究分析实践中出现的新的美学问题,努力给予科学的回答,就会在实践中不断地推进马克思主义美学理论的发展。

马克思在政治经济学的研究中所遵循的逻辑与历史相统一的原则,对于各种科学的研究具有一般的方法论意义,因而对于美学研究也是至关重要的。逻辑的方法是用概念和范畴的体系及其辩证运动的方式,来揭示事物内在本质与必然规律的方法。历史的方法,是按照事物自然发展的历史进程来研究事物发展变化规律的方法。历史的方法,是建筑在剖析和论述历史进程中不断出现的个别的、具体的甚至是偶然的事件的基础之上的,而事物的历史进程是不可能逆转和颠倒的,因而它同逻辑上的分析和综合显然不是一回事。恩格斯在评价马克思的研究方法时曾经指出:"对经济学的批判,即使按照已经得到的方法,也可以采用两种方式:按照历史或者按照逻辑。……历史常常是跳跃式地和曲折地前进的,如果必须处处跟随着它,那就势必不仅会注意许多无关紧要的材料,而且也会常常打断思想进程……逻辑的研究方式是唯一适用的方式。但是,实际上这种方式无非是历史的研究方式,不过摆脱了历史的形式以及起扰乱作用的偶然性而已。历史从哪里开始,思想进程也应当从哪里开始,而思想进程的进一步发展不过是历史过程在抽象的、理论上前后一贯的形式上的反映;这种反映是经过修正的,然而是按照现实的历史过程本身的规律修正的,这时,每一个要素可以在它完全成熟而具有典范形式的发展点上加以考察。"①对于美学来说,逻辑与历史统一就是美学理论体系的逻辑与审美活动的发生

---

① 《卡尔·马克思〈政治经济学批判〉》第一分册,《马克思恩格斯选集》第 2 卷,人民出版社 1995 年版,第 45 页。

规律相符合,与人类审美史的发展规律相符合;但是这种符合不是双方各个发展环节的机械对应一致,而是按照历史规律对审美现象作逻辑"修正"而达到的符合,从而使对于审美现象的"具有典范形式的发展点上"的考察的美学理论更深刻地揭示其历史本质和规律。美学理论应当是对于审美现象历史过程的逻辑总结,同时又是审美现象历史发展趋向的深刻预见。我们既要防止单纯的逻辑推理,牵强地把审美现象的历史进程硬塞进逻辑体系的框架之中去的简单化做法,同时,又要防止离开审美现象的必然性规律而使历史的链条模糊不清。因而,在美论、美感论、美的创造论以及美的范畴、艺术问题的分析中,我们应力求做到逻辑的分析与历史的论证结合起来、统一起来。

从美学史上来看,黑格尔曾经区分美学研究的经验的方法和理论的方法,其后费希纳归纳为"自上而下的美学"和"自下而上的美学"。所谓理论的方法,或者"自上而下的美学",是把美作为一种价值或理念,从"美的逻辑形而上学观念"出发进行观念形式的思辨分析,所以又被称为"哲学的美学"。所谓经验的方法,或者"自下而上的美学",则是把美的现象作为一种经验事实,着眼于记录、编目等外在的、表面的、就事论事的研究,进行实证的观察和考查,所以又被称为"科学的美学"。在古希腊,柏拉图是对美学问题进行形而上学思考的代表人物,他的学生亚里士多德则着眼于具体艺术样式进行归纳和分析。"他们师生之间的区别根本上是古代希腊哲学内部思维的观念论方向与实证的经验论方向的差别;在相对的意义上,可以说是从'哲学的'方法向更加'科学的'方法的转移。继之,在近代英国和法国的美学思想中,夏夫兹博里和哈奇逊的美论同巴特和狄德罗的艺术论,也显示出同样的对立。前者继承柏拉图(或者不如说是普罗提诺)的美的观念论的系统,后者吸取了亚里士多德的艺术模仿说。不过,这种对立更为显著地表现在鲍姆嘉通以后历时一百年来以德国为中心发展起来的哲学美学,和与它相对立通过方法论的反省而产生的费希纳以来的科学美学的盛衰上。"①黑格尔致力于"把美的哲学概念看成上述两个对立面的统一,即形而上学的普遍性和现实事物的特殊定性的统一"②,而实际上仍然是从观念出发的。19世纪后半期兴盛起来的现代美学,受到自然科学勃兴的推动,明显地朝着科学美学的方向发展。近几十年来,伴随着现代科学技术的飞跃以及对于文化文明的研究的重视,美学研究的方法趋向多元化。

---

① [日]竹内敏雄:《美学总论》,李心峰译,载《马克思主义文艺理论研究》编辑部编选《美学文艺学方法论》上册,文化艺术出版社1985年版,第119页。

② 黑格尔:《美学》第1卷,朱光潜译,商务印书馆1984年版,第28页。

在现代美学理论建设中,我们既要坚持以马克思主义为指导,坚持理论与实践相结合、逻辑与历史相统一的方法论原则,又要广泛地吸收现代美学研究多元方法的合理成分。以理性思考为特点的哲学分析方法,是从一定的哲学体系出发,将审美现象上升为理性规定,通过逻辑推论提出并回答诸如美是什么、美感是什么、艺术是什么等重大问题。心理学方法是从审美主体的心理反应来解释和规定审美现象,或从某种特定的心理学说来说明审美活动事实。如果说美学研究的哲学分析方法偏重于宏观研究,那么心理学方法则偏重于微观说明。历史学方法是将审美现象作为历史事实加以考察,重在审美现象的历史过程的研究,即从历时态角度进行纵向说明,以防止出现纯粹静态分析的偏颇。社会学方法着眼于社会环境包括经济、政治、文化心理、趣味风尚等,对于审美现象(特别是艺术作品)的影响和制约,同时研究艺术对社会所发挥的作用,揭示审美现象对社会的依赖关系。社会学方法偏重于对审美现象相关因素作共时态横向研究,以防止出现孤立分析某一特定对象的弊端。20世纪40年代出现的系统论,认为事物除了自身的属性外,还有它所属的系统之中的系统质,因而对于对象的认识首先应当把握其系统整体属性。系统论的研究方法,要求把对象作为具有完整系统的整体来对待,并且把系统及其环境联系起来视为一个更大的系统加以考察。这种着眼于整体与部分(系统与子系统)、整体与环境(系统与更大的系统)之关系的相互作用的研究方法,能够综合地对待研究对象,显示出宏观与微观结合的长处。上述种种研究方法,都可以为我们吸收运用。此外,诸如现象学、符号学、语义分析方法、阐释学以及考古学、文化人类学、工艺学的研究方法,在其各自适用的范围之内,都具有独特的不可代替的成效和作用。

在20世纪诸多思想家中,海德格尔的存在主义哲学具有重要地位,产生了广泛影响。中国美学近年来转型过程中出现的生命美学、生存美学、实践存在论美学等提法,都是与海德格尔思想影响分不开的。海德格尔将批判的矛头指向西方传统哲学。自柏拉图以来直至黑格尔的先验本体论被海德格尔讥讽为"形而上学"而痛加挞伐。海德格尔接受并突破了胡塞尔的现象学方法,提出了自己的基础存在论(或译"基本本体论"),认为人有意识地介入他所生存于其中的世界中去,人自身和世界双方都是在这一介入过程中"绽开"出来,"是其所是",获得自己的本质规定性。人是什么?"人是存在之澄明——人就是这样成其本质的。"①海德格尔把人称为"此

---

① 海德格尔:《关于人道主义的书信》,《路标》,孙周兴译,商务印书馆2000年版,第381页。

在",意思就是在此存在;通过"此在"来追究存在,通过人的生存状态来探究世界的意义,就是海德格尔的基础存在论的基本思路。"此在比一切其它存在者在存在论上都更为优先,因为它是在生存的可能性中的存在者"①。海德格尔的基础存在论为我们提供了一个新的视角和契机,使我们能够从人的生存论的角度重新解读马克思,于是马克思关于"人的激情的本体论"的思想便在我们面前闪耀着新的光辉。马克思在《1844年经济学哲学手稿》中被后人冠以《货币》的片断中说:

> 如果人的感觉、激情等等不仅是在〔狭隘〕意义上的人类学的规定,而且是真正本体论的本质(自然)肯定;如果感觉、激情等等仅仅通过它们的对象对它们感性地存在这一事实而真正肯定自己,那么,不言而喻的是……只有通过发达的工业,也就是以私有财产为中介,人的激情的本体论本质才能在总体上、合乎人性地实现;因此,关于人的科学本身是人在实践上的自我实现的产物……②

事实上,马克思这一激情本体论的思想,包括人的激情来自人作为"自然存在物"必然具有受动性、受动性通过感性生存实践活动而成为能动性、感觉和激情中渗透着人的理性等论述,构成了马克思早期思想中的感性活动理论。这一感性活动理论的进一步发展,在《关于费尔巴哈的提纲》中被称之为"实践活动的唯物主义"③,也就是历史唯物主义的雏形。由此可见,马克思偏重于从人类历史的宏观视野来考察人的生存,而海德格尔的基础存在论则是从个体的微观角度来把握人的生存,两者在以人的生存为本体这一基点上是相通的,在批判先验本体论、颠覆传统形而上学的目标上是一致的④。我们坚持历史唯物主义的基本原则和方法,完全可以而且应该吸收海德格尔基础存在论及其研究方法的合理成分。对于我们的美学研究来说,从人的生存境遇出发,从人在现实生存状态中的感受、情绪出发来领悟人生的审美含

---

① 海德格尔:《存在与时间》修订译本,陈嘉映、王庆节译,三联书店2000年版,第44页。

② 马克思:《1844年经济学哲学手稿》,《马克思恩格斯全集》第42卷,人民出版社1979年版,第150页。

③ 马克思在《关于费尔巴哈的提纲》中的提法,包括"实践活动的唯物主义"和"新唯物主义"。他说:"直观的唯物主义,即不是把感性理解为实践活动的唯物主义,至多也只能做到对'市民社会'的单个人的直观。""新唯物主义的立脚点则是人类社会或社会化的人类。"《马克思恩格斯选集》第1卷,人民出版社1995年版,第60、61页。

④ 关于马克思的本体论思想的发展、海德格尔如何评价马克思以及双方思想的比较分析,请参阅夏之放:《论块垒》第七章,人民出版社2007年版。

义,就特别需要借鉴海德格尔的生存论思想和方法。

　　总之,我们认为,马克思主义唯物辩证法和历史唯物主义,从总体来说是纵横交合、宏观微观结合的科学的历史主义一元论方法,也即是历史唯物主义系统论的方法。这种方法可以有效地解决美学史上"自上而下"和"自下而上"两种研究方法长期分家的问题。它本身又是一个开放体系,可以吸收多元的、行之有效的其他研究方法。这样我们就可以从多方面、多视角、多层次地研究审美现象,为建立科学的、现代的美学理论体系而作出新的贡献。

复 习 思 考 题

1. 美学发展大体经历了哪些阶段? 马克思主义的创立在美学发展史上有何重大意义?
2. 美学研究的对象包括哪些方面? 历来的美学家有哪些不同的看法?
3. 对于美学的性质与范围你是怎样认识的?
4. 美学与哲学、伦理学、心理学、艺术理论、自然科学等的关系如何?
5. 研究美学应当采取什么方法?

第 一 编

第 2 章　美的本质与特性

美的本质问题,是美学中最基本的理论问题,也是解决其他美学问题的前提和基础。美学研究中许多分歧的产生,不同美学学派的形成,其主要原因之一,就在于对美的本质和特性存在着不同的理解。更为重要的是,对美的本质与特性的见解,直接制约着人们的审美实践活动。因此,弄清美的本质与特性,不仅关系到美学理论的发展,关系到美的欣赏与创造,而且更关系到整个社会与人生的进一步美化。

2.1　一个难解的理论之谜

几千年来,不少哲学家、美学家,为了揭开美的奥秘,曾经从不同的角度,进行过艰苦的探索,并提出了种种有关美的本质的学说。其中影响较大的主要有:"美在形式"说、"美在理念"说、"美在典型"说、"美在主观"说、"美在关系"说、"美在生活"说等。古希腊的毕达哥拉斯学派,首倡"美在形式"的理论,认为美同事物形式所表现出来的均衡、对称、比例、和谐、多样统一分不开,甚至说:"一切立体图形中最美的是球形,一切平面图形中最美的是圆形。"①这种观点,直到近代,仍为许多美学家所接受。英国画家荷迦兹(一译荷迦斯)认为波浪线和蛇形线"引导着眼睛作一种变化无常的追逐,由于它给予心灵的快

---

① 《古希腊罗马哲学》,商务印书馆 1982 年版,第 36 页。

乐,可以给它冠以美的称号"①。美学家克莱夫·贝尔,更以美是"一种有意味的形式"②的见解,发展了美在形式的理论,使其在美学研究与艺术创作领域产生了广泛的影响。然而,单从形式来规定美的本质,显然不能解释许多复杂的美的事物与现象,因此,"美在理念"说便不是强调形式而是突出内容——事物中蕴含的理念。古希腊哲学家柏拉图认为,美的本质在于理念,只有这种理念才是真正的、永恒的美,才是一种具有客观意义的实在。"这种美是永恒的,无始无终,不生不灭,不增不减,因为这种美不会因人而异,因地而异,它对一切美的崇拜者都相同。……它自由自在,是永恒的,而其他一切美好的事物都是对它的分有。然而,无论其他事物如何分有它的部分,美本身既不会增加,也不会减少,仍旧保持着不可侵犯的完整。"③19世纪德国辩证法大师黑格尔,发展并完善了"美在理念"说,提出美是"理念的感性显现"。黑格尔指出,肯定"美就是理念",意味着"美与真是一回事",然而,"说得更严格一点,真与美却是有分别的";只有当理念(真)在"感性的外在的存在"中实现自己的时候,"理念就不仅是真的,而且是美的了"。所以,黑格尔说:"美因此可以下这样的定义:美就是理念的感性显现。"④如果仅就主张从事物自身来寻求美的根源这一点而言,"美在典型"说同"美在形式"说是一样的,但典型说不赞成把美归结为事物自身的形式结构,而主张美是典型,是同类事物中最富于代表性的。古希腊哲学家苏格拉底认为,画家在创作时,应"从许多人物形象中把那些最美的部分提炼出来,从而使所创造的整个形象显得极其美丽"⑤,这可以说就是"美在典型"说的滥觞,而18世纪法国启蒙思想家孟德斯鸠所说的"美的眼睛就是大多数眼睛都像它那副模样的"⑥,则成了"美在典型"说的重要理论依据。"美在主观"说不赞成从客观对象中寻找美,认为美是由人的心灵主观决定的,意大利美学家克罗齐说:"美不是物理的事实,它不属于事物,而属于人的活动,属于心灵的力量。"⑦发展到当代,一些西方美学家进而主张在审美活动中"客观对象是不需要的","美完全依赖于主体的精

---

① 《美的分析》,刘若端译,马奇主编《西方美学史资料选编》上卷,上海人民出版社1987年版,第493页。

② 《艺术》,周金环等译,中国文联出版公司1984年版,第4页。"有意味的形式"的提法,可以分为内容和形式两方面:内容即意味,指形式激起的特殊审美情感;形式指可以激起特殊审美情感的那些线条、色彩的排列组合,两者互为因果,形成循环论证。作者最终把"意味"的含义引向神秘的"终极实在"。"有意味的形式"说法的总体倾向和客观影响,都是偏重于美的形式方面的。

③ 柏拉图:《会饮篇》,《柏拉图全集》第2卷,王晓朝译,人民出版社2003年版,第254页。

④ 以上引文均见黑格尔:《美学》第1卷,朱光潜译,商务印书馆1984年版,第142页。

⑤ 见色诺芬:《回忆苏格拉底》,吴永泉译,商务印书馆1984年版,第120页。

⑥ 转引自蔡仪:《新美学》,《蔡仪文集》第1卷,中国文联出版社2002年版,第236页。

⑦ 《美学原理》,朱光潜译,《〈美学原理〉〈美学纲要〉》,外国文学出版社1983年版,第107—108页。

神状态"，人类的"审美知觉一旦转向任何一种对象，它立即就能变成一种审美的对象"①。"美在关系"说的创导者，是法国启蒙主义者狄德罗。他指出，人们对于美的本质的把握，应当突破个别因素、个别事物而着眼于事物内部的关系以及事物与事物之间的关系。所处关系不同，事物的审美价值也就有了变化。因此，狄德罗认为，"美总是随着关系而产生，而增长，而变化，而衰退，而消失"②的。"美在生活"说把美同人类社会生活明确联系起来，断言"美是生活"。俄国19世纪革命民主主义思想家车尔尼雪夫斯基在他的美学论文《艺术与现实的美学关系》中，强调一切美的事物都不能脱离人类社会生活，认为凡是有益于人们生活的东西，符合人类生活要求的东西，或者能够显示出生活以及使人们想起生活的东西，那就是美的③。凡此种种古往今来关于美的本质的理论，真是令人眼花缭乱，不胜枚举。我们只要翻阅一下柏拉图的《大希庇阿斯篇》、狄德罗的《关于美的根源及其本质的哲学探讨》和列夫·托尔斯泰的《艺术论》，就会发现这三位大师所搜集的有关美的定义，多得难以数计。柏拉图对许多有关美的看法作了一番比较与探讨后，十分感慨地承认："我得到了一个益处，那就是更清楚地了解一句谚语：'美是难的'。"④狄德罗则说："人们谈论最多的事物，像命运安排似的，往往是人们最不熟悉的事物；许多事物如此，美的本质也是这样。"⑤列夫·托尔斯泰也说："'美是什么'这一问题却至今还完全没有解决，而且在每一部新的美学著作中都有一种新的说法。……'美'这个词儿的意义在一百五十年间经过成千的学者讨论，竟仍然是一个谜。"⑥

　　有鉴于此，二十世纪以来，一些西方美学家便对探讨美的本质采取了否定的态度。语言分析学派美学家认为，美的本质（美的共相）问题是一个不可证实的形而上学命题，实际上是一个无意义的假命题。"美"并不是实体，而是由众多的美的事物组成的一个开放的"家族"。美的事物之间仅仅存在一种"家族相似"的关系：家族成员之间可能有些相似的成分，但是却不可能用一种共同的本质来统率它们。海德格尔的存在论哲学认为：凡是能说出来的美的事物、美的定义都只能是有限的美的存

---

　　① 乔治·迪基：《艺术与美学》，朱狄译，见《美学译文》(2)，中国社会科学出版社1982年版，第5、4页。

　　② 《关于美的根源及其本质的哲学探讨》，张冠尧、桂裕芳译，《狄德罗美学论文选》，人民文学出版社1984年版，第29页。

　　③ 参见《车尔尼雪夫斯基选集》上卷，周扬译，三联书店1958年版，第6页。

　　④ 柏拉图：《大希庇阿斯篇》，《文艺对话集》，朱光潜译，人民文学出版社1963年版，第210页。

　　⑤ 《关于美的根源及其本质的哲学探讨》，张冠尧、桂裕芳译，《狄德罗美学论文选》，人民文学出版社1984年版，第1页。

　　⑥ 托尔斯泰：《艺术论》，丰陈宝译，人民文学出版社1958年版，第13页。

在者,一经说出来的时候就已经遮蔽了"美的存在";美只能在"是其所是"的"绽出"状态中为人们所领会,美的存在却是不可言说、不可定义的。海德格尔从此在(人)在世的现身情态立论,认为主客二分式的对世界的认识活动只是此后才会出现的次生状态。他说:"认识是此在的植根于在世的一种样式。""如今人们习以为常仍把认识当作是'主体和客体之间的一种关系',而这种看法所包含的'真理'却还是空洞的。主体和客体同此在和世界不是一而二二而一的。"①海德格尔突破了长期以来的主客二分的认识论框架,吹响了讨伐理性本质主义的号角。据此看来,关于美的本质的追问似乎也将陷入理性本质主义而应该予以放弃。与上述两种哲学思潮的影响密切相关,西方许多美学家自觉地将"美的本质"问题悬置起来。到了解构主义思潮盛行的时候,一切先在的本质结构统统在被消解之列,美的本质问题更是被视为过时的无用的问题而弃如敝屣。在我国,自从 20 世纪 50—60 年代围绕美的本质形成四大派展开争鸣以来,经过 80 年代美学热升温促使美的本质问题重新成为热点,至 90 年代的美学转型过程中,美的本质问题的探讨也逐渐退潮并沉寂下来。

我们认为,美学作为一门探讨人对现实的审美关系及其规律的哲理性学科,是不应该回避美的本质问题的。尽管我们感到,从众多美的现象中抽象出美是什么的问题并给予哲理性回答是相当困难的,但是这对于学科建设来说却是必要的前提。同时,我们认为,从人的生存源初状态出发,与建立在主客二分基础之上进行理性分析,二者之间并不存在非此即彼的排他性关系。我们主张,一方面应该借鉴存在论哲学对于生存源初状态的重视,防止落进先验理性本质主义的陷阱;另一方面,也要清醒地看到,如果只是醉心于此在生存的源初情绪状态而完全排斥主客二分的认识论考察,那就会像海德格尔晚年时期一样,陷入根本无法言说的语言悖论之中,实际上也就取消了美学作为哲理性学科的存在价值。有鉴于此,我们仍将沿着前人的足迹继续探讨美的本质问题。

美的奥秘何以会如此难解呢?

先从审美客体方面来看。罗丹说过:"美是到处都有的。"②事实确实如此。无论在自然界、在社会中,还是在艺术领域里,美都普遍地存在着。只要哪里有人类的生活,哪里就会有美的踪迹。但是,到处存在的东西,并不就是清澈见底、一目了然的东西。粗粗一看,它似乎明明白白;稍一思索,却又觉得非常玄妙。如果我们要问:什么是美的? 那是很容易回答的,连三岁小孩也可以说上一大串美的事物来。

---

① 海德格尔:《存在与时间》修订译本,陈嘉映、王庆节译,三联书店 2000 年版,第 73、70 页。

② 《罗丹艺术论》,沈琪译,人民美术出版社 1978 年版,第 62 页。

如果要问:美是什么?那就不是容易说清楚的了。这个问题曾使许多专家、学者伤透了脑筋,被视为一个难以解开的理论之谜。美的奥秘之所以如此难解,不仅因为它是发展的、变化的,有的甚至稍纵即逝,使人难以捉摸;更主要的是,它还分别地表现在自然界、社会生活和艺术作品中,存在着不同的形态。就以自然美来说,有的是经过人的劳动直接加工改造过的,有的却是以原生的自然状态呈现出来的。在社会生活中,美有时是动态的,有时又是静态的。在艺术领域中,美的品种更为丰富多样。这样,就使问题显得更加复杂了。在美学讨论中往往会有这样的情况,当美学家按照自己对美的理解来解释某一种美的形态,如解释自然美时,似乎是很有道理,可是,一用来解释社会美或艺术美,却又会露出破绽。同样,当有人用另一种论断来解释艺术美时,好像也很有道理,可是,一用来解释自然美或社会美,往往又很难自圆其说。所以,要在美的不同形态中,在千差万别的美的事物中,找出其共同的质的规定性,确实不是那么容易。

再从审美主体方面来看。我们常说:"好美之心,人皆有之。"古代人爱美,现代人更爱美。然而,人们对于美的向往与追求,却呈现出极为复杂的情况和差异。譬如,面对一束红花,除了色盲的人以外,人们对于它的"红",不会有什么分歧意见;然而,对于它是否"美",各人的看法就可能大相径庭了。即使同一个人,对于同一个对象,在不同的条件下,往往也会作出不同的审美评价。这种由于主体条件的不同而形成的审美评价的差异,自然给认识与把握美的本质造成很大的困难。特别是社会生活中某些怪异的审美现象,更使美学研究者感到棘手。例如,我国封建社会后期,妇女以缠足为美,好好的一双脚,硬要用布裹扎起来,把骨头折弯,造成畸形,以致步履维艰,但却美其名曰"步步生莲花"。又如某些少数民族的姑娘,把俊美的面孔刺破,让它溃烂,最后留下密密麻麻的疤点。这明明是一种痛苦,可是在相当长的时期内,人们竟痴心地追求它,视它为美。这种异常的审美现象,世界各民族中均有所表现。有的以胖为美,有的以黑为美;缅甸某地区的姑娘在颈项上套上一叠高高的铜圈,使颈脖延伸到一英尺(约 30 公分)长以上;非洲玛卡洛族妇女,在上嘴唇穿孔,并插入一个名为"陪尔雷"的金属环或竹环,使嘴唇突出于鼻尖达二英寸(约 5 公分以上)……在世界范围内,这样的例子是举不胜举的。要对此类异常的审美现象一一作出科学的解释,实在是非常困难的。

那么,美的奥秘是否就根本不能揭开呢?答案应该是否定的。辩证唯物主义认为,世界上的一切事物都是可以认识的,美的本质自然也不例外。尽管目前还有许多困难,还难以取得普遍一致的结论,可是,与前人相比,我们毕竟有不少有利的条件。

第一,几千年来,无数先哲虽然未能摘下这颗美学皇冠上的明珠,但是,他们所进行的有益探索,却给后人留下了非常宝贵的遗产。他们在布满荆棘的道路上所印下的足迹,鞭策着后继者奋发向前;他们取得的各种正反面的经验,是值得我们借鉴的宝贵财富;他们卷帙浩繁的著作和闪烁着璀璨火花的真知灼见,为我们把握美的本质提供了有益的参照。例如,狄德罗提出了"美是关系"的著名论断,对美的绝对性与相对性发表了极为精到的见解。康德首先从哲学上论证审美具有其独立的领域,将审美与认识和道德的意识领域作出了基本划分。黑格尔从康德出发而又扬弃康德,提出了"美就是理念的感性显现"的定义,虽然把美的内容归结为超验的"理念",表现出明显的唯心主义倾向,但这一定义在美学史上的意义和价值,却不应抹杀。一方面,这个定义不是仅仅从个别事物或事物的形式去阐述美的本质,而是强调美应当把感性与理性、内容与形式统一起来;另一方面,它又肯定了美是具体可感的、有光彩的。所以,黑格尔的定义闪耀着辩证法的光辉,对我们把握美的本质很有启发。车尔尼雪夫斯基关于"美是生活"的论断,在美学史上也有重要的地位。尽管车尔尼雪夫斯基还不能用历史唯物主义的观点来理解美,因而未能对生活中的美作出完全科学的解释,但他却把美从理念的天国拉回到了现实,肯定了现实生活中美的存在,这就使美学研究和艺术创作有了牢固的现实基础。我国古代的美学理论,同样蕴含着极为丰富的宝藏。从先秦诸子一直到王国维、蔡元培等,都对美学领域中的许多问题,提出过各种精辟的见解,值得我们认真地加以总结和借鉴。事实上,科学研究的途径,犹如田径场上的接力赛跑,总要在前人取得的成就的基础上,加以发展、提高。只要我们尊重前人,研究前人,善于批判地吸取前人留下的丰富的思想资料,又十分重视研究现实的审美实践,我们就能在美学研究中不断前进。

第二,现代科学技术的发展,为美学研究提供了极为有利的物质条件。例如,通过录音、录像、摄影、传真以及电脑动画制作等现代科学技术手段,把现实中瞬息万变、稍纵即逝的美保留下来,把远在天边的美传递过来,不仅使现实生活中的美得到如实的再现,而且可以把早已灭亡的恐龙、想象中的虚幻世界等也生动地展现出来。这样,即使是生活在海边的人,也可以欣赏旖旎的桂林山水;生活在南方的人,也可以饱览祖国的北国风光。梅兰芳等四大名旦,虽已先后离开人间,但他们精湛的表演艺术,仍可以通过银幕、磁带等长留于世……这样,在美学研究上,我们就较少地像前人那样经常受到时间与空间的局限,不仅为考察艺术美提供了方便,更为现实美的探索开辟了新的天地,从而大大地扩展了美学研究的视野。

第三,从指导思想上来看,以往有不少美学家由于时代和阶级的局限,以及当时的文化视野和思维方式的束缚,常常离开了人类的实践活动,离开了社会历史的发展去研究美,因此,他们不可能全面地、科学地解开美学中的难题。普列汉诺夫曾经非常推崇车尔尼雪夫斯基,认为当他"断言美是'应当如此'的生活"时,"他所说的是完全的真理。他的错误仅仅是他没有充分地弄明白人关于'生活'的观念在历史上是怎样发展起来的"①。普列汉诺夫又说:"科学的美学,更确切些说,正确的艺术学说,只有当正确的'生活'学说产生的时候,才能站在牢固的基础上。"②这个"正确的'生活'学说"不是别的,就是车尔尼雪夫斯基没有来得及掌握的历史唯物主义。今天,我们可以凭着这把马克思主义的钥匙,打开整个社会生活的大门,进入美的殿堂,探究美的奥秘。1845 年,年轻的马克思曾在《关于费尔巴哈的提纲》第一条中指出:以往一切唯物主义的主要缺点就是"对对象、现实、感性,只是从客体的或者直观的形式去理解,而不是把它们当作感性的人的活动,当作实践去理解",至于"能动的方面却被唯心主义抽象地发展了"③。在美学研究中,有了马克思主义的指导,我们就不会像旧唯物主义那样,纯粹从感性直观方面去研究美,也不会像唯心主义那样,只是"抽象地"从"能动方面"去研究美,而是坚持辩证唯物主义和历史唯物主义的基本观点,从整个社会历史发展中,从人类认识世界、改造世界的实践活动中,从人的生存状态和对于周围世界的感悟中,去研究美、考察美,把美学研究纳入正确的轨道。

第四,在过去生产力发展水平相对低下、私有财产在生产关系中占有支配地位的社会里,由于脑力劳动与体力劳动的分工以至对立,广大被剥削、受压迫的劳动人民生活艰难,常常挣扎在饥饿线上。正如马克思所说:"忧心忡忡的穷人甚至对最美丽的景色都没有什么感觉"④,当然也就谈不上对美学进行研究和探索了。随着生产力的发展和科学技术的进步,人类社会已经进入后工业化时代,生活艺术化和艺术生活化已经成为不可阻挡的潮流,审美文化已经渗透在人们衣食住行的各个方面。特别是在社会主义的历史条件下,美学从哲学家、美学家的书斋里解放了出来,与广大劳动群众结合在一起,从而掀起了群众性的学习美学、研究美学的热潮,这是以往任何时代都不可比拟的。在群众性的美学热潮中,不仅普及了美学知识,提高了人们的审美能力,而且极大地加深了美学与人民群众革命实践的联系,使美学得以充实、丰富、深化、充满生气。总之,人民需要美学,美学属于人民。在与人民群众

---

① 普列汉诺夫:《尼·加·车尔尼雪夫斯基的美学理论》,《普列汉诺夫美学论文集》第 1 册,曹葆华译,人民出版社 1983 年版,第 301 页。

② 同上书,第 302 页。

③ 参见《马克思恩格斯选集》第 1 卷,人民出版社 1995 年版,第 54 页。

④ 《1844 年经济学哲学手稿》,《马克思恩格斯全集》第 42 卷,人民出版社 1979 年版,第 126 页。

及其斗争实践的血肉联系中,美学的发展必将进入一个前所未有的新时期。

2.2　美是人的本质力量的感性显现

美是什么?前人尽管作出了多种多样的回答,不乏真知灼见,但却很难说是科学的。恩格斯曾经指出:"必须重新研究全部历史,必须详细研究各种社会形态存在的条件,然后设法从这些条件中找出相应的政治、私法、美学、哲学、宗教等等的观点。"①要洞察美的本质,就必须从客观实际出发,紧密联系人类丰富的审美实践活动。

审美活动是一种社会现象

审美活动究竟是一种自然现象,还是一种社会现象?是美学研究中首先碰到的一个相当复杂的问题。有人认为,灿烂的阳光、皎洁的月色、婉转的鸟语、馥郁的花香,以至于巍峨雄伟的泰山、神奇绝妙的黄山、奔腾不息的黄河、一泻千里的长江……不都是先于人类而存在的吗?怎么能说美是一种社会现象呢?因而,有的美学研究者认为美与人类没有必然的联系。伟大的生物学家达尔文在他的《物种起源》、《人类的由来》等著作中,不仅认为美是可以先于人类社会而存在的,而且还论证了对于美的意识也非人类所独有。达尔文通过对许多飞禽走兽的观察,得出了禽兽以至昆虫都有审美活动的结论:有的展示羽毛,有的呈现异彩,有的发出鸣叫,等等。他说:

> 当我们看到一只雄鸟在雌鸟面前展示他的色相俱美的羽毛而惟恐有所遗漏的时候,而同时,在不具备这些色相的其它鸟类便不进行这一类表演,我们实在无法怀疑,这一种的雌鸟是对雄鸟的美好有所心领神会的。世界各地的妇女都喜欢用鸟羽来装点自己,则此种鸟羽之类和足以供饰物之用也是不容争论的。……如果雌鸟全无鉴赏的能力,无从领悟雄鸟的美色、盛装、清音、雅曲,则后者在展示或演奏中所花费的实际的劳动与情绪上的紧张岂不成为无的放矢,尽付东流?而这是无论如何难于承认的。②

---

① 《致康·施米特》(1890 年 8 月 5 日),《马克思恩格斯选集》第 4 卷,人民出版社 1995 年版,第 692 页。

② 达尔文:《人类的由来》上册,潘光旦、胡寿文译,商务印书馆 1986 年版,第 136 页。

达尔文在论述中企图使人们相信,早在人类诞生之前,自然界的种种事物就有美丑之分,而动物对于美的赏析能力,则是客观存在、有目共睹的。乍看起来,达尔文的论述似乎有很大的说服力,可是如果仔细加以推敲,便会发现它并不那么准确与科学。

假如离开人类社会,自然界的事物确实也有美丑之分的话,那么,人们就该进一步追问:在自然界的事物中,哪些美,哪些丑? 区分美丑的根据是什么? 何以被达尔文认为具有审美能力的禽兽,除了"欣赏"同一种属异性的某些生理性特征外,对于其他美的事物统统无动于衷呢? 事实上,离开了人类及其社会生活,对此要作出科学的回答与界定,是根本办不到的。达尔文观察到的鸟兽虫鱼的所谓"审美活动",不过是它们为繁衍后代而进行的求偶活动的前期准备活动。雄性鸟类向自己的雌性伙伴展示自己的羽毛和歌喉,同雌性鸟类施放某种气味一样,都是基于求偶需要的性感活动。虽然说人类的美感与动物祖先的性感之间可能存在着某种渊源关系,但是,将两者等量齐观就大错特错了。动物不仅感受不到人类及其社会生活的美,也感受不到自然界其他事物的美,既不会欣赏风景,也不会欣赏对人说来比它更美的别的动物。一只雌的癞蛤蟆,不会因为雄的青蛙比雄的癞蛤蟆"漂亮"而去"追求"它,一只雄性麻雀自然也不会拜倒在姣凤鸟的"石榴裙"下。18 世纪法国启蒙运动的创始人伏尔泰说:

> 如果你问一个雄癞蛤蟆:美是什么? 它会回答说,美就是他的雌癞蛤蟆,两只大圆眼睛从小脑袋里突出来,颈项宽大而平滑,黄肚皮,褐色脊背。如果你问一位几内亚的黑人,他就认为美是皮肤漆黑发油光,两眼洼进去很深,鼻子短而宽。如果你问魔鬼,他会告诉你美就是头顶两角,四只蹄爪,连一个尾巴。[①]

伏尔泰的这段话,把黑人同癞蛤蟆、魔鬼混同一起,虽然表现了他的种族偏见,但不可否认他的论述的确从一个角度说明了动物是不具备审美能力的。事实上,求偶期的动物,其种属特征往往最为显著。这种特征,对于同类动物来说,不过是增强了它对异性的吸引能力,其作用是便于得到交配的机会,其中谈不上美与不美;对于人来说,这些特征则既可能显得美,也可能显得丑,例如猫儿叫春的声音就是很不悦耳的。所以,动物只有性感,而没有美感;美绝不单纯决定于物的自然属性,而决定于

---

① 伏尔泰:《论美》,北京大学哲学系美学教研室编《西方美学家论美和美感》,商务印书馆 1980 年版,第 124—125 页。

它的自然属性同人及其社会生活的关系——适应人类社会生活需要的程度与性质。

其实,对于动物究竟有没有美感,达尔文的见解是相当犹豫不定的。他不仅承认:"就绝大多数的动物而论,这种对美的欣赏,就我们见识所及,只限于对异性的吸引这一方面的作用,而不及其它。"①"显而易见的是,夜间天宇澄清之美、山水风景之美、典雅的音乐之美,动物是没有能力欣赏的"②。而且他还科学地指出:动物一旦被阉割,这些"公的动物用不同的媚惑的手段来试图激发和引诱母兽的方法",就一定会"销声匿迹,永不出现"③。因而也就不可能再向雌者炫耀其羽毛或显示其歌喉了。这就明白地告诉人们,动物基于性本能的展示其种属特征的行为,同人类的审美活动,有着本质的区别。前者是生理性的,后者是社会性的。动物求偶期的活动,同人类的审美活动不能等同视之。两者分别属于不同的科学研究领域:一为自然科学的对象;一为人文社会科学的对象。

然而,达尔文有时又摇向了另一个极端,不仅认为动物与人一样,也有审美活动的能力,而且还说什么这种能力是"不开化人"所不及的。他说:"根据大多数野蛮人所欣赏而我们看了可怕的装饰手段和听到了同样吓人的音乐来判断,有人可以说他们的审美能力的发达还赶不上某些动物,例如鸟类。"④这种说法就距真理更远了。"野蛮人"不论怎样毕竟是人,是已经脱离了动物界、具备了人的基本特征的人。尽管由于生产力水平的低下,他们采用或制作的装饰品还十分粗糙,远远不及某些鸟类的羽毛精细、艳丽,他们创作的音乐也极为简单,比不上许多鸟类的鸣叫那样悦耳、动听,但是,他们的装饰品与音乐,毕竟是自己创造的、为自己服务、并显示了自己的本质力量——改造自然、支配自然的能力——的东西。恩格斯说过:"即使最低级的野蛮人的手,也能做任何猿手都模仿不了的数百种动作。任何一只猿手都不曾制造哪怕是一把最粗笨的石刀。"⑤同样,我们也可以说,没有任何一种走兽或飞禽,曾经创造过一件装饰品或一首乐曲。创造美、欣赏美,只能是人类所独有的一种社会性的文化实践活动。

总之,美必须依赖人类社会而存在。在人类出现以前,宇宙太空的万事万物,无所谓美,也无所谓丑,犹如无所谓真、无所谓伪,无所谓善、无所谓恶一样。尽管那个

---

① 达尔文:《人类的由来》,潘光旦、胡寿文译,商务印书馆1986年版,第136页。

②④ 同上书,第137页。

③ 同上书,第838、839页。

⑤ 恩格斯:《劳动在从猿到人转变过程中的作用》,《马克思恩格斯选集》第4卷,人民出版社1995年版,第375页。

时候,日月星辰,山水花鸟都早已存在,并按照自身的规律发展着、变化着,但那不过是一些纯粹的自然的存在物而已,还未取得美所必须具备的社会属性与价值。相对于人的意识,相对于个人来说,事物的美同真、善一样,都是客观的;然而,真、善、美,都是相对于人类而言的一种社会价值,它离不开人,离不开人类社会,否则,它们就会失去自己赖以存在的社会依据。所以,美是客观的、社会的。当然,美必须以事物的自然属性作为物质基础,但美之所以为美,关键还在于这些自然属性同人类社会生活的联系,因此我们说,美是一种社会现象,是社会历史发展的产物,它必然受到人类社会生活的制约,并且随着社会历史的发展而不断丰富和发展起来。

审美活动作为人类特有的社会活动,还涉及美感等诸多问题,我们将在以下篇章中详加论述。

美与人的本质力量

肯定美是一种社会现象,只不过阐明了美的隶属范围,还未能揭示出美的本质。属于社会现象的事物是很多的,美是社会现象,丑也是社会现象,善与恶都是社会现象,……因此,研究美的本质,必须进一步考察美同社会人生的特殊联系,把握其矛盾的特殊性,确定它与其他社会现象不同的特定内涵。

黑格尔在他的《美学》全书的序论里,为了剖析艺术美,解释艺术美之所以为人类所需要,举了一个耐人寻味的例子:

> 一个小男孩把石头抛在河水里,以惊奇的神色去看水中所现的圆圈,觉得这是一个作品,在这作品中他看出他自己活动的结果。①

黑格尔用这个例子来说明,人同自然物具有不同的存在形式:"自然界事物只是直接的,一次的,而人作为心灵却复现他自己,因为他首先作为自然物而存在,其次他还为自己而存在,观照自己,认识自己,思考自己,只有通过这种自为的存在,人才是心灵。"②黑格尔认为,人的自我意识的获得,一是通过认识的方式,一是通过实践的活动。他说:"人有一种冲动,要在直接呈现于他面前的外在事物之中实现他自己,而

---

① 黑格尔:《美学》第 1 卷,朱光潜译,商务印书馆 1979 年版,第 39 页。
② 同上书,第 38—39 页。

且就在这实践过程中认识他自己。人通过改变外在事物来达到这个目的,在这些外在事物上面刻下他自己内心生活的烙印,而且发见他自己的性格在这些外在事物中复现了。人这样做,目的在于要以自由人的身份,去消除外在世界的那种顽强的疏远性,在事物的形状中他欣赏的只是他自己的外在现实。"①在这些论述里,黑格尔虽然从美是理念的感性显现的美学观出发,以本能的"冲动"来解释人对客观世界的改造与认识,以为"人对自然的关系首先并不是实践的即以活动为基础的关系"②,而是意识的关系、理念的关系,表现了明显的唯心主义的谬误;但是,他强调人有自我意识,能够"观照自己,认识自己,思考自己",则确乎是一种很有价值的思想。恩格斯在《〈自然辩证法〉导言》里就曾肯定,只有在人身上,"自然界获得了自我意识"③。我们只有明确了惟有人才有"自我意识"这一重要的特点,并且懂得人类的自我意识是怎样获得的,才能对美与美感的本质作出合理的解释。

例如,原始狩猎部族常常以野兽的皮、爪、角、牙齿等来装饰自己。这些简单粗糙的实物何以会具有审美价值呢? 普列汉诺夫认为,这并非"单单是由于这些东西所特有的色彩和线条的组合",而是"由于它们是勇敢、灵巧和有力的标记"④。这也就是说,作为装饰品的野兽的皮、爪、角、牙齿等,已经不再是纯粹的自然物了。它们是原始人从猎获的动物身上得来的。这些本来属于自然物的客观对象,已经进入了人类社会生活,同人类的活动形成了这样那样的关系,并打上了人类创造性实践活动的印记,因而也就成为可以显示人的勇敢、机智和才能的见证物。用哲学上的术语来说,就是显示了当时原始人的本质力量。人们欣赏它的美,其实就是对于在对象上显示出来的自身本质力量的观照。同样,人们欣赏鲜花的美,当然离不开它特定的自然属性,但是它那绚丽的色彩、婀娜的风姿,欣欣向荣的勃勃生机之所以美,就因为它与人的生活有着某种联系,用车尔尼雪夫斯基的话来说,它可以"显示出生活或使我们想起生活"⑤,因为人的生活与精神状态,也应当绚丽多彩、生动活泼、充满无限生机。一支乐曲之所以美,不仅在于它有宜人的节奏和旋律,还在于它通过这节奏和旋律抒发了人们真切的感受、健康的情趣和追求新生活的愿望、理想。所以,离开了人,离开了对人的本质的把握,就无法对美的本质作出科学的论述。

---

① 黑格尔:《美学》第 1 卷,朱光潜译,商务印书馆 1979 年版,第 39 页。
② 马克思批评阿·瓦格纳的话。见《评阿·瓦格纳的〈政治经济学教科书〉》,《马克思恩格斯全集》第 19 卷,人民出版社 1963 年版,第 405 页。
③ 《马克思恩格斯选集》第 4 卷,人民出版社 1995 年版,第 273 页。
④ 普列汉诺夫:《没有地址的信》,曹葆华译,《普列汉诺夫美学论文集》第 1 册,人民出版社 1983 年版,第 315 页。
⑤ 《艺术与现实的美学关系》,周扬译,《车尔尼雪夫斯基选集》上卷,三联书店 1958 年版,第 6 页。

那么,究竟应当怎样理解人的本质呢? 人与动物的根本区别又是什么呢? 历史上不少学者都对此作过回答,但由于他们总是脱离人类的社会实践,抽象地规定人的本质,所以不能对问题作出科学的答案。荀子曾经指出,人的力气没有牛大,行走没有马快,但却能驾驭牛马,使它们为人服务,这是为什么呢? 他回答说:"水火有气而无生,草木有生而无知,禽兽有知而无义;人有气、有生、有知,亦且有义。故最为天下贵也。"①在两千多年前的战国末期,荀子对人的本质就有了这样的认识,确实是相当可贵的,但是,他把"义",即某种精神力量,作为人的最重要的本质,作为人与动物相区别的标志,则显然是唯心主义的,尚未能认识到人的精神力量由来之根源。

马克思主义认为,人是社会的动物。人与动物的根本区别,并不只是表现在人比动物在生理上更加完善一些,在智能上更加聪明一些,而是表现在人有社会实践活动的能力。恩格斯强调从猿到人的过程,不是单纯的量的渐进,而是由量的积累而达到的质的飞跃。要使人真正彻底地脱离动物界,就必须经历两次"提升"。一次是通过"一般生产","在物种关系方面把人从其余的动物中提升出来";还有一次是通过"一个有计划地从事生产和分配的自觉的社会生产组织"的建立,"在社会关系方面把人从其余的动物中提升出来"②。马克思、恩格斯对于人的本质曾经有过许多论述,综其大观,都是围绕着这两次"提升"来展开的。我们要真正全面地把握住人的本质,也必须从研究人的这两次"提升"入手。

马克思说过:"人的类特性恰恰就是自由的自觉的活动"③。这是从物种关系方面来说的。从类人猿进化而来的人与动物一样,为了维护自己和种族的生存,都有从事有关活动的能力,如捕食、营巢、防御等等。但是,人与动物的活动是有本质区别的,这种区别主要就表现在马克思所指出的"自由""自觉"上面。首先,我们知道,客观世界的万事万物,都有它自身特定的本质和规律,动物和人都在这个必然的王国里生存着、活动着。但是,动物的生存活动只能被动地顺从自然,却不能认识和驾驭自然,因而是消极的、无奈的。即使是动物中最聪明的猿猴,也仍然是自然的奴隶,尽管猿猴可以利用自然界提供的现成物作为工具而得到高处的果实和洞中的白

---

① 《荀子·王制》。

② 参见恩格斯:《〈自然辩证法〉导言》,《马克思恩格斯选集》第 4 卷,人民出版社 1995 年版,第 275 页。

③ 马克思:《1844 年经济学哲学手稿》,《马克思恩格斯全集》第 42 卷,人民出版社 1979 年版,第 96 页。这句话的新译文是:"人的类特性恰恰就是自由的有意识的活动。"自觉即是"有意识"。见《马克思恩格斯选集》第 1 卷,人民出版社 1995 年版,第 46 页。

蚁,但是它们却只能获得自然界所能给予它的现成的东西。人就不同了。人能通过自己的实践活动,逐步地摆脱蒙昧、野蛮的状态,慢慢地熟悉和掌握客观世界的必然性,从而获得某种程度上与自然相协调的自由。随着社会实践活动的发展,人类脱离动物界的程度也愈来愈高,对于自然的认识也愈来愈深,因而在实践中协调自然、使之造福于人类的自由度也愈来愈大。人类向着文明世界前进的历史,就是不断地从必然王国走向自由王国的历史。其次,动物的活动是盲目的,是在为了个体生存和族类繁衍而先天得来的本能支配下进行的。它在活动之前,不会有既定的目的和计划;活动之后,也不会把经验上升为理论。飞蛾扑向灯火自焚,巨鲸跃上海滩丧生,它们根本意识不到自己行为的严重后果。牛会犁田,马会拉车,这都需要人的驾驭和驱使,离开了人,它们将无所适从。只有人的活动是自觉的,是按照自身的各种需要有目的、有计划地进行的。马克思曾经说过,蜜蜂建造蜂房,使得一切建筑师惊叹不已,但是他接着说:

> 最蹩脚的建筑师从一开始就比最灵巧的蜜蜂高明的地方,是他在用蜂蜡建筑蜂房以前,已经在自己的头脑中把它建成了。劳动过程结束时得到的结果,在这个过程开始时就已经在劳动者的想象中存在着,即已经观念地存在着。①

这说明,人的活动是有目的、有意识的活动,在活动之前,存在着一定的思考和安排。人离开动物愈远,他也就愈能在更加广阔的范围内来认识世界、利用和改造世界。因此,所谓"自由自觉"的活动,即人类的生产劳动及各种社会实践活动,都是富有创造性的。人正是通过这种活动,不断地使"自在之物"转化为"为我之物"。人与动物的本质区别,从物种关系上说,就在于人具有通过自由自觉的劳动而进行自由创造的能力。

马克思又说:"人的本质不是单个人所固有的抽象物,在其现实性上,它是一切社会关系的总和。"②这是从社会关系方面来说的。人类的生产劳动,是一种社会性的活动,只有在一定的人与人之间的关系,亦即社会关系的支配和制约下,才能有效地进行下去。因此,人的本质,不仅要以生产劳动为基础,并通过生产劳动及其产品显示出来,而且还要以"每个个人和每一代所遇到的现成的东西:生产力、资金和社

---

① 马克思:《资本论》,《马克思恩格斯选集》第 2 卷,人民出版社 1995 年版,第 178 页。
② 马克思:《关于费尔巴哈的提纲》,《马克思恩格斯选集》第 1 卷,人民出版社 1995 年版,第 56 页。

会交往形式的总和",作为"现实基础"①,并通过动态的社会关系显示出来。人类社会生活的领域是极为广阔的,有经济生活、政治生活、科学文化生活、家庭日常生活等等,这就决定了人与人之间种种复杂的社会关系——经济关系、政治关系、伦理关系、文化关系、血缘关系,以至于亲属关系、隶属关系、朋友关系、同事关系、师生关系等等。人的本质就要受到这种种复杂的社会关系的制约,并且打上种种社会、历史和时代的烙印。特别是在私有制的条件下,由于阶级剥削和压迫的存在,异化劳动出现了,随之,人的社会本质在各类人身上也出现显著的变化。比如,一些窃据某种社会权力的剥削阶级代表人物,私欲膨胀的野心家、阴谋家等,他们高踞于群众之上,对劳动人民政治上进行残酷的压迫,经济上进行残酷的剥削,肉体上进行残酷的摧残,在他们身上,人类进行自由创造的本质几乎泯灭殆尽,甚至完全被嗜血成性的兽性所代替。至于广大劳动人民,则在剥削阶级的统治与奴役下,过着牛马不如的生活。他们没有财产,没有自由,没有欢乐,有的只是贫困、饥饿和灾难。他们所从事的劳动,也逐渐失去了自由自觉的性质,变成了只是"替他人服务的、受他人支配的、处于他人的强迫和压制之下的活动"②。即使在饮食男女方面,也被降低到了像动物一样勉强维持生存的水平,这样,人类从事自由创造的本质力量,在他们身上也受到了不同程度的限制。因此,人类只有通过对私有财产的积极扬弃,摆脱私有制的桎梏,实现"通过人并且为了人而对人的本质的真正占有"③,建设起美好的共产主义社会,才能最终脱离弱肉强食的动物状态,实现社会关系上的"提升",从而使人类进行自由创造的本质力量得到更加充分、更加全面的发展。

　　人类有别于动物的两次"提升",从物种关系上说,就是日益认识和把握客观必然性从而获得合规律性的自由——主要为求真;从社会关系上说,则是在社会进步理想的指引下,通过不断改造阻碍历史前进的现实关系,以促进人类社会向合目的性方向发展——主要为向善。这种人类所特具的求真、向善的本质力量的形成和发展,是在长期的历史过程中,经过以生产劳动为基础的各种社会实践活动而逐步实现的。正是由于生产劳动和各种社会实践,人类才不断地认识和改造客观世界,使自然界和人类社会不断向符合人类生存的需要的方向发展;与此同时,人类也不断

---

①　马克思、恩格斯:《德意志意识形态》,《马克思恩格斯选集》第 1 卷,人民出版社 1995 年版,第 92—93 页。

②　马克思:《1844 年经济学哲学手稿》,《马克思恩格斯选集》第 1 卷,人民出版社 1995 年版,第 49 页。

③　马克思:《1844 年经济学哲学手稿》,《马克思恩格斯全集》第 42 卷,人民出版社 1979 年版,第 120 页。

地改造自身,使自身的本质力量不断充实、丰富和提高,不断向更高的层次发展。并且,由于在生产劳动实践中,人类给自然界和周围的环境打上了自己的印记,使人的本质力量在实践活动过程及其成果中显现出来,这就给人类在他所创造的世界中通过直观肯定自身提供了可能。所以,同前面讲到的黑格尔的见解不同,我们认为人对现实的审美关系的形成是一个不断累积的历史发展过程,因而对于它的说明也不能仅仅认为出自个人的"一种冲动",不能仅仅从当下某个人的心对物的作用来解释,而应该首先着眼于人类的物质实践活动,着眼于人类实践所创造的社会条件。当人类的本质力量在实践过程及其成品中感性地显现出来,并且得到人们的观照、引起人们感情上的愉悦时,人与客观对象之间的审美关系也就客观必然地形成了。因此,美不是什么虚无缥缈的、神秘的理念的外化,而是在人类的物质实践活动中,历史地形成的人的本质力量的感性显现。

根据以上的论述,我们可以得出以下几点认识:

首先,人的本质力量是在认识世界、改造世界的实践活动中形成和发展起来的,是在人类遵循客观规律并且符合主观目的的条件下进行自由创造的活动中表现出来的。它是人类社会生活中的能动因素,是促进人类进步、推动历史前进的求真、向善的积极力量。凡是人们在创造性的活动中显示出来的胆识、勇气、智慧、才能、力量、技巧,在追求新生活中所显示出来的理想、兴趣、情感、愿望,都是人的本质力量的具体表现。正因为人具有这样一种积极的、向上的本质力量,人类的生活才会如此欣欣向荣,充满蓬勃的生气。所以,并非任何个人的任何属性或行为,都可以纳入人的本质力量的范畴。一切腐朽、没落的社会势力的反动行为,都是与历史发展的潮流相违逆的,不能进入人的本质力量的范围,而只能是对于人的本质力量的反动(逆向运动)。在对象世界中,只有通过具体的感性形态,显示出人所特有的真与善的本质力量的事物和现象,才是美的,否则,就是不美的,甚至是丑的。

作为美的对立面的丑,与美是同时出现的。人类对于丑的认识,也有一个逐步深化的过程。在古代,美与善是不分的,丑与恶也是不分的。老子说:"天下皆知美之为美,斯恶已;皆知善之为善,斯不善已。故有无相生,难易相成,长短相形,高下相倾,音声相和,前后相随。"①他认为美(善)与丑(恶)相反相成,相互转化,是对立而又统一的。荀子说:"君子能亦好,不能亦好;小人能亦丑,不能亦丑。"②这里所谓的丑,已经是一个内容与形式相统一的概念了。古希腊哲学家苏格拉底认为:"一切

---

① 《老子》二章,见高亨:《老子正诂》上海古籍出版社 1957 年版,第 5—6 页。

② 《荀子·不苟》。

事物,对它们所适合的东西来说,都是既美而又好的,而对于它们所不适合的东西,则是既丑而又不好。"①这是从人的功利目的来区分美丑。英国的休谟认为,美是"秩序和结构适宜于使心灵感到快乐和满足",而丑却是使人感到"不安"与"痛感"②。综观前人的论述,同有关美的本质未能得出公认的结论一样,丑的本质也未得到科学的界定。其实,既然美是肯定人的本质力量的感性形象,具有正面的审美价值;那么,与之相反,丑就是歪曲和否定人的本质力量的感性形象,它的存在妨害和阻碍着人的本质力量的发挥与显现,因而在审美中是一种负价值。从内容方面说,丑是社会生活中与人的本质力量相悖逆的事物;从形式方面看,丑是违背形式规律的畸形的、有缺陷的或无序的感性形式。正如美的事物在内容与形式之间存在着种种复杂的关系一样,丑的事物在内容与形式的关系上也有种种复杂的表现形态。

其次,人的本质力量的形成和发展,是以生产劳动和整个社会实践为基础的。我们在探索人的本质力量的特征时,应该联系人的两次"提升"的具体情况,全面地进行考察。既要看到人与动物在物种关系上的区别,又要看到人与人之间由于阶级、民族、时代等社会关系方面的原因所造成的差异。如果仅仅着眼于人与动物相区别含义上的关于人性的简单而抽象的规定,也就必然会抹杀人的历史发展的层级和各个时代的丰厚内容;反之,如果仅仅看到人们之间的民族差别和阶级差别,甚至把阶级关系等同于社会关系,并用阶级的本质来囊括人的一切基本属性,这也必然会对人的本质力量作出简单化的判断。

反动阶级的倒行逆施,固然不可能体现人类进行自由创造的本质力量,然而,人的本质力量也并非劳动人民所专有。作为一种积极的、推动历史前进的因素,人的本质力量既可以体现在劳动人民身上,也可以体现在一切顺应历史潮流前进的人们、包括处于进步时期的剥削阶级以及虽处衰落时期但却具有某些进步倾向的剥削阶级的成员身上。因此,作为通过感性形式显现了人的本质力量的美,在存在着阶级的社会里,尽管不可避免地会带有阶级的、民族的特点,但却仍然可以有着某些人类普遍的共同性。

再次,人的本质力量不是凝固的,而是发展的、变化的,它标志着人类认识世界、改造世界所达到的相对水平。随着人类社会实践活动的不断展开,随着社会历史的不断前进,人的本质力量也不断得到丰富和发展。因此,美是一种历史性的现象,是

---

① 见色诺芬:《回忆苏格拉底》,吴永泉译,商务印书馆 1984 年版,第 114 页。

② 休谟:《论人性》,北京大学哲学系美学教研室编《西方美学家论美和美感》,商务印书馆 1980 年版,第 109 页。

不断发展的、变化的,它总是随着人的创造力的不断提高,经历着由少到多、由低到高、由粗到精的发展过程。在原始社会里,由于社会生产力的低下,人们的活动领域还相当狭窄,美的对象也只能局限在同生产劳动有关的某些事物上。当时,一把粗糙的石刀、石斧,可能就会使大多数人啧啧称奇、具有很高的审美征服力量;几颗兽牙、兽骨串在一起,就成了类似今天项链之类的装饰品。如今,人们的创造能力已经得到高度的发展,人的审美要求也必然大为提高。如果谁还企图步原始人的后尘,要把石头磨成石刀、石斧,即使磨得比博物馆里的展品还远为光滑、精致,恐怕它的审美价值既不能与当年同日而语,也不能引起当今社会的普遍认同。总之,美的发展具有一定的历史尺度,那些远远落后于这个历史尺度的产品,也就失去了社会普遍认同的美的价值。车尔尼雪夫斯基正确地指出:"每一代的美都是而且也应该是为那一代而存在……当美与那一代一同消逝的时候,再下一代就将会有它自己的美、新的美,谁也不会有所抱怨的。"①

美与感性显现

肯定美的本源来自社会实践,肯定美的内涵在于它代表了人在社会实践中的能动因素,即合规律性与合目的性相统一的创造力量,体现了人在创造活动中焕发出来的聪明、智慧、才能、技巧、情感和理想,这是我们对于美作出的一个重要规定,也是在关于美的分析中坚持历史唯物主义原则得到的首要成果。但是,仅仅坚持了这一点显然还是不够的,还不能充分说明美的事物的基本特征。美的事物还有一个必不可少、不容忽视的重要方面,那就是美的内涵必须以可感的存在形态显现出来,必须具有感性形式方面的规定性。美必定是一种具体可感的形象,美以其感性形态显示其感染人的魅力,并且总是以流动的、新颖的形态显现出来。我们必须把人的本质力量同它的感性显现两个方面统一起来,才能从内容与形式的结合上说明美的本质特征,才能全面地坚持历史唯物主义的方法论原则。

首先,美必定是一种感性存在。

美的事物和现象总是形象的、具体的,总是凭着欣赏者的感官可以直接感受到的。不论是自然美、社会美,还是艺术美,作为内容和形式的有机统一,都有一种感性的具体形态,它们的内容都要通过由一定的色、声、形等物质材料所构成的外在形

---

① 车尔尼雪夫斯基:《艺术与现实的美学关系》,周扬译,《车尔尼雪夫斯基选集》上卷,三联书店1958年版,第44页。

式表现出来。任何抽象的概念、道理,以及各种各样的科学定义、公式,它们可以是非常正确的,甚至可以是适用范围相当广阔的真理,但是一般说来却不能成为通常意义上的审美对象。比如,我们说花是美的,指的一定是具体的花,而不是抽象的花,它的美也必须通过具体的花瓣、花蕊、花茎以及花的各种颜色表现出来。如果离开了这些由物质材料所构成的感性形式,花就成了一个抽象的概念,那就谈不上什么美与不美了。宋玉在《登徒子好色赋》中,曾经描写过一个美人的形象,如果他只写"天下之佳人,莫若楚国;楚国之丽者,莫若臣里;臣里之美者,莫若臣东家之子",那么,这位"东家之子"的美还是抽象的。只有写了"东家之子,增之一分则太长,减之一分则太短,着粉则太白,施朱则太赤。眉如翠羽,肌如白雪,腰如束素,齿如含贝。嫣然一笑,惑阳城,迷下蔡",这样,"东家之子"的美才具体可感地显现出来了。平时,我们总是用"栩栩如生"这几个字来赞誉优秀的文艺作品所塑造的意象,就是因为它鲜明、生动、具体。一部作品,如果没有鲜明独特的意象,没有性格突出的人物,只是图解某种政治思想或道德观念,那么,不论它所表达的思想观念是多么正确、深刻,也很难被大家承认是美的。

由于事物的美总是存在于感性形式之中,离开了特定的感性形式,美也就无所依傍了。所以,人们在探讨美的本质时,往往容易脱离具体的社会历史条件和对象特定的内容,把注意力集中在某种纯粹的物质形式上,以为美就是事物的自然形式或形式规律。古希腊的毕达哥拉斯学派就是从事物的形式中去寻找美的最早代表。他们认为美就是形式各部分之间的对称、和谐和适当的比例,完全可以用严格的"数"来加以表达。在这种观点的影响下,有人认为,圆形和球形是最美的形体;有人认为,曲线是最美的线条;有人还把几何学运用于美学,提出了所谓"黄金分割律",把宽与长成 1∶1.618 的长方形,说成是最美的形式,等等。这种意见,把美仅仅归结为单纯的物质形式,看成一种可以离开社会而存在的自然现象,显然不够科学。

18 世纪英国唯物主义哲学家柏克曾经指出,美的形态是多种多样的,如果用一种固定的比例来硬套丰富多彩的美的事物,这显然是行不通的。他说:

> 天鹅是众所公认的一种美丽的鸟,它的颈部就比它身体其余部分长,而它的尾巴却非常短。这是否是一种美的比例? 我们必须承认这是一种美的比例。但是另一方面关于孔雀我们将怎么说? 孔雀的颈部是比较短的,而它的尾巴却比颈部和身体其余部分加在一起还要长。有多少种鸟都和这些标准以及你所规定的其他任何一个标准有着极大的不同,有着不同的而且往往正相反的比例! 然而其中许多种鸟都是非常美的。我们在研

究这些鸟的时候,从它们身上任何一部分都找不到一种东西,可以使我们先验地说出其他鸟应该是什么样子,或者对其他鸟进行一些揣测。经验证明这样做的结果会造成失望和错误。关于鸟类或花卉的颜色(鸟类和花卉在颜色方面存在相似之处),无论从颜色的范围或从颜色的色调方面考虑,都发现不了什么比例。有一些鸟或花只具有一种颜色,另外一些鸟或花却是有各种各样的颜色;有一些鸟或花的颜色属于原色,另外一些鸟或花的颜色属于混合色;总之,一位细心观察的人很快就可以得出结论:花鸟的颜色正如它们的形状一样,不存在什么比例。①

这对于单纯从事物的形式来探求美的本质的观点的批评,是相当剀切的。

毋庸置疑,作为人的本质力量感性显现的美,总是不能离开一定的物质形式的,然而,如果不顾及内容,把美仅仅看作是颜色、线条、声音等形式因素的组合,依旧不能把握美的特性。比如,红的颜色,原是一种纯粹的自然物质材料,在人类生活中,虽有某种朦胧的意味,但孤立起来却很难判断它美或不美,只有当它在红花、红旗或绘画上表现出来,与人类创造性的生活发生一定的联系时,它才可能具有比较明确的审美价值。同样,要判断线条和声音的美,就得同对象的具体内容和特定的历史条件结合起来。就以曲线与直线来说,抽象地断定曲线比直线美,并没有多大的说服力。上海豫园的九曲桥,作为供人漫步徜徉的场所,曲曲弯弯,非常别致,很有一番风味。然而,"一桥飞架南北,天堑变通途"的武汉长江大桥和南京长江大桥,却以它的挺拔、笔直,显示出令人惊佩的壮美。可见,同样是桥,究竟是曲线美还是直线美,也不能作机械划一的规定,只有结合桥在实际生活中的地位和作用,才能恰当地加以评判。

因此,我们不能把美的感性存在,仅仅看作是一个纯粹的形式问题。美是内容和形式的统一,美的感性存在,也是在这种统一中表现出来的。

其次,美必然具有令人动情的感染力。

美不只是具体的、形象的,而且还具有很强的感染力。它不是直接诉诸人的理智,而是诉诸人的情感,通过它以情感人、激励人、愉悦人。任何美的事物,都能激发人的感情,使人们在精神上得到很大的愉悦与满足。无论是面对着艳丽的鲜花、招展的红旗,还是谛听优美的乐曲,人们都会情不自禁地感到心旷神怡。正如车尔尼

---

① 柏克:《关于崇高与美的观念的根源的哲学探讨》,孟纪青、汝信译,马奇主编:《西方美学史资料选编》上卷,上海人民出版社1987年版,第538页。

雪夫斯基所说:"美的事物在人心中所唤起的感觉,是类似我们当着亲爱的人面前时洋溢于我们心中的那种愉悦。"①美的感染性是美本身固有的特点,它既不是单纯表现在内容上,也不是单纯表现在形式上,而是从内容与形式的统一中体现出来的。美的东西之所以能够引起人们爱慕、喜悦的心情,美的形象之所以能在人们的脑海里长期萦回,久久不会消失,主要原因当然在于它的内容,在于它显示了人的本质力量,显示了人凭着自己的本质力量创造新的生活的含义。美的事物犹如一面镜子,使人们可以从中看到人自身的形象,看到自己丰富多彩的生活。人是世界的主人,是万物的灵长,人总是以主人公的身份来看待和欣赏周围的一切的。人作为唯一具有自我意识的族类,在整个世界的各种事物和现象中,对人最有吸引力的还是人类自身。凡是人所从事的创造性活动,凡是人按照美的规律所创造的产品,凡是能显示人的情趣、人的生活的各个侧面的事物和现象,总是最为人们所欣赏和爱恋。一个真正爱美并懂得什么是美的人,也必定是一个热爱生活,热衷于创造生活的人。一个人如果对周围的人漠然视之,对生气勃勃的生活毫无兴趣,他也就不会去追求什么美。所以,以感性形式显现出来的人的本质力量,是形成美的感染性的核心方面。比如,迎风招展的五星红旗是很美的,凡是热爱祖国的人,都无比地热爱五星红旗,每当看到它,就自然而然地会产生一种勃勃向上的情绪和作为一个中国人的自豪感。因为我们的五星红旗所代表的新中国是成千上万的先烈用鲜血和生命换来的,五星红旗象征着自由、解放,标志着国家的尊严和民族的团结。那些远离祖国的驻外人员、华侨、华裔,在异国他乡看见高高飘扬的五星红旗,常常会激动得热泪盈眶。当我们在观赏一出戏时,随着剧情的发展,也会自然而然地沉浸在整个艺术的情景之中,关心着人物的命运和遭遇,同他们一起分担欢乐和忧伤。这种强烈的感染力,主要也是来自作品中人物的性格,来自人物与人物之间所展开的各种矛盾冲突所显示出来的人生意蕴。

　　美的内容是通过具体的感性形式表现出来的,离开了具体的形式,美的内容也就失去了从感情上打动人、感染人的力量。因此,美的感染性,既来自通过感性形式显示出来的人的本质力量,又来自显示了人的本质力量的具体的感性形式。五星红旗因为它是我们中华人民共和国的国旗,所以具有强烈的感人力量,但是,我们也不能忽视它的形式要素。五星红旗除了作为国家的象征而具有一种特定的美的意蕴以外,它在形式上还具有一种色彩美、比例美、构图美,这种形式美也是具有感染力的。又如,舞台上的江姐,是一个很美的艺术形象,"三九严寒何所惧,一片丹心向阳

---

①　《艺术与现实的美学关系》,周扬译,《车尔尼雪夫斯基选集》上卷,三联书店 1958 年版,第 6 页。

开"，她的崇高品质和献身精神，强烈地扣动着人们的心弦，震荡着人们的灵魂，激励着人们的感情。但是，当演员在表现她的美好心灵时，演员的唱腔、动作、身段，乃至于音乐、布景、灯光、道具等等，也是很能吸引人的。美是一个整体，它的内容和形式是相互依存，相互统一的，美的感染力就来自这种统一。

再次，美的感性形态是流动的、新颖的。

如前所述，美来源于人类自由自觉的实践活动，是人的本质力量的感性显现。由于人类自由自觉的活动总带有一定的创造性，人的本质力量又是积极的、向上的，因此美必然同人类的社会进步性相联系，是流动的、充满着生气和新颖性的。不懂得美的这种新颖性，就不能确切地把握具体事物的美。

美的新颖性，在社会美、艺术美中表现得十分突出。人类的社会生活，总是在新与旧、正确与错误、革命与反动的斗争中不断向前发展的，它有一个除旧布新、推陈出新的辩证发展过程。一切旧的、阻挡历史前进的东西，不论怎样气势汹汹、其貌堂堂，但由于违背了社会发展的规律，终将被人们所唾弃，被历史所淘汰，因而是没有什么美的价值的；只有那些新的、正确的、进步的、革命的事物，才适应了社会发展和人们前进的需要，代表了人们的理想和愿望，因而是生气勃勃的、富有创造性的、美的。拿一个人的心灵美来说，虽说包含着多方面的内容，但其核心显然是因为他（她）在认识世界、改造世界的活动中，具体地表现了与社会的发展趋势相一致的进步思想和高尚情操。任何一部艺术作品的审美价值，不是表现在内容上有所创造，就是表现在形式上有所突破。就内容来说，真正美的艺术品，必须以艺术家独具的慧眼表达出他对丰富的社会生活的真切体验，传达出时代的声音和人民的感情。19世纪英国艺术史家罗斯金说：一个少女可以歌唱她所失去的爱情，但是一个守财奴却不能歌唱他所失去的钱财。普列汉诺夫非常欣赏这句话，他进而阐发道："艺术是人与人之间的精神交往的一种手段。一部艺术作品所表现的感情愈是崇高，它在其他同等条件之下就愈加容易显出它作为上述手段的作用。为什么守财奴不能歌唱他所失去的钱财呢？这很简单，因为如果他歌唱自己的损失，他的歌唱就不会感动任何人，也就是说，他的歌唱不能作为他和其他人们之间的交往手段。"①所以，内容的进步性、创造性，是艺术美的重要标志。就形式而言，艺术作品要能给人以美的享受，必须经过认真的锤炼，比前人有所突破，而不能套用别人的手法与技巧。

---

① 普列汉诺夫：《艺术与社会生活》，曹葆华译，《普列汉诺夫美学论文集》第 2 册，人民出版社 1983 年版，第 837 页。

陆机说:"谢朝花于已披,启夕秀于未振","虽杼轴于予怀,怵他人之我先。苟伤廉而愆义,亦虽爱而必捐。"①强调的也就是优秀的、美的艺术,在形式上必须穷力而追新。

那么,自然美是否也是流动的、新颖的呢? 有人认为,自然美既然是自然事物的美,就无所谓新颖不新颖。其实,这种看法并不恰当。我们说过,自然界事物的美的根源,不只是在其自然属性,而在于它的自然属性同人类社会生活的客观联系。当人类通过自己的实践活动,改变了同自然的关系,使威胁人类生存的自然物转化而为对人可亲、于人有利的自然物时,它才有可能或直接或间接地肯定与显示着人类创造新生活的能力,从而具有了审美的价值。并且,自然事物本身也处在不断地由无序向有序运动变化的过程之中。因此,人们对自然景观的欣赏也是不可重复的、富有新意的。这就是说,自然美的新颖性同样是不可忽视的、客观存在的。对此,我们将在此后的章节中进一步加以论述。

2.3　美的价值本质

历代思想家、哲学家、美学家总是想从众多的现象中,寻找并归纳出一种决定性因素——审美属性,作为揭示"美是什么"的终极答案。从人的审美活动的实际情况来看,其中所表现出来的审美属性,并不单纯是客体事物的自然属性,也不仅仅是欣赏者主体的心灵属性,而是发生在二者之间相互作用的价值属性。事物之所以令人动情,或呈现为肯定性情感令人喜悦,或呈现为否定性情感令人厌恶,都是人(审美主体)对审美对象的情感评价,是对于对象的审美价值的主观评判。审美关系是一种价值评判关系。美是一种特殊的社会价值。

美的事物以其具体可感的形态向具备欣赏条件的人放射出令人动情的感染力。美的这种感染性,实质上是一种得到普遍认可的社会价值。它不依赖于某一个人或某一些人的主观感受和判断,而依赖于客观的社会实践。在人类复杂的审美活动中,虽然难免会出现一些嗜痂成癖的逐臭之夫,以其不与人同的特殊趣味炫示于人,但是无论他们把自己欣赏的对象吹嘘得多么天花乱坠,也不会增加其审美价值而得到社会的公认。人类的社会实践本身首先是一种物质活动,物质生产及其消费构成人们一切意识活动的基础和相应的标准。人们的审美活动当然也属于意识活动,因此,一个事物的审美价值的有无、它的感染力如何,也只有经过社会实践的检验,其

---

① 陆机:《文赋》。

审美价值才能得到社会普遍的承认。

审美属性是一种价值属性

"价值"是事物满足人们需要的标志。价值存在于客体对象与主体需要之间的关系之中;离了主客关系,也就无所谓价值。客体的价值是主体的需要的对应物。随着社会实践的发展而出现了主体与客体的关系,才有可能在客体价值与主体需要之间形成不断发展变化的对应关系。我们说某种事物或现象具有某种价值,就是指该事物或现象对于社会、个人具有某种积极意义、能够满足人们的某种需要,从而成为人们感兴趣、要追求的对象。主客关系是以主体(人)的自我意识为前提的。"凡是有某种关系存在的地方,这种关系都是为我而存在的;动物不对什么东西发生'关系',而且根本没有'关系';对于动物说来,它对他物的关系不是作为关系存在的。"①人类在劳动实践中产生了自我意识,为了自身的生存和发展而不断生成种种需要,并且自己意识到了这些需要,于是就不断通过社会实践活动寻找和创造满足自身需要的对应物,这也就是不断发现和创造自己的价值对象。人的需要是不断生成和发展的,因而与种种需要相联系、相对应的客体价值物也必然是客观地不断地生成和发展的。人的需要不止一种,客体事物的性质也复杂多样,因而在主体与客体之间形成的价值关系,也是多种多样的,例如物质的、经济的、科学的、道德的、审美的、法律的、政治的、文化的、历史的价值关系等等。

客观事物的价值属性也属于事物本身的客观属性,但是价值属性作为一种关系属性,同事物本身客观具有的自然属性是不同的。价值属性是基于自然属性而又超越于自然属性的另一类新的属性,是伴随着人类社会的发展而不断生成和发展的派生属性。事物的自然属性,是由该事物固有的质和量的内在规定性所决定的。例如磁石能够吸铁,是由磁石本身内在的物理结构决定的;水向低处流,是由水本身无固定形态并且承受着地球的引力决定的。无论把磁石放在什么地方,只要遇到了铁,就会显示出对铁的吸引力;无论将水置于什么样的容器里,只要周围尚有更低(即距地心更近)的空间,它也一定会表现出向低处流的本性(毛细现象例外)。事物的自然属性有时也需要在同其他事物的关系中才能显示出来,但是自然属性本身却不是在这种关系中产生的。事物的自然属性并不会以它与外物的关系的改变而改变。而事物的价值属性则不然,它以事物与主体(人、人类社会)的关系为前提,在这种关

---

① 马克思:《德意志意识形态》,《马克思恩格斯选集》第1卷,人民出版社1995年版,第81页。

系中产生和体现,所以它可以说是一种关系属性。正如马克思所说:"'价值'这个普
遍的概念是从人们对待满足他们需要的外界物的关系中产生的"①。这种产生于关
系之中的价值属性,自然也不是与事物的自然属性毫无关联的东西,恰恰相反,它是
在自然属性的基础上、借助于事物固有的自然属性为中介表现出来的。如果离开了
这个中介,离开了事物的自然属性,事物的价值属性就失去了依托,失去了载体,它
也就无法存在了。

　　事物的价值属性存在于对象事物(客体)与人(主体)的关系之中。这种价值关
系的存在,在人方面表现为主体对于客体的某种需要,在对象事物方面表现为客体
对主体的效用,即满足需要的效用。客体自身固有的自然属性的某种性质,是满足
主体需要的客观基础。主体通过实践活动开始意识到客体对象具有能够满足自身
需要的效用时,就会加以开发和利用,于是就形成了不断发展日益丰富的价值关系。

　　某一事物的审美属性(人的本质力量的感性显现),是人类社会价值的一种。人
类社会与对象世界之间形成的最主要的价值关系,包括真——认识关系、善——功
利关系、美——审美关系三大类。所以,我们说真、善、美是人类社会所具有的三大
价值。美不同于真和善,审美价值不同于认识价值、实用价值。审美价值的特殊性
在于:对象事物的审美属性能够引起人们对自身的肯定,从而获得情感愉悦。这种
审美价值也同样是客观事物的客观属性,它客观地存在于客体事物本身。但是,在
没有具体的审美主体出现时,客体的审美价值只能是处于潜在状态的。只有在一定
的客观条件下,在具有一定审美能力的主体(人)出现时,才能在客体与主体之间形
成现实存在的审美关系。这时候,客体本身的潜在的审美价值就通过得到审美主体
的欣赏而显现出来,即客体事物变成了人的审美对象。以月亮为例来说,虽然早在
人类出现之前月亮早已存在,但那时它是无人欣赏的月亮,是无所谓美丑的事物,当
然也就不是价值客体。随着人类社会的出现和发展,月亮与人的关系得以生成和不
断演变。在漫长的人类实践过程中,月亮曾经是神秘的对象、恐惧的对象或崇拜的
对象,后来成为人的生存环境的组成部分,最后才发展为具有多重审美价值的客体
对象。随着人类社会实践的发展,人本身的精神世界越来越丰富,逐渐具有了赏月
的能力,这时候,月亮的光亮、形状、变化等自然属性便与人类社会中人们的活动、关
系、要求、愿望等联系、对应起来,于是月亮才具有了丰富多彩的美的含义,成为与人
的丰富多彩的现实生活密切相关的审美对象。总之,审美价值是社会性的,是由人

―――――――――

　　①　马克思:《评瓦格纳的〈政治经济学教科书〉》,《马克思恩格斯全集》第 19 卷,人民出版社 1963 年
版,第 406 页。

们的社会实践所规定和制约的;审美价值是客观性的,是基于事物的客观属性及其与人类社会的客观关系而存在的。审美价值是社会性与客观性的统一。

审美价值的根源在社会实践

审美价值来源于人类的社会实践,是人类社会所特有的关系对象。只有随着人类实践活动的发展,以及人的本质力量的丰富性在对象世界中的不断展开,美的价值才能不断地丰富发展起来。美虽然可以离开某个或某些具体的欣赏者的感受而独立存在,但美却绝对不能离开社会实践的主体——人,不能离开人类社会。如果说离开了人类的社会实践活动,离开了对象与人之间的客观联系,作为自然物的对象依旧可以存在的话,那么,自然物的审美价值,却是绝对离不开人类社会的。所以,美只能对人而言,只能为人而存在。但是,对于每一个作为欣赏主体的个人来说,审美价值却不是主观随意的,而是客观的,是不以欣赏者的主观意志为转移的。审美价值的客观性同社会性正是这样辩证地统一在一起的。

有的美学家承认美不能离开人类社会,甚至承认美不能离开人的本质力量,认为"美是对象化了的人的本质",可是,他们却把人的本质力量同人的观念混为一谈,把"对象化"理解为人的主观感受的外射。他们认为,美感与人的一般感觉不同,"在一般的感觉之中,特别是生理感觉之中,客体先于主体,而在美感中,主体先于客体"。这就是说,美不存在于对象本身,而存在于人的感觉之中,一个对象之所以美,只是因为人感到它美;美的根源不在人类的社会实践,而在人的主观感受。

这种理论,通过夸大美感的特殊性来否定美的客观实在性,违背了人类的审美实践,也违背了唯物主义的基本原理。美感同快感、实用感相比,确有很大的特殊性,这个问题我们将在第六章里详加阐述。但是,美感无论怎样特殊,它的来源仍然在于客观世界中实际存在着的美的对象,是美引起了欣赏者的美感,而不是欣赏者的美感导致了美的产生。如前所述,美固然不能离开人及其生活,但是,当它一经产生,就成为一种客观现实,我们决不能因为自己没有感受到它,就否认它的存在。马克思曾经说过:"对于没有音乐感的耳朵说来,最美的音乐也毫无意义"①。有人对这句话作了片面的理解,来作为他们主张美感决定美的依据。其实,马克思的意思是:对于不懂音乐的人来说,由于他感受不到音乐的美,因而即使是最美的音乐,也不可能通过他的欣赏来发挥本身应有的社会作用,而决不是说,由于欣赏者感受不

---

① 马克思:《1844 年经济学哲学手稿》,《马克思恩格斯全集》第 42 卷,人民出版社 1979 年版,第 126 页。

到音乐的美,音乐的美就不复存在了。事实上,就在上述这句话的前面,马克思就明确指出:"只有音乐才能激起人的音乐感"。这正好说明,音乐的美,并不是欣赏者感受的产物,恰恰相反,人们在欣赏音乐时所产生的美感,正是由音乐的美所"激起"的。

总之,审美价值既不同于物的自然属性,也不是人的主观意识的产物,它的根源深深地蕴藏在人类的社会实践中。因此,要探究美的规律,把握审美属性的本质,不能到物的自然属性中去寻找,也不能到人的主观意识中去寻找,而应该到人的整个社会实践中,首先是到人的生产劳动实践中去寻找答案。

生产劳动是人类为了维护自己和种族的生存,向自然界攫取各种生活资料的基本手段,是社会历史不断向前发展的基本动力。马克思说:"人们之所以有历史,是因为他们必须生产自己的生活,而且必须用一定的方式来进行:这是受他们的肉体组织制约的,人们的意识也是这样受制约的。"①恩格斯说:"人们首先必须吃、喝、住、穿,然后才能从事政治、科学、艺术、宗教等等"②。这说明,为直接满足"吃、喝、住、穿"等实用需要的生产劳动,是支撑整个社会的客观基础,人的其他活动都是在这个基础上派生出来的,审美活动自然也是如此。马克思曾经说过如下这段至理名言:

> 动物只是按照它所属的那个种的尺度和需要来建造,而人懂得按照任何一个种的尺度来进行生产,并且懂得处处都把内在的尺度运用于对象;因此,人也按照美的规律来构造。③

这段话是我们前面引用过的"人的类特性恰恰就是自由的自觉的活动"这句话的进一步发挥。它不仅从根本上指出了人类的生产劳动的本质特征,指出了生产劳动与美的创造之间的内在联系,而且还告诉我们美的规律是存在的,可是只有人才能理解它、把握它,一切动物都与美的规律无缘。

为了弄清生产劳动与美的创造之间的关系,首先就必须弄清"美的规律"的内容,具体地说,就要弄清这两个"尺度"的具体含义。马克思所说的第一个"尺度",即"任何一个种的尺度",照我们的理解,就是指客观事物本身所具有的规律性,亦即事物的"真"。这种规律性,人们只能认识它、利用它,而不能任意地改变它。人们在生

---

① 马克思:《德意志意识形态》,《马克思恩格斯选集》第 1 卷,人民出版社 1995 年版,第 81 页注①。

② 恩格斯:《在马克思墓前的讲话》,《马克思恩格斯选集》第 3 卷,人民出版社 1995 年版,第 776 页。

③ 马克思:《1844 年经济学哲学手稿》,《马克思恩格斯选集》第 1 卷,人民出版社 1995 年版,第 47 页。

产劳动中,只有遵循这种客观规律,才能进行自由创造,从而使客观事物的"真"不断为人们所掌握,达到预想的目的。例如,人们培育庄稼、喂养牲畜、疏通河道、建造房屋,所采取的种种措施,都必须符合对象的客观规律。人们越能深刻地掌握对象的规律,越是懂得"按照任何一个种的尺度来进行生产",就越能使更多的"自在之物"转化为"为我之物"。马克思所说的第二个"尺度",即"内在的尺度",是指人的内在的尺度,即人类自身发展的要求与目的。人的生产劳动总具有一定的目的,总是为了使对象产生对自身有利、有益的变化,这就是广泛意义上的"善"。人们在生产劳动中,必须准确地把握这种目的性,并千方百计地使它体现在自己实践改造的对象中,从而使主体的"善",不断在劳动中得到实现,成为对象化了的"善"。让庄稼茁壮成长,是为了获得丰收;让牲畜圈满膘肥,是为了给人们提供更多的营养;让河道百舸争流,是为了繁荣经济;让房屋平地而起,是为了人们的居住;……所以,人类的生产劳动过程,必然包含这样两方面的内容:一方面,认识与遵循客观的规律性("真");另一方面,把握与实现主体的目的性("善")。这种真与善的统一,合规律性与合目的性的统一,掌握了的真与实现了的善的统一,就是"按照美的规律来建造"的最基本的内容。换句话说,美的规律的实质,便是客观世界的必然性与主体的——人的——自由创造才能在实践中所达到的适度的统一。如果人们在实践过程中,把自己掌握真与实现善的本质力量,通过具体而又光辉的形态在对象中显示出来,这个过程及对象就会具有一定的审美价值。随着人类社会的发展,生产水平的提高,实践领域的开拓,人类遵循着合规律性与合目的性相统一的法则,推动着社会物质文明和精神文明不断向前发展,从而不断地扩大了自身本质力量对象化的范围。对于人类来说,这种焕发着光辉的对象性现实,不仅具有使用价值,可以满足人们吃、喝、住、穿等方面的物质需要,而且具有审美价值,能使人从中感受到自身的智慧、力量、才能和灵巧等等求真、向善的本质,在情感上得到愉悦和满足。因此,美的根源不是人的主观感受,而是人的社会实践;美是人类通过实践活动,把自身掌握真和实现善的进行自由创造的本质力量,在对象世界中感性地显现出来的结果。

人的社会实践是多种多样的,人的生活也是丰富多彩的。毛泽东说:

> 人的社会实践,不限于生产活动一种形式,还有多种其他的形式,阶级斗争,政治生活,科学和艺术的活动,总之社会实际生活的一切领域都是社会的人所参加的。①

---

① 毛泽东:《实践论》,《毛泽东选集》第 1 卷,人民出版社 1991 年版,第 283 页。

正因为如此,美的形态和存在方式也是千姿百态的。除了生产劳动这一基本的社会实践活动以外,人类还要从事社会斗争、科学研究、艺术创造等活动。人们在这些活动中,也在不断地显示和实现自己的本质力量,从而创造了美。比如,数十万解放大军挥戈南下、横渡长江的壮举是美的;我国体育健儿处变不惊、遇胜不骄的顽强拼搏场面是美的;按照艺术规律,生动地再现人民群众的革命斗争和崇高精神面貌的文艺作品是美的;人们改天换地的斗争及其成果也是美的……就自然界来说,美不只表现在被人们的生产实践直接改造过的对象上,也进一步扩及到未经人类实践直接改造过的自然事物上,然而,即使在后一种情况下,其美的根源仍在于它同人类社会实践活动的联系。这就涉及如何认识自然美的本质问题,对此,我们将留到第三章里再作详尽的阐述。

美与真、善的辩证关系

从马克思关于"美的规律"的论断中,不仅可以明确美同人类社会实践的不可分割的联系,而且还可以领悟到美与真、善的辩证关系。真、善、美作为人类社会长期追求的不同价值,其本质及相互间的关系,也只有结合人类的社会实践历程才能得到科学的解释。

真,是指各种事物自身的自然状况及其内在的客观规律性。人要"按照美的规律来构造",其前提和基础,就是要认识和把握这些规律,使自己的实践活动同客观世界的必然性相吻合。列宁说:

> 外部世界、自然界的规律,机械规律和化学规律的区分(这是非常重要的),乃是人的有目的的活动的基础。
>
> 人在自己的实践活动中面向着客观世界,依赖于它,以它来规定自己的活动。①

因此,凡是美的东西,一般说来,首先都应当是真的,是蕴含和符合客观规律性的,这在人类社会生活及其产品中表现得尤为明显。从原始人创造的石刀,到今天人们制造的宇宙飞船、精密仪器的美,都离不开人们对各种物质材料自然性能的认识,离不开人们对产品内在质量的把握。换句话说,违背了事物的客观规律性,失去了"真",

———————————

① 列宁:《黑格尔〈逻辑学〉一书摘要》,《列宁全集》第 38 卷,人民出版社 1959 年版,第 200 页。

美也就不复存在了。同样,战争这个人类互相残杀的现象,为什么有时显得美,有时显得丑?为什么有时激起人们崇高的热情,有时又表现了惨无人道的兽性?究其根源,主要在于历史上的战争,有的体现了社会发展的必然要求,是反抗邪恶、拯救人类的旗帜;有的则逆历史前进的方向而动,给人民大众的生活带来无穷的灾难。前者包含着"真",体现了"善",因而显示出美的价值;后者背离了"真",充满着"恶",所以就是丑的。

善,就是人类在实践活动中所追求的有用或有益于人类的功利价值。列宁说:"世界不会满足人,人决心以自己的行动来改造世界。"因此,列宁对善的"实质"作了这样的概括:"'善'是'对外部现实性的要求',这就是说,'善'被理解为人的实践＝要求(1)和外部现实性(2)。"①当人的意志和要求在客观事物身上体现出来,从而获得了"外部现实性",善也就变成了完成形态的善。例如,原始人制造石斧,就必须对石头进行加工,克服石头对人的"反抗",在石头上面实现自己的意志和要求,成为合目的性的、有益于人类的创造物。这类创造物,由于以感性的形态体现了人的意志和才能,它也就具有了不可否认的美的价值。所以,美与善的关系更为直接。在通常的情况下,凡是有害于人类生存和发展的事物或文艺作品,都不可能是美的。在这个意义上,我们可以说,善是美的灵魂,违背了善,也就失去了美。

美不能离开真与善,不能违背真与善,这只是真、善、美关系的一个方面;另一方面,美又有自身特有的质的规定性,不能同真、善简单等同,更不能以真、善来取代。如果以为凡是真、善的东西,就一定是美的,那就过于简单了。作为事物客观规律性的真,仅就其本身而言,无所谓美与不美。当人们通过以生产劳动为中心的社会实践,认识与把握了事物的客观规律性,并把它体现在自己的实践活动过程及其成果中,以具体的感性形态呈现出来,真才具有了美的属性与价值。同样,善也并不就是美。这不仅因为具有审美价值的善,必须体现在具体的感性形态中,而且因为善直接体现着人的功利目的,美却可以同人的功利目的保持一种间接的、曲折的联系。自从脱离原始状态以后,人类的审美活动便同直接的功利目的逐渐拉开了距离,成为提高生活情趣、满足精神需要的活动了。狄德罗说:"真、善、美是紧密结合在一起的。在真或善之上加上某种罕见的、令人注目的情景,真就变成美了,善也就变成美了。"②狄德罗虽然没有能够对真、善、美的特定内涵作出科学的阐述,但如果仅就他对真、善、美三者关系的这一表述而论,应该承认是相当中肯的。也就是说,只有当

---

① 列宁:《黑格尔〈逻辑学〉一书摘要》,《列宁全集》第 38 卷,人民出版社 1959 年版,第 229 页。
② 狄德罗:《画论》,徐继曾、宋国枢译,《狄德罗美学论文选》,人民文学出版社 1984 年版,第 429 页。

真与善以"罕见的、令人注目的情景"表现出来,它才能成为审美对象,具有美的价值。

　　美同真、善一样,实质上都是客观对象的社会价值。关于价值的性质、构成、标准及如何评价等等的学说,被称为价值论或价值哲学。中外历史上曾经出现过多种多样的价值论。马克思主义的价值论,是建立在社会实践观点之上的。一个客观对象的价值,不等于是这个客观对象本身,而是它对于人和社会的客观意义。这种意义,是在人类社会历史实践过程中客观地形成的。例如,羊的肉可以供人吃,对于人来说羊肉就具有营养价值:这种营养价值,既是羊肉本身的物质属性所规定的,客观的;同时,又是对人而言的,它存在于对象(羊肉)与人类社会的客观关系之中、并通过实践为人们意识到并为社会所公认,离开这种关系就根本谈不上羊肉对于人的营养价值,因而它又是社会性的。营养价值以及使用价值、经济价值、道德价值等,都属于社会功利价值,属于善的范畴。羊的生长规律、羊肉生产的规律,都是事物的不以人的意志为转移的客观规律。这些客观规律作为人类社会的认识对象,对人有认识价值,则属于真的范畴。人类在养羊实践(畜牧业)中认识和掌握了羊的生长规律(真),把羊养得又肥又壮,可以向人们提供营养(善),进而这样的羊群又成了显示人的实践创造才能而令人喜悦的审美对象,于是它就具有了审美价值(美)。汉语中的美字,从羊从大,就是这样造出来的。

　　人类之所以需要美、追求美,就因为它对自身有用有益,具有一定的价值。当然,美的效用主要不是表现在经济实用上,更重要的是表现在精神上。一件衣服,虽然首先要考虑它的使用价值,但人们所以讲究色彩、式样,其重要的原因就是要使人在精神上得到愉悦和满足。尤其是各种各样的艺术作品,更要考虑到人们的精神需要,徐悲鸿画的马、齐白石画的白菜,都是给人观赏的,并不是说马可以拿来骑,白菜可以拿来吃。但是,这决不意味着美与经济实用可以完全脱离,它们之间的联系还是客观存在的。从历史上看,人类要生存和发展,当然首先关注与生存密切相关的自然事物,首先注重的是物的使用价值。即使被后人命名为"艺术"的产品,它的出现首先也是为了适应原始人的生存需要,后来才逐渐淡化和脱离了使用价值,成为供人欣赏的艺术品。当美已经从实用中分化出来,成了一种独立的社会形态后,它同实用仍然保持着一定的联系。比如,一件衣服,不论如何讲究式样,但总是首先要考虑它是否有利于实用,如果穿在身上,活动很不方便,那么,这种式样也就不是美的了。又如,城市的布局和建筑,自然应该美观,但如果影响交通,妨碍市民生活,那也就不美了。所以,美的效用尽管不只是为了实用,但它要受到实用的制约,从积极方面来说,它应该有利于实用,从一般意义上说,它起码不能妨碍实用。美的社会效用主要表现在陶冶人的精神方面,它能丰富人们的生活,怡悦人们的性情,启发人们的思想,使人们的视野更加开阔,品格更加高尚,灵魂得到陶冶,精神升华到更高的境界。正因为如此,人的审美活动,不论是美的欣赏还是美的创造,在整个人类社会历史发展中,特别是在精神文明建设中有着非常重要的作用。

总之,真、善、美是客观对象对于人和社会而存在的客观价值;真、善、美各有自身独特的内容,不能互相取代,但三者在实践中却可以而且应该得到统一。真是美的基础,善是美的灵魂,如果把这种符合客观规律的真和有利于社会发展的善,通过具体而又光辉的形象表现出来,这个形象就是美的了。所谓美是人的本质力量的感性显现,正是指客观对象的感性形象体现了真与善相统一的审美价值而言的。人类的一切实践活动,包括艺术实践活动,都是在不断地追求真、善、美的统一。人类的物质文明和精神文明,都可以看成是人类追求真、善、美相统一的实践过程中所积累的成果与财富。

审美价值的相对性与绝对性

美不是孤立绝缘的,也不是凝固不变的,它与周围的事物和环境发生着各种各样的关系,并在各种复杂的关系中存在着、发展着、变化着。唯物辩证法认为,自然界的任何一种现象,如果被孤立起来,那就无法理解,只有把它看作是同周围现象有着不可分割的联系、是受周围现象所影响和制约的,那才有可能对它加以科学的解释和说明。审美现象自然也是如此。要是把美的现象孤立起来,割断它与其他一切事物,特别是与人类社会生活的联系,美就将成为"无法理解"的东西。在日常的审美活动中,经常会遇到这样的情况:一个对象,在此时此地明明是美的,可是到了彼时彼地,却不一定美了。因此,美同其他许多事物和现象一样,都是存在着相对性的。法国唯物主义哲学家狄德罗,曾经作出"美是关系"这一著名的论断,对美的相对性作了精辟的论述。他指出,凡是被称为美的东西,都与它所处的环境有着密切的关系,离开了这一特定时间、空间,往往就无法对事物的美丑作出确切的评价。狄德罗以高乃依的悲剧《贺拉斯》中的一句台词"让他死"为例分析说:

　　大家都知道悲剧《贺拉斯》中那句卓绝的话:"让他死!"我曾问一个对高乃依这出戏一无所知,也不明白老贺拉斯的这句答话何所指的人,问他对"让他死"这个名句作何感想。显然,被问者不知道"让他死"是什么意思,猜不出这是一个完整句还是一个句子中的片段,也几乎看不出这三个字之间有什么语法关系,这时他会回答我说:他觉得这既不美也不丑。但是,如果我告诉他这是一个人在被问及另一个人应该如何进行战斗时所作的答复,那他就开始看出答话的人具有一种勇气,并不认为活着总比死去好,于是"让他死"就开始使对方感兴趣了。如果我再告诉他这场战斗关系到祖国的荣誉,而战士正是这位被问者的儿子,是他剩下的最后一个儿子,而且这个年轻人的对手是杀死了他的两个兄弟的三个敌人,老人的这句话是对女儿说的,他是个罗马人。于是,随着我对这句话和当时环境之间的关系作一番阐述,"让他死"这句原先既不美也不丑的回答就逐渐变美,终于显得崇高伟大了。

如果把环境和关系改变一下,把"让他死"从法国戏剧里搬到意大利舞台上,从老贺拉斯口中搬到司卡班口中,这句话就将变成滑稽的了。

再换换环境,设想司卡班的主人是个冷酷、悭吝、火气大的人,设想他们在大道上遭到三、四个强盗的袭击,司卡班逃走了,他主人进行自卫,但因寡不敌众,不得不逃之夭夭;有人来告诉司卡班,说他主人已经脱险。司卡班大失所望,将会说:"怎么,他逃跑了? 哼,胆小鬼!"别人将回答他:"他一个人对付三个人,你叫他怎么办呢?"他回答:"让他死",于是"让他死"这句话就将成为逗趣的了。因此,美总是随着关系而产生,而增长,而变化,而衰退,而消失,正如我们前面说的那样。①

狄德罗的分析,用的虽是一个艺术美的例子,但却有力地说明了一切美的事物或现象,都不能离开它所处的具体关系。由于关系的改变,对象的审美属性也会随之产生变化。因而,任何美的存在都无例外地具有相对性。

具体的美的事物所处的特定关系,是千差万别、十分复杂的,而其中起着决定作用的最基本的关系,就是社会关系,所以它的相对性主要就表现在它的时代性、阶级性、民族性等方面的差异上。某种事物对于某一历史时代来说是美的,到了另一时代可能就不那么美了。所谓"燕瘦环肥",就表现了我国封建社会中不同时代对于女性美的不同尺度。在汉代,崇尚的是清瘦、窈窕的女性美,因而轻盈善舞的赵飞燕,被视为美女的代表;到了唐代,肥硕、丰满又成了女性美的主要标志,所以,"温泉水滑洗凝脂"的杨玉环,得到了特别的青睐。在阶级社会中,人类分化为不同的阶级,

① 狄德罗:《关于美的根源及其本质的哲学探讨》,张冠尧、桂裕芳译,《狄德罗美学论文选》,人民文学出版社 1984 年版,第 28—29 页。

阶级的对立和斗争也成为社会生活的重要内容,从而造成了不同阶级的人们在观察社会事物方面的阶级差异。因而,某些美也就打上了相当明显的阶级烙印。车尔尼雪夫斯基曾经指出,"丰衣足食而又辛勤劳动,因此农家少女体格强壮,长得很结实,——这也是乡下美人的必要条件。……假如上流社会的妇女大手大脚,这不是她长得不好就是她并非出自名门望族的标志。因为同样的理由,上流社会美人的耳朵必须是小的。"恰恰是因为美带上了阶级的色彩,俄罗斯著名浪漫主义诗人茹科夫斯基才会赞赏这样的诗句:

> 可爱的是鲜艳的容颜,
> 青春时期的标志;
> 但是苍白的面色,忧郁的征状,
> 却更为可爱。

对此,车尔尼雪夫斯基尖锐地批评说:"病态、柔弱、萎顿、慵倦,在他们(指上流社会的人们——引者按)心目中也有美的价值,只要那是奢侈的无所事事的生活的结果。"①此外,由于不同的民族所生活的自然环境和社会条件各不相同,各自有着特定的文化传统与心理习惯,这就决定了美的民族特点。例如,傣族男子文身是美的,独龙族妇女文面也是美的,要理解这种美,就必须考察历史发展的具体进程,并了解各个民族特具的生活习性和心理特质。

除了上述这些主要的表现外,美的相对性还与其所处的具体环境有关。同一对象,由于具体的环境不同,就会出现不同的审美效果。比如,北京的故宫,是我国明、清两个王朝的皇宫,也是我国现存最大、最完整而又富有鲜明的民族特色的古建筑群。从建筑布局上来说,故宫有"外朝"、"内廷"之分。"外朝"以"太和"、"中和"、"保和"三个大殿为中心,"文华"、"武英"两殿为两翼,这是当年皇帝召见臣僚、举行大典的主要场所。"内廷"包括"乾清"、"交泰"、"坤宁"以及东西六宫等,是皇帝处理日常事务和生活起居的地方。高大的宫墙和宽达五十余米的护城河,把"外朝"、"内廷"组成为统一的整体,互相照应,和谐一致,气势雄伟,典雅壮丽。假如有谁在这中间安插上一些现代化的高层建筑,那么,不论这些建筑孤立来看有多么高的审美价值,它在这里却必定会破坏了故宫的美的和谐与统一,显得特别难看。因此,鉴别事物

---

① 车尔尼雪夫斯基:《艺术与现实的美学关系》,周扬译,《车尔尼雪夫斯基选集》上卷,三联书店1958年版,第7—8页。

的审美价值,必须准确把握美的相对性这一特点,注意它与其他事物的关系,把它放在特定的环境来加以考察。

美具有相对性的特点,但美的相对性又是同绝对性相联系而存在的。如果夸大美的相对性而否认它的绝对性,把美当作言人人殊、不可捉摸的东西,这样就会陷入美学上的相对主义。18 世纪英国主观唯心主义哲学家休谟,就是这种美学上的相对主义者。他认为:"美就不是客观存在于任何事物中的内在属性,它只存在于鉴赏者的心里;不同的心会看到不同的美;每个人只应当承认自己的感受,不应当企图纠正他人的感受。想发现真正的美或丑,就和妄图发现真正的甜或苦一样,纯粹是徒劳无益的探讨。"①休谟继承和发展了贝克莱的主观唯心主义,走向怀疑论和不可知论,他对人的知觉、观念以外的任何客观存在,都持怀疑态度,这样,美也就成了不可知的东西。

作为人的本质力量的感性显现,美的事物不论具有多么突出的相对性,总蕴涵着客观的、确定的美的内容,体现了美的规律,这是任何人不能随意抹煞、否定的。在人类的审美活动中,面对着同一个审美对象,有人觉得它很美,有人觉得它不太美,甚至可能有人觉得它相当丑,这种情况的确时有发生,不足为怪。因为,人们的审美观念、审美能力等本来就有极大的差异。然而,人们审美感受的巨大差别,并不能作为否定美的绝对性的理由——事物的美,在于它是否体现了人类求真、向善的本质力量,而不决定于具体的个人究竟能不能感受到它。我国昆曲的美,能欣赏的人就世界的范围而言,可能占有的比例甚小,然而谁能否认它所包藏的丰富的美的内涵呢?

其实,美的绝对性的问题,也就是许多美学家都探讨过的共同美的问题。他们或者像柏拉图那样,从抽象的、先验的"理念"来肯定美的共同性,强调美永远是对一切时代、一切人而言的②;或者像"美在形式"者所主张,把美的共同性归结为事物形式组合的某种规律;或者像许多抽象"人性论"的赞同者那样,以所谓永恒的、固定不变的人性来解释共同美;……这些论者,在肯定美的共同性(绝对性)的同时,往往有意无意地否定了美的相对性,陷入了形而上学。事实上,美的相对性或绝对性,都有其产生的客观历史依据。一方面,美的事物固然同周围的条件、环境有关,因而具有相对性;另一方面,事物之所以美,主要决定于它自身具有美的特点,符合美的规律,

---

① 休谟:《论趣味的标准》,吴兴华译,马奇主编:《西方美学史资料选编》上卷,上海人民出版社 1987年版,第 514 页。

② 参见柏拉图《会饮篇》,《文艺对话集》,朱光潜译,人民文学出版社 1963 年版,第 272—273 页。

这就是绝对性的方面。例如,贝壳串成的项链,对于原始人来说是非常美的,而对于现代人来说,就谈不上有多大的审美价值;同样,现代人所欣赏的鲜花,在原始狩猎氏族的人们面前,往往也不值一顾。由此可见,贝壳与鲜花的美,同它所处的社会生产条件有着密切的联系,但是,贝壳对于原始人,鲜花对于现代人,它们之所以美,主要还是决定于它们自身的质的规定性。何以一堆又臭又脏的垃圾,不管放在什么环境中都是丑的,关键就在于它自身不具备美的特点,不符合美的规律。古人说:"琬琰之玉,在洿泥中,虽廉者弗释;弊箪瓠瓢,在衽茵之上,虽贪者不搏。美之所在,虽污辱世不能贱;恶之所在,虽高隆世不能贵。"①道理就在于此。

美既具有相对性,又具有绝对性,是相对性与绝对性的统一。这种统一的具体表现是:

一方面,美的绝对性寓于相对性之中,美的相对性必然同绝对性相联系而存在。具体的美的事物,其审美价值尽管有高下之分,有明显的相对性,但只要它包含有绝对性的因素,它就同丑有了原则的区别。北齐人刘昼(一说为刘勰)说:"物有美恶,施用有宜;美不常珍,恶不终弃。"②讲的就是这种绝对性与相对性的辩证统一关系。他所说的"恶",并不是丑,而是审美价值不太高的事物。按照刘昼的观点,审美价值高的事物与审美价值不太高的事物,虽有区别,但因为都同人的实践有所联系,体现了美的绝对性,所以,在特定的条件下,其审美价值的高低又会发生相对的变化。他接着举例说:

> 紫貂白狐,制以为裘,郁若庆云,皎如荆玉,此麑衣之美也;鴈管苍蒯,编以蓑笠,叶微疏累,黯若朽穰,此卉服之恶也。裘蓑虽异,被服实同;美恶虽殊,适用则均。今处绣户洞房,则蓑不如裘;被雪沐雨,则裘不及蓑。以此观之,适才所施,随时成务,各有宜也。

这就是说,在事物的审美价值相对变化的背后,有着"用"和"宜"这种美的绝对性内容在起作用。

另一方面,事物的相对美的延伸发展,组成了事物的绝对美。美同真、善一样,作为价值这种关系属性,对于实践主体的人具有双重意义:一方面它可以作为评判既有现实对象价值高低的标准,另一方面又作为现实生活应有状态和应该争取实现

---

① 《淮南子·说山训》。
② 《刘子·适才》。

的理想价值目标,在既有目标实现之后仍然继续发挥其引导人们实践活动的导向作用和鼓舞作用。例如在现实生活中,一个产品被制造出来之后,人们还要面对它反复进行审视,看它是否真正符合原来的设计要求,是否完全符合预先提出的审美理想,这就是把原定的理想价值目标作为评价标准来使用;一般在审视之后,又会发现这一现实产品难免留有缺憾,因为现实产品总是受到多种现实条件的限制而不可能达到完美程度的,于是又会在新的基础上提出新的理想价值目标。在现实中,人们就是在反复实践、不断改进的过程中,去争取理想价值目标的实现;同时又在不断地提出新的更高的理想价值目标,激励人们不断地进行新的创造,因而理想价值目标始终引导着人们的实践。人们的理想价值目标自然不限于物质产品的制造,而是存在于人的生活的各个方面。进一步扩而大之,人们不断地提出理想的人格和理想的社会的总体价值目标,这样理想价值目标就影响和制约着人本身、社会本身,也影响和制约着并非实践产物的整个自然界,以至于覆盖了人的全部生活领域。这时候,人的理想价值目标就具有了对于人生终极关怀的意义。人类的审美史说明,审美价值既存在于每一次现实地实现过程和结果之中,而且它又不完全存在于既成的现实对象之内;审美价值还继续存在于理想价值目标的追求之中,继续作为终极价值关怀引导人们不断向前。美作为自由理想的价值,不仅肯定了现实中已经存在的美,同时也批判了与美同时存在的丑,提出了克服丑实现新的更高的美的目标,从而通向了对于人的终极价值的眷注与关怀。人类的历史是通过劳动实践而不断生成的历史,人类的每一次发展都在接近人的终极理想价值目标的道路上前进了一步。这个人类的终极理想价值目标,也就是我们所说的绝对美。这个绝对美,正是通过人类历史上无数相对美积累而成的。

　　按照历史唯物主义的观点,美同真、善一样,在人类历史发展过程中,都经历着一个由相对到绝对的辩证过程。毛泽东说:"马克思主义者承认,在绝对的总的宇宙发展过程中,各个具体过程的发展都是相对的,因而在绝对真理的长河中,人们对于在各个一定发展阶段上的具体过程的认识只具有相对的真理性。无数相对的真理之总和,就是绝对的真理。"①同样,绝对美的长河,是由无数相对美构成的。在特定的历史阶段中各种具体事物与现象所体现的美,只具有相对的意义。而人们在历史的某一阶段所认识到的具体事物的美,又都是绝对美发展过程中的一个个具体环节。随着社会生产水平的提高,社会革命的发展,以及各民族交往的扩大,在美的探求方面所表现出来的时代的、民族的、阶级的局限性与狭隘性,会逐步得到克服和匡

---

①　毛泽东:《实践论》,《毛泽东选集》第 1 卷,人民出版社 1991 年版,第 295 页。

正。而真正体现了一定历史阶段人类审美实践与审美意识的美的成果,如埃及的金字塔、中国的万里长城、希腊的雕塑和神话等等,又将作为人类的共同财富保留下来,传播开来。正如马克思在论及古希腊艺术时所说的,希腊艺术作为人类童年时代"发展得最完美"的艺术,"仍然能够给我们以艺术享受",并且作为"一种规范和高不可及的范本","显示出永久的魅力"①。

总之,相对美向着绝对美的方向不停地前进着、发展着。无数相对美之总和,就是绝对美——真正的科学意义上的共同美。

复习思考题

1. 中外美学家关于美的本质提出了哪些有代表性的学说? 我们应当怎样评价这些学说?
2. 美是社会现象还是自然现象? 它与人类社会实践的关系怎样?
3. 为什么说"美是人的本质力量的感性显现"?
4. 为什么说美是一种社会价值?
5. 应当怎样理解马克思说的"种的尺度"与"内在的尺度"? 它同美的规律的关系怎样?
6. 真、善、美的关系如何?
7. 丑是什么? 为什么说它在审美中是一种负价值?
8. 应当怎样认识美的相对性与绝对性?

---

① 马克思:《〈政治经济学批判〉导言》,《马克思恩格斯选集》第 2 卷,人民出版社 1995 年版,第 29 页。

第 3 章　美的形式与形式美

　　美是具体的。美的事物以其具体的形态吸引着人们的注意。它可以表现为怪石嶙峋、飞瀑直下的山水,也可以是草芽萌发、春意盎然的大地;可以是金黄色的麦浪,也可以是银白色的棉海;可以是健康匀称的运动员的体态,也可以是银发秃顶的科学家的丰采;可以是现代化人工智能的"电脑",也可以是手工操作的理发师的技艺;可以是令人捧腹的相声,也可以是催人泪下的悲剧……美的事物千姿百态,各呈异彩。千变万化的美,包含着多种多样的社会内容,具有着不同类型的魅力。由于美有着具体的物化或物态化形式,它才是可以用感官直接感知的;由于美蕴含着丰厚的真善内容,它才是动人的和耐人寻味的。美,总是内容和形式的独特的统一体。

　　从内容上说,美是显现在感性形式中的人的本质力量;从形式上说,美是显现了人的本质力量的感性形式。前一章我们着重阐述了美的内容的含义及其本质、特性,现在主要研究美的形式与形式美。

3.1　美的内容与形式

　　现实生活中的事物都是具有一定形式的。正因为事物的具体存在的形式,直接作用于人的感官,人们才有可能感知它,认识它。"人的认识物质,就是认识物质的运动形式,因为除了运动的物质以外,世界上什么也没有,而物质的运动则必取一定的形式。"①透过事物的形式,研究事物的内容,研究事物的特殊矛盾及其变化规律,是一切科学认识的共同任务,是各种科学赖以建立的基础。这对于美学学科也是同样适用的。

在西方美学史上,最早从形式角度探讨美的,就是前面提到过的古希腊的毕达哥拉斯学派。这个以毕达哥拉斯为首的学派,都是一些具有神秘色彩的数学家、哲学家。他们从数的角度探讨宇宙的本质,认为宇宙的起源不是像有的学者所说的那样是水或气,而是数——这无处不在、无时不在的数是组成万物的基本要素。他们由数出发,断言事物之所以美,正是由于该事物体现着一种和谐的数量关系;美就是事物的形式,是各种形式要素之间和谐适当的比例。从毕达哥拉斯学派提出"美在形式"说开始,单从事物外形的自然属性及其组合规律方面来寻求美的特质的美学家、思想家,几乎各个时代都有。这一源远流长的美学思想,其错误在于孤立地从美的形式方面看问题,割断了美的形式与美的内容的不可分割的联系,因而无法解释:表现着同一形式规律的事物(例如熊猫的身体是对称的,癞蛤蟆的体形也是对称的)为什么有的是美的,有的却是丑的。其实,同任何事物一样,美虽必须具有相应的形式,并且其形式还应当鲜明、宜人;但是,美绝不仅限于形式,它有内容,又有形式,是内容与形式的对立统一。从根本上说,美的形式离不开内容,是由美的内容决定的。即便是某些较为抽象的形式美,也隐含着某种人们不易觉察的社会内容。

柏拉图认为,美的形式并不依存于客观事物,而是由先验的"理念"决定的,显示了他的美学观点的客观唯心主义性质。他的弟子亚里士多德则把形式作为事物的原因之一,称为"形式因"。亚里士多德认为事物的内容是没有形式的质料(例如铜),事物的形式则是可以脱离内容而预先存在的"理念"(如雕像的设计图式),雕刻家抱着制作铜像的目的把无形的质料(铜)纳入形式因(铜像的图式),一个事物(铜像)便产生了②。他承认一切事物的生成,有赖于物质材料与形式的结合,说明他的观点具有合理的因素;但他混淆了雕像所采用的物质材料与雕像所表现的内容,把内容与形式割裂开来,这些看法都是不妥的。

在西方美学史上,深刻地论述了内容与形式的辩证关系的是黑格尔。他提出:"内容非他,即形式之转化为内容;形式非他,即内容之转化为形式。"③在《美学》中,

---

① 毛泽东:《矛盾论》,《毛泽东选集》第1卷,人民出版社1991年版,第308页。

② 亚里士多德在他的《物理学》《形而上学》等著作中提出了著名的四因说,包括质料因、形式因、动力因、目的因;吴寿彭译为物因、本因、动因、极因。参阅北京大学哲学系编译《西方哲学原著选读》上卷,商务印书馆1987年版,第133—136页;吴寿彭译《形而上学》,商务印书馆1959年版,第6—7页。

③ 黑格尔:《小逻辑》,贺麟译,商务印书馆1980年版,第278页。

黑格尔认为美的内容是体现"绝对精神"的"理念",美的形式是"显现"理念的"感性形象"。"艺术的内容就是理念,艺术的形式就是诉诸感官的形象。艺术要把这两方面调和成为一种自由的统一的整体。"他认为抽象的理念是不宜于用感性形象的方式来表现的。为此,黑格尔异常深刻地提出了"具体—理想"的思想:"就艺术美来说的理念并不是专就理念本身来说的理念,即不是在哲学逻辑里作为绝对来了解的那种理念,而是化为符合现实的具体形象,而且与现实结合成为直接的妥帖的统一体的那种理念。……理念和它的表现,即它的具体现实,应该配合得彼此完全符合。按照这样理解,理念就是符合理念本质而现为具体形象的现实,这种理念就是理想。"①黑格尔关于美的内容与美的形式不可分离的思想,特别是美的内容是"具体—理想"的思想,深刻地揭示了美的内容与形式之间的辩证关系。

诚然,黑格尔的辩证法是建立在他的客观唯心主义基础之上的。他所讲的作为美的或艺术的内容的绝对理念,本质上仍是他的思辨概念"绝对精神"的低级阶段之一,与人类社会实践中的美完全是两回事。然而,如果我们对黑格尔这一思想采取扬弃的态度,一方面批判"美的内容是理念"这种唯心主义的主张,一方面又吸收和改造他的辩证法思想,那么,我们就可以得出全新的结论。

依照马克思关于人在社会实践中产生和发展的历史唯物主义观点,我们认为:美的内容是在具体形态中显现出来的人的本质力量;美的形式就是显现人的本质力量的感性形式。美的内容和美的形式是辩证统一的,美的事物所包含的人的本质力量和它的感性形式是不可分离的。就现实的美的事物而言,美的形式是具体的,美的内容也是具体的。

如前所述,人的本质力量是人类不断向上"提升"的力量,是不断创造新生活、推动历史前进的力量,是求真向善、不断开拓人的意识领域的创造力量,是在改造客观世界的同时也改造自己的主观世界的力量。它体现在人的生活的各个领域之中。因此,美的内容是人在社会实践活动中表现出的合目的性与合规律性相统一的创造力量,美的形式则是显示这种自由创造力量的感性形式。由人类实践所创造的对象,已经现实地打上了人的创造力量的印记,它的外形的改变直接显示着人的本质力量,它的形式中包含着美的内容是显而易见的。那些尚未经过人类实践直接加工的对象,如极光、太阳、星星等,虽然它们的光辉形式并非人的直接创造,但从人和自然的总体关系进行历史性的考察,就不难发现,这些对象物虽然未经人类实践直接加工,但是随着人类实践活动的深入展开,也就进入了人的生活领域,并以其千变万

———————————————

① 黑格尔:《美学》第 1 卷,朱光潜译,商务印书馆 1979 年版,第 87、92 页。

化的色彩、状貌,适应了人类物质生活与精神生活的需要,从而间接地显现着人的本质力量。

内容与形式是哲学上的一对范畴。内容是指构成事物的内在要素的总和,包括事物的内在矛盾运动以及由这些矛盾运动所决定的事物的属性、运动过程、发展趋势等等。形式是指内容诸要素的结构方式和表现形态,即事物矛盾运动的存在方式及其外部风貌。一般讲来,内容是决定事物性质的基础方面,形式是为内容所要求的存在方式,因而内容决定形式,形式为内容服务;同时,形式又反作用于内容,形式的优劣影响以至制约着内容的表达。事实上,事物的内容及其形式之间呈现出十分错综复杂的对立统一关系。以事物的美来说,有的可能内容美形式也美;有的内容美而形式则可能稍有逊色;有的内容平庸、空虚甚至丑恶,而形式却甚为娇艳。人类创造艺术品,致力于达到美的内容与尽可能完美的形式的统一,对于一般实用产品,往往是着眼于使用价值,在外形上修饰不多,而山水自然的美,则又是以其千姿百态的外在形式见长。总之,每一具体事物的美,其美的内容与美的形式都只能是具体的历史的相对统一,而不可能是完美无缺的绝对统一。正因为这样,现实世界的美才会呈现出个性不同、各具特色、互不重复、多彩多姿的风貌。

形式作为内容的存在方式,包括两个紧密相联的方面:一是内容诸要素的内部结构的排列方式,称为内形式;一是与内部结构相关联的外部表现形态,包括外部装饰成分——装饰性处理、附属装饰部件等,构成直接作用于人的感官的事物的外部风貌,一般称为外形式。内形式直接体现着事物内在要素的构成关系,因而是与事物内容紧密联系、不可分割的。例如一座建筑物,采用砖木结构、土石结构、混凝土结构或钢铁构件以及它们的各种组合关系,是由建筑物的设计要求所决定的。外形式是建筑物的具体外观,包括空间分割的层次、色彩、门窗式样,还有那高耸入云的尖塔,飞檐凌空的大屋顶以及壁画、浮雕等。它们都直接诉诸人的感官,对于显示美的内容具有重要意义。哥特式教堂高耸入云的塔尖,体现了通向天国的含义;尖形肋骨拱顶、束柱、斑驳陆离的彩色窗玻璃,宣传宗教思想的壁画和雕像,对于造成脱离尘世的神秘气氛来说是至关重要的。事物的外部材料的感性特征,正是组成事物的美的形式的重要因素。

现实事物本身是复杂的,其属性是多方面的。马克思说:"具体之所以具体,因为它是许多规定的综合,因而是多样性的统一。"[①]一个具体事物往往是许多不同的

---

① 马克思:《〈政治经济学批判〉导言》,《马克思恩格斯选集》第2卷,人民出版社1995年版,第18页。

类的要素的集合体。这就是说,事物的内容和形式都可能是多方面的。从一个事物体现其使用价值来说,其内容在于功用,其形式是体现功用意义的结构形态及其表现;从一个事物体现其审美价值来说,其内容在于是否包含了人的创造力量以及这种创造力量的侧重面、分量多少等,其形式则是显现着人的创造力量的感性形态。因此,美学的研究不仅不能忽视事物的外在形式,而且应该特别重视外在形式是怎样地显现了内在的美。由于事物的外在形式具有更强的相对独立性,具有自身独有的发展规律,因而对于外在形式的美进行专门研究,就成为十分重要和必要的了。

事物的外在形式,为什么能够具有独立的审美价值呢? 因为,这种形式本身既是事物自身正常发展规律的体现,又与人类维护自己的生存需要相符合,因此,人类不但在实践中不断发现了它,肯定了它,而且还在实践中有意识地运用它。因而,单就形式本身而言,它也总是直接或间接地体现着人的创造力量。一般说来,凡能够按照美的规律进行创造的产品,都会具有一定的审美价值。如果在创造中,在注意充分发挥产品的使用功能的基础上,对其外部造型作进一步加工,就可能使产品具有令人赏心悦目的美的价值。这类产品的外在形式,便成为人的求真向善的创造力量和审美理想的感性显现,因而必然显得更美。从历史上看,新石器时代人们开始有意识地注重石器的外形加工,将石面磨光,造型几何化,甚至刻上了装饰线条,从而成为人们自觉创造的最早的美的产品。它标志着人类审美意识的真正觉醒,是人类的美的创造的真正开端。由此可见,真正美的产品,正是经过了从功用到外形的双重创造的产物。而在外形创造方面所显示的人的创造力量,便是我们称之为美的形式的客观内容。

真正具有美的形态的事物,它的外部形式必然放射着能够吸引人、感动人和耐人寻味的美的光辉。马克思在谈到法国社会主义工人联合起来的时候曾经说:“人与人之间的兄弟情谊在他们那里不是空话,而是真情,并且他们那由于劳动而变得结实的形象向我们放射出人类崇高精神之光。”[1]事物的外在形式的美,总是诱发着人们去欣赏它,去追求它所显示的内在精神的美。当然,客观事物外在形式的美,也是和物质材料本身的质地有关的。正如桑塔耶纳所说:“假如雅典娜的神殿巴特农不是大理石筑成,王冠不是黄金制造,星星没有火光,它们将是平淡无力的东西。”[2]客观事物的美的感染力,是通过光、色、形、声等物质属性作用于我们的感官的。

---

① 马克思:《1844 年经济学哲学手稿》,《马克思恩格斯全集》第 42 卷,人民出版社 1979 年版,第 140 页。

② 桑塔耶纳:《美感》,缪灵珠译,中国社会科学出版社 1982 年版,第 52 页。

3.2　形式美的构成

广义地说,形式美就是美的事物的外在形式所具有的相对独立的审美特性,因而形式美表现为具体的美的形式。狭义地说,形式美是指构成事物外形的物质材料的自然属性(色、形、声)以及它们的组合规律(如整齐、比例、对称、均衡、反复、节奏、多样的统一等)所呈现出来的审美特性,即具有审美价值的抽象形式。狭义形式美所说的形式,是一种"人化"的普遍性的形式,是通过抽象的形式要素及其组合规律展现出一般的审美意味的形式。抽象的形式要素及其组合法则,是人类在长期实践中逐步总结出来的关于造型的基本规律,是对于无数具体事物外在形式规律的抽象、提纯和升华,是人类的发现和创造。这种"人化"的抽象形式和由它带来的具有一般审美意味的形式感,在人类历史上是同时产生和发展的,并且作为文化传统的一部分而成为社会共有的精神财富。当人们面对这类抽象形式的时候,虽说由于脱离具体对象而难以直接感受其具体的实际内容,但是仍然可以从中体悟到某种朦胧抽象的审美意味。通常所说的形式美,就是指这种具有情感意味的抽象形式的美。

历史上的美学家和造型艺术家,对于抽象的形式美进行过大量的研究。这种研究对于人们在实践中创造不同事物的外在形式美,具有一般的指导意义。但是抽象的形式美仅仅是在相对意义上而言的,因为世界上的任何事物及其美,都必然是具体的。因而,当着抽象的形式美体现为一个具体事物的外形时,它的审美特性也必然随着该事物的社会内容及其在整个社会生活中的客观地位而转移。五彩缤纷的时装,在喜庆节日里不失为美的,而在肃穆的哀悼场合中则断然不美。可见,在抽象的形式美和具体的美的形式之间,存在着一般与个别、共性与个性的辩证关系。历史上的美在形式说和形式主义者,由于否定和忽视这一辩证法,往往以一般代替个别,以共性代替个性,从而把抽象的形式所具有的审美特性绝对化,因此在说明现实生活中复杂的审美现象时,必然捉襟见肘,到处碰壁。

构成形式美的自然物质属性

眼睛和耳朵是人类的两种主要的审美感官,它们分别接受来自客观世界的光和声的物质刺激,并能感受到审美愉快。"视觉和听觉二者所感知的都是波动。"①眼

---

① 　恩格斯:《自然辩证法》,《马克思恩格斯选集》第 4 卷,人民出版社 1995 年版,第 340 页。

睛感知光,确切地说可感知的是波长在 390 到 770 纳米之间的电磁波。由不同波长的电磁辐射所引起的吸收及反射,使我们感受到不同的色彩。由于物体不同表面上反射和透射不同光波的作用,还使我们感知到现实事物的不同形状。色彩和形状是两种独立的现象,都是我们的视觉可以感知到的。而耳朵所接受的是声,确切地说是振动频率为 16 到 20 000 赫兹的声波。因此,对于以眼睛和耳朵为主要审美器官的人来说,外部世界的三种自然属性——色彩、形体和声音,是具有审美意义的属性,即可传达和获得某种感情意味的属性。而作用于耳目之外其他感官的温度、气味、滋味等的属性,在审美上只有辅助作用。

先说色。

色的物理本质是波长不同的光。公元 1666 年,英国物理学家牛顿第一次利用三棱镜的折射,将太阳光析解为包括红、橙、黄、绿、青、蓝、紫的彩色光带,揭开了色彩的秘密。由于物体对色光具有吸收或反射的功能,一切物体才呈现出种种颜色。例如,我们看到红旗是"红"色的,是因为红绸吸收了其他各种光线,而把红光反射出来的结果。某一物体对色光全部吸收,就呈黑色;反之,全部反射出来,就呈白色;若对每种色光都有部分吸收与部分反射,则呈灰色。据研究,人的机体对无彩色和有彩色的辨别种类在 200 万到 800 万种之间。这对于我们辨识物体是不可缺少的。白纸上写白字,虽有形而不能辨识。可见人对色的辨别是认识世界的重要条件。

色彩的审美特性是十分明显的,它具有表情性,能够向我们传达出一定的感情意味,传达出能够引动人的情感反映的信息。例如,红色是热烈而兴奋的,黄色是明朗而欢乐的,蓝色是抑郁而悲哀的,绿色是平静而稳定的,等等。事物的形体,同样也可以传递物体情况和感情意味的信息。但比较起来,在向人提供物体情况的信息方面,形体比色彩更为有效;而在表情方面,则形体远远不如色彩强烈。阿恩海姆写道:"说到表情作用,色彩却又胜过形状一筹,那落日的余晖以及地中海的碧蓝色彩所传达的表情,恐怕是任何确定的形状也望尘莫及的。"①色彩的反射,像强光一样吸引着人们的视线,最容易打动人们的心灵。色彩的这种强烈的表情性能,是它的审美特性的本质所在。所以,马克思指出:"色彩的感觉是一般美感中最大众化的形式。"②

色彩的表情性,包括色彩的兴奋与沉静、暖与冷、前进与后退、活泼与忧郁、华丽与朴素等等意味,通常是同有关色彩的联想分不开的。不同的人面对一定的颜色,

---

① 阿恩海姆:《艺术与视知觉》,滕守尧、朱疆源译,中国社会科学出版社 1984 年版,第 455 页。
② 马克思:《政治经济学批判》,《马克思恩格斯全集》第 13 卷,人民出版社 1962 年版,第 145 页。

虽可能产生各有特点的联想，但却也会有着明显的共同性。例如，红色使人想起火和血，因而带有热烈、兴奋的情绪；黄色使人想起灿烂的阳光，所以感到明朗和温暖；蓝色使人想起天空和海洋，因而带有平和、宁静的情绪；绿色使人联想到绿色的植物，产生生机盎然、欣欣向荣的感受；白色使人想起雪，带有纯洁、凉爽的意味；黑色使人想起夜，笼罩一切的夜，会有阴郁、严肃甚至令人恐怖的感受等等。色的联想，是在人的实践中积累而成的。

由于世世代代的传统习惯，某种色与某种特定内容形成较为固定的联系，又可以使色彩获得一定的象征意义。例如，红与火和血联系，意味着热情奔放，不怕流血牺牲，从而成为革命的象征；用于交通信号，则意味着有危险，其含义是禁止通行；在西方，据说耶稣的血是红葡萄酒色的，所以红又象征圣餐和祭典；在红色系统中，深红色意味着嫉妒或暴虐，被认为是恶魔的象征，而粉红色则象征健康（与西方人肤色有关）等。黄色，在中国过去是帝王之色，象征皇权和高贵；而基督教却作为犹大衣服的色，因而在欧美是最下等的色。蓝色在西方是幸福色，又是绝望的色，"蓝色的音乐"就是悲伤的音乐。其余如白色象征叛逆，黑色象征罪恶等，则是世界普遍认同的。我国自古以来还有色彩象征方位之说，东蓝、南红、西白、北黑、中央黄，称为方位色。在京剧脸谱中，色彩被赋予象征人物性格的特定意义：红脸表示忠义，黄脸象征勇猛而残暴，蓝脸表示刚强，白脸奸诈、阴险，黑脸憨直、刚正，绿脸显示草莽英雄本色，金脸银脸则是神怪的象征等等。色彩与人的情绪意味之间的象征意义，当然也不是绝对不变的。随着社会生活的发展，色彩与人们的生活之间的联系日益增多，加上不同民族文化心理的相互影响，使色彩的审美意味越来越复杂多样。康定斯基曾经说："蓝色是典型的天空色。它给人最强烈的感觉就是宁静。当蓝色接近于黑色时，它表现出了超脱人世的悲伤，沉浸在无比严肃庄重的情绪之中。蓝色越浅，它也就越淡漠，给人以遥远和淡雅的印象，宛如高高的蓝天。蓝色越淡，它的频率就越低，等到它变成白色时，振动就归于停止。"[1]康定斯基的话说明，蓝色的变化系列可以是复杂多样的，但蓝色作为天空色的基调却是稳固的。

其次说形。

任何事物都在一定的空间存在着，它们的外形都是可见的，甚至是可以触摸的。这种具体可感的事物的形态，包括自然物形态和人造物形态两大系列。单从事物形态角度来说，人类的劳动实践几乎都可以看作是造型（造形）活动。原始时期的许多产品，都是从对于自然物形态的模拟开始的。这种模拟造型活动促进了人类对于形

---

① 瓦·康定斯基：《论艺术的精神》，查立译，中国社会科学出版社 1987 年版，第 49 页。

体及其规律的抽象认识的发展。所以在历史上,很早就产生了事物的抽象形式的表示方法。抽象形式的组成要素是抽象的点、线、面、体。研究抽象形式的空间关系的科学是几何学。我们这里所要研究的则是抽象形式的审美特性。

点是物体形状的极度抽象,亦可看成是形状的起源。在造型艺术中,"一个点的面积虽小,却有着强大的生命力,它能对人的精神产生巨大的影响。如果画家将一个点设置在画面的恰当位置上,它便很服贴,……如果这个小点被安放在不适当的位置上,你会感到极端的别扭"①。

线是点移动的轨迹。在现实生活中,物体的不同的面相交而形成线。人们从实物的轮廓、不同面的折角中抽象出线条来,成为造型艺术的重要语汇。线条可以分为直线、曲线和折线。它们的审美特性各不相同:直线表示力量、稳定、生气、刚强;曲线表示优美、柔和,给人以运动感;折线表示转折、突然、断续,折线形成的角度则给人以上升、下降、前进等方向感。"建筑风格的变化就是以线为中心。希腊式建筑多用直线,罗马式建筑多用弧线,'哥特式'建筑多用相交成尖角的斜线,这是最显著的例。"②英国著名画家和美学家威廉·荷迦兹在《美的分析》中指出,波状线比任何线条"都更能够创造美",可以称之为"美的线条"。蛇形线"灵活生动,同时朝着不同的方向旋绕,能使眼睛得到满足,引导眼睛追逐其无限的多样性",可以称之为"富于吸引力的线条"③。(见图一)

荷迦兹的"美的线条"。转引自
H·R·普勒《艺术构图》
图　一

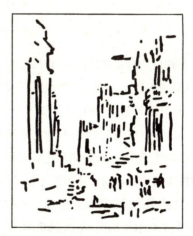

垂直线条的应用。克劳德作
图　二(甲)

---

① 瓦·康定斯基:《论艺术的精神》,查立译,中国社会科学出版社 1987 年版,第 97 页。
② 朱光潜:《近代实验美学》,《朱光潜美学文集》第 1 卷,上海文艺出版社 1982 年版,第 297 页。
③ 威廉·荷迦兹:《美的分析》,杨成寅译,人民美术出版社 1984 年版,第 44—45 页。

横曲线表示优美。《镜前的维纳斯》，
委拉斯凯兹作

图 二(乙)

1. 角度小于45°的， 2. 较大的角度表示 3. 角度大于45°的，表示
   表示前进。   更勇猛地前进。   下倾，而不是前进。

图 三

各种线的有规律的组合，可以带有明显的感情意味。如垂直线给人以稳定感和均衡感，表示严肃、庄重；水平线表示安宁、静穆；斜线与兴奋、迅速、骚乱、不稳定相联系，具有明显的运动感。(见图二甲、图二乙)至于在整幅构图中，由于过渡线条和连续线条所形成的轮廓线，对于艺术构图也不可忽视。

绘画艺术的语言，主要是色彩和线条。色彩是客观存在的物质属性，线条却是人们抽象概括的产物。我国绘画艺术历来重线条，利用线条造型和传情成为我国绘画、书法艺术的优良传统。绘画主要利用线条的审美特性，进行各种构图，如平行垂直构图、平行水平构图、平行斜线构图、对角线构图、十字架构图、S形构图、起伏线构图、楔形构图、三角形构图、辐射线构图、螺旋形构图、圆形构图等，以取得不同的审美效果。我国书法艺术更纯粹是线的艺术，王羲之说："须得书意，转深点画之间皆有意"①，单靠线条的运动可以表达书家的情志。"情之喜怒哀乐，各有分数：喜则

---

① 《晋王右军自论书》，《中国美学史资料选编》(上册)，中华书局1980年版，第173页。

气和而字舒,怒则气粗而字险,哀则气郁而字敛,乐则气平而字丽。情有轻重,则字之敛舒险丽,亦有浅深,变化无穷。"①

几何学上那种没有大小的点和没有宽度的线,在实际构图中是无法表示的。实际上,点的扩大就成为面,绘画中所讲的色块就是如此;线的宽度扩大也成为面,例如表示一条街道的直线,就代表一个长方形的街道面。明确的平面形,都有一般的审美特性:底面水平的金字塔式的三角形有明显的稳定感;倒置的三角形则恰恰相反;正方形含有方正刚直的意味;圆形则有自我满足、周而复始之意等等。据实验美学创始人费希纳和格式塔心理学创造人韦特墨等人的实验证明,长与高之比为 34∶21 的长方形最受人们欢迎。这近似"黄金分割"的比例。圆锥体、正方体、球体、长方体的审美属性也大体如平面图形。这些平面形、立体形的一般的审美特性,在建筑、工艺、绘画、雕塑、摄影等造型艺术门类中,有着广泛的应用。

最后讲声。

声音同色彩一样,是物质的自然属性。现实世界中许多物体都可发声,由耳朵这个听觉器官接收声音信息。我们可以凭借声音的不同,判别外物的性质、远近、方向等,甚至单凭楼梯上的脚步声,就能知道来的是哪一位熟人。嘈杂而无规律的噪音令人头昏,时间长了会影响人的健康和寿命;和谐而有规律的乐音则可使人感到悦耳动听,有助于健康和延年益寿。如果对自然界的乐音和噪音加以挑选,并按照一定的逻辑(旋律、调式、速度、节拍、曲式等)进行组合,并在时间中展开,用以传达一定的情思,那么就产生了优美动人的音乐。

声音,具有一定的模拟功能、类比功能和象征功能,但是,最为突出的,则是它的表情功能。近代实验美学家应用各种仪器测验证明,声音不仅影响人的神经,而且对于血液循环、脉搏跳动、呼吸活动等都有一定的影响作用。声音的强弱大小及其在时间中的延续变化,和人的生理心理机制之间有一定的对应关系,因而可以由声音引起上升——昂扬、下降——低沉以及悠婉、清雅、哀伤、呜咽等情绪反应。这就使得本无情感因素的外物的声音,带上了情感意味,例如,高音显得亢奋激昂,低音显得深沉凝重,强音显得振奋,轻音显得柔和等等。

音乐的表情性就更加明显。"乐者,音之所由生也;其本在人心之感于物也。是故其哀心感者,其声噍以杀;其乐心感者,其声啴以缓;其喜心感者,其声发以散;其怒心感者,其声粗以厉;其敬心感者,其声直以廉;其爱心感者,其声和以柔;六者非

---

① 见茹桂《试谈书法欣赏》引明代祝允明语,《现代书法论文选》,上海书画出版社 1980 年版,第 176 页。

性也,感于物而后动。"①这是我国古代哲学家对音乐的唯物主义解释。音乐的表情性,恰恰应该在情感的对象化中找到解释。有些作品则是运用移情作用使外物之声带上了感情。"东风知我欲山行,吹断檐间积雨声"②,即是明显的一例。

我国晋代的嵇康在《声无哀乐论》中说:"夫天地合德,万物贵生。寒暑代往,五行以成。故章为五色,发为五音。音声之作,其犹臭味在于天地之间。其善与不善,虽遭遇浊乱,其体自若,而不变也。岂以爱憎易操,哀乐改度哉?""夫哀心藏于苦心内,遇和声而后发;和声无象,而哀心有主。夫以有主之哀心,因乎无象之和声,其所觉悟,唯哀而已。"嵇康注意到人的心境对于感受声音的影响,这是对的;但他完全否定了客观声音与人的感受之间的必然联系,这就有失偏颇了。无生物及植物的自然之声本无哀乐,而动物之声和人为之声则可以带有哀乐,表达一定的情绪。久而久之,人们对于自然之声的感受中也加进了相对固定的感情意味。嵇康完全否定了声音的表情性能,其结论是片面的。而奥地利音乐美学家爱德华·汉斯立克则宣称声音的美完全是一种形式的美:"这是一种不依附、不需要外来内容的美,它存在于乐音以及乐音的艺术组合中。优美悦耳的音响之间的巧妙关系,它们之间的协调和对抗、追逐和遇合、飞跃和消逝,——这些东西以自由的形式呈现在我们直观的心灵面前,并且使我们感到美的愉快。"他进而断言:"音乐的内容就是乐音的运动形式"③。我们认为,音乐的构成要素乐音,可以带有一般的抽象的情感意味,但组成具体乐曲却必然同作曲家的一定社会思想感情相联系。汉斯立克完全无视音乐作品的社会意义,显然也是片面的。

构成形式美的物质材料的组合规律

构成形式美的物质材料,必须按照一定的组合规律组织起来,才会具有一定的审美特性;杂乱无章,一般说来是丑的。物质材料的组合规律又可分为各部分之间的组合关系及总体组合关系两个方面。根据美学史上对于这些规律的大量研究材料,我们认为:属于各部分之间的组合规律,主要是匀称和比例、对称与均衡、反复与节奏;属于总体组合规律,主要是和谐——多样的统一,它包括对比与调和两种类型,此外还有不和谐的和谐、不统一的统一等。

事物形式要素之间的匀称和比例,是人在实践活动中通过对自然事物的总结抽

---

① 《乐记·乐本》。

② 苏轼:《新城道中》。

③ 爱德华·汉斯立克:《论音乐的美》,杨业治译,人民音乐出版社1980年版,第49、50页。

象出来的。我国木工祖传的"周三径一、方五斜七"的口诀,就是制作圆形和方形物体的大致比例。古代画论中所说"丈山尺树,寸马豆人"①,则是历代画家的经验之谈。万事万物的形式是丰富多样的,因而关于形体的比例也必然是多种多样的。毕达哥拉斯学派提出的黄金分割律,实际上是一种常用的比例关系。"据说皮萨哥拉斯(即毕达哥拉斯——引者按)曾平平地拿着一根木棒的两端,并叫他的友人在这棒子上面刻下一个记号,其位置要使木棒两端的比例不相等,而令人看来觉得满意。正如我们作这样实验时会发现一样,他发现了一个非常一致的论点——它的大意是:把 C 点放在一个位置上,使左边一段并不恰好是三分之一,右边一段也不恰好是一半。皮氏发现,把 A—C 的长度放在其余部分 C—B 上,其比例仍和以前一样。再把较短的一段放在较长的一段上面,也产生同样的比例,以至于无穷。"②对此,德国数学家蔡沁于 1854 年作了几何学的作图与证明。如图四,求将已知线段 AB 作黄金分割。解:在 B 点作 BO 垂直于 AB,并使 BO 等于 AB 之半。以 O 为圆心,BO 为半径作圆。连接 AO 作一直线,使与该圆相交于 E、F。在 AB 及其延长线上,取 $AC = AE$,$AC' = AF$。经几何运算可证:

$$\frac{BC}{AC} = \frac{AC}{AB} = \frac{AB}{AC'}$$

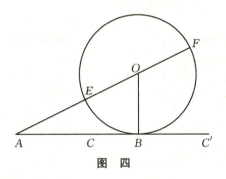

图 四

故 C、C' 为线段 AB 之内外分点,即黄金分割点。若设 AB 为 1,则该比为 0.618∶1 或 1∶1.618,一般取其近似值 5∶8。这一比例,被视为最令人满意的比例,故名之曰"黄金分割"(亦称中外比)。诚然,符合黄金分割律的比例,一般说来确实是美的。在日常生活中,人们也常以此来衡量事物或造型。如果一个人的身长正巧是 1.618

① 荆浩:《山水诀》,沈子丞编《历代论画名著汇编》,文物出版社 1982 年新 1 版,第 53 页。
② C.C. 皮士:《构图学》,转引自李却特·N·海尔:《摄影构图原理》,谢汉俊译,上海人民美术出版社 1962 年版,第 47 页。

米的话,那么,以肚脐为界,最匀称的身材其上下身之比应为 0.618∶1。至于门窗、床铺,以至书刊等的宽长之比,也大多符合这一要求。但是,绝不能因此而把这一比例关系绝对化,小提琴的盒子,吃饭用的方桌等,就不宜采用这一比例。因为,美是相对于人生而言的一种社会价值,如果离开了人的生活的多样需求,用某一比例来取代一切,那就必定会陷入形而上学,违背美的规律。

对称,是生物体自身结构的一种合规律的存在形式。古人在狩猎和农耕时代,就发现了动物体、植物叶脉的对称规律。人体的外部器官是左右对称的;物体在水中的倒影,则呈上下对称。在长期的生活实践中,人们认识到对称对于人的生存、发展有着重要的意义,不仅挑担、走钢丝等需要对称,而且许多生产工具、交通工具如果不对称,往往也就失去了它存在的价值。因此,事物的合规律性与合目的性相统一的对称形式,也就会给人们以审美的愉悦。如果事物在左右、上下、前后等两方面的布局上出现等量不等形的情况——即双方虽然外形大小不同,但分量却是对应的,则被称为均衡。对称自然也是均衡,是一种机械的均衡;而一般所说的均衡,则为双方有变化的均衡。均衡可以分为天平式、杆秤式、跷跷板式等多种。(见图五)这对于各类造型艺术的构图,是很有用处的。一般说来,在绘画、雕塑、建筑艺术中,对称、均衡的布局,能产生庄重、严肃、宏伟、朴素等艺术效果。当然,为了获得其他艺术效果,在创作中也可以打破对称与均衡。

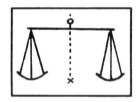

1. 天平式平衡。平衡点 X 是固定的,两边平衡物体距离平衡点等远。

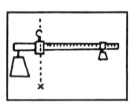

2. 杆秤式平衡。平衡点 X 是固定的,但两边平衡物体的距离则随秤锤(较小物体)的移动而不同。

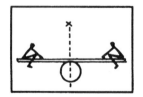

3. 跷跷板上的平衡。两边平衡的物体(人物)重量相等,平衡点 X(圆木)必须位于正中。

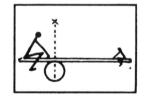

4. 两边物体(人物)的重量不同。平衡点 X 必须离较重的物体较近。

图　五

各种物质材料按相同的方式排列，就形成单纯的反复，产生整齐一律的美。"整齐一律一般是外表的一致性，说得更明确一点，是同一形状的一致的重复，这种重复对于对象的形式就成为起赋与定性作用的统一。"①游行方阵中的队列，律诗中的音节，其排列都是整齐一律的。这是反复的最简单的方式。林荫道上一棵槐树一棵杨树，每一组形成一个层次，各个层次形成反复，就是从错杂中见反复。有规律的反复，形成节奏。连续层次之间安排适当的停顿，则可使节奏更加分明。节奏是指均匀的有规律的运动进程，是事物正常发展规律的体现，也是符合人类生活的需要的。昼夜交替、春秋代序，人体的呼吸、脉搏的跳动、走路时两手的摆动、工作中一张一弛的间歇，都是生活中的节奏。音乐节拍的强弱、长短、力度大小等交替出现，舞蹈动作的反复变化，建筑物上窗户、柱子的排列，园林别墅中花草的间隔栽培，绘画中垂直线、水平线、斜线、曲线的重复配置，冷暖色、明暗色的反复调和，诗歌韵律的反复出现，戏剧、电影中紧张场面与抒情场面的交替安置，等等，都会形成一定的节奏。我国书法是线条运动的艺术，"笔正则锋藏，笔偃则锋出，一起一倒，一晦一明，而神奇出焉。……故一点一画，皆有三转；一波一拂，皆有三折"②。在这种有规律的转折之中，包含着线条运动的节奏。总之，不论在生活中还是在艺术中，打乱了节奏，既违反了事物的运动规律，也不利于人的正常生活秩序，因而也就失去了美。

从构成形式美的物质材料的总体关系来看，其基本规律就是多样的统一。和谐，就是多样的统一的具体表现。早在公元前 6 世纪，我国哲学家老子就说过："道生一，一生二，二生三，三生万物。万物负阴而抱阳，冲气以为和。"③表达了万物统一于一及对立面的统一等朴素的辩证法思想。比老子稍晚的古希腊哲学家赫拉克利特指出："互相排斥的东西结合在一起，不同的音调造成最美的和谐；一切都是斗争所产生的。"④公元前 2 世纪希腊数学家斐安说过"和谐是杂多的统一，不协调因素的协调"⑤的话，尼柯玛赫曾用这一观点来解释过音乐。所谓"多样"，是整体中所包含的各个部分在形式上的区别与差异性，"统一"则是指各个部分在形式上的某些共同特征以及它们之间的某种关联、呼应、衬托的关系。客观世界是无比丰富的，因此，只有五色错呈、五音协奏，富有变化而相互协调，使人感受到一种符合规律的秩序，才能符合人类的审美要求。客观世界的众多事物，又不是相互孤立的，它们都置

---

①　黑格尔：《美学》第 1 卷，朱光潜译，商务印书馆 1979 年版，第 173 页。

②　姜夔：《续书谱》，《历代书法论文选》，上海书画出版社 1979 年版，第 388 页。

③　《老子》四十二章。

④⑤　北京大学哲学系美学教研室编：《西方美学家论美和美感》，商务印书馆 1980 年版，第 15、14 页。

身于特定的系统之中,因此,支离破碎,杂乱无章,又是违背人类审美要求的。所谓"多样的统一"就是寓多于一,多统于一,在丰富多彩的表现中保持着某种一致性。

多样的统一包括两种基本类型:一种是各种对立因素之间的统一,"相反者相成:对立造成和谐,如弓与六弦琴"①,谓之对比;一种是多种非对立因素互相联系的统一,形成不太显著的变化,谓之调和。以色彩而论,蓝与蓝绿、黄与黄橙、红与紫红都是具有同一色相的同类色,彼此之间可产生和谐的色彩;音乐中利用谐音原理使两个以上的音按一定规律同时发响,形成和声;古典式建筑配上古色古香的古瓶古画,形成建筑物内外格调的调和;如此等等。而互相对立、互相排斥的因素结合在一起形成和谐,比非对立因素的统一更具有美的魅力。不同的色、形、声因素在质、量、空间、时间等方面都可以形成强烈的对比。"蛇行线"、太极图都包含着明显的对立因素,形成对立的平衡统一。"大漠孤烟直,长河落日圆","蝉噪林逾静,鸟鸣山更幽","纵横一川水,高下数家村","朱门酒肉臭,路有冻死骨"②等,都是把两个明显对立的因素放在一起,收到相反相成的效果。色彩学上的互补色也是这个道理。歌德在《色彩概论》中写道:"有一天傍晚,我走进一家旅馆,一位姑娘,高身材,面孔白皙,黑发,穿着鲜红的上衣走进我的房间。我凝视着这位在半暗中站在我前面一段距离的姑娘。当她走开以后,我在我对面光亮的墙上看到一个环绕着光轮的黑面孔,那鲜明形象的衣服在我看来像是海浪般的绿颜色。"③由于对立的互补色混合后产生白、灰、黑这样的无彩色,所以视网膜上感色细胞要求平衡而形成后像,在颜色光源下,后像过渡为补色。补色是互相对立的,却又可形成对立的统一。绿叶扶红花,红绿两色就形成异常鲜明的补色对比。阿恩海姆说:"它们呈现出的圆满状态是两种对立的力量达到平衡之后,所造成的那种圆满状态,它们能够在整体中具体而又鲜明地显示出了种种特殊力量的作用过程,它们所呈现出的那种静止看上去无疑是各种对立的趋向的统一体。"④

无论是对立,还是调和,都要有变化,在变化中见出多样统一的美。我国古代书画家对此有很多精辟的论述。李成说:"千岩万壑,要低昂聚散而不同;叠嶂层峦,但起伏峥嵘而各异。"⑤孙过庭说:"至若数画并布,其形各异;众点齐列,为体互乖。一点成一

① 赫拉克利特:《著作残篇》,《古希腊罗马哲学》,三联书店 1957 年版,第 23 页。
② 以上各联引自王维:《使至塞上》;王籍:《入若耶溪》;王安石:《即事》;杜甫:《自京赴奉先县咏怀五百字》。
③ 转引自彼得罗夫斯基主编:《普通心理学》,朱智贤等译,人民教育出版社 1981 年版,第 259 页。
④ 阿恩海姆:《艺术与视知觉》,滕守尧、朱疆源译,中国社会科学出版社 1984 年版,第 501 页。
⑤ 李成:《山水诀》,沈子丞编:《历代论画名著汇编》,文物出版社 1982 年版,第 62 页。

字之规,一字乃终篇之准。违而不犯,和而不同;留不常迟,遣不恒疾;带燥方润,将浓
遂枯;泯规矩于方圆,遁钩绳之曲直;乍显乍晦,若行若藏,穷变态于毫端,合情调于纸
上"①。总之在变化中求统一,在统一中有变化,看似无规矩而实不离规矩,像随意挥
毫而内有统一情志贯串其中,才能达到"违而不犯,和而不同",具有生动的气韵,深远
的意味。否则,"声一无听,物一无文"②,平板、呆滞、单调的东西,是不会讨人喜爱的。

3.3　形式美的产生与发展

　　形式美具有一般的朦胧的审美意味,但是,这种意味是怎样得来的呢?

　　格式塔③学派的完形论给我们提供了一种解释。格式塔心理学派创始人韦特
墨于 1923 年在一篇论文中提出了"知觉结构原则",认为一个人的"大脑是一个动力
系统","采用直接而统一的方式把事物知觉为统一的整体而不是知觉为一群个别的
感觉","在许多刺激条件下,有尽可能把图形看成'完好'图形的趋向","无论何时我
们一看见(或听到)不同的形状或模式,就立即在知觉中产生一种结构。"这一派进而
提出了"同形论",按照苛勒的说法其含义是:"经验到的空间秩序在结构上总是和作
为基础的大脑过程分布的机能秩序是同一的"④。

　　美国美学家鲁道夫·阿恩海姆的《艺术与视知觉》一书,是系统地将格式塔心理
学应用于视觉艺术的重要著作。作者用外部事物的形式与主体的情感之间存在着
"力"的结构的"同形"关系,来解释形式的情感意味。这就是说,由于外在世界对象
物的物理的力与人的内在世界的心理的力在结构图式上有"同形同构"或"异质同
构"关系,因而,当某种外在事物形式的力的结构图式传达到人的大脑时,与大脑电
化学力场中某种力的结构图式相互对应,引起大致相同的电脉冲传递,使人的内在
情感与外在事物形式合拍一致,于是主体产生审美愉快,客体成为审美对象。例如
杨柳枝条在微风中摇摆不定的形态,音乐中婉转下降的旋律,与人在悲哀时大脑力
场的力的结构同形,都会给人带来悲哀凄切的意味。格式塔学派的同形论,批评了

---

①　孙过庭:《书谱》,《中国美学史资料选编》上册,中华书局 1980 年版,第 243 页。

②　《郑语》,《国语》卷十六,上海古籍出版社 1978 年版,第 516 页。

③　格式塔为德文 Gestalt 的音译,有结构、形状、完全或整体的意思,所以也有人把格式塔心理学意
译为完形心理学。据苛勒解释,该词在德国有两种用法:一是指形状或形式,亦即物体的"有角的"、"对称
的"或时间序列的性质;一是指一个具体实体和它具有一种特殊形状或形式的特征,在这种意义上,格式
塔所指的是任何隔开的整体。实际上格式塔心理学派用这个术语来研究整个心理领域。参看[美]杜·
舒尔茨《现代心理学史》,沈德灿等译,人民教育出版社 1981 年版,第十二章。

④　参见舒尔茨:《现代心理学史》,沈德灿等译,人民教育出版社 1981 年版,第 302—308 页。

联想说和移情说,以内外双方力的式样的同形或异质同构来解释对象形式的表情性质,这为我们理解某些艺术创作规律提供了一种可能的新途径。中国古代书法绘画理论中强调气(生命力)、韵(生命意味)、势(力量感)等,似可认为与格式塔学派同形论有异曲同工之妙。人在感知事物外形时具有整体性和简约化特征,其结果是对于事物外形产生总体印象模式(即格式塔学派所说的"格式塔");它不仅具有静态的结构特征,而且与创作者的运笔动势、欣赏者视知觉的张力相对应,因而同时会体悟到其中的力势和气韵。但是,如果我们进一步追问外物与内心的同形同构关系是怎样形成的呢? 格式塔学派认为物理的力与心理的力是在大脑生理电力场形成的,这种生理电力场则是自然选择的结果,是人类与生俱来的。这种解释显然是不妥的。我们认为,判断某种自然属性(色、形、声)的审美特性,仅仅着眼于这些属性所引起的生理心理反应,肯定是不够的,因为它无法解释同一种色彩在不同的民族那里,何以会有不同的含义,更无法解释个人对某种色彩的偏爱。鲁道夫·阿恩海姆在其《艺术与视知觉》一书中,也同样表现出解释上的犹豫。他有关"色彩的表现性"的论述,主要参照了歌德与康定斯基的观点:

> 　　歌德曾经一直坚持绿色是混合色的说法,但他并不否认绿色能给人一种"真正的满足"。因为"当眼睛和心灵落到这片混合色彩上的时候,就能宁静下来,就像落到任何其它单纯的色彩上面一样。在这种宁静中,人们再也不想更多的东西,也不能再想更多的东西。"与歌德一样,康定斯基也在绿色中找到了完全的"宁静与稳定"。在康定斯基看来,绿色具有一种"人间的、自我满足的宁静,这种宁静具有一种庄重的、超自然的和无穷奥妙。"纯绿色"是大自然中最宁静的色彩,它不向四方扩张,也不具有扩张的色彩所具有的那种感染力,不会引起欢乐、悲哀和激情,不提出任何要求。"它的被动性使康定斯基想起了"所谓资产者的姿态"。还使他想到了"一个肥胖的、健壮的、一动也不动的母牛,它只是在那儿一个劲地反刍,用那两只呆滞的眼睛毫无表情地直视着世界。"①

这些论述全都说明,色彩的表情意味,仍然是建立在联想基础之上的,而联想的产生则绝不是单纯的生理心理因素所能说明的,它显然与一定的社会生活条件有关。因此,阿恩海姆在对色彩的表现性作了许多分析之后,不得不承认"对颜色的喜好有可

---

① 　阿恩海姆:《艺术与视知觉》,滕守尧、朱疆源译,中国社会科学出版社 1984 年版,第 471 页。

能与某些重要的社会因素和个性因素有关"①。

　　色的联想意义与象征意义,固然有光与色的物理本质与人的视觉分析器官的生理心理机制之间的某种契合作为客观基础,但某种色彩之所以会有某一种或某几种情感意味、审美情趣,则是与人的社会实践分不开的。据考古学、人类学的研究,在不少地区的原始人的墓葬里,死者身上或死者周围都撒上了红色赭石粉,许多随葬的装饰品也涂上了红色。我国北京周口店龙骨山上发现的一万八千年前的"山顶洞人",就有这种情况。而现今仍处在原始社会阶段的部落里,也同样重视红色颜料。人们普遍认为,"红色代表血,这是生命力的源泉"。红色的这一抽象意味是从长期的社会实践中,慢慢演化而获得的:

　　　　原始人过着渔猎生活。打猎的时候,他们看到猎获物流尽了鲜血就会死去。人也是这样,被野兽咬伤了,流尽了鲜血,也要死去。人活着,特别是健康的人,脸上身上都有红润的血色。人一死,就变成苍白的了。
　　　　红色可能还代表火,代表光明和温暖。在黑夜里,火给人带来光明,给人带来斗争的勇气。严寒季节,原始人围坐在篝火周围,红色的火苗给人温暖。人活着是温暖的,人一死,身上就一片冰凉。
　　　　红色,在原始人看来大概就是人的生命现象的一种抽象概括。把红色的赭石粉撒在死者身上和周围,仿佛是给予死者以生命——血、温暖和活力。②

考古学家对颜色社会含义的说明,是值得美学工作者重视的。

　　在美学界,有人根据马克思有关金银的论述,断言"金银的审美属性,很明显地就是指的金银作为自然矿物的'天然的光芒'色彩",把物的自然属性直接与美相等同。这样的结论,很难说是符合马克思的原意的。马克思的确说过,金银"可以说表现为从地下世界发掘出来的天然的光芒,银反射出一切光线的自然的混合,金则专门反射出最强的色彩红色",从而"使它们成为满足奢侈、装饰、华丽、炫耀等需要的天然材料,总之,成为剩余和财富的积极形式"。这段话阐明了色彩光芒是金银审美属性的重要方面。但是,在讲这段话之前,马克思就已指出:"贵金属比值高,耐久,比较不易损坏,在空气中不氧化,特别是金,除王水外不溶解于其他酸类,这一切自

---

　　①　阿恩海姆:《艺术与视知觉》,滕守尧、朱疆源译,中国社会科学出版社 1984 年版,第 474 页。
　　②　周国兴:《人怎样认识自己的起源》上册,中国青年出版社 1977 年版,第 9—10 页。

然属性,使贵金属成为货币贮藏的天然材料。"并且,"金银很稀少","在直接生产过程中没有什么用处","它们本身的使用价值并不与它们的经济职能发生冲突"①。正是由于以上这样一些自然的和社会的属性,才使金银担当起货币的职能,变成"贵金属"。"金能够作为货币与其他商品相对立,只是因为它早就作为商品与它们相对立。与其他一切商品一样,它过去就起等价物的作用:或者是在个别的交换行为中起个别等价物的作用,或者是与其他商品等价物并列起特殊等价物的作用。渐渐地,它就在或大或小的范围内起一般等价物的作用。一当它在商品世界的价值表现中独占了这个地位,它就成为货币商品。"②试想,如果在将来的共产主义社会里,金银不再作为货币了,它是否还具有"满足奢侈、装饰、华丽、炫耀等需要"的社会品性呢? 由此可见,金银放射光芒的自然属性尽管没有变化,但它们是否贵重,是否具有"满足奢侈、装饰、华丽、炫耀等需要"的审美价值,则必将随着社会条件的改变而发生变化。

相对独立的形式之所以可能是美的,固然和物的形式因素本身有关,但是,绝对不能离开人的社会实践以及人对于形式的审美感受,其中形式感的作用更是应当特别加以重视和研究的。客观事物的自然形式与一定的社会生活相联系,在实践过程中反映到人的头脑中来,经过多次反复与头脑的深刻概括,逐渐地把握其普遍的必然联系,并在主体的心理生理活动中肯定下来,于是便形成了各种带有独立性的形式感。所谓"圆者规体,其势也自转;方者矩形,其势也自安"③,就是人们在漫长的实践活动中形成的对于"圆"与"方"的形式感。这种独立的形式感既经形成之后,则可以迅速地或较快地传递给下一代。在代代承传的基础上,某些形式美与形式感的对应关系越来越牢固,甚至后人只知道结果而忽视、忘记了前提。这就是表现于审美文化心理方面的民族传统的由来。同一种色彩在不同的民族中会具有不同的象征意义,就是这样形成的。格式塔心理学派的外物内心同形同构说,也只有根据社会实践的观点才能得到真正科学的解释。

我国考古学家对于古代陶器纹饰的研究说明,这些图案大多数来源于生活中的各种生物的摹拟,例如鱼、鸟、蛙等。它们由写实而逐渐抽象化的演变,其中凝聚着新石器时代社会生活的丰厚内容。像我国象形文字一样,我国的图案语汇是朴素、单纯、富有生趣的。例如,新石器时代彩陶纺轮上的太极图及其变形(见图六),"用

---

① 以上引文均见马克思:《政治经济学批判》,《马克思恩格斯全集》第 13 卷,人民出版社 1962 年版,第 144—145 页。

② 马克思:《资本论》第 1 卷,《马克思恩格斯全集》第 23 卷,人民出版社 1972 年版,第 86 页。

③ 刘勰:《文心雕龙·定势》。

一根相反相成的 S 形线,把整个画面分成两个阴阳交互的两极,这两极围绕一个中心回旋不息,形成一虚一实,有无相生,左右相倾,前后上下相随的一种核心运动。……这样的对立而又和谐的美,正是五千多年前为中国的劳动人民所认识而表现出来的朴素的宇宙观。"①它深刻地体现了表现形式上阴阳相生、对立统一的规律,给后来的图案创作开辟了广阔的天地。(见图七)

彩陶纺轮图案(由太极图形演变之例)

图　六

阴阳互替图形的发展

图　七

普列汉诺夫曾经援引过大量材料,来说明原始人审美意识的产生和发展。例如

---

① 　雷圭元:《中国图案作法初探》,上海人民美术出版社 1979 年版,第 41—42 页。

他曾谈到,丁卡部落的人有在腿上和臂上佩戴皮环和骨环的习俗。"最初,这些圆环可能是为了保护赤裸裸的四肢不受多刺植物侵害这一实际目的才被使用的",后来在有金属加工以后,皮环、骨环逐渐被换成较为精致的金属环,因为"金属环是富有的标志"。这时,圆环的美就由完全是实用的满足发展为观念的满足了。再后来,作为妇女装饰的金属项链、耳环、手镯等圆环,"逐渐地从实用的物品变成一些以其外貌引起审美快感的物品"①。如果用抽象的圆形线条来标示圆环的形式,于是圆形线条也就带有了一定的审美意味。由此可见,独立的形式美的出现,经历了一个使美的形式不断摆脱具体内容的抽象、提纯过程。这个过程是在长期的社会实践中完成的。

正因为这种形式美是抽象的,所以它只能具有一般的朦胧的审美意味。只有当它在具体环境中的具体事物上得到表现的时候,它的审美含义才是具体的和确定的。红旗招展的红色可以形成壮观的美,血手印的红色却给人以恐怖感,等等。虽然如此,研究抽象的形式美的审美特性及其规律,还是必要的和很有意义的。它不仅有助于我们从形式感方面把握对象,而且有助于我们在创造美的活动中,发挥形式的组织作用,使美的内容得到突出和强调,从而将人们的注意力吸引到美的事物上来,接受它的熏染和陶冶。

现代英国美学家克莱夫·贝尔在《艺术》一书中说:"在各个不同的作品中,线条、色彩以某种特殊方式组成某种形式或形式间的关系,激起我们的审美感情。这种线、色的关系和组合,这些审美地感人的形式,我称之为有意味的形式。'有意味的形式',就是一切视觉艺术的共同性质。"②他提出的"有意味的形式"的理论,用来解释图案之类的形式美,是相当有道理的。一般说来,人们观赏图案,很难看出它有什么具体明确的社会内容,而只是获得某些一般的审美意味。所以,说图案是一种"有意味的形式",是可取的;但是,克莱夫·贝尔却把它说成"一切视觉艺术的共同性质",这就过分了。此外,克莱夫·贝尔还认为,绘画艺术之所以能够"激起我们的审美感情","可以解释的回答只有一个,那就是'有意味的形式'",而判定何种形式是有意味的则"除了我们自己对艺术品的感觉而外,再没别的鉴别艺术品的办法了"。因此,克莱夫·贝尔直言不讳地承认:"我把审美说成是单纯的主观上的事";"任何审美方式如果声称自己是建立在某种客观真理上的,那显然是非常可笑的,甚

---

① 普列汉诺夫:《没有地址的信》,《普列汉诺夫美学论文集》第 1 册,曹葆华译,人民出版社 1983 年版,第 425—426 页。

② 克莱夫·贝尔:《艺术》,周金环、马钟元译,中国文联出版公司 1984 年版,第 4 页。

至可笑得不值一谈"①。这就清楚地表明,克莱夫·贝尔的见解完全是主观的,相对主义的。他提出了"有意味的形式"这个富有启发性的命题,但却未能给予科学的阐释。我们既要明确他的理论的局限,又要重视"有意味的形式"这一命题所包含的合理因素,在研究中努力发现相对独立的形式美所蕴含的那种深长的"意味"。

长期以来,人们在物质生产和艺术生产的领域内,都积累了运用有关形式美的规律的相当丰富的经验。这些经验作为知识积累、劳动技术和艺术技巧,成为代代相传的宝贵财富。后人要掌握和自由地运用这些规律,需要经过一定的学习过程,并要付出艰苦的劳动。只有在接受前人的经验的基础上,才有可能推陈出新,即在新的生活面前,为表现新时代美的内容,对已有的形式进行新的改造、突破和创造。从整个历史上看,跟美的内容比较起来,形式美的规律有更大的稳定性和继承性。但这并不意味着,在形式方面我们只能墨守陈规、一律照旧。当着旧的形式规范和技巧不能完全适应表现新内容的要求的时候,就必须对旧的东西有所批判,有所选择,有所改造,有所发展。正如鲁迅所说:"旧形式是采取,必有所删除,既有删除,必有所增益,这结果是新形式的出现,也就是变革。"②

为了繁荣我们的社会主义文化,人们对艺术形式的探索,表现出很高的热情。要求突破旧的"老一套"的形式,追求革新和创造,已经成为一种新的潮流。探索形式并不等于形式主义。我们要划清追求形式美和形式主义的界限。

复习思考题

1. 什么是美的内容? 什么是美的形式? 两者的关系怎样?
2. 何谓形式美?
3. 构成形式美的自然物质属性包括哪些方面?
4. 构成形式美的物质材料的组合规律有哪些方面?
5. 应当怎样评价克莱夫·贝尔有关"有意味的形式"的论述?
6. 相对独立的形式美是怎样形成的? 它同人类社会实践究竟有无关联?

---

①　克莱夫·贝尔:《艺术》,周金环、马钟元译,中国文联出版公司 1984 年版,第 4—5 页。
②　《论"旧形式的采用"》,《鲁迅全集》第 6 卷,人民文学出版社 1981 年版,第 24 页。

第4章 现 实 美

客观世界的丰富性,决定了各种事物的美也必然具有千差万别的形态。因此,美学研究不仅应当揭示美的本质与特性,分析它的内容与形式,而且还应当对美的各种表现形态进行深入地考察与研究。

由于研究的角度不同,以及对美的本质的理解的差异,过去许多美学家对美的表现形态进行了种种不同的分类。例如,哈奇生把美分为"绝对的"和"相对的"两种;狄德罗认为绝对的美是没有的,只有这样两种美:一种是"实在的美",一种是"相对的美";康德认为美不在于事物的存在,因而只有"自由美"和"附庸美"之分;鲍桑葵则把美分为"浅易的美"与"艰奥的美"两种;等等。

其实,如果从哲学认识论的角度对美进行分类,那么不论美的表现形态多么难以数计,却只能划分为两大类型:现实美与艺术美。而现实美,又包括自然美与社会美。

4.1 现实美的地位与意义

从历史发展看,西方美学思想一直侧重于对艺术的研究。因此,长期以来,美学一直被看作是艺术哲学。事实上,艺术虽说是美的一个重要领域,但并不是美的所有领域。别林斯基说得好:"在活生生的现实里有很多美的事物,或者,更确切地说,一切美的事物只能包括在活生生的现实里。"[①]

————————————

① 《别林斯基论文学》,别列金娜选辑,梁真译,新文艺出版社 1958 年版,第 7 页。

首先,作为客观存在形态的现实美,是美的最基本的领域。

现实美,即存在于客观自然界与人类社会生活中的美。它伴随着人类的物质生产活动而产生、发展,因而产生最早、范围最广。在几百万年前,当人类的祖先刚刚脱离动物界,进入社会历史领域的时候,尽管他们没有意识到,但现实美却已在他们创造的产品以及他们所结成的属人的关系中出现了。

那时,在举目茫茫的自然界面前,人类所面临的迫切问题,就是如何千方百计地使自己和种族能够生存下去。为了生存,首先需要的是各种物质产品,是满足衣、食、住、行等生活需要的各种东西。因此,人类的第一个历史活动就是生产物质生活本身,而生产劳动便成了支撑整个社会大厦的中心柱,成了促进历史发展的原动力,包括审美活动、艺术创作在内的其他一切社会活动,都是从这里开始孕育并由此生发出来的。马克思、恩格斯在批评费尔巴哈离开人的物质生产活动而大谈抽象的人的唯心史观时,曾明确指出:"这种活动、这种连续不断的感性劳动和创造、这种生产,正是整个现存的感性世界的基础,它哪怕只中断一年,费尔巴哈就会看到,不仅在自然界将发生巨大的变化,而且整个人类世界以及他自己的直观能力,甚至他本身的存在也会很快就没有了。"[1]

前面我们说过,人类的生产劳动是一种自由自觉的活动,一种创造性的活动,因而它在本质上也是一种创造美的活动。在原始人的劳动创造的产品中,不仅存在着一种对人们的实际生活有用的使用价值,而且也潜藏着一种暂时还不能为人们所觉察的审美因素。通过长期的生产实践,通过一代又一代人的生活经验的积累,人类逐渐意识到凝聚在自己所创造的产品中的自身的本质力量,从而萌发了审美的意识。马克思在论及人类生产劳动时,曾深刻指出:"我在我的生产中物化了我的个性和我的个性的特点,因此我既在活动时享受了个人的生命表现,又在对产品的直观中由于认识到我的个性是物质的、可以直观地感知的因而是毫无疑问的权力而感受到个人的乐趣。"[2]当人们有意识地按照自己对美的理解进行造型时,美的创造活动就进入了自觉的阶段。比如,一把形式对称的石刀,一个圆形的石球,这是我们的祖先最早创造的劳动产品。当初,人们创造它,仅仅是为了实用。此后,经过长期的实

① 《德意志意识形态》,《马克思恩格斯选集》第1卷,人民出版社1995年版,第77页。
② 马克思:《詹姆斯·穆勒〈政治经济学原理〉一书摘要》,《马克思恩格斯全集》第42卷,人民出版社1979年版,第37页。这段论述,朱光潜的译文为:"我在我的生产过程中就会把我的个性和它的特点加以对象化,因此,在活动过程本身中我就会欣赏这次个人的生活显现,而且在观照对象之中就会感受到个人的喜悦,在对象里认识到自己的人格,认识到它是对象化的感性的可以观照的因而也是绝对无可置辩的力量。"见《生产劳动与人对世界的艺术掌握》,《朱光潜美学文学论文选集》,湖南人民出版社1980年版,第377—378页。

践,人们在这种对称的形体、圆的形状中,朦胧地觉察到了自己的创造才能,因此当他们再次制作石刀、石球时,就有意识把它做得更对称、更光滑一些。这样,物质产品中的审美属性便更加突出了。如果说,第一把石刀的制成,揭开了人类历史的首页,那么,当人们有意识地按照美的规律制造对称的、精致的石刀时,这就拉开了美化人类世界历史的帷幕。随着历史的不断发展和人的本质力量的不断丰富,人们也在实践中不断开拓着美的领域,从而把现实美扩大到自然界和社会生活的各个方面。至于独立的各类艺术品的出现,则是在经历更加漫长岁月之后的事情。

以上事实说明:第一,在人类的历史中,物质生产在前,精神生产在后;第二,在审美活动中,现实美出现在前,艺术美创造在后。所以,客观存在的现实美,在人类的整个审美活动的进程中,实际上居于首要的地位。

其次,从现实美与艺术美的关系看,现实美是艺术美产生的基础和源泉。

艺术作品的产生绝对不是凭空的,它深深地扎根在现实生活的土壤中,是人类现实美创造活动的进一步升华。在原始社会,当人们在围猎、捕鱼、垦殖、搬运等等活动中,感受到审美的愉快而希望再次体验这种创造性活动的喜悦时,便会去模仿这类活动的动作和情景;或者在集体劳动中,由于需要协调动作、提高效率,就会有节奏地发出类似"杭育!杭育!"的声音;或者在劳动之后,当需要向人们介绍经验、传授知识时,就会去再现对象的形状和劳动的过程;或者在播种之时、丰收之后,出于对劳动的祝愿和喜悦,于是就进行各种祈祷和祭祀活动等等。这样,被后人称为原始的诗歌、音乐、舞蹈、绘画的艺术作品,也就应运而生了。所以,艺术作品从它的起源看,是与人类追求实用功利的活动结合在一起的;在相当长的历史阶段里,艺术的创造者与物质生产者是很难分开的。正如高尔基所说:"是谁开始为自己,后来为主人而把每日沉重的劳动变成为艺术呢?艺术的创始人是陶工、铁匠、金匠、男女织工、油漆匠、男女裁缝,一般地说,是手艺匠,这些人的精巧作品使我们悦目,它们摆满了博物馆。"①

艺术作品是社会生活在人类头脑中反映的产物。在创作中,优秀的艺术家或者把生活中本来存在的美的事物,经过加工改造成为审美意象,直接地表现美;或者通过揭露生活中各种丑恶现象,表达艺术家的审美理想,从而间接地肯定美;或者属于这种情况,艺术家对生活中的某些现象感到有兴趣,给予一定的关注,写进了自己的作品,并没有作出或美或丑的评价,读者却可以从中发现新的审美意义。总之,艺术创作不能离开生活现实。艺术美来源于现实生活,现实生活的丰厚意蕴乃是艺术美

① 高尔基:《论艺术》,孟昌译《文学论文选》,人民文学出版社 1958 年版,第 414 页。

的取之不尽、用之不竭的源泉。西班牙阿尔塔米拉洞窟壁画中的受伤的野牛、奔跑的野猪,同原始人的狩猎生活显然有着不可分割的联系;我国汉代画像砖石上的图像,生动地再现了当时人们宴乐、百戏、起居、庖厨、出行、狩猎以及战事等社会生活的内容;宋代张择端的《清明上河图》,反映了北宋都城汴京的繁荣景象;……其实,不仅侧重于再现的绘画、雕刻等叙事性作品如此,即使侧重于表现的音乐、舞蹈等抒情性作品,其中所抒之情,也必定来自现实生活的感受与体验。所以,从根本意义上说,现实美是各种艺术生产或艺术美的创造得以实现的客观基础。脱离了现实美,艺术之花就必定枯萎。

再次,从审美活动的实际情况看,在日常生活中人们接触最多的,也是现实生活中的美。

一般说来,艺术美是现实生活的更精致、更集中的表现形态,它具有强烈的震撼人心的力量和高度的审美价值。可是,在人们实际的审美活动中,艺术美的欣赏和创造受到的限制就要多得多:人们要读小说,首先就必须识字;要看戏,就必须进剧场;要欣赏交响乐,不仅有赖于演奏家们的演奏,自己还需要有较高的音乐素养和欣赏水平。在阶级社会中,占统治地位的剥削阶级也在文化艺术领域占据着主导地位,一般说来,精制高雅的艺术都掌握在社会上层的少数人手中。大多数下层劳动者受到社会制度、经济条件和受教育状况等方面的制约,得以欣赏高雅艺术的机会则少得多,也就限制了他们的艺术修养和欣赏水平的提高。他们只能在口耳相传和手工制作的民间文化艺术中得到艺术欣赏的乐趣。但从另一角度说,既然各项社会实践活动都包含着"按照美的规律来构造"的内涵,那么,劳动者所从事的平整土地、修剪花木、垒房盖屋、制造工具和玩具等等实践活动,也都成为创造和欣赏现实美的活动,都能得到审美愉悦和精神陶冶。可以这样说,现实生活的美,蕴涵在社会生活的各个方面,时时处处都在熏陶着人们的心灵,愉悦着人们的精神。人们总是随时随刻地、自觉或不自觉地欣赏着现实美,创造着现实美。因此,我们应该充分肯定现实美的历史地位,加强对现实美的研究,以克服以往美学研究的局限。

关于现实美的地位及其与艺术美的关系,还有一点需要辨析清楚,那就是如何看待大众文化所体现的生活(现实)与艺术融合、合流的趋向问题。20世纪中叶,西方某些发达国家出现了大众文化或称文化工业,是这种生活与艺术融合的早期表现。第二次世界大战之后,随着发达国家先后进入后工业社会,代表这一趋势的后现代流行文化以其锐不可当之势迅速蔓延开来,80年代后也影响到中国当代审美文化领域使之发生了巨大变化。及至世纪之交,后现代流行文化亦即大众文化可以说已经席卷全球,成为文化全球化的重要标志。生活在当代的人们不难发现,艺术的审美的要求已经渗透在人们的衣食住行的各个方面,生活艺术化和艺术生活化并驾齐驱,生活和艺术之间的明确界限似乎已经被打破了。于是,人们提出这样一个问题:还有必要区分现实美与艺术美吗?

我们认为,如何看待生活与艺术的融合趋向,的确是当代美学研究所面临的一个重要课题。对此,应该从以下三个方面加以分析:

第一,首先应该肯定,生活与艺术走向融合的趋向是符合人类历史发展方向的进步倾向。

早在1872年,恩格斯就曾指出:"正是由于这种工业革命,人的劳动生产力才达到了相当高的水平,以致在人类历史上破天荒第一次创造了这样的可能性:在所有的人实行明智分工的条件下,不仅生产的东西可以满足全体社会成员丰裕的消费和造成充足的储备,而且使每个人都有充分的闲暇时间去获得历史上遗留下来的文化——科学、艺术、社交方式等等——中一切真正有价值的东西;并且不仅是去获得,而且还要把这一切从统治阶级的独占品变成全社会的共同财富并加以进一步发展。关键就在这里。"[1]经过一百多年的工业革命、科技发展和社会进步,恩格斯所预言的全社会性富足、闲暇和艺术化的前景,已经有条件地开始实现了。概括地说,其中的条件主要包括两个方面:

首先,由于社会生产力空前提高、社会财富空前丰富,社会成员的基本生活需要大都已经得到保证,相当多的人们勿须再为满足生活基本需求而奔忙,可以自由支配的闲暇时间越来越多,人们在休闲中希望更大限度的满足审美需要的要求愈加迫切;其次,由于电子传媒的发展,电影、电视、互联网、手机等融入生活,各种艺术作品可以大量复制,促使艺术品的传播和欣赏突破了过去的贵族化的小圈子,走向大众化和世俗化,于是就为大众实现自觉审美的要求提供了物质条件的保证。

上述两方面的条件,首先在进入后工业社会的少数发达国家出现了,继而在新兴工业国家(包括中国)也相继出现了。只要这两方面条件具备了,那么,生活审美化、艺术生活化的趋势就必然会出现。以目前流行的大众文化来说,它的普及程度是空前的。大众文化弥合了历史上贵族化的高雅艺术和大众化的通俗艺术之间的鸿沟,改变了创作者和接受者之间的关系,强调"表演"、"过程"、"互动"、"体验",将欣赏者带入艺术创作的过程之中,消解了审美距离,使生活和艺术的界限变得模糊了。大众文化的流行,标志着占人口大多数的大众有可能成为艺术的真正的主人,有可能通过文化艺术的方式发展自己的精神个性,追求个人的精神自由。在这种条

---

① 恩格斯:《论住宅问题》,《马克思恩格斯选集》第3卷,人民出版社1995年版,第150页。

件下,已经出现了追求个性独立、追求艺术化生存的一代新人,他们在一定的时间内摆脱周围环境为他们设置的种种限制,到野外远足旅游,回归自然,保护环境,在亲历亲为中体验"过程"和"目标"的一致,自己创作,自己演奏,追求一种震撼身心、穿透灵魂的审美体验。他们力求把审美原则贯彻到生活方式、社交活动、教育、娱乐等各个方面,以实现自身的最大自由为思维准则,而不会为世俗的权势、利欲所左右。我们有理由说,这种追求艺术化生存目标的新的生活方式体现了人类文化发展的前进方向。

第二,目前正在流行的大众文化,只是在有限的意义上代表了人类文化走向。它还远远不是真正的艺术走向大众的理想状态。相较而言,我们宁可把当前的大众文化称为未来的理想文化的异化形态。

我们认为,人类未来的理想文化应该是在审美原则下将生活和艺术各方面融会贯通的文化,是真善美融为一体的文化,亦即马克思所说的全面发展的人的艺术化生存的方式和境界。在这种文化状态中,劳动成为实现自我生命表现的自由劳动,闲暇成为发展和实现自由个性的自由时间,社会成为自由个体的联合体,人与人之间应该是相互支持、相互肯定的新型关系。这种人类文化的高级形态和理想形式,是引领人们不断奋斗的价值目标,是照耀人类不断前进的灯塔。从这个角度看,今天已经出现的生活与艺术合流的趋向,仅仅是通向这一目标的起点,而远远不是它的完成。

从真正的审美文化理想的高度来审视当代的后现代文化,不难看出,其中所体现的生活和艺术合流的趋向只是在有限的意义上才是值得肯定的。当下流行的后现代文化亦即大众文化,就其主导方向来说,以追求当下感官刺激为能事,以远离和脱离深层价值为特点,因而只能说这是审美文化的一种异化形态。它不是引领人们走向真善美的融合,而是引导人们在追求感性刺激、消费虚假形象的过程中迷失生活方向。它所体现的恰恰是文化的悖论——文化的发展给人类自身带来的是困惑和不安。因此,对于当下大众文化的不良倾向,应该有所分析,有所引导,以期达到用理想的审美文化形态促使现实生活不断前进的目的。我们认为,这正是我们的艺术家、美学家的职责之所在。

第三,生活和艺术融合的趋向,并不意味着生活等同于艺术,或者用生活来代替艺术,也就是说,它并没有消除生活与艺术、现实美与艺术美之间的客观界限,它恰好提供了生活与艺术二者在比较和斗争中互相促进、不断提高的有效途径。

设想一下,一伙普通人酒足饭饱之后,面对屏幕唱卡拉 OK,尽管能够获得自我娱乐的满足,难道会因此而成为真正的歌唱家吗?"粉丝"①们的模仿秀同艺术家的原创表演会是等值的吗?普通人在生活中不断增加一些艺术的因素,显示出人们的生活情趣和审美素养正在一步步提高,这并不能说明生活本身已经变成了艺术。艺术家的艺术创作活动是一种社会性的文化实践活动。除了艺术家本人的艺术才能、情感投入、社会责任心之外,还需要有社会化的媒介传播、观众欣赏和社会承认等诸多客观因素的制约。在当前大众传媒条件下,我们常常可以看到台上的艺术家同台下观众进行互动,甚至有时直接把观众拉上台去参与表演。艺术家和观众的互动并不意味着艺术家将自己的水平降低到观众水平,恰恰相反,只有具备更高的审美素养、艺术胸襟和社会责任感的艺术家才能够做到与观众实现真正的互动,达到带动大家通过愉悦身心而陶冶性情的效果。由此可见,艺术家与普通观众之间、艺术与生活之间的区分界限依然是分明的。

我们认为在人类进入自由王国之前,生活与艺术融合或合流,只能是在一定条件下和一定限度内的融合。一方面,从大众方面来看,建立在追求个人审美自由和精神个性前提下的审美文化需求,决不会是整齐划一的一刀切状态,而应该表现为审美趣味的多样化、多层次化和个性化,这意味着不同层次的艺术精品得到更多的不同层次的人欣赏;另一方面,这也意味着艺术家应该不断引领大众的审美趣味和欣赏水平向更高的层级提高。因此,艺术家(精英)和广大群众(大众)之间的相对界限,现在不会消失,将来也不会消失。恰恰是艺术精英和艺术大众的区分和互动,才是促使艺术水平不断提高的真正动力。前一批艺术作品融进生活之后,又会有一批水平更高的艺术作品来引领生活,如此循环往复,形成一种普及与提高之间的辩证运动。总之,精英和大众、艺术和生活,双方都是在相对意义上而言的,双方处于相比较而存在、相斗争而发展的辩证运动过程之中。正是这一辩证运动过程,推动着人类的生活和艺术不断向前发展和提高。那种把现实生活的美同艺术美混同起来的看法,显然是不妥当的。

4.2 社 会 美

美的根源在于社会实践,社会美更同人类的社会实践活动直接联系在一起。同自然美、艺术美相较,社会美内涵广泛,特点鲜明。

---

① "粉丝"是美语 fans 的音译。fan 是美国俚语,意思为影迷、球迷一类的狂热爱好者、狂慕者,fans是复数。

社会美的范围及其特征

首先,谈谈社会美的范围。

社会美的范围十分广阔,可以这样说,现实生活中的美,除了自然美之外,都属社会美。人是生活的主人,人的社会实践活动是构成整个社会生活的核心。因此,实践活动的美,实践成果的美,实践主体的美,是丰富多彩的社会美的具体体现。

人类最基本的实践活动,是向自然索取物质生活资料的生产劳动。在此过程中,人们不仅与自然发生关系,而且人与人之间也结成一定的社会关系,从事改造社会的活动。因此,社会实践既包括了人类顺应和改造自然的各种生产活动,又包括了人类调整和革新社会关系的各种社会活动。就在这种社会实践活动过程中,人的本质力量不断得到发挥,从而创造出多种多样的社会美来。

生产劳动是人类最基本的实践活动,也是人们获得审美愉快的基本领域。如前所述,人类的自由的创造性的劳动是"按照美的规律来构造"的活动,是显示人的本质力量的活动,因而劳动过程、劳动条件及劳动所创造的产品都蕴含着美。原始氏族时代所留下的石器、骨器、陶器等,既为劳动产品,又是工具和人们直接观照自身本质力量的审美对象。随着分工的发展,出现了私有制和阶级对立,出现了体力劳动和脑力劳动的分离,这给劳动的自由创造性质蒙上了一层阴影。然而,即便如此,劳动者的智慧和力量仍然要在劳动产品中表现出来,从而推动着劳动及其产品的美的进一步发展。特别是在当今高度现代化的技术条件下,这种美显得尤为瞩目。无论是鳞次栉比的高楼大厦、宽阔坦荡的高速公路,还是疾速奔驰的车辆、琳琅满目的商品,它们的美都具有强烈的感人力量。在以公有制为基础的共产主义社会中,人们的个性得到全面的发展,精神生产力和物质生产力得到彻底的解放,劳动成了人生的第一需要,因此,劳动斗争和劳动产品的美,也将得到更加充分的发展。

在阶级社会中,阶级斗争是推动历史前进的重要动力之一。劳动人民为实现自己的美好理想而进行的阶级斗争生活本身是美的。剥削阶级处于上升时期,在它与劳动人民的利益具有某种一致性的时候,他们推动社会进步的斗争生活是和人的自由自觉的本质力量的发展相一致的,因而也是美的。当然,剥削阶级的生活必然历史地包含着丑的因素,如腐化奢侈、压迫剥削劳动人民等。当剥削阶级完全转化成为历史前进的阻力的时候,他们的行为则是与人类的自由自觉的本质力量的发展相悖的,因而他们就历史地走向了美的反面。劳动人民在不堪忍受压迫剥削而奋起斗争的革命洪流中,冲刷掉剥削阶级给他们造成的愚昧、无知和精神创伤,以大无畏的主人公气概推动历史前进,使他们的自由自觉的创造力量充分展现出来,因而是社会美的最鲜明的体现。总之,阶级斗争的实践,丰富、发展和提高了人的本质力量,使人们的行动愈来愈自觉地符合社会发展的规律和理想,所以,阶级斗争是阶级社会中发展美、创造美的一种伟大动力。毛泽东指出:"真的、善的、美的东西总是在同假的、恶的、丑的东西相比较而存在,相斗争而发展的。"①从美学意义上说,阶级斗争实质上也是一种美丑之间的斗争。在斗争中,代表正义的美的力量也可能遭受挫折、失败甚至毁灭,但从审美角度来说,遭到毁灭的悲剧英雄愈加具有崇高的审美价值,具有鼓舞后人继续斗争的精神力量。总之,美不断地、必然地战胜丑,这是历史发展的总的趋势和规律。

科学文教活动是人类认识世界改造世界的重要方面,也是进行社会物质文明和精神文明建设的基础。现实生活中,人们不仅需要粮食、衣服、住房、车辆,以此来满足吃、喝、住、穿、行等方面的需求,而且还需通过科学文教活动来总结人们在各种实践活动中的经验,不断地探究隐伏在社会和自然领域深层中的种种奥秘。科学技术是第一生产力。科学文教事业的高度发展,可以使物质生产劳动如虎添翼。科学文教事业的发展,标志着人类文明所达到的程度,它不仅开拓人们的视野,启迪人们的思想,不断提高人们的精神,而且,人们的聪明才智也能从中得到最为充分的显现。因此,科学实验、文教活动的过程及其创造性成果是美的。

除生产活动、阶级斗争和科学活动之外,人类的日常生活、爱情、友谊以及人与人之间的各种交往活动等等,凡是能够以恰当的形式显示人的健康向上的本质力量的,就都有美的存在。车尔尼雪夫斯基从人本主义思想出发,提出"美是生活",是"应当如此的生活",是"显示出生活或使我们想起生活"的东西②。这作为美的"定义",显然是有缺陷的。但是,如果我们把"美是生活"的命题,放在历史唯物主义的社会实践观点的基础上,把人类所从事的各种创造性活动,把各种活动的过程和产品,把人们在活动中所建立起来的各种正常、健康的关系,都包含在这个命题之内,那么,车尔尼雪夫斯基的说法,还是有一定的道理的。

其次,谈谈社会美的特点。

---

① 毛泽东:《关于正确处理人民内部矛盾的问题》,《毛泽东选集》第 5 卷,人民出版社 1977 年版,第 390 页。

② 车尔尼雪夫斯基:《艺术与现实的美学关系》,周扬译,《车尔尼雪夫斯基选集》上卷,三联书店 1958 年版,第 6 页。

社会美的第一个特点,是与社会实践密切联系。

马克思说:"全部社会生活在本质上是实践的。"①因此,社会美的最大特点就是与社会实践的直接联系。如前所述,美来源于社会实践,与人类社会实践活动有着密切的联系,但是,各种形态的美,与社会实践的关系,并不都是一样的,它们存在着直接与间接、明显与隐蔽的差别。比如,自然美一般说来,它与社会实践的关系就比较间接。因为天造地设的自然界并不是人创造的,那气势磅礴的云海,嶙峋陡峭的山峰,喷薄欲出的红日,山青水秀的美景等等,在人类社会出现之前早就存在了。它们的美,只是由于人类通过实践活动,改变了自然与人原先对立或无关的关系才得以显现出来。正因为如此,自然美与社会实践的关系,相对地说就显得比较间接,特别是那些根本未经人类改造过的自然物所显示的美,则更是如此。社会美就不同了,它与社会实践的关系都是非常直接、非常明显的。它不仅显示于静态的实践成果,而且还显示于动态的实践过程。

马克思说:"人的本质不是单个人所固有的抽象物,在其现实性上,它是一切社会关系的总和。"②社会美是人们在一定的社会关系中所构成的美。而一定的社会关系如果脱离了社会实践就不可能存在。社会美正是人们在实践过程中所结成的关系的美。所以说,人类的社会实践产生了,社会关系就形成了,社会美也就出现了;如果人类的实践活动一旦中止,那么,社会关系也将消失,社会美也就不复存在了。

社会美的第二个特点,是与社会功利性密切联系。

我们知道,美总是有用的,然而,美的效用却不在于经济实用,也不是充当纯粹的道德工具,它是通过愉悦人的情感,从而来丰富人的生活,开拓人的视野,陶冶人的情操,愉悦人的身心等等。美的效用是在情感方面,精神方面。但是,由于人的社会实践活动是有意识、有目的的,总是为了满足某种社会实用的需要,既然社会美必须依附于社会实践,那么,它与社会实践所追求的一定功利目的就有着密切的联系。亚里士多德说"美是一种善"③,普罗丁说"善在美后面,是美的本原"④,如果抛开他们的思想基础不论,单就原则来说,这些说法在社会美领域中,都是正确的。比如,生产劳动可以是美的,但这种美不能违背高产、优质、低消耗的原则;劳动产品也应

---

①② 马克思:《关于费尔巴哈的提纲》,《马克思恩格斯选集》第 1 卷,人民出版社 1995 年版,第 56 页。

③ 亚里士多德:《政治学》,北京大学哲学系美学教研室编:《西方美学家论美和美感》,商务印书馆 1980 年版,第 41 页。

④ 普罗丁:《九卷书》,北京大学哲学系美学教研室编:《西方美学家论美和美感》,商务印书馆 1980 年版,第 58 页。

该是美的,但这种美却必须以实现产品的使用价值为前提。又如,竞赛场上运动员的精湛表演,作为美在形态上却是有一定差异的。花样滑冰不同于速度滑冰;艺术体操不同于球类比赛。前者是体育的艺术化,是观赏性的,侧重于艺术美;后者是带有审美因素的体育活动,它的美则侧重于社会美。当然,速度滑冰也有优美的动作,这主要是为了加快速度;篮球运动员跳起投篮的动作也可以是很美的,这主要是为了准确地把球投进篮筐。不论是速度滑冰,还是篮球比赛,如果不考虑比赛效果,一味追求动作的优美,这就失去了社会美赖以存在的价值。

社会美的第三个特点,是与社会历史条件密切相联。

当然,凡是美的事物都与人的社会实践活动密切相关,说明凡是美都具有社会性,都必须依存于社会,并随着社会历史的发展而发展,但是这种依存性对于社会美来说,却显得格外直接、格外明显。不论是生产劳动的美,阶级斗争的美,科学文教活动的美,人与人之间关系的美,服饰打扮的美等等,都直接与当时的社会生活、生产条件、科学水平、社会制度、时代风貌等等相关。就连家庭陈设的美,也是不能脱离一定社会历史条件的。美是时代的产儿,社会美尤其如此!一定时代的社会美,只能属于它所处的那个时代;不同的时代,不同的社会环境,对社会美各有不同的要求。以服装来说,清代的长袍马褂、民国时期一直延续到建国后的中山装、改革时代的西装……,折射出不同历史时代的特点;参加庆典仪式要穿礼服,执行公务要着职业装(如警服、海关服等),平日休闲可以穿休闲服、运动服等等,也是不能随意混同的。总之,由于社会美与社会历史条件的密切关系,它的时代、民族、阶级等特色往往就更为鲜明。

社会实践主体——人的美

人是社会实践的主体。没有人就没有社会生活;没有人的实践活动,整个社会大厦就会顷刻坍塌下来。因此,人的美在社会美中占有极其重要的位置。人的美,包括形体美(人的外形美)与人格美(人的内在美)两个方面;并且形体美与人格美,都不是静止的,而是在人的实践活动(行为)中呈现出来的。

首先说形体美。

形体美,兼具自然美和社会美。就人体的生理形态而言,基本上属于自然美的范畴;就人体必然打上人的思想性格烙印而言,又属社会美的范畴。

形体美主要通过人体外貌特征(高矮胖瘦、皮肤色泽、五官位置等)的自然性因素表现出来。人体的自然性因素是人的形体美的基础。以自然属性因素为基础构成的形体美,当然取决于生物学上的先天遗传因素,但是,如果从漫长的历史积累的角度来看,它也是劳动实践的产物。人类的祖先是类人猿。"达尔文曾经向我们大致地描述了我们的这些祖先:它们浑身长毛,有胡须和尖耸的耳朵,成群地生活在树上。"①在从猿到人的转变过程中,首先是"手变得自由了",经过长期的劳动实践,手,终于成为"劳动的器官"。依据达尔文的生长相关律,"一个有机生物的个别部分的特定形态,总是和其他部分的某些形态息息相关,哪怕在表面上和这些形态似乎没有任何联系。"②由于生长相关律的作用,随着手成为"劳动的器官",口部器官的发音功能也获得了发展,形成了语言。随后是语言与劳动共同构成"两个最主要的推动力"③,促使猿的脑髓逐渐地变成人的脑髓。脑髓的发展,又带来了所有感觉器官的完善化。这就清楚地说明,人体的各个器官得以进化成今天的样子,是若干万年劳动实践的结果。人的形体的美,也正是在这种长期的劳动实践中历史地形成的。恩格斯在批评巴尔从抽象的人性观点来研究妇女问题时,就曾经强调指出,人的身体的各个部分的样子,都是人类历史发展的结果:"妇女的皮肤是历史的发展,因为它必定是白色或黑色、黄色、棕色或红色的,——因此,她不会有人类的皮肤。妇女的头发是历史的发展——是卷的或波纹的、弯的或直的;是黑色、红黄色或淡黄色的。因此,她也不可能有人类的头发。如果把她身上一切历史形成的东西同皮肤和头发一起统统去掉,'在我们面前呈现的原来的妇女',还剩下什么东西呢?干脆地说,这就是雌的类人猿。"④从类人猿到现代文明人,在形体、器官、大脑等各方面的变化,都是很惊人的。这些变化无疑是长期的社会实践、特别是劳动实践所造成的,是不断积累的获得性遗传所带来的成果。

人的形体美的社会性因素是不可忽视的,它不仅表现在人类整个历史的进化过程中,而且还特别地表现在具体的人身上。在私有制"异化劳动"的条件下,"工人的产品越完美,工人自己越畸形"⑤。新寡时的祥林嫂⑥两颊尚泛红,再寡时血色消逝,最后终于变成木刻似的呆滞了。关伯伦⑦被人强行毁了容,成了一个被耍弄的"笑

---

① 恩格斯:《劳动在从猿到人的转变中的作用》,《马克思恩格斯选集》第 4 卷,人民出版社 1995 年版,第 374 页。

② 同上书,第 375—376 页。

③ 同上书,第 377 页。

④ 恩格斯:《致保尔·恩斯特》,《马克思恩格斯全集》第 37 卷,人民出版社 1971 年版,第 412 页。

⑤ 马克思:《1844 年经济学哲学手稿》,《马克思恩格斯选集》第 1 卷,人民出版社 1995 年版,第 42 页。

⑥ 鲁迅小说《祝福》里的人物。

⑦ 雨果小说《笑面人》里的人物。

面人"。这不是罪恶的社会毁坏人的形体美的证明么？在"异化"逐渐被克服的条件下,社会将为发展形体美提供越来越多的可能性。新中国建国以来,随着经济、生活、医疗等条件的不断改善,人们的平均身高和平均寿命越来越高,小学学生的课桌课凳的尺寸也随之不断增大,就是人的形体美水平不断提高的一个明证。

人的形体美首先是指身材相貌的美。

美的身材相貌,必须是健康的。所谓健康,一是指健全,二是指健壮。人的形体,必须符合人体的常态,驼背、连体、跛足、兔唇等,均不属于人体的常态,因而是不健全的,所以不美。人的形体,还必须是健壮而又充满活力的。安格尔曾以一个体格健壮的年轻竞技家为例说:"他的胸大肌和躯干部分一样是饱满结实的,上胳臂强劲有力,但关节很细,腿也是同样的,这就是力量与灵活的标志。"[1]当然,也可能有一些柔弱女子,虽属病态,却依然显得美。例如,《红楼梦》中体弱多病的林黛玉是很美的,她有"两弯似蹙非蹙笼烟眉,一双似喜非喜含情目","闲静似娇花照水,行动如弱柳扶风"。然而,林黛玉要是身体健康,不就更美吗？所以,她的美并不在于体弱多病,而是说,她即使在生病,还是那么柔媚多姿,脉脉含情。

美的身材相貌还必需是匀称的,即符合对称、均衡、比例和谐等形式美规律。两只眼睛一大一小,距离过宽,嘴歪在一边,都因破坏了匀称而显得不美。希腊著名医学家噶伦说:"身体美确实在于各部分之间的比例对称。"[2]意大利的塔索也说过:"美是自然的一种作品,因为美在于四肢五官具有一定的比例,加上适当的身材和美好悦目的色泽"[3]。比例匀称,的确是人体美的重要条件。所谓"增之一分则太长,减之一分则太短"[4],就是说因增减而破坏了比例与匀称,造成了人体的不协调。这里所说的匀称和比例,在不同种族、不同民族中,是不完全相同的。一般说来,各个种族、各个民族的人,对于身体高矮、各个器官大小的审美要求,都以本族的平均值为标准。

人的形体美还通过姿态动作表现出来。

姿态动作的美,是身体各部分的配合而呈现出来的外部形态的美,具有造型性

---

[1]　《安格尔论艺术》,朱伯雄译,辽宁美术出版社1980年版,第41页。

[2]　《医书》,北京大学哲学系美学教研室编:《西方美学家论美和美感》,商务印书馆1980年版,第14页。

[3]　《论英雄体诗》,朱光潜译,马奇主编:《西方美学史资料选编》上卷,上海人民出版社1987年版,第290页。

[4]　宋玉:《登徒子好色赋》。

因素。美的姿态,必须是体现人的身心自由的姿态,矫揉造作、忸怩作态,断然是不美的。罗丹在工作室里,叫裸体模特儿自由地做出各种动作姿态,一旦发现模特儿"做出一种使他喜欢的动作时,他要求保持着这个姿态,于是他迅速拿起粘土……一个模型立即就完成了。"①罗丹深知,只有在自由自然的姿态中才能发现美。此外,动作还必须是敏捷的,步履蹒跚、动作迟钝,都不可能引起人们的美感。车尔尼雪夫斯基说得好:"动作敏捷、从容,这在人的身上是令人陶醉的,因为这只有在生得好而且端正的条件下才有可能;生得不好的人既不可能有良好的步伐,也不可能有优美的动作,因此,动作的敏捷与优美,是人体的端正和匀称的发展的标志,它们无论在什么地方都令人喜爱的"②。此外,动作姿态的美,不仅在造型上给人以不同的审美感受,而且一个人在长期实践中其动作姿态还会形成相对稳定的节律,成为他特有的风采、气度——风度。风度固然同人的文化思想修养密切相关,但它总要体现在人的动作姿态中。英国哲学家培根说:"在美方面,相貌的美高于色泽的美,而秀雅合适的动作的美又高于相貌的美。"③培根把人的形体美分为色泽、相貌、动作三个层次,认为动作美是最高的等级。他所说的"秀雅合适的动作"的核心内容,可以说就是一般所讲的风度。人们常说的温文尔雅、粗犷豪放、潇洒自如等等,就显示了不同的风度之美。"羽扇纶巾,谈笑间,樯橹灰飞烟灭"④,将周瑜风流倜傥的翩翩儒将风度,表现得跃然纸上。

　　人的形体美除了自然的因素以外,还有人工修饰的因素,这就是修饰美。

　　在很久很久以前,人类就懂得修饰自己了。文身、劐痕等原始习俗就说明了这一点。随着社会的进步、文明的发展,修饰美更受到人们的重视,更富个性色彩和时代特点。当代人形体美的人工修饰因素,主要包括服饰、发型以及化妆等等。服装有御寒、标明职业地位、突出人的形体美三大功能。服装的美,首先要和人的年龄、性格、身份相符,其次应注意同自身的体型相配,第三还要讲究着装的搭配艺术。发型也是人的形体美的重要装饰因素之一。发型能调整人的全身比例,特别是对人的面貌影响极大。除了服装与发型外,选择合适的挂件与化妆品,也能在一定程度上增添人的形体美。总之,服装、发型、挂件、化妆等等,是否有利于人的形体美的展现,关键在

---

①　《罗丹艺术论》,沈琪译,人民美术出版社 1978 年版,第 16 页。

②　车尔尼雪夫斯基:《当代美学概念批判》,缪灵珠译,《缪灵珠美学译文集》第 3 卷,中国人民大学出版社 1990 年版,第 317 页。

③　《论美》,北京大学哲学系美学教研室:《西方美学家论美和美感》,商务印书馆 1980 年版,第 77 页。

④　苏轼:《念奴娇·赤壁怀古》。

于得体、和谐、适度。达·芬奇说:"你们不见美貌的青年穿戴过分反而折损了他们的美么？你不见山村妇女,穿着质朴无华的衣服反比盛装的妇女美得多么？"①

上述种种人工修饰的作用,主要在于通过或遮掩、或强化的方式,以改善人体的状况,增添形体的美,进而显现人的精神品味。

再说人格美。

人的形体美基本上是人的生理形态的表现,它主要决定于先天条件。但是,"人的躯体不是一种单纯的自然存在,而是在形状和构造上既表示它是精神的感性的自然存在,又表现出一种更高的内在生活,因此就不同于动物的躯体,尽管它和动物的躯体大体上很一致。"②黑格尔这段话,是建立在他的客观唯心主义体系基础之上的,然而如果我们用唯物主义观点加以改造,就可以得出这样的结论:人的美除了形体美之外,还包括人格美。

人格美,是指一个人内心世界的美。这种内心世界的美,当然不能脱离人的社会实践,否则,它就无法转化为具体的感性存在,就不可能被人们所感知。人们在实际生活中的言论和行动,透露出内心世界的状态,表现着人的心灵的美与丑。

人格美,表现在品德、情操等素质方面。品德,体现着一个人的自觉的道德意识和良好的道德习惯和行为。一个人在复杂的社会生活中,对于真与假、善与恶、美与丑有所判断,形成并且坚守关于真、善、美的价值观念,进而对于自己所信守的真、善、美观念当成人生价值目标来追求。这种追求,作为一种比较稳定的有系统的习惯情绪,便是情操的表现。高尚的品德和情操,在人的言行中表现出来,就是一个人的人格美。品德优秀、情操高尚的人,就是具有美的人格的人。美的人格,必然充满为人类进步的正义事业而献身的精神。当人们按照历史的规律进行改造世界的活动时,就是在为人类进步事业而奋斗。这种为实现进步理想而献身的精神,如爱国主义精神、国际主义精神、革命斗争精神、追求真理的精神等,都是高尚的品质与情操的表现,是美的人格的光辉体现。当李大钊高唱"何当痛饮黄龙府,高筑神州风雨楼"③时,他那种大无畏的无产阶级革命气概,他的高尚人格,是何等地美啊！同样,从张志新义无反顾、视死如归的光辉事迹中,我们也清楚地看到了这个新时代共产党人的人格美。

人的品德、情操,不是抽象的,而是具体的,它总是具体表现在人的日常行为举

---

① 《芬奇论绘画》,戴勉编译,人民美术出版社 1979 年版,第 188 页。
② 黑格尔:《美学》第 3 卷上册,朱光潜译,商务印书馆 1979 年版,第 126—127 页。
③ 《壮别天涯未许愁》,《革命烈士诗抄》,中国青年出版社 1959 年版,第 4—5 页。

止中。日常的社会生活,就像一面镜子,它能清晰地映照出一个人的人格的美与丑。集体感、正义感、热爱劳动、分清公私、明辨是非以及对待本职工作的责任感、进取精神等等,都是一个人的品德和情操的表现。

人际关系,是显示人格美的重要方面。罗杰斯说:"我从自身的经验中发现,如果我能设法造成一种真诚、尊重和理解的气氛的话,就会出现一些鼓舞人心的情形。"①的确,真诚、尊重和理解,应当成为处理人际关系的原则。这些原则在人际交往中得到贯彻,人格美就显现出来了。

进步的、积极的人生观,是人格美的核心。人生观,表现着对于人生价值的根本态度,是一个人的行动的内在根据和动因,它对一个人的品德、情操的形成,带有根本性的影响。人活着是为了什么? 一个人应当怎样度过自己的一生?《钢铁是怎样炼成的》一书中有一段名言:"人的一生应当这样度过:当回忆往事的时候,他不会因为虚度年华而悔恨,也不会因为碌碌无为而羞愧;在临死的时候,他能够说:'我的整个生命和全部精力,都已经献给了世界上最壮丽的事业——为人类的解放而斗争。'"②这段名言教育和鼓舞了像吴运铎、雷锋、张海迪等许许多多有志的青年。

要建立理想的社会,必须塑造理想的人格。理想的人格就是心理学家们所讨论的健康人格。舒尔茨说:"健康人格的概念是至关重大的。其内容是困难的、引起争论的、复杂的,它充满未知的东西和部分真实的东西,并且毫无疑问也有某种一时的风尚和爱好。"③尽管如此,我们还是可以明确地说:健康人格就是最美的理想人格! 先进的社会制度,美好的社会风尚,对人格美的形成,产生着重大的影响。另一方面,严格的自我要求和刻苦的思想锻炼,也是不可缺少的条件。每一个人都应该努力加强自我修养,塑造理想人格。

人的形体美和人格美,在每一具体人物身上常常表现出极为复杂的情况。一种情况是:形体美而人格不美。《红楼梦》中王熙凤真可以算得上是一个"美人儿"了,她"身量苗条,体格风骚",那副打扮"恍若神妃仙子"。可是,她却是个"嘴甜心苦,两面三刀"、"上头笑着,脚底下就使绊子"、"明是一盆火,暗是一把刀"的人。另一种情况是:形体不美而人格美。《巴黎圣母院》中的敲钟人加西莫多,既驼背,又聋哑,生得奇丑,然而他却是个忠诚、勇敢、具有自我牺牲精神的高尚的人。还有一种情况是:形体美,人格也美。相传唐代刘三姐,确实是个年轻美貌的农村姑娘,同时她也

---

① 罗杰斯:《我的人际关系哲学及其形成》,吴聿衡译,林方主编:《人的潜能和价值》,华夏出版社1987年版,第127页。

② 奥斯特洛夫斯基:《钢铁是怎样炼成的》,梅益译,人民文学出版社1982年版,第308页。

③ 舒尔茨:《成长心理学》,李文湉、甘阳译,三联书店1988年版,第18页。

是个聪明伶俐、能歌善舞、敢于和恶势力斗争的人。这种和谐一致是最美的。当然也有相反的统一:形体不美,人格也不美。果戈理《死魂灵》中的地主梭巴开维支就是这种类型的人物。

不管人的形体美与人格美存在着多么复杂的情况,在这一对内外矛盾中,人格美始终起着决定性的作用。在现实生活里,当我们对一个人的内心世界还不了解时,可能会赞赏这个人的形体美;但当我们进一步认识到此人的灵魂丑恶时,对他(她)的形体似乎也就不感到有多少美了。相反地,对于在革命战争中因受伤而被截肢的残废军人,我们仍然喜爱而且尊敬,并不认为这种形体残缺是丑的。这就说明,在决定一个人美不美的诸因素中,精神的内容往往会压倒形体,而处于支配性的地位。但是,也不能忽视这样一个事实:形体美也有一定的相对独立性。在一定情况下,形体的美或丑,往往会把人的人格的美或丑表现得更为突出,更为充分。在选择演员时,除了考虑气质的因素之外,还要考虑形体美不美,就是这个道理。

对于人的形体美与人格美,不同的阶级有不同的评价标准。车尔尼雪夫斯基曾经说过:在普通农民看来,有着"非常鲜嫩红润的面色","体格强壮,长得很结实",是乡下美人的必要条件;而"'弱不禁风'的上流社会美人在乡下人看来是断然'不漂亮的'"。[1]这种对人的形体美的不同看法,为人们长期所处的不同阶级地位、不同生活方式所决定,同时,也和不同阶级的人对幸福的观念有关。至于对人格美的看法,阶级差异就更为明显。这是因为,人格美是社会美的最高表现形态,它是以"善"为其突出标志的,而对于什么是善,不同阶级则有不同的标准。

4.3　自　然　美

自然美,就是现实生活中自然物的美。日月星辰,山川草木、花鸟虫鱼等等的美,都属于自然美。谢朓从层台累榭瞭望自然风光,写下了这样的诗句:"不对芳春酒,还望青山郭。"[2]说的是由于被自然的美景所陶醉,连酒都不想喝了。刘禹锡游九华山,又有"奇峰一见惊魂魄"之句,盛赞它为"造化一尤物"[3],足见自然美有着何等巨大的感染力量! 可是,并非所有的人都承认自然美的客观存在。例如,有人认

---

[1]　车尔尼雪夫斯基:《艺术与现实的美学关系》,周扬译,《车尔尼雪夫斯基选集》上卷,三联书店1958年版,第7页。

[2]　谢朓:《游东田》。

[3]　刘禹锡:《九华山》。

为:"'自然美'三个字,从美学观点看,是自相矛盾的,是'美'就不'自然',只是'自然'就还没有成为'美'","如果你觉得自然美,自然就已经过艺术化,成为你的作品,不复是生糙的自然了。"这种看法,实际上是否定了自然美的存在。然而,谁如果尊重客观事实,谁就无法否认大自然奇妙而又丰富的美。

自然美产生于"自然的人化"

在第一章里我们说过,美与审美是人类特有的社会现象,自然美作为一种特定的美的形态,当然也不例外。所以,对自然美的研究,必须从人与自然的关系入手。

人与自然的关系,是在实践中逐步形成和发展起来的对自然的改造、协调,并使之为"我"所用的关系。在人类从动物界分离出来以前,这种关系显然不可能存在。马克思、恩格斯指出:"凡是有某种关系存在的地方,这种关系都是为我而存在的;动物不对什么东西发生'关系',而且根本没有'关系';对于动物说来,它对他物的关系不是作为关系存在的。"①并且,在人类刚刚从动物界分离出来的时候,自然物对于人类的"为我"的关系,也未能立即形成。诚如马克思、恩格斯所说:"自然界起初是作为一种完全异己的、有无限威力的和不可制服的力量与人们对立的,人们同它的关系完全像动物同自然界的关系一样,人们就像牲畜一样慑服于自然界"②。这种服从与依赖的关系,无法体现人的本质力量对对象的利用和协调。在这种情况下,自然物不可能成为显现人的本质力量的对象,因而也就谈不上美。通过以生产劳动为基础的实践活动,自然界与人类的社会生活发生了日益密切和广泛的关系。原来对人类有害或者与人类无关的自然物,转而成为有益和有关的了。自在的客观自然界,变成了"为我"的对象。于是,自然物就打上了人的本质力量的烙印,具备了使人从中实现本质力量自我观照的审美特点。正如马克思所说:"通过这种生产,自然界才表现为他的作品和他的现实。因此,劳动的对象是人的类生活的对象化:人不仅像在意识中那样在精神上使自己二重化,而且能动地、现实地使自己二重化,从而在他所创造的世界中直观自身。"③

在远古的时代,泛滥的洪水曾经危及人类的生命和生活,导致"江河横溢,人或为鱼鳖"④的悲惨景象。那时,水流河川,处在同人类相敌对的地位,人们只能像奴

---

① ② 《德意志意识形态》,《马克思恩格斯选集》第 1 卷,人民出版社 1995 年版,第 81—82 页。
③ 马克思:《1844 年经济学哲学手稿》,《马克思恩格斯选集》第 1 卷,人民出版社 1995 年版,第 47 页。
④ 毛泽东:《念奴娇·昆仑》。

隶一样服从它的威力。这样的自然物,如同毒蛇猛兽一样可怕,当然无美可言。但是,人类的社会实践,终于改变了人与水的关系,使原先对人有害的水受到人的支配、利用,成为具有"为我"关系之水。河川给人带来了舟楫之利,水流被人用于灌溉、发电。水,成了对人类衣食住行大为有益以至不可缺少的对象。在此基础上,也就出现了如同钱塘潮被人们所观赏这样的水与人的关系。钱塘江口的涌潮,受两边陡然狭窄的江岸约束,形成了高及数丈的白色城垣,直向江岸扑压。据宋代周密的《武林旧事》记载:"浙江之潮,天下之伟观也。自朔望以至十八日为最盛。方其远出海门,仅如银线;既而渐近,则玉城雪岭,际天而来,大声如雷霆,震撼激射,吞天沃日,势极雄豪。"面对如此磅礴的气势,人们虽不免有些"心寒",但更多地却是获得了壮美、雄伟的审美感受。这是因为,经过人们的实践,不仅有了足资抵拒潮水为害的人造堤岸,而更在于有出没于这鲸波万仞之中的弄潮儿。宋人潘阆的《酒泉子》写道:

> 长忆观潮,满郭人争江上望。来疑沧海尽成空,万面鼓声中。
> 弄潮儿向涛头立,手把红旗旗不湿。别来几向梦中看,梦觉尚心寒。

在这样的条件下,钱塘潮的水势越大,就越能显示人们驾驭海潮的本领,从而使壮观的钱塘潮成为人的本质力量的一种确证。所以,自然美的根源,同其他一切美一样,仍旧在于人类的社会实践,在于自然物同人及其生活的客观联系。由于人在实践过程中,认识和掌握了客观的自然规律来为自身的发展服务,从而实现了对自然的改造、协调,使自然社会化、人化,这样才谈得上自然的审美属性和价值。一句话,人对自然美的发现与感受,确如马克思所说,完全是"由于人化的自然界,才产生出来的"①。

"人化的自然"或"自然的人化",包括主客体两方面的关系:主体是人,客体是自然。所谓"化",就是指主体利用、改造客体,在客体中实现自身的本质力量的过程。通过这个"化"的过程,客观自然界就成了"人化"的自然界。这种"人化的自然"的实现过程,就是"自然的人化"。自然界是通过人的劳动实践而被"人化"的,人化了的自然就成为人的生活的一部分,成了人的对象化的自然。

毫无疑问,我们强调人的本质,以及使人的本质力量得以对象化到自然物上的社会实践,是构成自然美的决定性因素,并非否认自然物自身的某些属性(诸如生物

---

① 马克思:《1844 年经济学哲学手稿》,《马克思恩格斯全集》第 42 卷,人民出版社 1979 年版,第 126 页。

的、化学的、物理的,以及结构形式的属性等),同自然美的关系。事实上,这些属性的意义是不可忽视的,它是构成某一自然事物的特定的美的物质条件。车尔尼雪夫斯基在分析水的美时,曾经指出:

> 水,由于它的形状而显出美。辽阔的、一平如镜的、宁静的水在我们心里产生宏伟的形象。奔腾的瀑布,它的气势是令人震惊的,它的奇怪突出的形相也是令人神往的。水,还由于它的灿烂的透明,它的淡青色的光辉而令人迷恋;水把周围的一切如画地反映出来,把这一切屈曲地摇曳着,我们看到水是第一流写生画家。水由于它的晶莹的透明而显得美;浪花所以美,是因为它顺着波涛飞跑疾驱,是因为它反映着太阳光,当波浪迸散的时候,浪花就像尘雾一般飞溅开去。①

水的碧波如镜的宁静美,奔腾飞泻的动态美,清澈晶莹的纯洁美,映照复现的"艺术美"……不正是通过水的形状、色泽、质地等自身内在的因素表现出来的吗? 再说,黄山之美不同于泰山之美,杭州西湖的风光也有别于扬州瘦西湖的景色。这种自然物的美的差异,岂不是与其自身的属性直接相关的吗? 所以,否认事物的自然属性同形成自然美的关系,是不科学的。然而,如果片面强调事物的自然属性的作用,甚至竟把它绝对化,看作唯一的因素,那就距真理更远了。道理很简单,这些自然属性不过是为自然美的形成提供了某种可能性,只有经过人类的社会实践,使这些属性同人的生活发生了这样那样的联系,使自然界成为人类社会生活的有机组成部分,亦即实现了自然的人化,这种可能性才会转化为现实性。这时,仅仅在这时,各种自然物特有的自然属性,才会变为构成特定的自然美的具有特殊意义的内在因素。

在《1844 年经济学哲学手稿》里,马克思关于"自然的人化"的论述,沿用了费尔巴哈等人的某些概念,这是否就意味着马克思当时的见解完全等同于费尔巴哈的人本主义思想,甚至还没有超越主观唯心主义的范畴呢? 当然不是。马克思说:

> 当现实的、有形体的、站在稳固的地球上呼吸着一切自然力的人通过自己的外化把自己现实的、对象性的本质力量设定为异己的对象时,这种

---

① 车尔尼雪夫斯基:《论崇高与滑稽》,《车尔尼雪夫斯基论文学》中卷,辛未艾译,上海译文出版社1979 年版,第 103 页。

　　设定并不是主体;它是对象性的本质力量的主体性,因而这些本质力量的
活动也必须是对象性的活动。①

　　显然,马克思在这里强调的是:在"自然的人化"的过程中,作为主体的人,是一种感
性的物质存在和力量;其对象化活动,也是一种感性物质的客观社会性活动。正是
通过这种社会实践活动,人把自己的本质力量这种客观性能,外化到人之外的自
然对象上,创造出一个既是"人化"了的又是独立于人之外的对象。因此,"自然
的人化",造就的是具有社会客观性的"人化的自然",而绝不是什么客观世界的
主观化。

　　马克思关于"自然的人化"或"人化的自然"的论述,显示了他已开始萌发的历史
唯物主义观点的光芒(当然,还有待于进一步的发展与完善),深刻地阐明了人与自
然的关系,揭示了自然美产生的奥秘。这是费尔巴哈根本不可能达到的。在写作
《手稿》的几个月之后,马克思就在《关于费尔巴哈的提纲》中明确指出:

　　　　从前的一切唯物主义(包括费尔巴哈的唯物主义)的主要缺点是:对对
　　象、现实、感性,只是从客体的或者直观的形式去理解,而不是把它们当作
　　感性的人的活动,当作实践去理解,不是从主体方面去理解。……费尔巴
　　哈想要研究跟思想客体确实不同的感性客体:但是他没有把人的活动本身
　　理解为对象性的活动。因此,他在《基督教的本质》中仅仅把理论的活动看
　　作是真正人的活动,而对于实践则只是从它的卑污的犹太人的表现形式去
　　理解和确定。因此,他不了解"革命的"、"实践批判的"活动的意义。②

以费尔巴哈为代表的旧唯物主义,对物质自然界和感性的人,只是作直观的形而上
学的了解,看不到人具有改造客观自然界的实践能力,不懂得人的对象世界是人类
社会实践的创造成果。马克思在《手稿》里,不仅像费尔巴哈那样肯定"人直接地是
自然存在物","是能动的自然存在物"③,而且着重指出:"正像人的对象不是直接呈

---

　　① 马克思这段话是在批判黑格尔哲学的唯心主义性质时说的。在黑格尔那里,人作为主体等同于
自我意识,人将自我意识外化到物上,这些对象物的物性是"由这种外化设定的"。马克思批评说,"这种
设定并不是主体",不是主体"创造对象",而是"证实了它的活动是对象性的、自然存在物的活动"。马克
思:《1844年经济学哲学手稿》,《马克思恩格斯全集》第42卷,人民出版社1979年版,第167页。
　　② 《马克思恩格斯选集》第1卷,人民出版社1995年版,第54页。
　　③ 马克思:《1844年经济学哲学手稿》,《马克思恩格斯全集》第42卷,人民出版社1979年版,第
167页。

现出来的自然对象一样,直接地客观地存在着的人的感觉,也不是人的感性、人的对象性。""正像一切自然物必须产生一样,人也有自己的产生活动即历史"①。这就告诉我们,作为"直接自然存在物"的自然,包括人本身,都是经过人的能动的实践活动,才改造成为对象性的自然和对象性的人本身的。这一精辟的历史唯物主义见解,正是对费尔巴哈的人本主义——忽略人的实践能力的所谓"人本身"——的有力批判。总之,马克思的论述是建立在把人的本质同社会实践紧密联系的基础上的,这便与费尔巴哈的人本主义有了质的区分。"自然的人化"之所以能成为揭示自然美的本质的理论基石,也就在于它同费尔巴哈的论述有了这种关键性的质的分野。

我们必须分清两种不同性质的"人化":一是人的社会实践作用于自然的"人化";一是人的意识作用于自然的"人化"。后一种"人化",不是通过社会实践使人的本质力量在自然物上得到感性的显现,不是通过改造或支配自然,赋予自然以社会的属性和意义,而是通过欣赏者的意识活动去"化",把欣赏者的情思"灌注"于对象(其实是对象在人们头脑中的表象)之中。但这并非马克思所说的基于物质实践过程的自然的"人化",而只不过是审美欣赏过程中自然的"人情化"。我们承认,在自然美的欣赏过程中,确实存在着"人情化"的现象,然而我们更应当明白,这种现象之所以产生,其根源正在于"自然的人化",在于自然物同人类社会实践的客观联系。

自然"人化"的形式与自然美的形态

自然的人化,大体存在三种基本形式,自然美的形态,主要也可以从这三方面来把握。

第一,自然物打上了人类实践活动的烙印,使人们得以从中直观自身。

达尔文的进化论学说揭示了人类是由动物界的不断进化而产生的。正如恩格斯所指出的:"经过多少万年的搏斗,手脚的分化,直立行走得以最终确定下来,于是人和猿区别开来……手的专业化意味着工具的出现,而工具意味着人所特有的活动,意味着人对自然界的具有改造作用的反作用,意味着生产。"②虽然某些动物如蚂蚁、蜜蜂、海狸等也以自己的肢体为工具进行生产,"但是它们的生产对周围自然

① 马克思:《1844 年经济学哲学手稿》,《马克思恩格斯全集》第 42 卷,人民出版社 1979 年版,第 169 页。
② 恩格斯:《〈自然辩证法〉导言》,《马克思恩格斯选集》第 4 卷,人民出版社 1995 年版,第 273 页。

界的作用在自然界面前只等于零。只有人才办得到给自然界打上自己的印记,因为他们不仅迁移动植物,而且也改变了他们的居住地的面貌、气候,甚至还改变了动植物本身"①。人对自然状况的改变,是人类实践活动的结果。而这种实践,是合目的的、创造性的、能动的实践,因此,人类实践活动必然会给自然界打上鲜明的烙印。歌德说:"自然造人,人造自然。人从广阔的世界里给自己划出一个小天地,这个小天地就贴满了他自己的形象。"②这种体现着人类征服自然的积极成果的烙印,正是显现着人的本质力量的光辉形象。人们也因此而能在直观自身中获得审美的愉悦。

人类对自然界的这种征服活动,可以从以下两方面来考察:(1)自然被改造。就是说,人类通过自己的实践活动,不同程度地改变了自然的外貌,从而改变了原先自然与人的对立关系,使之"人化"。如"荒山穿起花衣裳,变成一个美姑娘",以及沙漠变绿洲,沧海变桑田等等。有些自然面貌虽然改变不大,但仍然有着"人化"的印记。如,劈山引水,原来的山只是部分被人改造,出现了"流水哗哗空中走"的壮美景象。又如,猛兽之被驯养,也是因其习性出现了某种人为的变化,而具备了审美的特性。(2)自然被支配。有些自然物仅就其本身的外形来说,并未因人类的实践活动而发生变化,但因为人类掌握了它的规律,提高了对它们可能产生的各种威胁的防御能力,从而改变了它们原先与人的对立关系,这样,它们实际上也就成了被人们所支配的对象。

"自然的人化",从本来意义上讲,就是指经过人类实践,自然与人的关系发生了整体性的根本变化;"人化的自然",恰恰也就是指的人类社会实践的整体性成果。因此,并不只是被直接改造过的自然物,才是"人化"了的;也不只是直接为人类所支配的自然物,才有"人化"的意义;许多自然物,正是在"自然的人化"或"人化的自然"的总体意义上,获得了"人化"的属性。这种自然对象,同样显示了其特有的审美价值。例如,灼人的烈日,寒冷的冰雪,狂暴的风雨,滔天的巨浪等等,原先这类事物对人的生活是颇有威胁的。后来,随着人类生产的发展和社会的进步,人类同自然相协调的能力也提高了。这样,它们与人的关系就发生了变化。太阳、冰雪、风雨、海浪不仅可以给人的物质生活带来好处,而且,由于它们所具有的各种特定的自然属性同人的生活的不同侧面相联系,从而给人们带来了多方面的美的享受。

通过人类的实践活动使自然人化,这同科学文化的发展水平关系极为密切。

---

① 恩格斯:《〈自然辩证法〉导言》,《马克思恩格斯选集》第 4 卷,人民出版社 1995 年版,第 274 页。
② 歌德:《拉伐戴骨相学著作札记》,转引自朱彤:《美学,深入自然形象吧!》,见《美学与艺术实践》,江苏人民出版社 1983 年版,第 17 页。

科学文化的发展，一方面为自然的人化开拓了更加广阔的领域，使众多的自然物先后改变了其与人对立的关系；另一方面，又使自然的人化获得质的飞跃，人们可以利用科学文化知识，使自然物与人的关系得到充分的展开，从而使自然物变得更美。

第二，自然物作为人类可亲的生活环境而具有"人化"的意义，从而获得审美价值。

马克思指出："一个存在物如果在自身之外没有自己的自然界，就不是自然存在物，就不能参加自然界的生活。一个存在物如果在自身之外没有对象，就不是对象性的存在物。"①人作为自然存在物，必然有自己的自然界；人作为一种有生命力的能动的自然存在物，必须有现实的、感性的对象，才能表现自己的生命。因此，人必定要与自然界发生密切的关系。而自然物的存在，只有与人发生联系，成为人的对象，才得以是人的现实生活的要素。所以，人与周围自然界这种对象性的关系，正是自然"人化"的又一种形式，它构成了特定形态的自然美。

在远古时代，山水、星月、花卉等虽然经常出现在人们的周围，但由于当时经济条件和人们认识水平的限制，这些事物还不可能在物质方面和精神方面与人类形成密切的关系。随着生产力的长足进展和社会的进步，这些自然物才作为人们的生活环境或生存条件而成为人的现实生活的一部分。譬如，广袤的草原、巍巍的雪山等等，可以愉悦人们的精神；皎洁的明月，闪烁的星光，常常与人们特定的生活发生某种联系，因而能给予人们以审美享受，激发诗情画意。这些景物，虽然未经人的劳动直接加工、改造，但是，由于人类社会实践活动的开展，提高了人的能力，扩展了人的视野，丰富了人的本质力量，这样就促使更多的自然事物进入了人的生活领域，成了人的可亲的生活环境的组成部分，从而获得了审美价值。因此，这种美，仍是人类社会实践的产物。

第三，自然物作为人和人类生活的象征，显示审美意义。

黑格尔曾经指出，凡为象征，必然具有两个因素，"第一是意义，其次是这意义的表现。意义就是一种观念或对象，不管它的内容是什么，表现是一种感性存在或一种形象。"②有些自然物，作为"感性存在"，体现为人的本质力量的某种特有形式，包含着某些不那么确定的生活内容，这就使它具有了这样一种特质：能够引发人们进

---

① 马克思：《1844 年经济学哲学手稿》，《马克思恩格斯全集》第 42 卷，人民出版社 1979 年版，第 168 页。

② 黑格尔：《美学》第 2 卷，朱光潜译，商务印书馆 1979 年版，第 10 页。

入特定的联想和想象的天地,从而获得另一种观念,也就是从中感受到人和人类生活的某种意义。这是自然物"人化"的再一种形式。自然物的象征意义,是随着人类的实践活动而产生的,也是随着人的思维能力的发展而发展的。

直接象征与间接象征,是自然物作为人与人类生活的象征的两种主要形式。在直接象征中,自然物的某些属性与象征意义是统一的。如西汉哲学家董仲舒发挥孔子"知者乐水,仁者乐山"[①]的观点,对水进行了这样的论说:

> 水则源泉混混沄沄,昼夜不竭,既似力者;盈科后行,既似持平者;循微赴下,不遗小问,既似察者;循溪谷不迷,或奏万里而必至,既似知者;鄣防山而能清净,既似知命者;不清而入,洁清而出,既似善化者;赴千仞之壑,入而不疑,既似勇者;物皆因于火,而水独胜之,既似武者;咸得之而生,失之而死,既似有德者。孔子在川上曰:"逝者如斯夫,不舍昼夜。"此之谓也。[②]

这就是把水的种种自然属性来作为人及其生活的象征。今天的人们常用太阳、火光作为光明的象征,就是因其有着明亮的色彩。在间接象征中,自然物的自然属性与象征意义是不统一的。例如黄河,它源远流长,蜿蜒于亚洲东部的大地上。自古以来中华民族就在这一带休养生息,繁衍后代,得到了黄河的滋润和哺育。因此,在华夏儿女的心目中,黄河便成了中华民族的象征。这种象征意义的获得,是人们通过想象的因素,把黄河当作中华民族的摇篮的结果。还有一些自然物,虽不具有明显的象征意义,但因被赋予了一种神话的色彩,也获得了"人化"的形式。如广西桂林七星岩银河鹊桥的景色,把自然山水与牛郎织女的传说巧妙地结合起来,愈益显示了山水的美丽、动人。

自然物的象征意义,乍看起来,似乎决定于人们的主观意识活动,有很大程度的主观随意性。然而,事实上问题并非如此简单。意识决定于存在,把自然物作为人及其生活的象征的意识究竟是怎样产生的呢? 显然,它决定于自然物与人类生活的某个方面或某些因素——内容方面的或形式方面的——的实际联系。宋人周敦颐在《爱莲说》中讲他为什么特别喜欢荷花:

---

① 《论语·雍也》。

② 《春秋繁露·山川颂》,北京大学哲学系美学教研室编:《中国美学史资料选编》上册,第104—105页。

予独爱莲之出淤泥而不染,濯清涟而不妖,中通外直,不蔓不枝,香远
益清,亭亭静植,可远观而不可亵玩焉。

"出淤泥而不染","中通外直","不蔓不枝"这些荷花的自然属性,同人的品格的高
雅、正直,在客观上确有类似之处,因此它才可能成为人的思想品格的象征。所以,
在自然的人化的三种形态中,虽然第三种最为常见,表现得相当突出,但实际上这种
象征的意味,恰恰是以第一、第二种的"人化"为基础的。

自然美的特征

在绚丽多彩的大自然中,美的事物层出不穷,千姿百态,然而,它与社会美和艺
术美相比,又有自己显著的特征。

特征之一:自然美的自然性。

自然美是自然物所显示出来的美。要探讨自然美的特征,就必需弄清自然与自
然美之间的联系与区别。首先,自然与自然美是不同的概念,分属两个范畴。自然,
或曰自然物、自然界、大自然,它的存在并不依赖于人,也不依赖于人类社会。早在
人类社会出现以前,自然就按照自身的规律存在着、发展着、变化着。那时,它们纯
粹只是一种自在之物,并不具备什么美或不美的价值属性。自然界的美,是对人而
言的,是一种社会价值。只是因为有了人,有了人的实践活动,形成了人与自然的种
种关系,才使自然物取得一定的社会意义,从而显示出美的价值来。

其次,自然美对自然有着直接的依赖关系,它任何时候都不能离开一定的自然
物质属性。比如,素有"胜甲寰中,声闻夷服"之称的杭州西湖,是举世钦慕的旅游胜
地。苏东坡诗曰:"水光潋滟晴方好,山色空濛雨亦奇。欲把西湖比西子,淡妆浓抹
总相宜。"①假如没有气象上所出现的各种变化,没有西湖本身所具有的湖光山色,
那怎么会有西湖的美呢? 黄山松没有耐旱耐霜的自然属性,怎么会有坚强不屈的美
的品格呢? 当然,所有的美都是不能离开物的,社会美和艺术美也必须有一定的物
质基础,否则,美就无法依存了。但是,社会美与艺术美的物质基础是人提供的,并
经过人的加工改造,有的干脆就是人自身的形体。天造地设的自然界就不同了,它
的各种自然属性都是自然而然的,是天生的,自身具有的。炽烈的阳光、皎洁的月色
等等,它们所具有的美的自然要素都不是人所造就的。即使由人所栽培的各种花卉

---

① 苏轼:《饮湖上初晴后雨》。

草木,也必须依赖于自然物自身的生长、发展规律。因此,自然美的自然性是不以人的意志为转移的。

再次,自然美的自然性在外在形式上应该符合人的审美要求,它的形体、色彩、线条应该是人的视觉能够把握的、悦目的,它的声音应该是人的听觉能够把握的、动听的,没有这些"天生"的自然素质,也就谈不上自然美。在对待自然美的问题上,撇开自然物的自然属性,把自然美完全看作是人类主观感受的产物,是片面的、错误的;同样,撇开人的实践活动,把自然美完全归结为自然物的自然属性,也是片面的、错误的。

总之,自然美作为一种特定形态的美,既离不开人的社会实践,又必须体现在自然物的自然属性之中。所以,自然美贵在自然。

特征之二:侧重于形式美。

自然美的一个十分突出的特点,就是形式美占有突出的地位。前面说过,一切美都要求内容与形式的统一;但是,这种统一的程度,在不同形态的美的事物中,却是不完全相同的。一般地说,在艺术美中,要求内容与形式的高度统一;在社会美中,内容跟形式比起来就更占有决定性的分量;而在自然美中,形式的地位就更为重要和突出。

自然美的内容,在多数情况下,显得比较隐约、模糊。你能用简洁明了的语言说出一座山峰、一株古树、一只熊猫的美所蕴含的确切内容么?或许,只有在特定的条件下,人们才会明确地意识到其中的意义。自然美的内容之所以不明确,原因在于自然物是自然生成的,不是人类有意识地加工的结果。即便是经过了人类加工的自然美,其内容一般说来也依然是隐约模糊的。例如,整齐有序的道路旁边的树木,又能透露多少确定的意义?惟其如此,自然美的内容才往往容易为人们所忽视。相对说来,自然美的形式却既不模糊又不笼统,显得异常清晰,能够给予人们以鲜明的印象,激起人们强烈的审美感受。因此,色彩、声音、线条、形状、质料等形式美的因素,就成为自然美整体构成的突出成分,居于侧重或压倒的地位。

自然美侧重于形式美的审美特性,在人们的审美活动中也表现得十分显著。人们在欣赏自然美时,常常因自然物的形式美给予审美感官以鲜明而突出的印象,便忽视其比较隐约的、刺激性不强的内容方面,只注意其形式方面了。有些自然物,虽然对人类有益,但其外形丑陋,人们都觉得它不美。如癞蛤蟆,不仅能吃害虫,而且它的分泌物还能制成中药,然而它的外形却令人讨厌。有些自然物,尽管对人有害,但因其外形美丽,却总是惹人喜爱。如蝴蝶,其幼虫绝大多数对农作物危害很大,但它那美丽的外形,总是讨人喜欢。"留连戏蝶时时舞,自在娇莺恰恰啼"①,不是给人带来无限美好的情思么？这就生动地说明,形式对于自然美来说占有何等重要的地位！

特征之三:自然美的多面性。

自然物的属性是多方面的,自然物与人的社会生活的联系也是广泛而复杂的,因此,自然物的美在一定条件下、在与人类社会生活的特定联系中,其不同侧面会得到这样那样的显示。同一自然物,有时表现为这样一种美,有时又显现成那样一种美,这就是自然美的多面性的基本含义。明人唐志契有这样一段论述:"或问山水何性情之有？不知山性即止,而情态则面面生动;水性虽流,而情状则浪浪具形。"②这就是说,不管是静态的还是动态的自然物,都具有美的多面性的特点。

同时,自然物作为人的对象性存在物,与人的关系是多种多样的,这也就使自然物具有了美的多面性。譬如月亮,具有极为丰富的自然属性,作为人类生活中特定环境的一个方面,显现出种种特有的美。就其形状而言,或皎洁如玉盘,或弯曲如吴钩,这种阴晴圆缺的变化,体现着一种意味弥深的形式美;就其光波来说,或温和,或朦胧,给予人们以宁静安详、诗情画意的审美感受;……正因为月亮本身存在着美的多面性,因而欣赏者从不同的角度观赏,带着不同的心情对视,就有可能获取各种不同的美感。老舍的小说《月牙儿》中,同一个"我",在同一个院子里看月牙儿,由于月色和心境的不同,所看到的月牙儿的美就不同:有时,看到的是"一点点微弱的浅金光儿";有时,看到的是"老有那么点凉气,像一条冰似的";有时,看到的是"比什么都亮,都清凉,像块玉似的";有时,看到的是"清亮而温柔,把一些软光儿轻轻送到柳枝上"。

自然物的美丑二重性,是自然美的一种特殊的审美特性,它与自然美的多面性有着紧密的内在联系。有些自然物,同时兼有美与丑两种相互对立的审美素质。如同老虎,既可以作为美的对象来观赏,也可以作为丑的对象来鞭挞。又如桃花,取其艳丽的色彩,可以成为美的对象;若只注重其易开易谢的特点,又与轻薄、无情相联系。为什么同一自然物会既美又丑、美丑并存呢？这是因为,同一自然物具有多种自然属性,而这些属性在人的生活中,往往会产生不同以至对立的作用,这就为自然物的美的多面性或美丑二重性,提供了物质前提。所以,自然物的美丑二重性,并非决定于任何人的主观意识,而是由其自然属性的多样及其在社会人生中的不同作用决定的。

---

① 杜甫:《江畔独步寻花七绝句》之六。

② 《绘事微言·山水性情》,《画论丛刊》上卷,人民美术出版社 1960 年版,第 113 页。

复习思考题

1. 现实美的地位如何？为什么说"没有现实美，也就没有艺术美"？
2. 什么是社会美？社会美的特征是什么？
3. 社会实践主体人的美包括哪些方面？人的形体美与人格美的关系怎样？
4. 何谓"自然的人化"？"自然的人化"与自然美的关系如何？
5. 应当怎样认识未经人类改造过的自然物之美？
6. 什么是自然美？自然美有哪些特征？

第 5 章 艺 术 美

现实美是美的客观存在的形态,艺术美是艺术家对现实生活进行审美反映和审美创造的产物。艺术美存在于各类艺术作品的审美意象之中。历史上许多美学家都把美同艺术等同起来,美学也被认为是艺术哲学。在现代西方美学中,实用主义美学家杜威的《艺术即经验》、新自然主义美学家托马斯·芒罗的《走向科学的美学》、表现论美学家 R·G·科林伍德的《艺术原理》、新实证主义美学家瑞恰兹的《文学批评原理》、分析美学家莫里斯·韦兹的《美学问题》以及符号论美学家苏珊·朗格的《艺术问题》等著名美学著作,都是把艺术问题作为研究中心的。前苏联美学家 Л·斯托洛维奇、M·卡冈等人,也都从艺术问题的角度来阐释其美学理论体系。艺术是否等于美? 怎样看待艺术中的丑? 人类为什么要创造艺术? 艺术的本质是什么? 艺术与非艺术的界限何在? 各类艺术具有怎样的审美特征? 对这些重大理论问题,人们已经困惑地思索了若干世纪,并且仍将是继续探讨和争论的热门话题。

我们认为,艺术作为现实生活的反映形态,是艺术家审美意识的集中表现和物态化成果;同时,它又凝聚着艺术家在审美反映的基础上进行审美创造的本质力量。现实生活中存在着美的、不美的乃至丑的种种现象,经过艺术家的集中和理想化的创造性处理,就有可能变得更为强烈和纯粹,变成满足人们审美需要的艺术品。艺术家的审美反映和审美创造通过一定的物质材料得到了客观的体现,取得了物态化的形式,于是就成为可供人们观赏的对象,成为传达和交流审美意识和审美体验的工具,成为千姿百态的各类艺术作品。没有各类艺术,社会的审美需要就无法得到专门的满足,审美意识和审美创造对社会生活的反作用也就无法得到发挥。

5.1   艺术美的本质及其特殊价值

艺术来源于技艺、技术。中国甲骨文中的"藝"字是一个人进行种植的象形字，透露着艺术来源于劳动技艺的信息。西方语言中的"艺术"（拉丁文：Ars），原来也都是技术的意思。这说明在古代社会中，"技"和"艺"是统一的，工匠就是艺术家。高度熟练的劳动技能，作为一种获得一定自由的创造性劳动，本身就有艺术和美的含义。直到今天，工艺、农艺、园艺等说法，仍然说明艺术与生产劳动不可能完全分离。但是，科学的概念要求精确化，我们今天研究艺术，当然应该把它同技术区分开来。正如罗宾·乔治·科林伍德所说："作为建立一种完善的美学理论所要采取的第一个步骤，必须把技艺的概念和真正艺术的概念区别开来。"①

史料表明，原始人在进行物质生产（包括狩猎、种植及捕获其他部落成员的战争等）并且取得成功之后，会用一定的物质手段再现这些活动，以交流经验、教育后代、鼓舞士气等等。这些常常带有祈祷、诅咒等巫术礼仪性质的原始歌舞、雕刻、绘画等，在当时的人们看来，首先是为达到某种实际功利目的服务的，因而它跟后来的独立形态的艺术还不能等同看待。但是，这种精神性的活动已经开始从物质生产活动中分化出来，开始具有了某些审美成分。随着生产力的发展和进一步的社会分工的出现，艺术生产走向专业化，出现了专门从事创作越来越精美的实用品以至专供欣赏的艺术品的艺术家。艺术家出现的时代，正是人类社会由野蛮时代进入文明时代的奴隶制时代②。自那以后，艺术的生产与发展进入了逐步脱离直接功利需要的新阶段，艺术作品随之成为专门满足人们审美需要的精神产品。相对于原始艺术和实用艺术来说，这种专门供人审美的艺术通常被称为纯粹艺术。

马克思在谈到政治经济学的研究方法时曾经指出："整体，当它在头脑中作为思维整体而出现时，是思维着的头脑的产物，这个头脑用它所专有的方式掌握世界，而这种方式是不同于对世界的艺术精神的、宗教精神的、实践精神的掌握的。"③这段话清楚地说明，艺术是人类掌握世界的一种特殊的方式，这种方式不同于一般的物

---

①　科林伍德：《艺术原理》，王至元、陈华中译，中国社会科学出版社 1985 年版，第 15 页。

②　恩格斯指出，艺术和科学的创立只有通过更大规模的社会分工才有可能，这是一次把少数特权分子同单纯从事体力劳动的群众区分开来的大分工。"这种分工的最简单的完全自发的形式，正是奴隶制。"参看恩格斯：《反杜林论》，《马克思恩格斯选集》第 3 卷，人民出版社 1995 年版，第 525 页。

③　马克思：《〈政治经济学批判〉导言》，《马克思恩格斯选集》第 2 卷，人民出版社 1995 年版，第 19 页。

质生产,也不同于抽象的理论、宗教等其他社会意识形态的生产。艺术的掌握世界的方式的根本特点在于:以人为中心将社会生活作为一个整体来进行审美的把握,通过想象、虚构、变形、夸张等审美思维的途径,创造体现艺术家的审美体验、审美评价和审美理想的意象并使之物态化,以达到使人在美的享受中潜移默化地净化自己的心灵的崇高目的。

艺术美的本质

艺术美是存在于艺术作品中的美,艺术作品是艺术家对客观世界进行审美反映和审美创造的物态化形式,因此,艺术美也就是艺术家在反映和创造过程中凝聚并显现于特定物质符号形态中的美。这种审美的反映和创造活动,包含对现实美和自然美的真切观照和加工美化,对生活丑的透视剥露和审美转化,对各种各样、错综复杂的现实、自然关系的审美评价和强化显现;而这种以艺术创作为目标的审美反映和创造活动,始终离不开物态化的艺术实践活动,离不开在物态化实践活动中的审美体验的相应方式及形式美的创造。事实上,艺术家不仅以审美的眼光审视而且以心灵来体验感悟一切生活现象,对生活中的现象及其底蕴都有良好的感觉和自己特定的理解,才有可能通过成功的审美意象的塑造,创造出集中展现艺术美的作品来。惟其如此,作为艺术家审美反映和审美创造物态化成果的艺术作品及其凝聚和显现的艺术美,才体现出如下特点:客观性和主观性的统一,一般性和个别性的统一,内容和形式的统一。

艺术美是具有客观性的。首先,从审美反映的角度来看,艺术作品本质上是精神产品,属于社会意识形态的组成部分,虽然如此,艺术作品中的意象必须通过物质手段创造出来,艺术美必然具有一定的物态化形式。艺术美之所以必须具有客观的物态化的形式,主要取决于两个原因:一是艺术家必须借助于一定的物质媒介才能进行艺术创作。画家如果离开了画布、色彩,雕塑家如果离开了泥块、石头,就无法从事艺术创造活动。二是艺术家进行创作,总是为了使人感受它、欣赏它,从而产生一定的社会影响。如果不借助于一定的物质材料作为传递的媒介,艺术家就无法将饱含审美体验的意象送达欣赏者面前,使其获得欣赏的价值。正因为如此,艺术作品一经诞生,就成了客观的物态化存在。

其次,从审美创造的角度来看,艺术创作是艺术家审美创造的实践活动,是人的本质力量的对象化,即通过一定的物质媒介或符号把自己的意图"化"为客观对象。艺术作品既是合目的性的创造物,又是合规律的感性形式;既具有描述客观世界的反映特性,又具有心灵创造的主观表现功能,是人所创造的具有物质性和客观性的、可供人欣赏的精神产品。英国籍哲学家波普尔把宇宙现象分为三个世界:世界1是物理世界;世界2是精神世界,包括心理素质、意识状态、主观经验等;世界3是客观知识世界,包括语言、神学、文学艺术、科学等。他指出,这三个世界都是实在的。①据此看来,艺术作品与艺术美,确乎是以客观实在的物化形态和独立的精神品格存在的精神产品,其客观性是毫无疑义的。

第三,无论从反映或创造的角度来讲,艺术美的根源都存在于客观现实之中。普洛丁说,艺术美是把“在心里原已构思成”的美“转运到”作品中去②。此话从艺术构思与艺术作品的生成关系来说,虽未必准确,但也不是毫无道理。问题在于“心里原已构思成”的“美”从何而来? 显然,既不可能先天赋予,也不可能从“心里”自己长出来,同样不可能无根无由凭空想出来。“构思成”的“美”,只能根源于产生并形成审美体验的客观现实。毛泽东指出:“作为观念形态的文艺作品,都是一定的社会生活在人类头脑中的反映的产物。革命的文艺,则是人民生活在革命作家头脑中的反映的产物。人民生活中本来存在着文学艺术原料的矿藏,这是自然形态的东西,是粗糙的东西,但也是最生动、最丰富、最基本的东西;在这点上说,它们使一切文学艺术相形见绌,它们是一切文学艺术的取之不尽、用之不竭的唯一的源泉。”③不但艺术原料存在于客观现实生活之中,艺术家的审美体验、审美感悟也是由此而生的,一切审美反映和创造也都是以客观现实生活为根源的。马克思早就说过:“不是人们的意识决定人们的存在,相反,是人们的社会存在决定人们的意识。”④“甚至人们头脑中的模糊幻象也是他们的可以通过经验来确认的、与物质前提相联系的物质生活过程的必然升华物。”⑤所以,离开了客观现实生活,艺术就成为无源之水、无本之木,艺术就会失去了生命。

艺术美具有客观性,这是一方面;另一方面,没有艺术家对现实的加工、改造和审美创造,艺术美也是不可能产生的。艺术创作的过程,包含着创作主体的强烈的主观性因素。艺术创作具有审美反映和审美创造的特性,决定了艺术家与其反映对象的关系,不同于科学研究中的认知关系,而是通过艺术家的审美感受和审美体验

① 参见卡尔·波普尔《客观知识——一个进化论的研究》,舒炜光等译,上海译文出版社1987年版。
② 普洛丁:《九卷书》,北京大学哲学系美学教研室编:《西方美学家论美和美感》,商务印书馆1980年版,第59页。
③ 毛泽东:《在延安文艺座谈会上的讲话》,《毛泽东选集》第3卷,人民出版社1991年版,第860页。
④ 马克思:《〈政治经济学批判〉序言》,《马克思恩格斯选集》第2卷,人民出版社1995年版,第32页。
⑤ 马克思:《德意志意识形态》,《马克思恩格斯选集》第1卷,人民出版社1995年版,第73页。

这一心理中介而发生的。体验是在生存论意义上的感悟,首先是在亲身经历中获得带有情绪的感受,进而在情绪中有所领会,有所感然后有所知,于是才有可能上升到一定的理性认识,作出自己的判断和评价。因此,艺术家在艺术创作中将会把自己的理智、意志与情感,意识与无意识,理性与非理性等因素,亦即艺术家的整个文化人格,表露得充分而透彻。这就决定了艺术家在反映现实的过程中,势所必然地同时展现着自己的整个精神世界。同时,艺术创作不仅是一种审美反映,更是一种显示心智和创造力的审美创造,诚如歌德所说:

> 艺术家对于自然有着双重关系:他既是自然的主宰,又是自然的奴隶。他是自然的奴隶,因为他必须用人世间的材料来进行工作,才能使人理解;同时他又是自然的主宰,因为他使这种人世间的材料服从他的较高的意旨,并且为这较高的意旨服务。
>
> 艺术要通过一种完整体向世界说话。但这种完整体不是他在自然中所能找到的,而是他自己的心智的果实,或者说,是一种丰产的神圣的精神灌注生气的结果。①

没有艺术家向现实"灌注生气",雕像将只是一个模型,而不可能是生动的艺术品。由于艺术家在艺术作品中总是融进了自己对生活的感悟与评价,因而艺术就表现出极强烈的主观感情色彩。而且,艺术家凭着他的进步的审美理想、丰富的生活积累以及卓越的艺术技巧,可以通过有限的现实材料,表现出无限丰富的社会生活及人生感悟的内容来。这样,在艺术创作中所显现的浓重的感情色彩和巨大的鼓舞作用,便使艺术美突出地体现出它的主观性。

艺术美的主观性是强烈的,又往往是隐蔽的。一般地说,艺术家的强烈感情都不宜于在作品中赤裸裸地表现出来。这是因为,艺术家的任务不是直接出面说服欣赏者,而是通过艺术本身的力量感染和感动欣赏者。因此,艺术家总是把主观情感熔铸在具有客观性的物态化形式之中。恩格斯在评论《城市姑娘》时指出:"作者的见解越隐蔽,对艺术作品来说就越好。"②在偏于再现的作品中,艺术家的情感、见解隐蔽得越深,就会使欣赏者在不知不觉中接受艺术家的情绪感染和评价,因而艺术的感染力量也就自然而然地产生出来。

---

① 《歌德谈话录》,爱克曼辑录,朱光潜译,人民文学出版社 1978 年版,第 137 页。
② 恩格斯:《致玛·哈克奈斯》,《马克思恩格斯选集》第 4 卷,人民出版社 1995 年版,第 683 页。

　　总之,一切艺术作品,都是艺术家对客观现实生活的再现与对主体思想情感的表现的统一。当然,在具体的作品中,有的偏重于再现,有的偏重于表现,可以各有侧重;但是,完全脱离了表现的再现,完全脱离了再现的表现,这样的艺术作品是没有的。我国清代著名画家、"扬州八怪"之一的郑板桥曾说:

　　　　江馆清秋,晨起看竹,烟光日影露气,皆浮动于疏枝密叶之间。胸中勃勃遂有画意。其实胸中之竹,并不是眼中之竹也。因而磨墨展纸,落笔倏作变相,手中之竹又不是胸中之竹也。①

从"眼中之竹",到"胸中之竹",再到"手中之竹",生动地概括了客观对象经由艺术构思化为主客观统一的审美意象的演变过程。

　　任何艺术作品中的审美意象都是客观性和主观性相统一的产物。但是,经验告诉我们,并非所有的意象都是美的,具有艺术美特质的审美意象是艺术家对其所经历的特定生活的审美体验在改造与美化中实现的一种升华、超越,达到了对理想的生活模式,即人类活动的理想意象的觅获和把握。美体现了人的本质力量的完善,指向理想中的人类活动的大全、大粹。艺术家在艺术创作过程中就要艰难地寻觅这种审美体验,在其来临的刹那间敏锐地发现、紧紧地抓住它们,并把它们加以组合、概括,驾驭自如地运用艺术技巧和借助相应的物态化形式,使之转化为活生生的审美意象。这种饱含美质的审美意象,在偏于再现艺术中称为典型,在偏于表现艺术中呈现为意境。

　　典型的基本含义是一般和个别的统一,即一定范围的普遍性和鲜明的独创性的统一。恩格斯指出:"一切真实的、穷尽的认识都只在于:我们在思想中把个别的东西从个别性提高到特殊性,然后再从特殊性提高到普遍性"②。艺术典型的特殊性,就在于它是对现实的一种非同一般的审美把握和审美创造。这种把握方式与其它的把握方式的根本区别在于,艺术家在实际接触生活中客体对象的过程中触动了自己的情感世界,内心常常难以平静下来,进而从中感悟到某种带有规律性、哲理性的人生体验;由于受到艺术良知(即对于族类生存的责任感)的驱使,艺术家感到必须把自己获得的这种人生体验作为整体对象,通过审美创造和物态化手段传达出来,以引起人们的同感,鼓舞人们推动生活前进。这样,艺术作品中的个别的有限的审

---

① 郑板桥:《题画·竹》,《郑板桥集》,中华书局1962年版,第161页。
② 恩格斯:《自然辩证法》,《马克思恩格斯选集》第4卷,人民出版社1995年版,第341页。

美对象,就必然具有一定的普遍的、无限的意义。艺术典型的独创性或个别性,不仅体现在艺术家对自己所表现的对象的特质的把握上,而且体现在他对这一特定对象独有的感悟和发现上,体现在他崭新的艺术形式的创造上。齐白石曾说:"作画妙在似与不似之间,太似为媚俗,不似为欺世。"①这里所说的"太似",指的是拘泥于生活表面的"真";所谓"不似",指的是歪曲生活的"伪"。"妙在似与不似之间",恰恰要求的是艺术家不局限于局部的事实,不要机械地抄录生活琐事细节,而要高瞻远瞩地把握生活的趋势,洞幽烛微地展现生活的底蕴,通过个别、独特的审美意象,展示生活中具有普遍意义的美。对于偏于再现生活的叙事性作品来说,典型人物的塑造居于艺术作品的中心地位。典型人物就是具有普遍而又深刻的思想意义的、鲜明而又独特的人物形象。一方面,形象是栩栩如生的,有着与众不同的特点;同时,它的思想意义又是深刻的、有着普遍性的。以鲁迅创造的不朽的艺术典型阿Q来说,他不仅自然素质与众不同,就是他的社会心理、行动方式、生活习惯乃至语言风格等,都是独特的,给人以十分鲜明的印象;并且,作品正是通过这个独一无二、鲜明独特的阿Q,概括了当时那个病态社会中"国民性"的丰厚内容,深刻地揭示了辛亥革命的不彻底性,这就使阿Q这个人物,具有了深刻地反映辛亥革命历史时代的鲜明印记;同时,阿Q的"精神胜利法"作为弱者失败后自我安慰的手段,在中外历史上都不难找到其鲜明的例证,显示出人性的普遍弱点,从而具有了超越时代和社会的深广的普遍性,显示出无限和永恒的价值。阿Q由此成为中外文学史上一个杰出的艺术典型,《阿Q正传》也因此而成为不朽的经典名篇。

意境及其生成理论,自古至今,说法甚多。古代主要有刘禹锡的"意生于象外"说,晚唐司空图的"象外之象"说,严羽的"兴趣"、"妙悟"说,王士祯的"神韵"说等。现代有王国维、朱光潜的"情景交融"说、胡适等提出的"情感气氛"说、以及50年代后出现的"典型形象"说等。宗白华说:"艺术家创造的形象是'实',引起我们的想象是'虚',由形象产生的意象境界就是虚实的结合"②。显然,意境是由诸种艺术因素虚实相生构成的、能引发观赏者由实而虚地从有限获取无限的独特审美境界。在这里,可视可听、可以触摸的特定的审美意象,是意境中的稳定部分,属于"实";同时,这特定的审美意象,又蕴蓄着包容性极大的"虚",那便是由其特定的艺术情趣、艺术氛围触发的联类无穷的象外之象和象外之意。这种"其间环绕无穷"、"此中掩映不

---

① 《与胡佩衡等人论画》,王振德、李天麻辑注《齐白石谈艺录》,河南人民出版社1984年版,第70页。

② 宗白华:《中国美学史中重要问题的初步探索》,《宗白华全集》第3卷,安徽教育出版社1994年版,第454页。

尽"、"令人游目骋怀"的审美境界,具有呈现于联想、幻想之中的间接的具象性,存在方式的流动状和内涵的不确定性与多义性,而这一切均受制于实境的逻辑前提,在这里实与虚、情与理辩证相生,相得益彰。意境因此而能由实境化为虚境,以虚境再映照实境,往复回环,为不断引发观赏者的情思拓展审美空间,进而指向甚至达到从有限中求取无限。司空曙"雨中黄叶树,灯下白头人"①的名句,寒雨打窗,更兼落叶,孤灯照壁,空对白头,把看似毫不相关的画面并列对照,借助类比联想构成叠像美,导引出人生哲理的深沉思考。马致远的《天净沙》、屈原的《离骚》、文天祥的《正气歌》等,都虚实相生,使读者在审美的诗情和无穷的遐思中,获取对无限深奥的人生哲理的深切领悟。

富有美质的艺术内容,需要通过独创的、和谐的艺术形式才能恰如其分地传达出来。艺术美既不同于侧重于内容的社会美,又不同于侧重于形式的自然美,一般说来,它要求两者的和谐统一。符合形式规律的、灌注生气的艺术形式,对于揭示体现人生普遍经验的生活真理和传达健康向上的思想感情,是重要的和必须的,而且它本身就具有审美价值,是产生艺术感染力所不可缺少的。所以说,艺术美不单纯是一个内容问题,也不单纯是一个形式问题,而是在内容和形式的统一中表现出来的。事实上,无论典型还是意境,或者作为二者基础的审美意象,既是作品的内容,又是作品的形式,是作品的内容和形式的结合体。

生活丑与艺术美

现实生活中的事物,既有美的,又有不美的和丑的。但是,通过艺术家的集中、概括,生活中的丑却也可以转化为供人欣赏的艺术美。一般说来,生活中的丑总是引起人们厌恶、不快、难受等否定性的情感反应,甚至还会引起恶心、反胃等生理上的强烈反感。如锉锯锵锅的噪音十分刺耳,斑驳陆离的色彩令人目眩,嗡嗡的苍蝇让人反胃欲吐,凶杀的现场使人毛骨悚然……对于这些极端丑的对象,有悖于人的身心向上发展的方向,人们避之犹恐不及,当然不会津津有味地欣赏它、品味它。这是因为,人们只能在对自身本质力量的直观中才能感受到美,而丑作为审美活动中的负价值,是同人的本质力量所追求的目标背道而驰的。

但是,生活丑却可以成为艺术描写的对象,这是由艺术创作的特性决定的。艺术创作,是艺术家通过一定的物质手段,把自己对现实生活的审美感悟与评价,借助

---

① 《喜外弟卢纶见宿》。

审美意象的形式表现出来。艺术家通过观察、研究、分析,深刻地认识到生活丑的本质及其背后所隐藏的社会意义,明确了美与丑相比较而存在,相斗争而发展。人们为了追求美,必须认识丑、克服丑,从而将丑的本质揭示出来,这就体现着合规律性的真。同时,生活丑经过艺术处理进入艺术殿堂,成为一种渗透着艺术家的否定性评价的意象,便从反面肯定了美,这就体现着合目的性的善。再者,生活丑获取了和谐妥帖的艺术表现形式,就构成了具有审美价值的审美意象。因此,生活丑一旦进入艺术领域,成为反面艺术典型,就获取了一种特殊的审美价值。这是一种以其艺术的存在否定自身现实存在的美。

艺术创作的目的,当然不是为了展览生活中的丑恶现象,而是歌颂美好的事物,表现美好的理想。但是,正如别林斯基所说:"通过否定的方法来达到、有时甚至是更忠实地达到那些专门选取生活理想一面作为写作对象的诗人所能达到的同样的目的。"①实践证明,通过对生活丑的否定,达到对艺术美的表现,这是化生活丑为艺术美的奥秘。艺术地表现生活中的丑,在艺术创作中是占有一定的不可替代的地位的。

在艺术中,丑的价值主要表现为如下两个方面:

第一,以丑衬美。映衬,是艺术中常用的手法,能产生一种对比效果,具有极大的鲜明性,可以把事物的特征突出地表现出来。在艺术中,映衬有各种不同的情况,以丑衬美,属于反衬,是映衬手法中的一种重要表现形式。以丑衬美,目的在于突出美。以丑相衬,美的就会显得更美。这种以丑衬美的方法,符合对立因素相生相克、相反相成的辩证规律。清代画家笪重光说:"密叶偶间枯槎,顿添生致;纽干或生剥蚀,愈见苍颜。"②"枯槎"衬"密叶",枝干之"剥蚀"部衬健全部,就产生了理想的艺术效果。在昆曲《十五贯》中,无锡县官过于执,就是作为苏州知府况钟的陪衬出现在作品中的。正因为有枉断案情的过于执之丑,"为民请命"的况钟的人格美,才在映衬中倍显光彩。这种以丑衬美的对比效果,有时也体现在同一人物形象之中,比如影片《巴黎圣母院》中的敲钟人加西莫多,其脸型和体态极其丑陋,可他的内心却十分善良,为人厚道,待人诚恳,体现出人性的本真和质朴。这种向善求真的心灵和人格之美,经其外形丑的反衬,造成异常强烈的审美效果,加西莫多因此成为一个具有深刻启示意义和独特艺术魅力的成功典型。

第二,化丑为美。"化丑为美",是从意象的美学效果这个意义上来谈的。并不是说,经过"化"的功夫,丑就不存在了;而是说,经过"化"的功夫,这个"丑"已经不同

---

① 别林斯基:《〈彼得堡文集〉》,《别林斯基选集》第2卷,满涛译,时代出版社1952年版,第185页。
② 《画筌》,沈子丞编:《历代论画名著汇编》,文物出版社1982年新1版,第305页。

于一般的生活丑了,从艺术效果上看,它已具有美学意义的美了。莱辛说:"正因为丑在诗人的描绘里,常由形体丑陋所引起的那种反感被冲淡了,就效果说,丑仿佛已失其为丑了,丑才可以成为诗人所利用的题材。"①"仿佛已失其为丑","丑"当然还是存在的,但经艺术家的审美创造,却使之转化而为一种艺术的美,从而获取了特殊的审美价值。罗丹在评米勒的《扶锄的农民》时说:"当米勒表现一个可怜的农夫,一个被疲劳所摧残的、被太阳所炙晒的穷人,像一头遍体鳞伤的牲口似的呆钝,扶在锹柄上微喘时,只要在这受奴役者的脸上,刻画出他任凭'命运'的安排,便能使得这个噩梦中的人物变成全人类最好的象征。"②这就是"化丑为美"。罗丹说过:"一位伟大的艺术家,或作家,取得了这个'丑'或那个'丑',能当时为它变形,……只要用魔杖触一下,'丑'便化成美了——这是点金术,这是仙法!"③这个"点金术"、"仙法",只能科学地理解为创造艺术典型或意境的审美造化。

由于具体事物的丑(美的负价值)和美的内涵及形态都十分丰富,而审美(含审丑)这种独特的心理活动总是伴随着审美主体的心灵的激荡与创造性,因而人们对化丑为美的艺术的理解和把握,往往会有相当的差别。罗丹的雕塑《欧米哀尔》,是人们谈论化丑为美时最喜欢举的一个例子,但由于视角不同,理解和阐释便会出现差异。欧米哀尔是完全消逝了青春踪影的老妓女,每个观赏者都会直感其丑,而又情不自禁地赞赏雕塑大师的惊人的美的创造。有人认为,欧米哀尔所以给人美感,是由于雕塑形式的诗情处理方式,征服了情感内容的结果。欧米哀尔那低低垂下的似乎在回忆的头,那自然下垂仿佛是挂在胸前的干瘪的乳房,那似乎向人发出什么信息的张开的手,那折起来好像不愿再张开的腿,那满布全身的皱纹,都凝结着一种难于言说的诗。正是这种诗情的处理方式,使观赏者由衷地惊叹:丑得如此精美!因此,他们认为欧米哀尔的化丑为美,主要来自诗情形式对丑的克服。另一些人认为,这尊塑像所表达的社会生活中的丑恶之辈,除了被黑暗的现实摧残、扭曲了的人物如欧米哀尔之外,更重要的是隐藏在后面的社会败类、恶棍、渣滓等丑类,这些人才是造成社会黑暗的罪魁祸首。艺术家要化丑为美,就要通过饱含自身强烈审美情感和评价的意象的塑造,或揭示现实的罪恶,或鞭笞这些丑类的灵魂,使人们对此有深切的感悟,并在强烈的情感震荡与宣泄中,获得一种独特的审美满足与愉悦。这样,"在自然中一般人所谓'丑',在艺术中能变成非常的美"④。在戏剧舞台上,这种反面典

---

① 莱辛:《拉奥孔》,朱光潜译,人民文学出版社 1979 年版,第 130 页。
②③ 《罗丹艺术论》,沈琪译,人民美术出版社 1978 年版,第 24 页。
④ 同上书,第 23 页。

型是很多的。《奥赛罗》中的埃古、《白毛女》中的黄世仁、《十五贯》中的娄阿鼠等,由于艺术家们活龙活现地暴露了他们的丑恶灵魂,才使这些反面典型成为对他们所代表的生活中这些丑类的否定,从而具有了审美价值。人们在欣赏反面典型时,通过对其丑恶形象的批判和否定而引向对于美好事物的向往,从而也能得到一种审美的满足。

艺术美的特殊价值

和现实美相比较,艺术美具有特殊的价值。要深刻地理解这一问题,还应当从美学史上关于艺术美与现实美孰高孰低的争论谈起。黑格尔认为:"艺术美高于自然。因为艺术美是由心灵产生和再生的美,心灵和它的产品比自然和它的现象高多少,艺术美也就比自然美高多少。"[1]车尔尼雪夫斯基持相反的意见:"艺术创作低于现实中的美的事物","一个塑像的美决不能超过一个活人的美,因为一张照片决不能比本人更美","真正的最高的美正是人在现实世界中所遇到的美,而不是艺术所创造的美"[2]。我们认为,对于这个问题,可以从不同的角度进行分析:从艺术美不能把客观世界的现实美全部体现在作品里来看,现实美比艺术美有不可比拟的丰富性;但是,就艺术美可以补足现实美的种种缺陷来看,由于艺术美凝聚了艺术家审美创造的本质力量,艺术美又有它不可比拟的纯净性从而具有无限的艺术魅力。让我们作一个简单的对应比较:

第一,现实美带有分散性,艺术美具有集中性。自然界和社会生活中的美,纵然千姿百态,但它们往往是彼此孤立的、分散的,个别的美的现象之间,常常缺乏明显的内在联系,相互之间也并不一定很协调。所以,作为整体来说,就显得不够强烈。艺术家就把这些分散的美集中起来,进行艺术的典型化,创造出美的意象,这样,艺术美就比现实美更集中,更强烈,更具有普遍意义。

第二,现实美带有芜杂性,艺术美具有纯粹性。在现实美中,美的部分往往和不美的部分共处于一体。这种美与不美并存于一体的现象,就使现实美显得较为芜杂、粗糙。艺术美则不然。艺术家在创造艺术作品的过程中,总要对现实材料进行加工、改造,要把现实美中附着的不美部分"清洗"掉,并且在形式上使之更符合美的规律。黑格尔说:"艺术要把被偶然性和外在形状玷污的事物还原到它与它的真正

---

① 黑格尔:《美学》第 1 卷,朱光潜译,商务印书馆 1979 年版,第 4 页。

② 车尔尼雪夫斯基:《艺术与现实的美学关系》,周扬译,《车尔尼雪夫斯基选集》上卷,三联书店 1958 年版,第 101、62、11 页。

概念的和谐,它就要把现象中凡是不符合这概念的东西一齐抛开,只有通过这种清洗,它才能把理想表现出来。"①黑格尔所说的"理想",是指具体作品中富有鲜明独特的个性的理想,就是我们所指的典型和意境,也就是艺术的美。经过艺术家的"清洗",艺术美就比现实美更加纯粹,更加精致。

第三,现实美带有易逝性,艺术美具有永久性。由于现实美一般总是处于活动状态中的,因而它是不稳固的,易于变化和消逝。以现实美的最高表现形态——人的形体美来说,我们可以通过化妆、整容等手段尽量使之延长,但无论如何也不可能青春永驻。艺术美是艺术家在对客观现实审美反映的基础上进行审美创造的物态化形式,经过艺术家的再度创造和美化,得以进入更高的审美境界和层次,就可能跨越时间和空间,流传久远。"人类童年时代"的希腊艺术,不是至今"仍然能够给我们以艺术享受"②吗?

正因为艺术美比起现实美来,在某些方面有其更为优越的品格,所以,人们并不以现实美为满足,而在享受现实美的同时还热烈地追求艺术美。这是因为,艺术美具有一种特殊的价值。

关于艺术美的价值问题,许多人作过相当详尽的研究。前苏联美学家Л· 斯托洛维奇的价值论美学著作,可以算是一个代表。他认为,艺术的价值可以沿着由创造—生产方面和反映—信息方面组成纵轴、由心理方面和社会方面组成横轴的十字坐标向外扩展,从而形成一个由多种作用组成的环状图③(见图八):

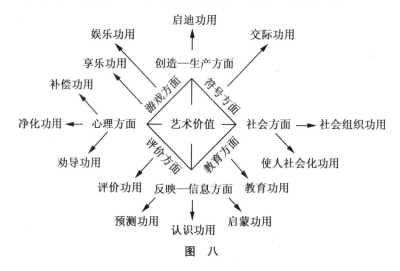

图 八

---

① 黑格尔:《美学》第 1 卷,朱光潜译,商务印书馆 1979 年版,第 200 页。

② 马克思:《〈政治经济学批判〉导言》,《马克思恩格斯选集》第 2 卷,人民出版社 1995 年版,第 29 页。

③ 斯托洛维奇:《审美价值的本质》,凌继尧译,中国社会科学出版社 1984 年版,第 176 页。

图中列举了十几种艺术的功用,足见艺术价值是多方面的。但是,斯托洛维奇所列举的这些功用,不仅彼此的界限难以区分,而且其中有许多是非艺术品也具有的,因而很难使人准确地把握艺术的特殊价值在哪里。我们以为,艺术美的特殊的价值,可以从欣赏者个人和社会两个方面来加以分析:

第一,艺术美在提高人们的审美能力方面,具有特殊的价值。艺术所能发挥的作用,和艺术欣赏者的感受能力是成正比的。马克思说:"任何一个对象对我的意义(它只是对那个与它相适应的感觉说来才有意义)都以我的感觉所及的程度为限。"①对于一定的艺术品来说,欣赏者的审美能力越高,他从艺术品中所感受到的美就越多,艺术所发挥的作用就越大。而人们的欣赏能力的提高,又不能离开艺术美的熏陶。马克思指出:"消费对于对象所感到的需要,是对于对象的知觉所创造的。艺术对象创造出懂得艺术和具有审美能力的大众,——任何其他产品也都是这样。因此,生产不仅为主体生产对象,而且也为对象生产主体。"②"艺术对象"何以能够"创造出懂得艺术和能够欣赏美的大众"呢? 艺术是通过表现感情来唤起感情的。表现创造主体的感情,正是为了唤起欣赏主体同样的感情。列夫·托尔斯泰说过:"在自己心里唤起曾经一度体验过的感情,在唤起这种感情之后,用动作、线条、色彩、声音,以及言词所表达的形象来传达出这种感情,使别人也能体验到这同样的感情,——这就是艺术活动。"③艺术美唤起欣赏者美好感情的过程,就是欣赏者的感情受到陶冶的过程,亦即他的审美能力得到锻炼和提高的过程。另一方面,艺术就是要追求美,不仅在内容上,艺术家要追求美,而且在形式上也要追求与内容适合的完美性。人们通过对艺术中的美的感受,不但提高了艺术趣味,而且也提高了对于美的形式的适应力(即感受形式美的能力),从而也就提高了对艺术的理解力,一句话,提高了对艺术美的欣赏水平。由于艺术美来源于现实生活,所以,在提高了对艺术美的欣赏能力的同时,必然也提高了对现实美的感受水平,并且促使人们去追求更高的美。

艺术美使欣赏者的灵魂受到陶冶的过程,也即是受到教育的过程。亚里士多德曾经论述过悲剧的"净化作用"("卡塔西斯")。他认为,悲剧"激起哀怜和恐惧,从而

①　马克思:《1844 年经济学哲学手稿》,《马克思恩格斯全集》第 42 卷,人民出版社 1979 年版,第 126 页。

②　马克思:《〈政治经济学批判〉导言》,《马克思恩格斯选集》第 2 卷,人民出版社 1995 年版,第 10 页。

③　列·托尔斯泰:《艺术论》,丰陈宝译,马奇主编:《西方美学史资料选编》下卷,上海人民出版社 1987 年版,第 706 页。

导致这些情绪的净化"①。由于欣赏者感到比自己强大有力的悲剧主人公都遭受到苦难,而造成这些灾祸的原因又深深地存在于主人公自己身上,因而就会引起欣赏者的畏惧;同时,欣赏者因为感到灾祸降临到不应受难的人身上,因而又感到悲悯。对于这种"净化作用",后人分别从医学、宗教和伦理的角度加以解释,有过许多考证和争论。我们认为,悲剧诱导欣赏者在心理上经历主人公的遭遇,感同身受,在真、善、美与假、恶、丑的激烈冲突中唤起人们的良知和正义感,应该说道德情感因素占有非常突出的地位。因而,悲剧在给人以强烈的心灵震撼中,激发起人的意志,提高人的品格,具有深刻的道德教育作用。扩大一步来说,不独悲剧是如此,其他类型的艺术也具有或强或弱的道德教育作用。艺术的这种教育作用,不仅提高了欣赏者的审美水平,而且导致欣赏者采取实际行动。这一点,就跟下面要说的艺术的社会作用联系在一起了。

第二,艺术美在推动社会生活前进方面,具有特殊的价值。朗吉努斯说:文章"不仅打动听觉,而且打动整个的心灵,所以把人凭资禀和修养本来就有的那些文词、思想、行动以及美与和谐的意象都鼓动起来,通过文字本身的声音的错综复杂的关系,把作者的情感传到听众的心里,引起听众和作者共鸣。就是这样通过由文词建筑起来的巨构,作者能把我们的心灵完全控制住,使我们心醉神迷地受到文章中所写出的那种崇高、庄严、雄伟以及其它一切品质的潜移默化。"②艺术美能够征服人心,鼓舞人心,在人们心头燃起为实现理想的生活而斗争的火焰,以达到推动社会生活前进的目的。

艺术美的特殊价值,是艺术家通过特别的技艺创造的。艺术家通过特别的技艺,使他创造的作品产生无穷的艺术魅力,从而发挥艺术美的价值,这就无怪乎锡德尼把诗人称为"君王"了:"按照着人的理解——我们的诗人是君王。因为他不但指出道路,而且给了这道路这样一个可爱的远景,以致会引人进入这道路。不但如此,他似乎为了暗示,你的行程将通过这样一个美丽的葡萄园,在开头就给你一串葡萄,而这串葡萄是富有这种滋味,它会使你渴望前进。"③真正优秀的艺术作品,能经受时间的严格考验,会"显示出永久的魅力"④。

---

①　《诗学》,朱光潜译文,引自《西方美学史》上卷,人民文学出版社1963年版,第71页。罗念生译文是:"借引起怜悯和恐惧来使这种情感得到陶冶",参见《〈诗学〉〈诗艺〉》,人民文学出版社1962年版,第19页。
②　朗吉努斯:《论崇高》,北京大学哲学系美学教研室编:《西方美学家论美和美感》,商务印书馆1980年版,第50页。
③　《为诗辩护》,钱学熙译,人民文学出版社1964年版,第30页。
④　马克思:《〈政治经济学批判〉导言》,《马克思恩格斯选集》第2卷,人民出版社1995年版,第29页。

5.2　艺术分类的美学根据

艺术美不是抽象的存在,它必须在人们可以感受到的物态化的形式——艺术作品中体现出来。由于人们从现实中获得的审美意识多种多样,由于传达审美意识的物质材料及表现手段各不相同,因而艺术作品呈现出绚丽多姿的外部风貌,它们给予欣赏者的感受也各有特色。在艺术发展史上,随着艺术作品的多样化,人们早就注意到对于众多的艺术作品进行分类研究,以确定其审美特征。

我国战国时代成书的《乐记》,关于音乐创作规律的论述,反映了那时音乐和舞蹈尚未明显区分的状况,但已把一般的"声"同符合音乐规律的"音"作了区分。[①]汉代人写的《毛诗序》中则说:"诗者,志之所之也,在心为志,发言为诗。情动于中而形于言,言之不足故嗟叹之,嗟叹之不足故永歌之,永歌之不足,不知手之舞之,足之蹈之也。"在这个朴素的说法里,对于诗、歌、舞的联系与区别提出了新的见解,其中包含了从审美意识的需要和表现手段的统一来区分艺术种类的观点。魏晋六朝时期关于文、笔的区分,特别是曹丕、陆机、刘勰、挚虞、萧统等人对于各种文体衍变的论述,唐代以后关于诗歌、绘画、书法以及舞蹈、音乐的联系与区别的论述,都是前人在总结艺术实践基础上得出的宝贵意见。

在西方,亚里士多德曾较早地从"摹仿说"出发将艺术加以分类。他说:"史诗和悲剧、喜剧和酒神颂以及大部分双管箫乐和竖琴乐——这一切实际上是摹仿,只是有三点差别,即摹仿所用的媒介不同,所取的对象不同,所采的方式不同。"他又进而指出:就摹仿的媒介看,"有一些人(或靠艺术、或凭经验),用颜色和姿态来制造形象,摹仿许多事物,而另一些人则用声音来摹仿","另一种艺术则只用语言来摹仿"[②]。他以此来区分画家、雕刻家、歌唱家及史诗作者;就摹仿的对象来说,或是摹仿比我们更好的人,或是更坏的人,或是和我们相同的人,以此来区分悲剧和喜剧;就摹仿的方式来说,他认为,有的用叙述的手法(指叙事诗),有的借人物的动作来摹仿(指戏剧)等等。在艺术分类史上,亚里士多德的这些看法是很可贵的,对后世有很大的影响。

以后,德国的莱辛又从另一个角度来探讨艺术分类的原则。他曾以古希腊著名的雕塑《拉奥孔》为题,写了一本论述"画与诗的界限"的著作。莱辛认为:就所反映

① 《乐记·乐本篇》。

② 亚里士多德:《诗学》,罗念生译,《〈诗学〉〈诗艺〉》,人民文学出版社 1962 年版,第 3—4 页。

的题材来说,画描绘在空间并列的事物,诗则描述在时间上先后承续的事物;画的题材局限于"可以眼见的事物",诗的题材却没有这种局限;画只宜表现美的事物,诗则可以写丑、写喜剧性的、悲剧性的、可嫌弃的和崇高的事物。就两者所用的媒介来说,画用线条、颜色之类"自然的符号"来描绘静物,诗则用"人为的符号"来叙述情节。就人们对诗、画的感受来说,人们感受画要通过视觉,较少地借助于想象,而感受诗,则主要诉诸听觉,并需借助于记忆和想象来掌握作品的整体。这样,莱辛就从题材、媒介、人们的具体感受等方面论述了诗、画(即语言艺术与造型艺术)的不同,指出不能把画的规律机械地应用于诗。在西方当时的美学界、文艺界,莱辛的这一见解确实起了振聋发聩的巨大作用。

康德在《判断力批判》中,曾经把艺术分为三类:第一类是语言的艺术,包括雄辩术和诗的艺术;第二类是造型的艺术,即通过感性的直观来表现意象的艺术,它包括通过感性的真实来表现的建筑和雕刻,以及通过感性的形象来表现的绘画(自然美的描绘)和园林(自然物的美的安排);第三类是感觉游戏的艺术,这里主要指的是作用于听觉的音乐。这样,康德在其艺术分类中,虽然力图辩证地解决理性与感性、自由与必然、内容与形式之间的关系,但由于他抹煞了各门艺术形成的客观现实基础,仅依据主观心灵的感觉,加之又忽视了许多重要的艺术种类,因而他的分类法并不那么科学。

黑格尔在他的《美学》中,根据理念的内容与物质形式相统一的观点,曾从历史与逻辑相结合的角度,详细考察了各种艺术的特殊本质和历史发展。在关于艺术分类问题上,他认为,首先是象征型,以建筑为代表,其特点是物质压倒精神,理念被十分勉强地纳入具体事物里;其次是古典型,以雕刻为代表,其特点是物质与精神的和谐统一,理念作为精神的个性很完满地纳入它的肉体的实际存在里;最后是浪漫型,以绘画、音乐和诗为代表,其特点是精神超溢物质,它的自主的精神性内容意蕴所要求的超过了用外在形体的表达方式所能提供的,这就给浪漫艺术的内容和形式带来一种新的分裂,不过与象征型的分裂情况相反。①黑格尔对于各种艺术的研究有其独到的贡献,但是他的观点是建筑在唯心主义美学基础之上的,而且往往为了迁就人为的体系而歪曲了历史。

近代的西方美学家,也从各自的分类原则出发提出过不少分类方法。如卡瑞尔等以空间并存与时间序列为原则,分艺术为空间艺术(建筑、雕塑、绘画等)、时间艺术(音乐:器乐、声乐)、时空联合艺术(诗:叙事诗、抒情诗、剧诗);冯·哈特曼则根据

---

① 参阅黑格尔:《美学》第 1 卷序论第四部分及第 2 卷序论,朱光潜译,商务印书馆 1979 年版。

"观念的外观"的不同特点,把艺术分为视觉的、听觉的和想象的;此外,还有人从造型与非造型、实用与非实用等原则来区分艺术种类,如此等等。这些分类方法或以对象外貌、或以主体感受等某一方面作为分类的依据,显然难以深刻地揭示各门艺术的美学特征和它们之间的本质联系。及至克罗齐,他从"艺术即直觉"的观点出发,认为各类艺术在本质上都是直觉的表现,"我们已经说过,各种艺术的区分完全起于经验。因此,就各种艺术作美学的分类那一切企图都是荒谬的。它们既没有界限,就不可以精确地确定某种艺术有某某特殊的属性,因此,也就不能以哲学的方式分类。讨论艺术分类与系统的书籍若是完全付之一炬,并不是什么损失。"①克罗齐彻底否定区分艺术种类的美学意义,拒绝对各种艺术种类分别作美学的研究,显然不利于美学的发展和艺术的繁荣。

美学发展史上出现的关于艺术分类的各种歧见,其根源是各个分类者的观点和依据的原则不同。这些不同的观点,虽然各有其局限性或片面性,但总的说来,却从不同的角度对艺术作品的内容和形式的各方面特点进行了有益的探索。它可以启示我们:必须从多方面进行考察,探求艺术分类的基本原则。

我们认为,艺术作品是艺术家审美反映和审美创造的物态化成果,因此,不同艺术种类的特点应该是由艺术家的审美体验的特点以及利用什么材料作媒介、以什么样的物态化方式呈现在欣赏者面前这样两个方面所决定的。

首先,从艺术家方面来看,各类艺术作品都是现实生活在人类头脑中反映的产物,其内容都是客观与主观、认识与情感、再现与表现的统一;但是,艺术家对于现实美的感受、认识,往往会有所侧重和各具特点,由此获得的审美体验在理解、情感以及想象等方面必然带有各自的特色。再加上社会需要、创作目的等条件的不同,致使不同的艺术家,有的侧重于反映现实生活的客观面貌,偏重于再现客观事物;有的侧重于表现从现实生活得来的主观感受,偏重于抒发自己的主观情感。这样,就使得有些艺术是以再现客观事物的形象为主,如绘画、雕塑、叙事文学、戏剧、影视等;有些艺术则更适合于表现艺术家的主观情感,如音乐、舞蹈、建筑艺术、工艺装饰、抒情文学等。

其次,从审美反映和审美创造物态化所有采用的方式和媒介来说,有些艺术成果能以静态的方式并列地呈现于一定的空间之中;有些艺术成果必须以动态的方式连续地呈现于一定的时间之中,或呈现于一定的时空之中。在这里,各种艺术所运用的材料和媒介,对于艺术的呈现方式具有客观的制约作用。建筑采用的砖、石、

---

① 克罗齐:《美学原理》,朱光潜译,《〈美学原理〉〈美学纲要〉》,外国文学出版社 1983 年版,第 124—125 页。

土、木等,工艺采用的黄泥、象牙、水晶、丝线等,绘画采用的墨、色、笔、纸等工具和材料所描绘出的线条、色彩,雕塑采用的石膏、大理石、金属、木料等,都是占有一定空间位置的静物,因而就宜于塑造呈现于一定空间的静态意象;而音乐所采用的流动的声音,舞蹈采用的人体转换的动作,戏剧、电影所运用的演员的表演等,则都是伴随着时间的流逝而运动的,因而就宜于塑造呈现于时间之中的动态意象。

以上两条原则纵横交织,就构成如下一张综合的艺术分类表:

	呈现于空间的静态的	呈现于时间的动态的
偏重于表现	实用艺术:建筑艺术、工艺	表演艺术:音乐、舞蹈
偏重于再现	造型艺术:雕塑、绘画	综合艺术:戏剧、影视
兼有表现及再现		语言艺术:文学

在这张分类表中,文学居于一种特殊的地位。从偏重于表现或偏重于再现来说,抒情文学和叙事文学各有不同。但从其物态化所凭借的媒介来说,文学以语言为媒介,而语言不过是代表物质实体的一种符号,它又以声音的运动为其存在形式,因此,文学既有表现和再现的特点,又是呈现于时间的动态的艺术。

必须指出,各个艺术种类的特点及其相互间的区分,只是在一定的条件下相对而言的。因为,各类艺术之间又有互相联系、互相渗透的一面;并且,艺术种类的划分,也是随着人类生活的发展、艺术的发展而不断丰富的。所以,艺术的分类总是相对的。这种相对的分类研究,目的在于寻找和发现各门艺术反映现实、表达审美意识的特性和规律。

5.3 各类艺术的审美特征

实 用 艺 术

如前所说,人类的审美意识是从长期的劳动实践中发展起来的,人类社会中的各种艺术最早也是从劳动中创造出来的,但是,事实上,人们并不把所有的劳动产品都称之为艺术品,也不把一切劳动者称之为艺术家。可见在实用的劳动产品和审美的艺术产品之间,在一般的生产劳动与艺术创造之间,虽有互相联系的一面,更有相互区别的一面,因而需要在它们之间划出一条界限。一般说,那些以满足人们的实用需要(包括生产和生活的需要)为目的的生产,我们称之为物质生产,一般物质生产的产品与人们之间的关系主要是实用关系,因此这些产品通常不被称为艺术品;

而那些以满足人们的审美需要为目的的生产,我们称之为艺术生产,其产品与人们之间以审美关系为主,这些产品才被称为艺术品。然而,在我们称之为非艺术品和艺术品的两极中间,也存在着一系列由前者向后者过渡的中间形态——这些产品既是为了满足人们的实用需要而创造的实用品,同时又因其审美因素的增长而带有愈益增加的审美价值,量的增加导致事物发生质变,最后就出现了实用艺术品。实用产品向着实用艺术品的过渡,是通过人们对于产品不断进行愈来愈多的美化而实现的。当着人们对于实用物质产品的美化,达到能够体现一定的审美意识(趣味、观念、理想),从而使该产品的外部形态成为可以供人观赏的审美对象时,我们就把这类产品称之为实用艺术品,或工艺美术品。例如,大多数建筑物(住宅、作坊、寨堡等),是为人们居住、工作而建造的,就不能算艺术品;而那些体现了一定社会审美意识的建筑,如宫殿、陵墓、教堂、寺庙、纪念碑、园林等,因其具有独立的审美价值,就被我们称之为建筑艺术(Architecture,本意为"巨大的工艺")。生活中的大多数日用品,还不被称为艺术品;但假如经过生产者有意美化,使其外部形态具有了可供观赏的艺术价值之后,就成了工艺美术品。实用需要和审美需要的不一致,构成了实用艺术的内在矛盾。克服这种矛盾,使实用价值与审美价值达到统一,则是实用艺术的本质特征。当人们突出产品的审美价值,为了构成审美意象而使之失去实用功能时,这种产品便被称作特种工艺品。如玉如意、挂件及各种小摆设等。如果说实用艺术品还是由实用品向艺术品过渡的形态的话,那么,特种工艺品则已经完全进入了艺术作品的领域。

1. 建筑艺术

建筑的本质在于它是人造的,供人居住和活动的生活场所。人类最初利用自然界的现成条件,在树巢和洞穴中居住。后来才发展到创造各种建筑物,即以一定的相对封闭的空间体系来与自然环境相隔离。建筑利用墙壁、门窗、楼板、柱列等,与周围的自然空间相区别,用来作为人们居住、劳动、工作以及进行其他专门活动的场所。建筑起源于人类防寒祛暑、荫蔽安全等实用的生活要求。如果说,早期的建筑物,其形式粗糙、单调,还未包含有追求形式美的意图,因而当时人们从它上面所观照的内容,其善(实用)的因素具有压倒的意义;那么,随着人类实践的发展,物质技术的进步,建筑才越来越具有审美价值。恩格斯指出,在原始社会末期,已经有了"作为艺术的建筑术的萌芽"[1]。其后,由于建筑能够强烈地体现一定的社会意识,

---

[1] 恩格斯:《家庭、私有制和国家的起源》,《马克思恩格斯选集》第 4 卷,人民出版社 1995 年版,第 23 页。

就不断地向着建筑艺术的方向发展。建筑艺术以巨大的体积迫使人们接受它们体现的意识内容的影响。但是,从总体上说,建筑艺术仍然是一种实用与审美相结合的艺术。它一方面明显地受着物质技术水平的制约,受着实用功能的制约;另一方面,它的形式和风格的演变又受着人们的精神生活,特别是社会审美意识的影响。因而,建筑艺术往往是一定时代、一定社会的物质生活和精神生活的最触目的见证之一。

建筑艺术通过建筑艺术语言——空间组合、体型、比例、尺度、质感、色调、韵律以及某些象征手法等,构成一个丰富复杂如乐曲般的形体体系,体现一种造型的美,造成一定的意境,以引起人们的联想和共鸣。如建造于我国封建社会后期的北京故宫,以其严整的中轴线布局,有前序、有过渡、有高潮、有结尾,十几个院落和几百所殿宇纵横穿插、高低错落,再加上强烈对比的色调和各种装饰物的烘托,把皇帝的权威渲染得淋漓尽致,使亲临其境的人自然会产生对于皇权威势的敬畏。时至今日,虽然封建皇权制度早已被推翻,人们参观故宫仍然可以感受到皇权的威严,使人浮想联翩。再如,北京天坛建筑体现的天圆地方、天人感应的思想;某些喇嘛庙的空间逼人、尺度夸张、光怪陆离、阴森恐怖的气氛;中国园林建筑的隐逸超世、寄情山水的情趣;西方哥特式教堂的神秘主义等等,无不是利用建筑材料的形体安排来实现某种意境的创造。建筑艺术为了开拓意境,十分注意建筑物与周围环境的关系。例如中国园林建筑,采用借景(又可分为近借、邻借、仰借、俯借、镜借等多种)、分景、隔景等手法,采用山重水复、独钓寒江、世外桃源等艺术处理,用以构成广阔、深远、多姿多变的艺术境界,丰富人们的美的感受。北京颐和园就相当充分地体现了这一点。

建筑艺术能够以其巨大的空间形象表现社会的重大主题和现实生活的某些本质方面,体现一定时代的理想、情趣、精神面貌。中国在漫长的封建社会中所建筑的两千多座城市,按照等级森严的尺寸、规模,共同体现了帝王高于一切的专制主义主题。西方17、18世纪的巴洛克风格和罗可可风格的建筑,以其极度豪华繁缛的装饰,显示了当时一代人的精神风貌。建筑艺术在其内容和形式上所显示的风格,表现出特定的时代精神,包含着深刻的历史因素。

建筑艺术有着鲜明的民族特色。例如,中国传统的民族建筑侧重于群体组合,意境含蓄,在装饰方面注重整体效果。至于中国园林更是由亭阁、山水、廊道、花木等组合成的一个综合艺术体系,极富诗情画意。这些与西方的建筑及园林着重向高空发展和几何化布局迥然不同。建筑艺术不是直接模仿自然或再现生活中的美,而是以一种美的形体结构概括地体现一定时代、一定社会的精神风貌。因而,建筑艺术的形式往往可以容纳比较宽泛的内容。许多古代的优秀建筑艺术,虽在当时蕴含着确定的内容,但在后世照样可以被赋予新的意义。例如,我国的天安门,在明清之际,它显示着皇权的威严,但在今天,则又成为新中国的象征。就其体现当时人们的审美意识、时代精神来说,建筑美的内容是明确的、具体的;但就其抽象和不确定来说,建筑美的内容又是宽泛的、朦胧的。由于建筑艺术往往采用群体结构的形式,它高低错落、富有节奏,造成了一种无声的空间凝聚,这就与音乐很有相似之处,所以,歌德曾有建筑是"冻结的音乐"①之说。

建筑艺术的形式美,主要由形体、质地、色彩三项构成。举凡面的比例(如黄金分割),体的尺度,透视的夸张校正,色彩的谐调和互补,以及序列组合中的敞闭、对比、韵律、穿插等,都存在着一定的客观法则。正确地总结和掌握这些法则,有利于充分地发挥建筑艺术的表现力。

建筑艺术以其功能性特点来划分,一般可以分为纪念性建筑、宫殿陵墓建筑、宗教性建筑、住宅建筑、园林建筑、生产建筑等各种类别。在社会主义时代,纪念性建筑、社会公用建筑占有重要的地位。在住宅建筑、生产建筑、城市总体设计以及某些桥梁、堤坝的设计上,都有发挥建筑艺术表现力的广阔天地。

2. 工艺

工艺品,通常是指人们将日常生活用品经过艺术化处理之后,使之带有较高的审美价值的产品。

像建筑艺术一样,工艺品的内在矛盾也是实用价值和审美价值的对立统一。一般说,一件物品质料合适,结构合理,能以实用体现合规律性和合目的性相统一的美的尺度,这从根本上说,就具有了一定的美的因素。但是,一般的实用品,还算不上工艺品。只有当人们自觉地利用物品本身的功能、结构上的特点,在形式上进行了一定的审美处理之后,使这种物品的感性形式成为对人类自身情感上的直接肯定,因而具有突出的观赏价值,以至观赏价值与实用价值并重甚至上升为第一位因素,这类产品才被我们称之为工艺艺术品。

工艺品可分成两大类。一类叫实用工艺品,如经过装饰加工的瓷的茶餐具、灯具、木器家具、绣花制品、草竹编织品等等。这类工艺品虽也有着相当的审美因素,但实用价值仍占主要的地位。另一类叫特种工艺品或陈设工艺品。在这类工艺品中,审美价值具有了更为突出的地位,实用功能有的已不明显,有的则完全消失。这中间既有材料高贵、工艺细致、技术难度较高的诸如玉器、象牙雕刻、金银首饰等小摆设;也有材料一般、工艺水平比较普通的如剪纸、刻花、绢花、绒花、树根雕、竹根

---

① 参见《歌德谈话录》,朱光潜译,人民文学出版社 1978 年版,第 186 页注①。

雕、麦秆贴等。

同建筑艺术一样,工艺品的审美因素主要在于其形体结构方面所表现的造型形式的美。但它又不像建筑艺术那样具有庞大的体积。工艺品的体积一般较小,表情性比较明显。它的造型形式往往能显示出和烘托出一定的趣味、情调和气氛,在潜移默化中影响人们的思想和感情。很多工艺品所蕴含的感情色彩往往较为朦胧、含蓄、宽泛,因此硬性规定每个工艺品都一定要表现出明确的社会内容显然是不妥当的。

工艺品的形式美可包括外部表现形态的造型美和装饰美两个部分,它与自由运用形式美的法则有着密切的关系。如形体的均衡、对称造成的稳定感,曲线造成的流动感,色彩的冷暖、重心的高低造成热烈、紧张或静谧、亲切的意味等。而依附在工艺品外表上的装饰因素,特别是装饰图案、纹饰等,更加扩大了工艺美的表现力。工艺美一般偏重于和谐统一的优美格调,以体现对于人生的正面肯定。工艺美也可以表现威严、崇高的主题,如宫服、军服等。只有在极为特殊的情况下,例如滑稽演员的服装,才强调不和谐和不统一。

工艺品的制作直接受物质材料和生产技术的限制。从古到今,手工制作的工艺品因其能够直接体现艺人们创造性劳动的美的本质,因而一直占有重要地位。即使在机器生产、自动化生产高度发展的现代,手工工艺品仍然具有不可代替的独特的美,优秀的手工艺人和工艺美术家最善于巧妙地利用材料的特点,创造性地进行造型设计。这在雕刻工艺、树根造型等体裁中表现得最为明显。如像北京艺人在一块中间有灰色浮着物的玛瑙上,雕出带有水花、游龙的龙盘,就达到了"巧用天工"的艺术境地。现代工艺品由于面向群众而愈带普及性,并能由于利用现代科学技术而愈益富有艺术表现力。

表 演 艺 术

像建筑艺术和工艺一样,音乐和舞蹈也是偏重于表现的艺术。所不同的在于:前者是展现在一定空间之中的静态意象,而后者却是展现在一定时间之中的动态意象。音乐和舞蹈分别以声音的流动和人体动作为手段,因而在作品产生之后,必须有表演者进行二度创作,才能把审美意象真正展现出来。表演艺术家依据作曲者或编舞者的总体设计作蓝本,充分发挥自己的能动作用,全神贯注、感情充沛地进行表演,在表演过程中把自己对原作的情感体验传达出来。不同的表演者对于同一作品的表演,其效果可能是大不一样的。所以,音乐舞蹈也被称为表演艺术。在现代社会市场经济条件下,进行二度创作的表演艺术家具有巨大的、超乎想象的社会影响力。歌星、舞星等都有人数众多的追星族,其人气之旺远远超出于作曲家、编舞家之上。这是与物质生活水平提高、休闲文化在生活中的地位不断提升的社会条件分不开的。

1. 音乐

音乐用有组织的乐音构成声音意象来表达人的感情。音乐的表现手段如旋律、和声、复调、配器等,都是按一定规律组织起来的、人的声带和器物发出的音响所构成的。通过对于声音的高低(振荡频率)、长短(振荡时值)、强弱(振幅大小)的有效控制,通过对声音的有目的的选择(乐音、噪音及各种音色)和组织(音列、音阶、调式、调性等)以及节奏、速度、力度等因素的控制,组成曲式,构成创造音乐意象的物质材料。旋律(曲调)是音乐的主要表现手段,它将所有的音乐基本要素有机地结合在一起,成为完整的不可分割的统一体,来表达一定的思想感情。和声、复调、配器等手段,进一步丰富和扩大了旋律的表现力。音乐的声音意象作用于人的听觉,进而在自己的头脑中产生一定的富有情感的体悟,使感受者产生一定的联想和想象,在情绪上受到感染和陶冶。

音乐意象是在声音的运动中形成的,是活跃的、发展的、流动的意象。音乐可以运用最富有特征的声音(如钟声、流水声、鸟叫声、松涛声、马蹄声等等)使人产生明确的艺术联想;还可以运用比拟、象征的手法将蔚蓝的天空、平静的湖水、现实的苦难、光明的来临等自然现象和社会现象,化为带感情色彩的声音而表现出来。但总的说来,音乐的描写和造型是服从和服务于表情的。音乐所用的音响本身,虽然在个别成分上可能有摹拟现实声音的功能,但在总体上它不具有确切的含意。因而音乐不可能像绘画那样直接再现生活中的情景,不可能具有明确清楚的视觉形态,也不可能像直接运用语言的文学那样具有鲜明的现实观点。音乐最善于在其流动过程中,表现一个有始有终、有起有伏的情绪演变的进程,甚至可以表现最细微的情绪变化,能以使人产生与声音进程相应的联想和想象,引起听者人体机制的相应变化。因此,音乐富有激励人心、振奋精神的感染力。

音乐表现情感是概括的、宽泛的。如低沉悲怆、雄浑豪放、轻松欢快、平静舒缓等,这种情绪的来由和原因,单凭声音本身并不能清楚地揭示出来。因此,音乐意象与现实生活的联系是朦胧的,不确定的。这一方面给表演者和欣赏者留有进行再创造的广阔天地,另一方面也有可能引起某些人的曲解。

音乐品种繁多,体裁多样。从大的方面来说,可分为声乐(男声、女声、童声)和器乐(弦乐、管乐、打击乐)两大类。它们各有所长,也各有其局限性。声乐体裁有颂歌、进行曲、抒情歌曲等。器乐体裁有奏鸣曲、协奏曲、交响曲等。而在曲式结构、演唱和演奏方式上，更呈现出多彩多姿的面貌。

音乐所表现的情感总是从现实生活中来的。只有那些富有时代内容、富有现实意义的情感，才带有普遍性，能够引起广泛共鸣。纯粹个人的、偶然的情感必然是和者甚寡的。音乐不仅有强烈的时代性，而且由于在长期实践中蕴涵着民族的审美经验而具有鲜明的民族特色。今天，我们应该在继承民族优秀音乐传统的基础上，注意吸收其他民族的优点，努力创作能够体现社会主义时代精神的新音乐作品。

2. 舞蹈

舞蹈是人体动作的艺术。它通过人体动作的语汇，包括动律、手势、舞姿、造型、表情等，表达一定的思想感情。舞蹈家能有意识地把握自己的动作，使它按一定的节奏在时间和空间中延伸，在动中作出姿态，在静中形成造型，从而使欣赏者从其灵巧的躯体和躯体的灵巧中获得美的感受。在这里，表演者，表演工具（动作、姿态、表情）和创作成果三位一体，都是人本身。舞蹈是运动中的人体形象，虽然舞蹈也能模拟某些动物、植物，但这一切都是为了表现人的生活和人的情感。舞蹈长于抒情而拙于叙事，长于写意而拙于写实，这是与它的表现性特点分不开的。因此，不能要求舞蹈完全逼真地模拟生活细节，舞蹈所表达的人的思想感情，同音乐一样，也是概括性的，有时甚至比较朦胧。

舞蹈是流动的时空艺术。从最初的舞蹈产生起，它就与音乐结下了不解之缘。某些舞蹈的片断即使不加伴奏，也能因其明确的动作节奏而给人们以类似音乐的感受。音乐的旋律与人体动作的动律，都是以节奏为基础的。由于节奏能够生动地表现出人们感情起伏的过程，因此，这种节奏也就成了艺术家与观众、舞蹈自娱者之间进行情感交流、发生共鸣的基本手段。

舞蹈动作是由生理动作（如生理线条的展示）、生活动作（如扭腰、抖肩）、生产动作（如挑担步伐、缝线动作）融合演化而来的。为了强调这些动作的表情作用，往往经过夸张、变形，而逐渐使这些动作素材由简单模拟走向抽象化，逐渐摆脱了原有的具体意义和实用价值，变成了具有概括意义的程式化动作，变成了特定的社会审美形式——舞蹈语汇。由于各民族生活发展的历史特点不同，因此各民族在舞蹈动作的设计和提炼上，往往会形成一整套极富于民族特色、又很严密合理的动作体系。无论是中国的古典舞蹈，还是西方的古典芭蕾，它们对于手、足的位置，高度，整个身体的重心和协调，以至眼神的方向，都各有严格的规定，具有不同的民族风味。而在中华民族内部，维吾尔族、蒙古族、朝鲜族、傣族、藏族、汉族等，它们也都有各自的舞蹈语汇，独特的民族风格。

　　舞蹈的社会作用是与它具有强烈的娱乐功能分不开的,原始舞蹈一般具有传授技能、训练军事、锻炼体魄、倡导性爱、巫术礼仪等方面的实用意义。后世的舞蹈渐渐摆脱了它的实用功能,但仍然具有活跃个人情绪,消除精神疲劳,以及在一定群体中发挥其感情上、精神上的维系作用等功能意义。这在自娱性的群舞中最为明显:由于动作、节奏上的协调一致,能够激发情绪上的兴奋,因而具有了强烈的娱乐性。

　　舞蹈的品种有民族舞、民间舞、古典舞、芭蕾舞和现代舞等。舞蹈的体裁有单人舞(独舞)、双人舞、群舞。舞蹈进一步情节化,产生了舞剧。舞剧通过感情化、个性化的舞蹈动作,塑造抒情主人公的审美意象,以反映社会生活,表达思想感情。

造 型 艺 术

　　造型艺术的基本特点,在于运用一定的物质材料(绘画用颜料、绢、布、纸等,雕塑用木、石、泥、铜等)在空间中塑造可视的平面或立体的审美意象,以反映社会生活,表现艺术家的思想感情和审美体验,造型艺术是静态的、偏重于再现的艺术。

　　1. 雕塑

　　雕塑使用体积的语言——占有一定空间的物质实体的变化——来塑造可以观看、可以触摸的形体,形成审美意象。雕塑具有三度空间的实体性,由于这种实体性,使人们可以从不同的距离和角度来欣赏同一作品(圆雕作品尤其如此),从而获得不尽相同的、甚至可能是对立的形体感受,达到单纯与丰富的统一。

　　雕塑的产生和发展,从来就是与人体的空间变化的语言结合在一起的。雕塑靠人体的运动规律、肌肉的语言、特别是人体所形成的转折的韵律来表现情绪,体现时代精神。雕塑不易表现对象的时间活动过程,因而,特别注意选择有概括意义的一瞬间的形体动作和表情。例如,米隆的《掷铁饼者》、米开朗琪罗的《奴隶》、罗丹的《加莱义民》等便是如此。这些作品无例外地使欣赏者在把握静止对象时能够领悟到它的动的内涵——事情的前因后果,从而展示了丰富的社会内容。

　　雕塑同舞蹈一样,是最能直接体现人的本质力量的艺术。两者的不同在于:舞蹈是人体的动态的时空意象,而雕塑是静态的空间意象。所以有人称雕塑是凝固了的舞蹈,是有一定道理的。雕塑能在人体的外貌塑造中集中概括地表现人的内在的、完备的精神本质,因此,雕塑最宜于表现内容宽泛、寓意深长而又崇高的正面人物。在古代,一般多用于歌颂、用于表现寓意化、理想化的人——"神"。就它的审美特征来说,雕塑不宜过分地追求写实化和个性化(具有连环画性质的大型浮雕又当别论)。中国古代雕塑在表现人体方面,多采用装饰化、图案化的手法,富有象征性和寓意性。西方现代派雕塑日益走向抽象化,是寓意化的进一步发展,它常常以大块几何形体的组合来表现一种朦胧的情绪,这虽不无道理,但有时又难免因其过于抽象而失去了它所再现的内容的明确含义,从而难于为广大群众所接受。

我国传统的雕塑和西方相比,虽不怎么讲究肌肉的语言,但能以极为生动的造型,丰富的表情,再加上装饰化、图案化的表现手法,达到其象征性和寓意性。

雕塑一般没有背景,在结构方法上也不宜直接采用对比的方法,因而较难表现众多人物之间、人与环境之间的复杂关系。惟其如此,雕塑就更为注重外部形体塑造的单纯性,以便可以更为集中地体现出思想感情的纯粹性。莱辛曾指出:"对于雕刻家来说,女爱神维纳斯就只代表'爱',所以他就须使她具有全部贞静羞怯的美和娴雅动人的魔力,……如果艺术家对这个理想有丝毫的改动,我们就认不出他所描绘的是'爱'的形象。结合到庄严而不是结合到羞怯的那种美就会使人认出不是女爱神维纳斯而是雷神后朱诺。"[1]当然,单纯并不等于单调,而是为了更集中、更精粹地去表现对象的性格。一个杰出的雕塑艺术家总是依靠对于人体各个部分"一动百动"的理解,雕刻出或塑造出富有变化的单纯统一的美的意象,以突出一种主要的思想内容。罗丹在雕塑巴尔扎克像时曾经说过:"一位由于热情和理智而闻名的伟大的雕像不应该是他的肉体的再现,而应该是一种结构。结构的线条应该表达出这位伟大的灵魂……我的巴尔扎克像是一座石殿,或是花岗岩的纪念石,一块在蔑视一切的高傲的运动中供起来的石头。这种傲然独立表现了巴尔扎克的全部性格。"[2]所以,他的巴尔扎克像,尽管结构单纯,线条简练,可是,通过人物带有倦态的表情,蓬松的头发,仰首凝视的神态,非常集中地把这位伟大人物的内心世界表达了出来。这正是造型的单纯性和思想感情纯粹性的完美统一。

雕像往往采用坚硬耐磨的物质材料。如大理石、花岗岩、青铜、象牙等。它除了诉诸人的视觉之外,还可诉诸人的触觉。从总体来说,雕塑展现的是视觉对象。这种视觉对象需要借外光才被人看见,因而往往因环境的不同、光源的不同而发生变化。这就需要在雕塑创作中特别注意影像和组织突出点。影像就是整个作品形体的大体轮廓。特别是矗立在广场等处的大型纪念性圆雕,以其鲜明有力的影像可以形成迫使人们接受的艺术魅力。组织突出点就是抓住形体中最为突出的部位,给人

---

[1]　莱辛:《拉奥孔》,朱光潜译,人民文学出版社 1981 年版,第 54 页。
[2]　《罗丹做巴尔扎克纪念像的前前后后》,《国外美术资料》1979 年第 2 期。

以最为强烈的印象,成为欣赏者注目的中心。例如米开朗琪罗的《挣扎的奴隶》的拧过来的肩膀,就是表现"挣扎"这一主题的突出点。

雕塑可分为圆雕和浮雕两大类。圆雕仿佛是独立而又实在地存在于一定的空间,人们可以从四周每一个角度去欣赏它。浮雕是介于雕塑和绘画之间的类型,是在平面上雕出或深或浅的凸起的图像。它更适合于雕刻群众场面,常用在大型建筑物的重要部位。从制作技法来区分,可分为对于硬材料的"雕"和对于软材料的"塑"两大类。从体裁来区分,可分为纪念性雕塑、装饰性雕塑、风俗性雕塑、园林雕塑等。其中安放在广场、大型建筑物上面及其周围的雕像,由于接触面广,教育作用更大,更应该受到重视和提倡。

2. 绘画(附摄影艺术和书法艺术)

绘画通过一定的色彩、线条和块面,以具体的、个性化的图像来反映生活、再现现实。绘画的审美意象展现在二度空间之中,而不像雕塑那样展现于三维空间之中。但是,通过透视(焦点透视、散点透视、线条透视、空气透视)、色彩、光影、比例等方法,绘画可以造成视觉上的空间立体感,表现事物的纵深内容和多侧面,从而使欣赏者获得似真的效果。绘画可以把光线客观地表现在画面上,而不像雕塑那样依赖外光,因而在再现事物的形体方面有更大的确定性。绘画的题材对象范围很广泛,凡一切可见之物,都可以作为绘画题材,想象、幻想中的事物,当它化为可视形体时,也可入画。绘画在表现对象的形貌特征和丰富色彩方面,具有独特而又逼真的表现力。

绘画虽然是一种以再现为主的造型艺术,但是,在绘画中,如果能够很好地运用色彩配合,明暗变化、线条、形体及色块的节奏,构图的动作性与静止性等艺术手段,也可以使它具有极大的情绪表现能力。在我国,早就有"画中有诗"、诗画结合的传统。中国古代画论很讲究气韵生动,以形写神,注重画的意趣、意境等,这样,中国绘画就能使再现和表现两种功能很好地结合起来。西方传统的绘画,特别是现实主义绘画,在再现方面曾经达到很高的艺术成就。但是,当今西方现代派绘画则由于极度地发展了绘画表现方面的功能,因此,当画面被高度抽象为单纯的点、线、面及色块等形式因素之后,就会使画面所蕴含的客观内容变得十分难于辨认和理解,这样的作品不一定能够持久地受到欢迎。

绘画所再现的又是一种静态的对象,所以单靠画面本身往往难以表现事物的发展过程。它也不能像文学作品那样,通过语言直接抒发人物的内心,表述人物的思想感情,因此,绘画在反映事物的发展及传达人物的内心活动方面,就要受到一定的限制。为了突破这种限制,莱辛主张绘画"就要选择最富有孕育性的那一顷刻,使得前前后后都可以从这一顷刻中得到最清楚的理解。"①黑格尔也曾指出,绘画"只能抓住某一顷刻",把"其中正要过去的和正要到来的东西都凝聚在这一点上"②。因为这正是事物矛盾冲突发展到顶点之前的那一刹那,所以往往既包含过去,又暗示着未来,这就能使我们愈看下去,就一定在它里面愈能想象出更多的东西来。因此,绘画,特别是情节性的绘画,就很注意捕捉某一接近戏剧性高潮的特定场景,来概括某个事物发展的前因后果,这样就能达到把动的过程包孕在静的形体之中,给人以充分的联想和想象的余地。达·芬奇的《最后的晚餐》,藉里柯的《梅杜萨之筏》,列宾的《伊凡雷帝和他的儿子伊凡》等名作,都是这样的例子。

绘画的种类十分繁多,按照使用的材料、工具的不同,绘画可分为水墨画、水彩画、水粉画、油画、版画、镶嵌画、壁画等;按体裁来分,则可分为肖像画、风俗画、风景画、静物画、历史画、宣传画、漫画、年画、连环画等。中国画又分山水、人物、花卉、翎毛、虫鱼、走兽、界画等科。

随着科学技术的进步,出现了利用摄影技术反映社会生活和自然景物的新的艺术种类——摄影艺术。摄影艺术家根据自己的艺术构思,运用摄影艺术技巧,经过暗室工作,制成富有艺术感染力的照片,即摄影艺术作品。摄影艺术与绘画有许多共同之处,而以其意象的逼真见长,从而成为最能体现再现特点的艺术种类。它所表现的对象必须是实际存在的,所表现的人物、事件、环境,都要求是真实的。摄影艺术通过画面构图、光线、影调(或色调)等造型手段构成审美意象。它还可以通过选择拍摄的距离、水平方向和垂直方向等角度的变化(正拍、侧拍、斜侧拍;俯角、仰角、平角),组织和安排画面,配置各部分景物的位置及其关系,来表现自己的艺术构思。当然,也可以通过对摄制好的底片的特殊加工,使摄影艺术获得如同绘画一般的表现能力,从而突破了实物之真的局限。普通的摄影一般是展现在二度空间之中的,但是,横列两个同焦距立体照相机(其间距约与人的两只眼睛的间隔相等)拍摄的照片,能在立体观影器中显现出三维空间的对象,这叫做立体摄影。摄影艺术在体裁上包括新闻摄影、人像摄影、风景摄影、静物摄影等等。

书法艺术是与文字紧密相连的。文字的书写,本来是表达和交流思想的一种实用手段,但是由于书法造型的美,也可以成为艺术。特别是我国的汉字,由于其象形

---

① 莱辛:《拉奥孔》,朱光潜译,人民文学出版社1981年版,第83页。
② 黑格尔:《美学》第3卷上册,朱光潜译,商务印书馆1979年版,第289页。

特点及书写工具(笔、墨、纸、砚)的特殊性,形成了东方特有的书法艺术。书法艺术的物质手段(笔和墨)是单纯和灵便的,因而它有可能最大限度地获得运用形式美规律的自由,来表现书法家的胸怀、感情、心境、气度。书法是线的艺术,它以字的用笔和间架所形成的形体和动势,反映出与书法家思想感情紧密相连的某些客观事物的形体美和动态美。大家知道,汉字是由点、横、竖、撇、捺、提、钩、折等不同笔划构成的,书法的美,也就显现在这不同笔画的具体形态中。如有人认为,横(一)可比"千里阵云"之状,点(丶)可如"高峰坠石"之形,竖(丨)可具"万岁枯藤"之势,捺(乀)可比"崩浪雷奔"之态等等。①对此,书法界虽有不同看法,但毕竟说明了汉字的笔划实在是含有一定的意味的。汉代蔡邕说:"为书之体,须入其形。若坐若行,若飞若动,若往若来,若卧若起,若愁若喜,若虫食木叶,若利剑长戈,若强弓硬矢,若水火,若云雾,若日月,纵横有可象者,方得谓之书矣。"②这种说法解释了书法造型之美,是以人对现实生活中各种事物的形体和动态的联想为发端的。但是,书法并不能像绘画那样去再现客观事物,书法美是在书写文字的实用性基础上抒发书法家的内心情绪而实现的,它之引动人的联想也是以表达感情为前提的。因此,书法艺术的形象是"无形之相"③、"不象形的象形"④,因而是一种带有实用性、表现性的线的艺术。今天,人们在实际生活中已经很少使用毛笔了,但是中国书法作为一种独立的艺术部门,仍然会存在并发展下去。

语 言 艺 术

文学以语言或它的书面代用品(文字)为物质媒介,构成一种想象的审美意象,以再现现实生活和表达艺术家的审美体验。欣赏者通过语言的流动过程(朗读或默读)而接受意象,通过自己的想象进入作品中的艺术世界。所以,人们称文学是想象的艺术。

语言是人类所特有的社会交际工具。它除了借助于语音这种物质外壳外,并不需要其他的实体性材料。对于文学来说,语言并不是直接组成审美意象的物质实体,而是引起想象的符号,因此,跟其他各种艺术相比,文学受物质条件的限制最少。从其可能性来说,文学是最自由、最带普遍性的艺术。正如黑格尔所指出的:"诗则

---

① 卫夫人:《笔阵图》。
② 《笔论》。
③ 张怀瑾:《书断》。
④ 鲁迅:《门外文谈》,《鲁迅全集》第 6 卷,人民文学出版社 1981 年版,第 89 页。

一般力求摆脱外在材料(媒介)的重压,因而感性表现方式的明确性并不至迫使诗局限于某一种特定的内容以及某些特定构思方式和表现方式的窄狭框子里。因此,诗也可以不局限于某一艺术类型;它变成了一种普遍的艺术,可以用一切艺术类型去表现一切可以纳入想象的内容。本来诗所特有的材料就是想象本身,而想象是一切艺术类型和艺术部门的共同基础。"①

"语言是思想的直接现实。"②除了极少数感叹词是感情的直接抒发,象声词是客观声音的直接摹拟之外,绝大多数语词的声音和它们所代表的概念内涵之间并无必然的联系。人们使用按照语法组织起来的语词,既可以凭借其词义性(概念的符号)来表述抽象的、哲理性的思想内容,也可以凭借语词的指物性(表象的符号)来描绘具体事物的形体。在日常语言的基础上,文学家进行提炼加工,充分发挥语言描绘形体、传达思想、表现感情的功能,熔铸成富有形象性和表现力的文学语言。确切地说,文学的工具是文学语言,而不是未经提炼的一般口头语言。

语言既和人的感觉、知觉相联系,又和人的理解力和情绪相联系,因而文学具有描绘现实、表达思想感情的广泛可能性。连各种艺术都难于表现的人的嗅觉和味觉感受,也可以通过语言在文学作品中表现出来。"因此,语言的艺术在内容上和在表现形式上比起其他艺术都远较广阔,每一种内容,一切精神事物和自然事物,事件,行动,情节,内在的和外在的情况都可以纳入诗,由诗加以形象化。"③语言既有再现现实的优点,又有表达思想感情的长处;既可以概括范围很广的事物,又可以表现人的内心的细微变化;既可以采用象征、暗示手法而含蓄地表达感情,又可以运用概念直截了当地阐明思想观点……这一切,使得文学在所有艺术中成为最富有思想性的艺术。

在语言的运用方面,散文体的小说最能体现和发挥文学的长处。小说以其灵活多变的语言运用手法,能够广阔地描绘社会生活,刻画人物性格,反映历史发展的进程;并且可以通过抒情、议论、象征、暗示等表现手段,把艺术家的审美认识和情感态度淋漓尽致地表现出来。

从文学运用语音为其物质外壳这一点来说,它与音乐有共同性。音乐中的声乐(歌唱艺术)是以语音的自然声韵和音乐曲调相结合,而文学中以声律见长的诗歌则能在语言的自然声调的基础上充分发挥其音色美的长处。特别是建立在四声基础上的我国格律诗,由于采用音步、平仄、对仗、韵脚等多种艺术手段,更能充分发挥抑

---

① 黑格尔:《美学》第 3 卷下册,朱光潜译,商务印书馆 1981 年版,第 13 页。
② 马克思、恩格斯:《德意志意识形态》,《马克思恩格斯全集》第 3 卷,人民出版社 1960 年版,第 525 页。
③ 黑格尔:《美学》第 3 卷下册,朱光潜译,商务印书馆 1981 年版,第 10—11 页。

扬顿挫各种变化的艺术表现力,从而使我国的吟诗能够产生声乐般的艺术效果。我国文学中素来有重视和强调文气流畅的优良传统,而文气的形成和表现,是与语言本身的音乐性密不可分的。

由于文学所凭据的语言不过是传达思想感情、塑造意象的符号,而不是客观事物的形象本身,所以文学意象具有间接性的特点,它不像其他艺术类别,例如造型艺术那样,具有着形象的确切性。这既是它的长处,可以给欣赏者留下充分发挥想象力的广阔天地;也是它的短处,例如它缺乏绘画那样的直接可感性,容易造成欣赏中的巨大差异。

文学的体裁包括偏重于表现的抒情类(抒情诗、抒情散文),偏重于再现的叙事类(叙事诗、叙事散文、小说等)和作为戏剧、电影基础的剧本文学——行动类。

综 合 艺 术

综合艺术有广义和狭义之分。广义的综合艺术通常是指由几种艺术成分综合而成的艺术,例如声乐综合了诗歌和音乐,建筑综合了绘画和雕塑,舞蹈综合了音乐、舞蹈、绘画(化妆)等。这些艺术样式都具有综合艺术的意义。但人们通常是在狭义上应用综合艺术的概念,是指同时兼用视觉和听觉感受的戏剧、电影及新起的电视艺术。这类艺术综合了文学(剧本)、表演、音乐、舞蹈、绘画(绘景、化妆、灯光)、建筑(布景)、工艺(服装、道具)等多种艺术媒介,并以此作为传达某种审美体验的方式和构成审美意象的手段。在戏剧、电影、电视中,编剧和导演的艺术构思总是通过表演艺术家的直接行动,展现为行动中的舞台意象或银幕、屏幕意象。

1. 戏剧(附曲艺)

戏剧艺术包括两个主要的组成部分,即作为舞台表演基础的戏剧文学和以演员表演为中心的舞台演出。

戏剧文学(剧本)虽然也可以供人阅读,但主要则是供舞台演出用,因而它以明显的舞台性而与其他文学体裁相区别。剧本要求把生活中的矛盾斗争集中化,变为戏剧冲突的发展过程——戏剧情节。因而,人物、时间、场景,都要经过精心选择和安排,使之围绕着戏剧冲突的发生、发展、进入高潮直至矛盾解决的过程,而异常尖锐、紧张地集中在一起。戏剧冲突是构成戏剧的根本因素,所以通常说"没有冲突就没有戏剧"。此外,剧本的舞台性还表现在只能靠剧中人物的语言和行动来展开剧情,因而要求人物的台词具有明确的行动目的。

剧作家所创造的文学意象,还要经过导演的艺术构思,然后依靠演员的表演才能转化为可供观照的舞台上的审美意象。因而戏剧的意象是以演员的表演为中心，综合多种艺术手段而在舞台上塑造出来的行动中的人物形象。演员的表演艺术是在剧本基础上进行的角色的再创造。演员必须通过生气贯注、富有真挚感情、而义自制自觉地从事这种创造性的劳动，才能塑造出生动感人的舞台意象。戏剧将史诗的客观性与抒情诗的主观性结合起来。戏剧兼有绘画那样明确的认识意义和音乐那样强烈的情感色彩，因而可以使观众在身临其境的体验中获得巨大的艺术享受。在这过程中不仅有强烈的感情冲动，而且还包括了认识和理解、伦理判断与理性力量的丰富内容。

演员的表演，除了要有对剧中角色的理解、想象和体验外，还要有符合戏剧表演特性的表现技巧和控制自己的表演的高度自制力。又是角色、又是演员的双重身份，构成了演员的内在矛盾。近代戏剧史上曾经发生过"表现派"与"体验派"的争论："体验派"强调演员每次演出都要进入角色，如实地传达角色的内心世界和精神面貌；"表现派"则强调演员的冷静观察，在排练中创造"理想的范本"，以便在表演时把这一理想范本复现出来。两派各执一端，深刻地反映了艺术创作原则的分歧。实际上，演员应该把体验和表现结合起来，才能创造性地、恰到好处地体现剧中角色的要求。

戏剧的品种很多，可以划分为两类，一类是更加偏重于再现的话剧（要求造成"生活的幻觉"、特别注重潜台词等），另一类是相较而言更加偏重于表现的歌剧、舞剧、戏曲等。

在整个戏剧艺术中，中国戏曲占有特殊的地位。中国戏曲综合了很多艺术门类的长处，在世界舞台上独树一帜。中国戏曲通过"唱、念、做、打"，把戏剧情节与歌、吟、舞统一在一起："唱"与动作密切相关，具有对话、独白的性质，是表现戏剧冲突的重要手段（与歌剧偏重于抒情不同）；"念"不同于话剧中的对白，具有浓厚的音乐性；"做"和"打"是十分强调形式美的舞蹈动作和一部分杂技动作，是在生活动作基础上形成的富有表现力的程式化的戏剧动作。而生、旦、净、末、丑各行当，又各有不同的唱、念、做、打的程式和路数。这样就形成了中国戏曲的特色：人物活动场所的虚拟性、假定性，人物活动的舞蹈化、程式化。以梅兰芳为代表的中国戏曲表演体系，与更侧重于情感的现实体验的斯坦尼斯拉夫斯基体系、更侧重于理智的深刻把握的布莱希特体系相比较，具有很不相同的表演原则和舞台风貌。

戏剧艺术的舞台性，使戏剧演出较多地受到物质条件的限制。与戏剧相接近的曲艺，则较少受到舞台的限制。曲艺是一种一人多角的说唱表演艺术。常常一人扮演故事中的多个角色，有时还以叙述人的资格加以评述。曲艺的演出条件较简单，所以在表演上带有更大的虚拟性。在历史悠久、幅员辽阔的中国,曲艺品种多至数百个,大致可分为以说为主的和以唱为主的两大类。以说为主的评书底本更近于小说,以唱为主的唱词底本更近于戏曲中的唱词。由于道具简单、形式多样、演出方便,曲艺在群众中有广泛的基础。

2. 电影

随着现代摄影技术和物理学、光学、化学等科学技术的进步,产生了一种崭新的艺术——电影艺术。从黑白默片、有声片到彩色片,电影的历史总共不过一个多世纪。由于电影艺术综合吸收了其他各种艺术的一些特长,而以其银幕意象广泛地吸引着观众,便成了当代最富有群众性的艺术。列宁曾经指出:"对于我们来说,一切艺术部门中最最重要的便是电影。"①

电影生产的基础是电影文学剧本。它是文学的一种体裁,可以供人阅读,但主要用途是供拍片。导演根据电影文学剧本进行再创造,写出分镜头剧本,就为正式拍片提供了蓝图。爱森斯坦说,电影"这是一种奇妙的新艺术,它要使绘画与戏剧、音乐与雕刻、建筑与舞蹈、风景与人物、视觉形象与有声语言融合为一个整体、一个统一的综合体。"②其中,视觉画面是最重要的因素,它不是静止的,而是不断地处于运动之中的。所以,动的视觉画面是电影的根本特点。电影是通过一个又一个的具体镜头来反映生活的。这种镜头,可以是特写,也可以是全景;可以是事件发展的某一瞬间,也可以是一个较完整的情节片断。如何把各种不同的镜头,按照电影艺术的规律,有意识、有目的地连接在一起,组成一个统一的整体,这是一个充分实现电影艺术审美功能的重要问题。这种电影镜头的组接方法,就是蒙太奇(Montage),它是电影艺术所特有的表现方法。蒙太奇的运用,使电影艺术家的创作获得了新的自由:他可以根据剧情发展的逻辑,根据自己认识的发展,去规定那些有机地连接在一起的视觉画面的联系,从而有意识地诱导观众的审美欣赏活动,使他们在自己的想象中进一步创造意象,获得美感。爱森斯坦说:"蒙太奇的力量就在于,它把观众的情绪和理智也纳入创作过程之中,使观众也不得不通过作者在创造形象时所经历过的同一条创作道路。"③蒙太奇的运用,可以通过画面的对比、交叉、比喻、象征等手法,把与主题密切联系的细节、场景有机地穿插组合在一起,极为简练、生动而又深刻地揭示事物的本质,含蓄而又鲜明地表现艺术家对生活的评价,使电影在感染力

---

① 见卢那察尔斯基:《列宁和艺术》,《列宁论文学与艺术》,人民文学出版社 1983 年版,第 430 页。
② 《永远前进》,《爱森斯坦论文选集》,魏边实等译,中国电影出版社 1962 年版,第 573 页。
③ 《蒙太奇在 1938》,志刚译,《爱森斯坦论文选集》,中国电影出版社 1962 年版,第 367 页。

方面具有独特的深度和强度。蒙太奇作为一种电影表达思想的可见语言,可以将思想、逻辑、知性的理解化为视觉的直感形象,使人们在直感中进行具有明确意义的思维理解活动,同时,它又可以自由广阔地抒发电影艺术家的情感,体现自己的艺术趣味,从而使电影能够将最主观的表现通过最客观的、似乎生活中原来就存在过的画面形式传达出来。这乃是电影艺术具有威力强大的说服力量的根本原因。20世纪中叶,传统的通过剪接创造真实的蒙太奇理论,受到法国电影评论家安德烈·巴赞的"长镜头""生活流"理论的冲击,其后分化出了主张客观真实的纪实派电影和以"新浪潮"为代表的追求个人化、感觉化的主观真实派电影,由此,电影剪接组合理论的依据发生了根本性变化。

电影利用可变的距离、可变的拍摄角度、场景分割以及从整体中抽出细节及特写镜头等表现方法,大大改变和丰富了观赏者与客观事物之间的关系,有意识地变换和开拓了观众的眼界。电影完全不像戏剧那样受着舞台的严格限制。可以采用回忆、展望、插入等手法突破时间和空间的局限。电影所要展现的一切,都必须转化为可见的视觉画面,要求其中的人物语言压缩到最简练的地步,从而使人物语言的运用退居次要地位。在这一点上,电影和小说又有明显的不同。

电影利用拷贝映出,可以像书籍的出版一样,在短时间内供许多人同时进行欣赏。电影生产的这种特点,是它获得广泛的群众性的重要前提。然而,耗资巨大的影片拍摄工作一般是不宜重复进行的。演员的演出一旦被固定在银幕上,就很难再有改进的机会。电影是一次完成的艺术,因而也往往被电影艺术家称为"遗憾的艺术"。这是电影艺术的局限性之一。同时,在电影中毕竟不是演员直接出面在现场上的表演,因而缺乏舞台演出中那种表演者和观众直接进行思想感情交流的机会。所以,电影的出现并不能代替舞台上的戏剧艺术。

电影品种包括艺术片、新闻纪录片、科教片等。艺术片的体裁有故事片、传记片、史诗片、童话片、动画片、戏曲艺术片等。

利用无线电波传送物像的技术,还产生了电视剧艺术。其特点和手法跟电影相类似。由于电视传送的便捷与电视艺术制作的相对便宜,随着电视机的普及,电视艺术迅猛发展。这一方面是电影艺术的延伸性拓展;另一方面,电视艺术越来越显示出一门独立艺术的蓬勃生机。这无论从电视剧的数量、质量、表现手段和艺术效果看,还是从电视艺术的构成、样式及表现形态的丰富性及充满生命力的演化趋向看,都有较为明显的发展。应该讲,电视艺术依然处在成长发育的阶段,它的艺术规律还有待于在实践中进一步总结和系统化。

总之,各类艺术都有各自的审美特征,社会实践的发展和科学技术的进步是各类艺术品种不断发展丰富的客观历史原因,而各类艺术的再现功能与表现功能的内在矛盾,动(表现运动过程)和静(表现相对静止)的内在矛盾等,则是推动艺术不断发展的内在动力。唯有各类艺术都获得充分的发展,艺术园地才会呈现出百花争艳、姹紫嫣红的局面,才能最大限度地满足人民群众多方面的审美需要。

复习思考题

1. 试述艺术美的实质与特征。
2. 丑在艺术创作中的地位如何? 生活中的丑为什么会转化成为艺术中的美?
3. 艺术美在人类社会生活中有何特殊价值?
4. 艺术分类的美学根据是什么?
5. 简述建筑艺术、音乐、舞蹈、雕塑、绘画、戏剧、电影、文学的审美特征。

第6章   崇高、滑稽、优美与丑

美的事物的具体表现形态是异常丰富多彩的。由于分类的依据有别,一方面,可以分为自然美、社会美和艺术美;另一方面,又可以分为崇高、悲、滑稽(喜)、优美、丑等等。有些美学著作,把前一种分类称为美的形态分类,把后一种分类称为美的范畴分类。这自然并无不可。但是,如果把崇高等视为美的不同的形态,把自然美、社会美、艺术美视为美的不同的范畴,也同样是可以的。着眼于哲学认识论的角度,我们把丰富多彩的美的事物分为第一性的现实美(自然美和社会美)与第二性的艺术美;着眼于美的事物在内容和形式方面的不同的性质和特征,则可以将其分为崇高、悲、滑稽(喜)、优美、丑等。两种分类方法的依据不同,因而分类的结果也就不同。不同的分类方法,对于我们认识不同类型的美的事物的特点,都是有益的和必要的。

任何一门学科,它总是由一系列存在着内在联系的范畴构成的。范畴是一门学科中反映事物的特性和关系的基本概念。这些基本概念,是客观事物本身固有的属性和本质联系在思维过程中的反映,它们是在人们的社会实践中和认识的发展过程中形成的。人们从审美经验中就可以得知,不同的审美对象给予人的感受是很不相同的:崇山峻岭不同于山水盆景;咆哮的狂涛不同于碧波涟漪;遨游高空的雄鹰不同于翩翩飞舞的蝴蝶,催人落泪的悲剧不同于令人捧腹的喜剧……总之,有些审美对象给人的感受比较和谐、平静、优雅,而另一些审美对象则带有动荡不安的特色,显示着冲突和斗争。随着人类审美实践经验的积累,古代人早就对审美对象的不同特色给予了关注。词分豪放、婉约,美分阳刚、阴柔,在我国有源远流长的传统。"骏马西风冀北"和"杏花春雨江南",一向被认为是阳刚美与阴柔美的典型意境。古印度波罗多牟尼《舞论》中记载："戏剧中的味相传有八种:艳情、滑稽、悲悯、暴戾、英勇、恐怖、厌恶、奇异。"①在西方,与造型艺术密切相关、在感性形式中表现出和谐统一的美最早为人们所注意,并在很长时期内成为古典艺术的审美准绳。到了近代,与资产阶级的革命要求相联系,体现着艰巨斗争特点的崇高则为人们特别关心。浪漫主义、现实主义及至现代主义艺术思潮进一步把"丑"拉入审美领域。大致说来,在近代美学的范畴体系中,广义的美是包括各种形态的美的总称;狭义的美,则是指优美,它与崇高、滑稽等范畴并列,它以形式上的和谐统一为特征。

不同的美学家基于对美的本质的不同理解,对于崇高、滑稽、优美、丑等作过大相径庭的说明。其中有政治立场、思想方法上的不同,也包含着文化背景、民族心理方面的歧异;再加上人类社会实践不断发展,审美范围逐步扩大,美的本质与形态之间的关系日趋复杂,因而,目前对于崇高、悲、滑稽、优美、丑等的研究,还是一个尚待深入的复杂课题。我们在这里仅就崇高、悲、滑稽(喜)、优美、丑作一概述。

6.1　崇　　高

从现存文献资料来看,西方最早论述崇高这一术语的,是古罗马时期的朗吉弩斯。他的《论崇高》一书,曾经论及自然界的崇高对象,但主要论述的是文章风格的崇高体,即修辞学上的巧妙和宏伟。他指出,一切崇高的主要来源有五个,分别是:"庄严伟大的思想","强烈而激动的情感","运用藻饰的技术","高雅的措辞","整个结构的堂皇卓越"。他并且强调说,"这五个来源所共同依靠的先决条件",是"掌握语言的才能"。②18 世纪,欧洲普遍进入资产阶级革命时代。社会变革的政治要求和对于封建贵族文明的厌倦,使资产阶级在审美方面要求突破古典主义陈规,向往更为广阔的新天地,向往粗犷的大自然,追求新奇、怪异、丑陋和激动人心。在这种情况下,崇高问题便受到美学家较为普遍的注意。爱笛生论述过人们在"无边的景象"面前会"见到一种伟大的、不平常的或美的东西所引起的""想象的乐趣","一个怪物也显得有迷人的魔力"③。荷迦兹曾说:"尺寸大的形体,即使外形并不好看,由

① 见《古代印度文艺理论文选》,金克木译,人民文学出版社 1980 年版,第 5 页。
② 朗吉弩斯:《论崇高》,钱学熙译,马奇主编《西方美学史资料选编》上卷,上海人民出版社 1987 年版,第 164 页。
③ 《论洛克的巧智的定义》,北京大学哲学系美学教研室编:《西方美学家论美和美感》,商务印书馆 1980 年版,第 96—97 页。

于它形体大,也会引起我们的注意,引起我们的赞美。"他并且进而分析说:"层峦叠嶂包含有一种逼人的魅力,汪洋大海则以其浩瀚无边而动人心魄。但是,当眼前出现巨大的美的形体时,我们的意识则会体验到一种快感,恐惧就变成崇敬感。"①

柏克最早对崇高与美进行了比较研究。他认为,"自然界中伟大和崇高现象所引起的情绪是惊异。惊异就是灵魂完全停止活动的状态,其中还含有若干程度的恐怖。"他甚至强调,"所有被视觉认为恐惧的东西都是崇高的。"因此,他得出结论,"幅度的辽阔广大",以及"所有普遍的虚无观念如空虚、黑暗、孤独和沉寂都是崇高的,因为这些概念都很可怕。"他还分析说,"崇高感除包括危险的观念以外,还包括力的概念。……因此,力、强暴、痛苦和恐怖等观念在心灵中是混合在一起的。野兽的崇高感是由于它们的力,国王的力也未尝不是和恐惧凝在一起的,所以我们才会称呼他为'敬畏的陛下'。"柏克对美感规律有这样一种见解:"一般说来我们感受快乐都是从力量比我们低的一些东西上得来的。而痛苦的感觉则是由某些方面比我们高的力量引起的。"②正是基于这样的理论认识,柏克在对崇高与美的比较中作出了这样的判断:美感"以快感为基础",而崇高感则"以痛感为基础",美以小巧为特征,崇高则是巨大的、丑陋的等等,两者是相对立的。

继柏克之后,康德从哲学上充分揭示了崇高与美的区别,从而真正确立了崇高在美学中的独特地位。他认为:"自然的美涉及对象的形式,这形式在于限制;反之,崇高也可以在一个无形式的对象上看到,只要在这个对象身上,或通过这个对象的诱发而表现出无限制,同时却又联想到这个无限制的总体:这样,美似乎被看作某个不确定的知性概念的表现,崇高却被看作某个不确定的理性概念的表现。所以,愉悦在美那里是与质的表象结合着的,在崇高这里则是与量的表象结合着的。"③康德还把崇高分为两类来论述。一是"数学的崇高"。对此,康德写道:"我们把绝对地大的东西称之为崇高。但'是大的'和'是某种大小',这是两个完全不同的概念。同样,单只是说某物是大的,这也完全不同于说某物是绝对地大。后者是超越一切比较之上的大的东西。"④二是自然界的"力学的崇高"。康德这样阐发:"强力是一种胜过很大障碍的能力。这同一个强力,当它也胜过那本身具有强力的东西的抵

---

①　荷迦兹:《美的分析》,杨成寅译,人民美术出版社 1984 年版,第 38 页。

②　柏克:《崇高与美》,汉默顿:《西方名著提要》,何宁译,中国青年出版社 1957 年版,第 203—205 页。爱德蒙·柏克(Edmund Burke, 1729—1797)英国政论家、美学家,又译博克、伯克。

③　康德:《判断力批判》,邓晓芒译,人民出版社 2002 年版,第 82 页。

④　同上书,第 86 页。

抗时,就叫作强制力。自然界当它在审美判断中被看作强力,而又对我们没有强制力时,就是力学的崇高。"①这就是说,在自然界里,那些威力很大而又危害不着自己的东西,如暴风雨等,便是崇高对象。康德认为,这两种崇高的共同特征,都是先令人惧怕而后令人喜,它得以展示人类能够抗拒外力的理性力量进而过渡到伦理领域。在康德看来,崇高并不在对象,而在人类自身的精神:"对自然的美我们必须寻求一个我们之外的根据,对于崇高我们却只须在我们心中,在把崇高性带入自然的表象里去的那种思想境界中寻求根据","这是因为,崇高的情感具有某种与对象的评判结合着的内心激动作为其特征,不同于对美的鉴赏预设和维持着内心的静观;但这种激动却应当被评判为主观合目的性的(因为崇高令人喜欢);所以,这种激动通过想像力要么与认识能力、要么与欲求能力关联起来,而在这两种关联中那被给予表象的合目的性却都只是就这两种能力而言(没有目的或利害地)被评判:这样一来,前者就作为想像力的数学的情调、后者则作为想象力的力学的情调而被加在客体身上,因而客体就在上述两种方式上被表现为崇高的。"②

黑格尔从他的绝对理念的辩证发展观出发,把崇高与古代的象征艺术相联系。他不满意于康德单纯从主体方面来说明崇高的见解,把康德所讲的理性力量与他的绝对理念联在一起,认为"崇高一般是一种表达无限的企图,而在现象领域里又找不到一个恰好能表达无限的对象","因此,用来表现的形象就被所表现的内容消灭掉了,内容的表现同时也就是对表现的否定,这就是崇高的特征。"③崇高的象征艺术本质在于有限的感性形式容纳不了无限的理念内容,造成感性形象的变形和歪曲,从而在有限的形式中显示了理念的无限的力量,于是引起崇高感。简言之,理念压倒形式,理念是崇高的本原。这样的崇高对象显然与人类的社会实践是没有关系的。

车尔尼雪夫斯基批判了黑格尔的崇高观念,指出所谓"无限"的"理念"是"本身互相矛盾"和"难以捉摸"的,其实所谓崇高的事物,不过是"形体十分巨大而已"。车尔尼雪夫斯基肯定了崇高存在于现实生活之中,"崇高的事物就是指在范围上较之和它相比的事物超出很多的事物而言;而崇高的现象则是指一种较之其他和它相比的现象更要强烈得多的现象而言。"④他甚至主张以"伟大"代替"崇高"这一术语。

---

① 康德:《判断力批判》,邓晓芒译,人民出版社 2002 年版,第 99 页。
② 同上书,第 84、85 页。
③ 黑格尔:《美学》第 2 卷,朱光潜译,商务印书馆 1979 年版,第 79、80 页。
④ 车尔尼雪夫斯基:《论崇高与滑稽》,《车尔尼雪夫斯基论文学》中卷,辛未艾译,上海译文出版社 1979 年版,第 65、68 页。

车尔尼雪夫斯基虽然批评了黑格尔的唯心主义崇高观,但他只从事物形体大小来看问题,就又陷入了直观的机械唯物主义的境地,对崇高问题作了过于简单化的解释。

崇高,其实是美的一种表现形态,因此应该从美的本质来阐释崇高的内在含义。美是在人类改造客观世界的实践活动中产生的,是人的本质力量的感性显现。它的内容是人的真、善统一的实践,它的形式是对这种实践活动的感性肯定。一般地说,作为人类真与善相统一的实践活动的结果是静态的,其形式是和谐的,人们在观照这种和谐的静态的实践结果时,获得一种优雅平静的喜悦,这类对象便是优美;而作为人类争取真与善达到统一的实践过程则是动态的,其形式往往是严峻的、冲突的,人们在观照这种严峻的、冲突的动荡过程时,获得一种矛盾的、激动不已的愉悦,崇高对象就是在这种关系中呈现的。那些反映着这种冲突印痕的静态物象,也同样具有崇高的审美特征。如果说我国出土的古代石器、彩陶纹饰上显现着许多优美的形象,那么,在流传下来的许多古代神话及饕餮纹青铜器上显示的则是崇高的格调。夸父逐日、鲧禹治水、黄帝战蚩尤等,都表现出我们中华民族先人们的轰轰烈烈、可歌可泣的斗争精神。如:

> 夸父与日逐走,入日。渴欲得饮,饮于河渭,河渭不足,北饮大泽。未
> 至,道渴而死。弃其杖。化为邓林。①

夸父与日(太阳)竞走不畏艰险,不甘屈服,表现出了要与严酷的自然(太阳)作斗争的伟大气魄,虽然遭到失败,但这种精神是极为崇高的。今天,当我们面对着"邓林"("邓林即桃林也")缅怀往古的时候,仍然可以从眼前的山林景色之中感受和想象到夸父那种不屈不挠的斗争精神。由此可见,无论是直接显现斗争过程的动态对象,还是与斗争相关联、显现着严峻斗争印记的静态对象,只要是以严峻冲突为特征的审美对象,便都属于崇高。尽管表现形态不同,但在本质上都是动态的、冲突的、严峻的。

自然界起初是作为一种完全异己的力量与人们对立的。在这种情况下,盲目的自然力对人来说是可怕的,是恐怖的对象,根本不可能成为审美的对象。随着劳动实践经验的不断积累,人类的自由自觉意识逐步觉醒,到一定的社会条件下,便产生了各种理解自然以至控制自然的社会要求。这种理解、控制可怕对象的要求,起初是一种"惊奇"、"苦恼",是"人的受动"。人"感到自己是受动的,所以是一个有激情

---

① 《山海经·海外北经》。袁珂译注:《山海经全译》,贵州人民出版社1991年版,第214页。

的存在物。激情、热情是人强烈追求自己的对象的本质力量","按人的含义来理解的受动,是人的一种自我享受。"①因为这种"受动",虽然是痛苦的,但却是能够唤起"激情"的"本质力量",是推动人类控制自然、战胜社会丑恶势力的实践行动的开端,是产生轰轰烈烈、可歌可泣的伟大斗争的酵母,因而也就是崇高对象的社会根据。"人类始终只提出自己能够解决的任务,因为只要仔细考察就可以发现,任务本身,只有在解决它的物质条件已经存在或者至少是在形成过程中的时候,才会产生。"②黑格尔在考察古代崇高艺术的时候,曾经明确地论及"惊奇"的历史地位。"希腊人说过一个故事,当阿高斯远征队的英雄们航行穿过赫勒斯彭海峡(即达达尼尔海峡——引者按)时,原来像两股剪刀忽开忽闭的两岸岩石忽然停住不动,像树根扎在土里一样固定下来了。""上述观照方式使事物的自然过程成为可理解的,使自然规律得到承认。在这种观照方式里惊奇才第一次获得了它的地位。""可惊奇的事物须以事物转变有可理解的线索以及人有日常的清醒意识为前提,因为只有在这些惯常的联系遭到较高威力破坏时,才有所谓惊奇。"③可见,惊奇与要求理解和把握对象相联系。面对可怕的自然力量是如此,面对强大的社会势力也同样如此——代表人类进步要求的实践主体在强大的自然力量或社会势力面前,在形式上形成了被对方压倒的外观,然而同时又焕发出要求理解和战胜对方的强大精神力量,从而使人们受到激励和鼓舞,获得一种必须积极投入这种正义斗争的力量。

崇高是在实践主体提出了理解和掌握现实客体的历史要求,并且已经或必将趋于实现的历史条件下产生的。它以现实客体压倒实践主体为其外表特征;而其实质则在于受到压抑的实践主体,充分激发起人的本质力量,转而战胜、掌握(或趋向于战胜、掌握)客体。归结到一点,崇高不是主客体的和谐统一的静态美,而是双方在对立、冲突之中趋向统一的动态美。在这里,人的本质力量的显现,呈现为实践主体迫使现实客体与之趋向统一的过程。

崇高的美学特征,在自然界和人类社会中的表现形态,既有基本的共同性,又有各自的某些特殊性。自然界的崇高以量的巨大和力的强劲显现出人的感官难于掌握的无限大的特性,如峥嵘突兀的丛山,千重万叠的峻岭,博大无边的空濛;终古如斯、屹然不变的星空,无始无终、缈然弯远的河山;滔滔奔泻的瀑布、雪崩、泥石流;气

---

①　马克思:《1844 年经济学哲学手稿》,《马克思恩格斯全集》第 42 卷,人民出版社 1979 年版,第 169、124 页。

②　马克思:《〈政治经济学批判〉序言》,《马克思恩格斯选集》第 2 卷,人民出版社 1995 年版,第 33 页。

③　黑格尔:《美学》第 2 卷,朱光潜译,商务印书馆 1979 年版,第 94 页。

势惊人的狂风暴雨、江河泛滥、火山爆发……凡此种种,无不显示出无穷无限的威力,以压倒之势向实践主体挑战。然而,在已经提出了认识、控制这些自然对象的要求或已经将其控制的历史条件下,这些自然对象又无不在与实践主体的矛盾冲突中显示着向相反方面转化的趋向。凶猛的野兽成为狩猎氏族的崇敬对象,正是因为它显示着制服了这些野兽的人们的勇武和力量。直到今天,动物园中豢养的狮虎,仍然显示了人的勇武、力量,是受游客欢迎的崇高对象。雪崩、火山的伟力,虽然还难以为人类所控制,但随着自然科学的发展,人类对它们已经有了一定的理解,因而它们已不再是盲目地引起恐怖的对象,而变成了人类在一定安全措施保护下乐于前往观赏的雄奇景观。在某些具体情况下,有的人今天仍然有可能被某些强大的自然力量所压倒,甚至遭到毁灭,然而从全局来说,这些自然力量的规律总有一天会被人类认识与把握,因而它们的形象也就显现出终将被人们控制的必然趋向,已经把握和尚未把握的自然对象,呈现为两种不尽相同的自然崇高;但它们的共同特点,就是以客体的无限大间接地显示着人类无限的创造力量。

崇高的更为重要的领域,是在社会生活之中。社会生活本质上是实践的,是人们改造现实的斗争过程。那些体现着推动历史前进的斗争要求的进步力量及其代表人物,正是社会崇高的本原。在阶级社会中,崇高是先进阶级的、正义事业的不可战胜的威力和本性的显现。社会崇高具有明确的伦理本质,实际上,它的内容就是至善。无意中做了好事的人虽然也可能受到人们的尊敬,但是只有那些自觉地为人类大多数的利益而赴汤蹈火、英勇献身的英雄,才会唤起社会的普遍敬仰。伟大、英勇、豪迈、英雄主义、精神不朽,可以看成是社会崇高的同义语。而这一切,都需要在尖锐激烈的斗争中才能展现出来。"沧海横流,方显出英雄本色。""天垮下来擎得起,世披靡矣扶之直。"①拳击猛虎,才显出武松英勇。"敌人越是凶险,胜利便越光荣;只有遭到反抗,才能显出力量。由此可以得出结论:'只有在暴力的状态中、在斗争中,我们才能保持住我们的道德本性的最高意识,而最高度的道德快感总有痛苦伴随着。'"②正是由于斗争的极端艰苦和复杂,代表历史前进方向的英雄人物才往往会暂时遭受挫折而失败。但是在这斗争的曲折进程中,却足以展现出实践主体的现实的或潜在的威力和终将胜利的必然性,先进力量的崇高精神会在反动势力的压抑下倍放光华。"鲧窃帝之息壤以堙洪水,不待帝命。帝令祝融杀鲧于羽郊",鲧虽

---

① 郭沫若:《满江红》。

② 席勒:《论悲剧题材产生快感的原因》,孙凤城、张玉书译,《古典文艺理论译丛》第 6 辑,人民文学出版社 1963 年版,第 78 页。

死而不失为失败的英雄;禹"卒布土以定九州"①,取得了治水的胜利,同样是显示崇
高精神的典范。社会崇高,可以表现为悲剧式主人公的毁灭,也可以是正剧式主人
公的胜利,表现为颂歌式的壮美。

　　崇高的本质和特征,还可以从欣赏主体的审美心理的特点来探究。崇高感
的特点,是由恐惧转向愉悦,由惊赞转化为振奋。博克曾以纯生理学的观点作过
经验性的描述,认为令人恐惧而不可理解的对象会引起人的感官痉挛,同时也促
使人们产生自卫的要求,这种虽能造成恐怖却又并非真有危险的对象引起的本
能反应,经由痛感转向快感,便是崇高感的特征。其实,这种心理特点只有在社
会实践的基础上才能给以科学的解释。作为人类要求理解、征服的自然对象,作
为显示主体征服精神的社会对象,都必然引起人们产生矛盾、斗争、冲突的感受,
这便使人们在欣赏崇高时会始而产生恐惧,进而由恐惧转化为自豪和胜利的喜
悦。车尔尼雪夫斯基认为:"我们在观照伟大的东西时,或者感到恐怖,或者惊
奇,或者对自己的力量以及人类的尊严产生自豪,或者由于我们自身的渺小、衰
弱而丧魂落魄。"②黑格尔也曾指出:"大海给了我们茫茫无定、浩浩无际和渺渺
无限的观念;人类在大海的无限里感到他自己的无限的时候,他们就被激起了勇
气,要去超越那有限的一切。"③在大自然中,我们面对崔巍的高山、无际的海洋、
奔腾的洪流、渺茫的星空……自己在对象面前感到渺小而激起一种强烈的奋发
之情;在社会生活中,我们面对着抛头颅洒热血的斗争,惊天地泣鬼神的业绩,英
雄的丰碑以及平凡的伟大,也会由感到自己平庸而激起一种高山仰止、奋发向上
的感受。这种诉诸道德心理的震荡,摆脱、克服和净化自身的渺小和平庸,激励
人们理解对象,征服对象,赶上对象,超越对象,向上飞跃,去探索、追求饱含巨大
伦理情感和深邃哲理的人生价值。总之,自己的精神境界是大大地被提高了,从
而感到一种由衷的喜悦。崇高感的这一审美特征,正是由崇高的本质所决定的。

　　崇高对象的表现形式,保留着主体与客体艰巨曲折的斗争印记。在自然崇高
中,常常显现为外在形式的粗犷、严峻、生糙、丑陋;在社会崇高中,则常常表现为承
受挫折、摧残的惨痛。艺术中的崇高,则兼有自然崇高和社会崇高两类对象的形式
特点。艺术崇高是现实中崇高的反映形态。由于自然崇高对象体积巨大,一般不可
能直接进入艺术,即使进入艺术品,也因对象与主体之间体积对比关系的改变而改

---

　　①　《山海经·海内经》。袁珂译注:《山海经全译》,贵州人民出版社 1991 年版,第 336—337 页。
　　②　车尔尼雪夫斯基:《论崇高与滑稽》,载《车尔尼雪夫斯基论文学》中卷,辛未艾译,上海译文
出版社 1979 年版,第 73 页。
　　③　黑格尔:《历史哲学》,王造时译,三联书店 1956 年版,第 134 页。

变了崇高的性质。例如,人们面对大海才会产生的那种水天之间一望无际的浩淼之感和人自身无比渺小的感受,在观赏一幅大海的照片时,由于照片体积之小,能在人手中把玩,人们也就难以产生望洋兴叹的浩淼之感所带来的精神震撼。因此,艺术中的崇高所反映的大都是社会生活中的崇高,主要是圣贤和英雄人物的伟大人格和丰功伟绩。艺术作品反映崇高的形式是多种多样的。在以展现人物行动冲突为主要特征的戏剧、电影和文学等艺术中,崇高得到了最为普遍和集中的反映:悲剧和颂歌,就是最为突出和常见的类型。在造型艺术以及音乐中表现崇高,虽然受到意象的静止性和表现内涵的不确定性的限制,不如动态的再现艺术那样方便,但其艺术表现方式和手段仍然是多彩多姿的。米开朗琪罗的雕刻作品常常故意留下一块不加修饰的粗糙的顽石,伦勃朗的绘画善于运用暗黑的色彩,贝多芬、柴可夫斯基的乐曲中对不协和音的巧妙驾驭等,中国汉代石雕的粗浑,书法、绘画中的瘦硬、稚拙、不稳定等等,都是表现崇高的范例。与符合规律的比例、均匀、对称等和谐统一的要求相反,崇高的外表形态常常是违反规律、打破平衡,使人感到不熟悉、不习惯和不协调,因而给人的感官造成强烈的刺激和痛苦。总之,崇高的表现形式都能引起观赏者理智与感情的紧张探索,从而深刻地感受到人类实践主体战胜客体的严重、艰苦的斗争的印痕。

西方美学中的崇高与中国古典美学中的壮美并不能机械等同。如前所述,崇高不是主客体和谐统一的静态美,而是主客体在对立冲突中趋向统一的动态美,它以内容和形式之间的不和谐、不统一为其基本特点。作为审美范畴的崇高,在西方是与资产阶级的革命要求相联系的,因而在酝酿社会变革的近代才出现。在这之前,例如古罗马时期朗吉努斯所论的崇高,仅是一种文章的崇高体。中国古代美学属于近代资产阶级革命之前的古典美学。我国古典美学中的壮美、阳刚之美,以及雄浑、豪放等品格,实际上大都指的是文章的风格以及个人品格修养方面的特点。这种壮美的格调仍以内容与形式的和谐统一为特点,而一般不具有主客体在对立冲突中趋向统一的含义。这当然并不是说我国历史上没有崇高的对象。事实上,无论是自然崇高(如雄伟的泰山、浩渺的沧海、苍茫的草原等)、社会崇高(如秦皇汉武的伟业、荆轲项羽的豪情等),还是它们在艺术中的表现形态(如刘邦的《大风歌》、李白的《蜀道难》等),在我国都是大量存在的。但是,由于中国历史发展的具体情况,没有出现西方近代资产阶级那种把天翻地覆、对立冲突当作更高的欣赏对象的历史条件,因而我国古典美学论及了壮美、阳刚之美,而没有论及西方美学中所说的崇高。

6.2　悲

　　悲,亦可称悲剧、悲剧性,是同崇高有密切联系而又互有区别的一个范畴。历史上最早出现的悲剧,渊源于古希腊人的酒神颂歌。公元前 6 世纪,原先盛行于希腊农村的庆祝丰收、祭祀酒神和农神的歌舞、祭仪表演进入城市。祭祀酒神时,合唱队身披羊皮头戴羊角扮成半人半羊的山林神萨提尔的模样,悲叹地吟唱酒神狄奥尼索斯在尘世遭受的痛苦,并且赞美他的再生。最初的酒神颂歌是由歌队提出问题,一人作答。悲剧这个词在希腊文中的原意为"山羊之歌",即源于此。到了公元前 5 世纪,"悲剧之父"埃斯库罗斯增加了戏剧成分,加上第二演员,使合唱抒情诗变成了独立的悲剧艺术。悲剧作为一种戏剧文学和舞台艺术的样式,是源远流长的。它的基本特征是以悲剧性的矛盾作为戏剧冲突,即具有肯定素质的主人公遭受挫折以至毁灭,唤起人们以悲为特点的审美感受。由此推而广之,人们把具有这一根本特征的其他文学作品,甚至把生活中具有悲剧意义的事件,统统称之为悲剧,从而使悲剧成为一个较为普泛的美学范畴。其实,作为一种美学范畴的悲剧,是广义的悲剧,称之为悲或悲剧性较为合适;作为戏剧的一种类型的悲剧,是狭义的悲剧,仍以悲剧称之为宜。即使作了这样的区分,悲、悲剧、悲剧性三个术语,在表示和体现其美学特征这一本质方面,仍然是可以通用的。

　　在日常生活中,常常运用悲剧这一术语泛指一切令人悲伤、悲悯的事件,如挫折、失败、不幸、死亡等。这类事件形成的原因,显然是多种多样的。它比作为美学范畴的悲要宽泛得多,因而我们不应一概称之为悲剧。生活中的悲惨事件,往往与强烈的生理刺激、特定的功利态度交织在一起,主要激起人们的伦理态度和行为,因而常常不能立即把人们引进审美领域。艺术中的悲剧,是艺术家对生活中悲剧现象进行了艺术处理和艺术净化的结果,因而它可能而且应该直接显现出巨大的审美意义。惟其如此,迄今为止的美学学科,有关悲这一美学范畴的研究,实际上是以艺术中的悲剧为主要对象的。

　　古希腊悲剧给我们留下了普罗米修斯——"哲学日历中最高尚的圣者和殉道者"①的光辉形象。我国古代神话中的夸父、鲧、蚩尤等崇高形象也都是悲剧性的。因此,应该说悲剧和崇高是密切相关的两个美学范畴。然而,亚里士多德的悲剧理

---

　　①　马克思:《〈德谟克利特的自然哲学和伊壁鸠鲁的自然哲学的差别〉序言》,《马克思恩格斯全集》第 40 卷,人民出版社 1982 年版,第 190 页。

论没有论及崇高,康德和黑格尔也没有把崇高和悲剧直接联系起来。一直到了车尔尼雪夫斯基,他才指出:"人们通常都承认悲剧是崇高的最高、最深刻的一种"①,"人们把它算作最高的伟大,也许不无理由"②。直到今天,崇高和悲剧的关系也还是一个众说纷纭的问题。我们认为,并非所有的崇高都是悲剧,也不是所有的悲剧都属于崇高,然而像普罗米修斯、哈姆雷特、梁山好汉以及《樱桃时节》中的巴黎公社英雄等,既是悲剧中的崇高,又是崇高的悲剧,属于两个范畴相重合的部分。如前所述,艺术中的崇高包括两种类型:一类是历尽千辛万苦而终遭失败的悲剧;另一类则是通过斗争取得胜利的正剧。而艺术中的悲剧,除了以崇高的英雄为主人公的作品之外,还有"小人物"的悲剧。崇高和悲剧相通和相合的部分,是崇高型的悲剧。这种悲剧代表着时代斗争风云的主旋律,具有着促使人们惊醒起来,感奋起来,投入斗争,推动历史前进的巨大教育意义。

悲剧的本质究竟是什么呢?

亚里士多德曾经深刻地指出:"悲剧是对于一个严肃、完整、有一定长度的行动的摹仿","借引起怜悯与恐惧来使这种感情得到陶冶"③,具有"净化"(卡塔西斯katharsis)灵魂的教育意义。悲剧主人公"不十分善良,也不十分公正,而他之所以陷于厄运,不是由于他为非作恶,而是由于他犯了错误"④。惟其不是咎由自取,所以令人怜悯,惟其不具十分的美德,"和我们类似",所以会引起我们担心小错引出大祸的恐惧。亚里士多德的悲剧观,特别是他对于悲剧感的分析,含有一定的辩证的合理因素,但是由于在那个时代还不可能认识到社会生活的规律对人的制约和支配作用,他单纯从"道德"上来讨论问题,就不可能真正揭示悲剧形成的社会原因。希腊悲剧中多表现不可捉摸的"命运"之神对于人的捉弄,其实正好反映了当时人们要求挣脱命运束缚的斗争精神。在"命运"观念流行的古代希腊,亚里士多德避而不谈"命运"在悲剧形式中的作用,这种态度正好说明他对"命运"观念是持怀疑态度的。其实,所谓"命运"之神不过是人们已经觉察到、但尚未认识和掌握的自然和社会发展的多个方面的客观规律。人类的社会实践正是在与这种尚未认识和掌握的众多客观规律进行顽强的反复的探索中向前发展的。

---

① 车尔尼雪夫斯基:《艺术与现实的美学关系》,周扬译,《车尔尼雪夫斯基选集》上卷,三联书店1959年版,第21页。

② 车尔尼雪夫斯基:《论崇高与滑稽》,《车尔尼雪夫斯基论文学》中卷,辛未艾译,上海译文出版社1979年版,第73页。

③ 亚里士多德:《诗学》,罗念生译,《〈诗学〉〈诗艺〉》,人民文学出版社1962年版,第19页。

④ 同上书,第38页。

　　继亚里士多德之后,黑格尔对悲剧理论作出了重大的贡献。他用辩证的矛盾冲突学说来说明悲剧,认为悲剧中互相对立的人物各自代表一种伦理力量,各自坚持自己的理想和所代表的普遍力量,于是相互冲突,同归于尽,造成了悲剧结局。在这个结局中,双方的片面性得到克服,永恒的正义取得胜利。"这里基本的悲剧性就在于这种冲突中对立的双方各有它那一方面的辩护理由,而同时每一方拿来作为自己所坚持的那种目的和性格的真正内容的却只能是把同样有辩护理由的对方否定掉或破坏掉。因此,双方都在维护伦理理想之中而且就通过实现这种伦理理想而陷入罪过中。""通过这种冲突,永恒的正义利用悲剧的人物及其目的来显示出他们的个别特殊性(片面性)破坏了伦理的实体和统一的平静状态;随着这种个别特殊性的毁灭,永恒正义就把伦理的实体和统一恢复过来了。"①在对于悲剧感的分析中,黑格尔也比亚里士多德有所发展,认为"在单纯的恐惧和悲剧的同情之上还有调解的感觉。这是悲剧通过揭示永恒正义而引起的"②。黑格尔的悲剧理论中的合理因素在于:他重视冲突,而且强调是具有普遍意义的重大力量之间的冲突;这种冲突合乎规律的发展,必将导致悲剧结局。但是,他所说的冲突不是社会生活中现实存在的矛盾冲突,而是精神性的普遍力量之间的冲突,是两种伦理力量(善)之间的冲突;冲突的结果是双方同归于尽,从而达到矛盾调和,显示"永恒正义"的胜利。这些结论不仅显示出黑格尔哲学以绝对理念为本源的唯心主义实质,而且表现了德国资产阶级要求革命而又惧怕革命的庸人的妥协精神。虽然黑格尔所举的例子大多是古希腊悲剧作品,他最为推崇的是索福克勒斯的《安提戈涅》,然而他的悲剧理论所体现的却是欧洲资产阶级的革命性和妥协性的时代精神。

　　车尔尼雪夫斯基猛烈地批判了黑格尔的悲剧观的唯心主义基础,但他也同时否定了黑格尔辩证地说明悲剧的合理内核——悲剧冲突必然导致悲剧结局,从而得出了悲剧来自偶然性的片面结论。他认为:"悲剧是人的伟大的痛苦,或者是伟大人物的灭亡。""人的悲剧命运的景象在我们心目中所唤起的,就不是关于必然律的观念","痛苦与毁灭的原因是偶然还是必然,这完全一样,痛苦与毁灭总是可怕的。"③车尔尼雪夫斯基把悲剧从理念领域拉回到现实生活之中,甚至拉回到农民、航海者等普通人民的生活之中,启示人们藐视偶然性的破坏,赞扬勇敢进取的精神,表现了

---

① 黑格尔:《美学》第 3 卷下册,朱光潜译,商务印书馆 1981 年版,第 286、287 页。

② 同上书,第 289 页。

③ 车尔尼雪夫斯基:《论崇高与滑稽》,《车尔尼雪夫斯基论文学》中卷,辛未艾译,上海译文出版社 1979 年版,第 86、85 页。

革命民主主义者的革命精神。然而,他对黑格尔的批判却失之过激——由于否定了悲剧形成的必然规律性,他的论述便更加远离真理,以至不能正确阐释悲剧的社会意义。

马克思和恩格斯扬弃了黑格尔悲剧理论中的唯心主义成分,将悲剧中所包含的必然性和社会倾向性,与推动历史前进的社会斗争联系起来,从而深刻地揭示了悲剧美学的社会历史及阶级的含义。恩格斯在《致斐·拉萨尔》的信中指出,悲剧的本质正是由"历史的必然要求和这个要求的实际上不可能实现之间的悲剧性的冲突"①所决定的。凡是代表历史的必然要求、有益于推动历史前进的社会力量,在伦理上便是善的,在审美上便是崇高的;它的反面则是恶的、卑下的。人类历史发展的主旋律正是由那些高举着"敢于斗争,敢于胜利"的旗帜呼啸前进的人民群众及代表他们的英雄人物所谱写的。他们那种不惜牺牲自己以换取社会进步的"知其不可为而为"的英雄行为,是最高的善和最伟大的崇高。他们在斗争中会遇到来自自然力量、社会力量以及自身的认识不足等方面的困难,甚至会暂时失利、失败而造成悲剧。这种代表"历史必然要求"的实践主体在与阻挡历史前进的现实社会势力及其他阻力进行斗争中所遭到的失败,这种现实存在对实践要求的压倒和摧毁,却愈能暴露现实存在的不合理和必然衰亡,也就更加显示出实践主体要求的合理性和必然胜利。这就以否定的形式肯定了人们的实践和斗争,具有崇高的美学价值。从长远来看,代表历史必然要求的实践主体虽然失败但最后必将取得胜利,因而这种悲剧就能在悲悯和惊赞中引导人们进行真理的探索和伦理的追求,在强烈的感动和激荡中给人以向上的鼓舞力量,具有巨大的教育意义。概而言之,悲剧的美学特征表现为一种主体与客体的矛盾斗争趋向于统一的过程,即体现人的本质力量的实践主体暂时被否定而最终将被肯定,代表历史发展方向的实践主体暂时受挫折而终将获得胜利。

悲剧的表现形态,在世界文艺史上是丰富多样的。依据黑格尔的分析,通常把古希腊反映命运观念的悲剧叫命运悲剧,把以莎士比亚的作品为代表的近代着重表现人物内心冲突的悲剧叫性格悲剧等等。从马克思主义悲剧冲突观来看,这些说法是不全面和不深刻的,既没有涉及现实生活的领域,又未能抓住问题的实质。事实上,如果从生活与艺术中的实际情况出发,首先应该分清新生力量的悲剧和旧事物旧制度的悲剧,此外还有不能归入前二者的"小人物"的悲剧。

---

① 《马克思恩格斯选集》第 4 卷,人民出版社 1995 年版,第 560 页。

　　"一切伟大的世界历史事变和人物"，"第一次是作为悲剧出现"①的。新生力量的悲剧，实际上是新的社会制度代替旧的社会制度的信号。从盗火的普罗米修斯、治水的鲧、农民起义领袖陈胜、吴广、"水浒"英雄、托马斯·闵采尔到巴黎公社英雄、李大钊、张志新等无数为国捐躯的民族英雄和献身于革命事业的先烈，都集中而突出地显示着这种悲剧美。卢那察尔斯基说："马克思恩格斯对拉萨尔说过：悲剧应当写的不是济金根，是闵采尔。那么，我们的剧作家为什么不写闵采尔的悲剧，为什么不表现初期农民和无产阶级革命英雄的英勇牺牲，为什么不表现这样一种人，他既非自天而降的英雄，又非超尘绝俗的天才，而是一个阶级的领袖，他的阶级还不可能取得胜利，然而它的局部的失败，正如马克思论到公社时所说的，却是后来胜利的最大保证？要知道，这是歌颂高度悲剧性的形象的戏剧创作，这个形象能在我们心里引起热烈的同情、极大的敬意，同时又能激发新的锐气。"②毫无疑问，这种新事物和新生力量的悲剧，能够给人以强烈的道德震撼和精神鼓舞，具有特别巨大的审美价值和教育意义，是一种典型的崇高美，应该受到特别的重视。

　　旧事物旧制度的悲剧，有两种情况：一种情况是旧制度与新生世界的冲突，"当旧制度还是有史以来就存在的世界权力，自由反而是个人偶然产生的想法的时候，简言之，当旧制度本身还相信而且也应当相信自己的合理性的时候，它的历史是悲剧性的。当旧制度作为现存的世界制度同新生的世界进行斗争的时候，旧制度犯的是世界历史性的错误，而不是个人的错误。因而旧制度的灭亡也是悲剧性的。"③那么，什么叫做历史的"合理性"呢？马克思在《〈政治经济学批判〉序言》中说："无论哪一个社会形态，在它所能容纳的全部生产力发挥出来以前，是决不会灭亡的；而新的更高的生产关系，在它的物质存在条件在旧社会的胎胞里成熟以前，是决不会出现的。"④由此可知，当旧制度所能容纳的生产力还有发挥的余地，新的生产关系还未酝酿成熟的时候，就是旧制度还有存在的合理性的时候。姚雪垠创作的历史小说《李自成》中作为封建制度的代表者的崇祯皇帝，就处在这样的历史地位。当时的朱明王朝虽然处于中国封建社会后期，但是作为封建制度本身还是有一定的活力的，还未走到腐朽没落的最后时期。崇祯皇帝宵衣旰食，力图振兴朱明政权，可是由于

---

　　①　马克思：《路易·波拿巴的雾月十八日》，《马克思恩格斯选集》第 1 卷，人民出版社 1995 年版，第 584 页。

　　②　卢那察尔斯基：《社会主义现实主义》，《论文学》，蒋路译，人民文学出版社 1983 年版，第 67—68 页。

　　③　马克思：《〈黑格尔法哲学批判〉导言》，《马克思恩格斯选集》第 1 卷，人民出版社 1995 年版，第 5 页。

　　④　《马克思恩格斯选集》第 2 卷，人民出版社 1995 年版，第 33 页。

主客观多种原因,终于不可逆转地走上了覆灭的道路。他虽然是旧制度的代表者,却毕竟因这种制度还保有某种合理性仍然是能够引起人们一定的悲悯和同情的。对于这类旧制度的代表人物来说,历史要求他们比较彻底地改弦易辙,然而,当时的历史条件又限制了他的视野和认识水平,这就注定他们要犯"世界历史性的错误",因而这个要求实际上是不可能实现的。这类悲剧从另一侧面使人感受到历史前进的过程是曲折复杂的,而历史发展的趋势是不可阻挡的,从而具有较大的审美意义。

另一种情况,是旧世界旧事物之间的冲突。在旧世界内部,居于统治地位与处于在野境地的剥削阶级代表人物之间,常常存在尖锐的矛盾。后者对前者的激烈对抗,可能在客观上反映着某种限度的历史必然要求。但是,他们受阶级利益的局限,不可能在根本上与革命阶级和新生的社会力量站在一边,终将走向必然失败的结局,所以也具有一定的悲剧意义。济金根的悲剧,就是一个典型的例子。在16世纪的德国,"历史的必然要求"在于摧毁封建诸侯割据,统一德国,为资本主义的顺利发展扫清道路。没落的贵族骑士济金根的统一德国的主张,客观上是与这种"历史的必然要求"相一致的,然而他们作为旧制度的代表,不可能真正与农民结成联盟,因而得不到人民的支持,他们的目标也就不可能实现。正如恩格斯所深刻地指出的:"这样一来马上就产生了一个悲剧性的矛盾:一方面是坚决反对解放农民的贵族,另一方面是农民,而这两个人(济金根与胡登——引者按)却被置于这两方面之间。"①济金根式的悲剧,同样可以启示我们从另一侧面获取历史规律不可阻挡的审美感受。

这里,特别需要提一下所谓"坏人"的悲剧。英国哲学家布拉德雷在《黑格尔的悲剧理论》中有这样一段阐述:"很可能,如果别的因素相等的话(事实上,从来不是相等的),主人公像我们所说的那样是一个好人的悲剧,比起主人公像我们所说的那样是一个坏人的悲剧来,就更富于悲剧性。精神价值越高,冲突与耗损的悲剧性也就越大。"②且不论其内容和提法是否妥当准确,这段话对于坏人也可以成为悲剧主人公,这点是明确无误的。其实,对这一命题,别林斯基是作了深刻的阐述的:"悲剧不仅表现生活的肯定,并且也表现生活的否定,——但必须是悲剧性质的否定。我们指的是那些可怕的脱离常轨的偏向,那是只有强大而深刻的灵魂才能够有的。莎士比亚的麦克佩斯是一个坏蛋,但却是一个拥有强大而深刻的灵魂的坏蛋,因此,他不使人憎恶,却使人同情;你会看到他是这样的一个人,包含着胜利的可能性,也包

---

① 恩格斯:《致斐·拉萨尔》,《马克思恩格斯选集》第4卷,人民出版社1995年版,第560页。
② 徐云生译,《古典文艺理论译丛》第8册,人民文学出版社1964年版,第197页。

含着失败的可能性,如果走另外一个方向,就会变成另外一个人。"①苏格兰大将麦克佩斯班师回朝的路上,受到女巫的蛊惑和夫人的怂恿,谋杀了合法君主邓肯,窃踞了王位,当然是一个坏人。然而,现实生活中的人都是极其复杂的矛盾统一体。在这类因某种复杂原因而沦为反面角色的悲剧主人公身上,总还存在着某些值得肯定、令人同情的东西。麦克佩斯原是一个战功卓著的将领,本来就是一位功臣和英雄;他设想篡位之后广施仁政,给人民带来安全和富裕;当他一步走错之后,便陷入难以自拔的内心痛苦,这些都说明了在他身上总还存在着某些"有价值"的东西。"将人生的有价值的东西毁灭给人看"②,就必然具有令人同情的一面,就是具有悲剧性的。前面我们对于旧事物旧制度的悲剧的分析,其中显然已经包含了这类坏人的悲剧。

在 19 世纪批判现实主义作家笔下出现的下层社会的"小人物",既不是旧制度的代表者,也算不上社会的新生力量,他们缺乏反抗旧制度、进行社会革命的思想、要求和勇气,甚至求作奴隶而不得。果戈理、陀思妥耶夫斯基、契诃夫笔下的许多"小人物"的形象,就是突出的例子。契诃夫的短篇小说《一个官员之死》中的那个小公务员,因为打喷嚏时唾沫星子溅到了一位将军的秃头上,虽反复赔礼道歉,仍整日忧心忡忡,终至惊恐而死。这些"小人物"的求生存的起码的合理要求都得不到保障,他们的生存要求与惨无人道的社会制度之间存在着不可调和的矛盾,因而他们的被旧制度所吞噬的悲剧命运虽不能引起惊赞和振奋,却也能促人深思,引人探求生活的真理,进行伦理的追求,从而给人以深沉的悲悯、同情和激愤的强烈感受。

社会主义制度的建立,为结束历史上严酷的阶级斗争、开创新型的和谐社会提供了新的历史条件,但这并不意味着社会矛盾的消失。建国初期,由于人们对新型的社会主义社会认识不足,想当然地以为社会主义应该化解社会矛盾,当时的文艺界曾经发生过社会主义社会里还会不会产生社会悲剧、能不能以及怎样创作悲剧作品的争论。在走过一段弯路,特别是经过"文化大革命"的折腾之后,人们受到严酷现实的教育,对于社会主义社会中悲剧产生的规律性也有了更深一步的理解。从矛盾的普遍性来看,不管在什么社会条件下,人与自然、人与人、人与自我之间的矛盾都是普遍存在的。无论是对于自然现象及其规律的认识方面,还是在社会制度的完善和调节以及主体认识和修养的提高方面,人们都还面临着相当多的神秘未知领

---

① 别林斯基:《智慧的痛苦》,《别林斯基选集》第 2 卷,满涛译,上海译文出版社 1979 年版,第 117 页。

② 鲁迅:《再论雷峰塔的倒掉》,《鲁迅全集》第 1 卷,人民文学出版社 1981 年版,第 192—193 页。

域,对此最好是保持着一颗崇敬和谦恭之心。事实上,由于各个方面的认识不足而遭受客观规律惩罚的悲剧性事件(例如环境污染、破坏生态平衡,管理不善而酿成灾祸等)屡见不鲜。就有中国特色的社会主义的特殊国情来说,改革开放以来经济建设成效显著,人民生活大为提高,与此同时,社会贫富悬殊不断加剧,由严重缺乏公平而引发的社会矛盾以及民事纠纷仍然存在,重大的决策失误和管理不善而造成的恶果,官场腐败导致的人间悲剧,等等,再加上国际范围的利益之争和道义之争仍相当激烈。上述诸多因素共同作用的结果,决定了历史的必然要求与实现这种要求的阻力之间的矛盾依然会长期存在,代表历史必然要求的进步力量为形形色色的阻力所压倒的事例还会不断出现,即是说,造成社会人生悲剧的社会条件还会长期存在下去。因此,通过艺术反映和表现社会悲剧仍然具有难以替代的审美价值。

中国的传统悲剧,如《窦娥冤》、《赵氏孤儿》、《生死牌》等,常常把斗争的艰巨和最终的胜利(大团圆)结合起来,而很少带有西方悲剧所常有的那种恐怖、可怕、悲惨、神秘等成分,着重表现悲剧主人公的正义性和顽强的斗争精神,通常以阳刚的悲壮之美来规范它,也可以看成是采用正剧形式的悲剧。中国悲剧的这种民族特色,是不宜用西方悲剧的格式来硬套的。

6.3　滑　　稽（喜）

作为美学范畴的滑稽,亦可称为喜、喜剧、喜剧性。它的典型形态是艺术中的喜剧、漫画、相声之类。历来的美学家多以喜剧为研究滑稽的材料,有的以喜剧包含滑稽,有的以滑稽来包容喜剧。其实,作为美学范畴中的一类,虽然滑稽一般与崇高相并列,喜剧一般与悲剧相对应,但都以可笑为其特征,在审美实质上二者是同一的。

喜剧艺术最早见于古代希腊。"喜剧"一词,在希腊语中是由"载歌载舞的欢乐行列"和"诗篇"二词构成的。起初主要有两种形式,一是与祭祀酒神的狂欢歌舞仪式相联系,一是在民间流行的滑稽的讽刺性演出。之后,雅典诗人克剌忒斯首先编写了喜剧性情节以代替一般的滑稽表演,初步形成了独立的喜剧。被恩格斯称之为"喜剧之父"的阿里斯托芬,则通过其杰出的作品使希腊喜剧定型化。此后在长期的发展中,像悲剧一样,喜剧一词的含义也早就突破了戏剧中一个类型的限制,泛指其他艺术中乃至生活中一切令人感到可笑的对象,从而成为一个含义普泛的美学范畴。

我国的喜剧传统,可以上溯到西汉时代的记载。司马迁在《史记·滑稽列传》中指出:"天道恢恢,岂不大哉!谈言微中,亦可以解纷。"《索隐》解释说:"滑,乱也;稽,同也。言辩捷之人言非若是,说是若非,言能乱异同也。"《滑稽列传》中所记载的都是古代国君面前的俳优,他们说些笑话供国君解闷,也常用讽喻的手法达到进谏的目的。从"俳优"到"参军",再到杂剧中的"副净",构成了我国滑稽戏的传统,是中国戏曲表演艺术的重要特色之一。滑稽戏及后来产生的相声,都是以引人发笑为特点的。

亚里士多德指出:"喜剧是对于比较坏的人的摹仿,然而,'坏'不是指一切恶而言,而是指丑而言,其中一种是滑稽。滑稽的事物是某种错误或丑陋,不致引起痛苦或伤害,现成的例子如滑稽面具,它又丑又怪,但不使人感到痛苦。"①长期以来,西方美学中一直认为喜剧的主角是丑,滑稽的本质在于丑的事物以美的形式出现,而对另一类美的事物以丑的形式出现的肯定性滑稽相当忽视,这是与亚里士多德喜剧理论的影响分不开的。到了近代,西方资产阶级美学家进一步把丑作为美学中的一个重要范畴加以专门研究,认为丑的感性形式可以直接进入艺术领域,出现了许多以丑为美的现代艺术品。这类作品同我们所说的滑稽是不同的。

黑格尔认为,崇高是理念内容超出和压倒感性形式,滑稽则是感性形象压倒理念、因缺乏理念的实体性而表现出空虚。"所以喜剧的一般场所就是这样一种世界:其中人物作为主体使自己成为完全的主宰,在他看来,能驾御一切本来就是他的知识和成就的基本内容;在这种世界里人物所追求的目的本身没有实质,所以遭到毁灭。"②车尔尼雪夫斯基接受和发挥了黑格尔的滑稽观,他认为:"丑,这是滑稽的基础、本质。虽然在崇高中也会出现丑,但是丑在崇高中不是专以丑的面目出现,却是以恐怖的面目出现的,这种恐怖依靠它的通过丑而显现的庞大和威力,在我们心里引起恐惧,由于这种恐怖就使人忘记了它的丑。然而,到了这个丑并不可怕的时候,它就在我们心里激起完全不同的感情——我们的智慧嘲笑我们的荒唐可笑。丑只有到它不安其位,要显出自己不是丑的时候才是荒唐的,只有到那时候,它才会激起我们去嘲笑它的愚蠢的妄想,它的弄巧成拙的企图。……因此,只有到了丑强把自己装成美的时候这才是滑稽,……否则,不美将始终只是不美,它就不会进入美学的境界。"③黑格尔和车尔尼雪夫斯基的说法,从事物的内容与形式的矛盾中揭示了滑稽的特征,具有合理的、可资借鉴的一面;但是由于它们没有从社会实践的观点出发来阐明滑稽的历史地位,因而他们的观点难免显得肤浅与片面。

---

① 亚里士多德:《诗学》,罗念生译,《〈诗学〉〈诗艺〉》,人民文学出版社 1962 年版,第 16 页。
② 黑格尔:《美学》第 3 卷下册,朱光潜译,商务印书馆 1981 年版,第 290 页。
③ 车尔尼雪夫斯基:《论崇高与滑稽》,《车尔尼雪夫斯基论文学》中卷,辛未艾译,上海译文出版社 1979 年版,第 89 页。

　　我们认为,滑稽和崇高的共同性,在于都表现了实践主体与客观现实矛盾对立的斗争过程;但是由于矛盾双方所处的位置不同,形成了现实对实践的不同的肯定形式,这便使滑稽的美学特征有别于崇高。滑稽的本质特征,不是通过丑对美的暂时压倒来揭示美的理想,侧重于对人的本质力量作间接的肯定,而是侧重于在对丑的直接否定中突出人的本质力量的现实存在。当实践主体在矛盾斗争中已经居于主导地位时,现实对象作为实践主体的对立面,已经或即将被战胜,从而成为失去了存在依据的事物,成为可以任意揶揄、摆弄的对象。这时候,这种已经失去存在根据的事物仍然坚持要以往昔的强大威严的外观而存在,就以其触目的不协调的形式引人发笑,从反面肯定了实践主体斗争的胜利,也即是以其独特的形态显现了人的本质力量。这便是滑稽。

　　马克思从人类历史新生与陈旧这两种社会力量的矛盾斗争中,深刻地阐明了喜剧的形成。他在《〈黑格尔法哲学批判〉导言》中指出,当着欧洲历史已经进入资本主义时代的时候,还保留着封建割据的"现代德国制度是时代错乱,它公然违反普遍承认的公理,它向全世界展示旧制度毫不中用;它只是想象自己具有自信,并且要求世界也这样想象",这种"用一个异己本质的外观来掩盖自己的本质"的"现代的旧制度不过是真正主角已经死去的那种世界制度的丑角。历史是认真的,经过许多阶段才把陈旧的形态送进坟墓。世界历史形态的最后一个阶段是它的喜剧"①。

　　新生事物在开始的时候,经历过艰苦的斗争,表现出崇高的斗争精神,甚至会遭遇失败而形成悲剧。但是,当着这种社会力量已经走完了它的上升阶段,就会逐渐失去它的存在的历史合理性,会在另一种新生力量面前转化为即将被战胜的旧事物,从这个时候开始,它就进入了历史的喜剧阶段。现实生活中的许多事物都曾不可避免地由悲剧向喜剧、由崇高向滑稽方面转化。就这样,历史表现出了它的辩证法的逻辑。黑格尔曾经把这叫做"历史的讽刺"。马克思指出:"黑格尔在某个地方说过,一切伟大的世界历史事变和人物,可以说都出现两次。他忘记补充一点:第一次是作为悲剧出现,第二次是作为笑剧出现。"②历史就是这样不断前进的。

　　新事物不断地战胜和代替旧事物。新陈代谢是不可抗拒的。从否定旧世界的角度说,通过对旧事物的丑的本质的揶揄、嘲笑和彻底揭露,间接地显示出现实对主体实践的肯定,使人类"愉快地和自己的过去诀别",这便构成了否定型的滑稽。另

---

　　①　马克思:《〈黑格尔法哲学批判〉导言》,《马克思恩格斯选集》第1卷,人民出版社1995年版,第5页。

　　②　马克思:《路易·波拿巴的雾月十八日》,《马克思恩格斯选集》第1卷,人民出版社1995年版,第584页。

一方面,人类愉快地向自己的未来前进,从前进中的实践主体方面来说,对存在于自身的非本质的"丑"的欢快嘲笑,直接实现现实对实践的肯定,构成肯定型的滑稽。如果说否定型的滑稽的特征在于丑的内容用美的形式掩盖起来(如历史上许多美学家所早已揭示的),那么肯定型的滑稽则是美的内容采取了某种丑的外观,如机械的、愚蠢的、某些类似旧事物的表现形式(这是历史上的美学家所常常忽视的),例如《史记·滑稽列传》中的优孟、《徐九经升官记》中的徐九经的扮相及表演等等。在这里,受嘲弄的"丑",仅仅是作为被现实肯定的正面人物非本质的形式存在的。这种非本质的"丑"与否定性滑稽主人公的本质的丑,例如《钦差大臣》的主人公及《儒林外史》中严监生等人的丑,显然是性质不同的。肯定型的滑稽在社会主义艺术中日见增多,理应受到我们进一步的重视和研究。但总起来说,肯定型和否定型两种滑稽,都是人的本质力量在社会实践中的特殊形态的感性显现,都是以其内容与形式的尖锐矛盾、不协调以及形式的虚假性而引人发笑的。

车尔尼雪夫斯基说:"滑稽的真正领域,却是人、是人类社会,是人类生活,因为只有在人的身上,那种不安本分的想望才会得到发展,那种不合时宜、不会成功以及笨拙的要求才会得到发展。"[1]车尔尼雪夫斯基肯定滑稽的"真正领域"是人及其社会生活的见解,的确相当深刻。无机物和植物可以形成崇高,却难以形成滑稽。因为这些自然物无论是否已被人类所征服,都不可能装出与自己的内容不相称的虚假的外观。只有某些动物对于人类行为的笨拙摹仿或徒劳反抗,才可能引起某种滑稽感。例如,狗熊的"敬礼",猴子的化装表演等。所以,滑稽的主要对象是人。

滑稽的审美特征,是引发人们在恶的渺小空虚和善的优越的比照中,看到自身的胜利和威力,引起一种对于对象轻蔑嘲笑的审美愉悦。车尔尼雪夫斯基说:"滑稽在人们心中所产生的印象,总是快感和不快之感的混合,不过在这种混合中,快感通常总是占优势,有时这种优势是这样强烈,那种不快之感几乎完全给压下去了。这种感觉总是通过笑而表现的。丑在滑稽中我们是感到不快的;我们感到愉快的是,我们能够这样洞察一切,从而理解,丑就是丑。既然嘲笑了丑,我们就超过它了。"[2]车尔尼雪夫斯基还举例说,比如人们嘲笑笨伯,同时也就理解到他的愚蠢,理解到他想不做一个糊涂蛋该怎么办。这时,人们就觉得比被嘲笑者"超过很多了"。显然,这种在丑面前获得"幸福的心境"的人们,他们所获取的那种"优越感",包含着伦理

---

①　车尔尼雪夫斯基:《论崇高与滑稽》,《车尔尼雪夫斯基论文学》中卷,辛未艾译,上海译文出版社1979 年版,第 90 页。

②　同上书,第 97 页。

的满足和冷静的认识,不同于崇高感所引起的强烈的伦理追求和理智探索。因而其表现形态,也不同于崇高感的余味深浓,而常常是顿悟式的惊喜交集。惟其如此,滑稽所引起的审美效果,具有更为鲜明强烈的娱乐性。它的特征就是引人发笑。艺术中的喜剧以其鲜明而强烈的滑稽感为特色,引导人们在对人的本质力量的积极肯定中直观自身,在对丑的嘲弄中获得强烈的审美愉快,被人们称之为笑的艺术。

笑,本身是一种生理现象。达尔文说:"笑声是由于一种深吸气而发生的;在进行这种深吸气的时候,紧接着发生胸部和特别是横膈膜的短促而断续的痉挛收缩。因此,我们就听到'双手捧腹的大笑'。"①引发这种生理现象的原因是多种多样的。它可能纯然是一种生理本能的反应,如婴儿的嬉笑,搔痒引起的笑,等等;也可以是在社会实践中对于对象是否适应人的需要而产生的情感和情绪的反应,如事情成功后的喜悦,受到褒奖时的高兴,都可发出笑声;在对于显示了人的本质力量的审美对象的观照中,才会产生审美的笑。审美的笑包括两种情况:一种是优美的对象引起人们精神的满足,会心的微笑;另一种则是由于对象的内容与形式的鲜明强烈的不协调,使人忍俊不禁,于是"我们内脏的弹性部分的某种传达到横膈膜的交替紧张和放松与之相应了(就像那些怕痒的人那样):这时肺部以很快相继而来的间歇把空气喷发出来,因而产生一种有助于健康的运动"②——发出笑声来。作为滑稽感的笑,饱含着人类直观自身的胜利和自豪感。康德认为:"在一切会激起热烈的哄堂大笑的东西里都必然有某种荒谬的东西(所以对于它知性本身不会感到任何愉悦)。笑是由于一种紧张的期待突然转变成虚无而来的激情。"③这种说法,把作为审美效果的笑与一般生理的笑、喜悦的笑区分开来,对于探讨喜剧的美学特征是有意义的。柏格森专门写了研究"笑"的著作,但他从生命哲学出发,认为笑是机械性压倒生命的结果。由于他们脱离社会实践,单纯从主观精神方面寻找笑的根源,必然陷入唯心主义。

实际上,由滑稽对象引起的滑稽感的笑,只能从产生美与美感的社会实践中去探析。笑作为人类的情感反应,可以来自两种截然不同的情绪体验:肯定性的笑是由肯定型滑稽对象引起的,实际上是一种对人的本质力量的直接自我观照,这里对其乖谬形式的否定与对其美的内容的肯定是辩证统一的,是一种因产生喜悦之情而发生的笑,因而比较容易理解;否定型的滑稽对象同样也能引人发笑,这是因为它的

---

① 达尔文:《人类和动物的表情》,周邦立译,科学出版社1958年版,第128页。
② 康德:《判断力批判》,邓晓芒译,人民出版社2002年版,第181页。
③ 同上书,第179页。

丑的内容偏偏以美的外观作为掩饰,真与假、善与恶的对立显得特别鲜明触目,从而引起人们的强烈的理智批判态度,一下子领悟到它的内容的空虚。这种笑声具有烧毁无价值的、虚伪而丑恶的社会现象的巨大威力,同时也就是对于有价值的真、善、美的东西的热情肯定。这样,在对于人的本质力量的感性形态的曲折观照中,便得到一种充满自豪和满足的愉悦感。

喜剧艺术随着人类社会生活的发展而不断发展,日益丰富和深化。在过去的闹剧中,笑多半来自人的形体、动作等外部形式以及与外部环境或正常生活习惯的不适应、不协调等,如男人作女人的情态,成年采取幼童的动作,以及庸俗的噱头之类。这种初级形态的滑稽,较少涉及重大的社会内容和深刻的社会意义。随着社会生活的发展,艺术中的喜剧性由单纯嘲笑人的外部形体动作,上升到对人的精神世界的丑、对某种社会秩序、社会制度的丑的嘲笑,出现了莫里哀、塞万提斯、吴敬梓、果戈理、鲁迅、卓别林笔下的意味深长的喜剧形象。唐·吉诃德、阿 Q、卓别林创造的流浪汉等,都是些外表滑稽可笑而内心具有正义品格的人物,他们所引起的笑声常常令人含着眼泪。与此同时,具有深刻社会内容而热情歌颂新生力量的正面喜剧人物,也与日俱增,愈益显示出强大的艺术生命力。在这里还应指出,喜剧的审美价值的发展,也是与人们对喜剧性的审美能力的提高相一致的。卓别林说:"智力愈发达,喜剧就愈成功。未开化的人很少有幽默感。"①当然,幽默感的发展,并非纯智力的问题。从根本上讲,主体实践造成的滑稽形态的愈益增多和愈趋深入,也同时不断提高着人们欣赏滑稽的能力。过去宫廷的弄臣们,仅能以某些形体动作的怪诞来取乐君主、贵族,本是统治阶级借以嘲笑人民的;今天看来,这一娱乐本身,倒是成了暴露贵族们精神生活贫乏空虚的喜剧性现象。被嘲笑的对象,反倒成了嘲笑嘲笑者的对象。这种发人深省的奇妙的颠倒和演变,深刻地说明,人们审美能力的提高,对增强和发展喜剧性的审美价值,有可能产生十分重要的特殊意义。

喜剧性的体现形式是极其多样化的;过去的美学家也曾进行过较为详细的分类,如区分为闹剧、谐谑、揶揄、打诨、讽刺、冷嘲、幽默等等。实际上,它们彼此之间的界限是很难划清的。我们在这里主要介绍讽刺和幽默。

讽刺是以真实而夸张或真实而巧妙之类的手段,极其简练地把人生无价值的东西撕破给人看,引发人们从中获得否定和贬斥丑的精神和情感愉悦。这是否定型喜剧性的一种表现形式。漫画是运用夸张手段进行讽刺最为明显有效的一种艺术形式。华君武讽刺那些缺乏毅力的戒烟者,画了一组由三个承续画面组成的漫画:一

---

① 转引自李泽厚:《关于崇高与滑稽》,《美学论集》,上海文艺出版社 1980 年版,第 224 页。

是戒烟者举手表决心并把烟斗从窗口摔出去,二是急奔下楼,三是赶到楼下接住了烟斗。讽刺的运用,在阶级社会中一般都带有阶级性,它可以用于对付敌人,也可以用于批评内部的弊端。因此,尽管讽刺的笑都具有否定性,但由于讽刺对象不同,讽刺者的立场和态度不同,笑的否定性质和程度会有不同,其美学意义也不能一概而论。

幽默是喜剧性的一种独特形态。它不像讽刺那样辛辣,而是把内容和形式中美与丑的复杂因素交合为一种直率而风趣的形式外化出来。车尔尼雪夫斯基认为,一个有幽默倾向的人,一方面认识了自己的内在价值,另一方面却清楚地看出自己的地位、自己的外表、自己的性格中所具有的一切琐屑、可厌、可笑、鄙陋的东西。因此,"幽默感是自尊、自嘲与自鄙之间的混合"①。车尔尼雪夫斯基的见解揭示了幽默的主要特征。幽默所引发的笑,常常带有轻微的讽刺意味。美、丑因素的不同配置组合,又可以塑造出不同的幽默形象。以前者为主导,构成风趣潇洒、可亲可佩的正面形象;以后者为主导,则构成鄙陋可笑却不无可爱之处的反面形象。伊斯特曼曾举例说,默罕默德自夸能用虔诚祈祷使山移到面前来。一大群弟子来围观他显本领。可他祈祷再三,山仍岿然不动。他于是说:"好,山不来就默罕默德,默罕默德就去就山吧!"②以聊以解嘲的可笑形式,造成饶有趣味的幽默感。莎士比亚的《亨利四世》中的福斯塔夫,既不高尚又不正经,但他并非恶人。他的令人发笑的言行,引起的是一种轻微的嘲讽。幽默的讽刺意味的轻微性,突出地反映了人们洞察事物本质和坚信历史发展趋向的乐观精神。这也正是幽默的鲜明的美学特征。

6.4　优　　美

如果说崇高和滑稽是实践主体与客体的对立斗争过程直接或间接的显现,那么,优美,则是实践主体与客体的和谐统一所显现出来的美。

崇高与滑稽,作为一个"统一过程",记录着主、客体斗争历程或趋势的鲜明印痕。它们的共同美学特征,是在主、客体压倒关系的动态转化中,各以压倒式的统一方式,显现人的本质力量,造成自我观照的独特审美价值。优美则不同。首先,它没有任何斗争统一过程的痕迹,是一个已经实现统一的形象实体,以比较单纯直接的形态表现了现实对实践的肯定。其次,它不是一种压倒式的统一,而是现实与实践、

---

① 车尔尼雪夫斯基:《论崇高与滑稽》,《车尔尼雪夫斯基论文学》中卷,辛未艾译,上海译文出版社1979年版,第95页。
② 转引自朱光潜:《文艺心理学》,《朱光潜美学文集》第1卷,上海文艺出版社1982年版,第276页。

真与善、合规律性与合目的性交融无间的辩证统一。第三,它不是在自身构成中包含着丑,而恰是在与丑抗争中显现人的本质力量的美的形态;它本身排除了丑,并与自身之外的丑相比较而存在。由主、客体矛盾关系的特殊性所决定的优美的上述特点,归结到一点,便构成了优美最根本的美学特性:和谐。

　　这种和谐,体现在主、客体的统一关系中,常常突出地表现为合目的性的理想与合规律性的类的完满性的浑然交融。希腊雕刻家所雕刻的男神、女神健美的体格,提香和鲁本斯所画的艳丽的裸体画,高乃依所描写的超人的英雄,《解放了的普罗米修斯》中洋溢着的宁静、幸福而又普遍完满的气氛,莫扎特、舒伯特和门德尔松的音乐的舒放轻快的音响旋律,施特劳斯的《蓝色的多瑙河》,张若虚的《春江花月夜》,……无不显现着人类的体格、精神和情感的完满性与理想化交融一体的和谐美。

　　这种和谐,特别明显地体现在优美对象内容与形式的统一关系上。内容与形式的统一关系及其独特方式,是决定并显现特定美学范畴、美学特征的重要因素。崇高对象的无限巨大和强劲这一根本的内在本质,是通过内容压倒形式的方式得到明显体现的。而正是这一特性,又决定了崇高的形式,往往会相应地超越一般物象的常态。拿自然界的崇高来说,常常显出惊人的威力,就是一种表现。如狮、虎的异常凶猛,雷电交加似乎能摧毁一切的气势,广漠的荒凉显出来的寂寥,等等。结构组合上违反和背离一般的均衡、对称、比例、调和等规律,是又一种较为普遍的表现,如粗糙、巨大、瘦硬等等。滑稽以其特有的内容与形式的尖锐矛盾,突现主体的居高临下的姿态和对于客体的揶揄、嘲弄的优越态度。而优美的和谐,则是在内容与形式统一关系和构成方式上表现出来的。莫扎特、舒伯特等音乐的优美内容,是伴和着那流畅甜蜜的旋律,那单纯而又协和的音程传达出来的;提香、丁托列托的绘画的优美,是与他们善于发掘和处理特定生活对象各种原色的光辉分不开的;罗可可式的建筑,则是以其华丽的如花似锦的装饰、波浪形的涡卷纹,以及曲线与转折线的协调处理,构成了适得其妙地表现特定内容而独具格调的优美的。

　　优美与崇高、滑稽等范畴的不同内涵,决定了它们的美感特点也各不相同。宁静和谐的审美感知和情感上的平静的愉悦等心理功能突出,是优美感的基本特点。里普斯说:"我这里特地再说一下,凡不是猛烈地、粗暴地、强霸地,而是以柔和的力侵袭我们,也许侵入得更深些,并抓住了我们内心的一切,便是'优美的'。"①车尔尼雪夫斯基也指出:"美感的一个主要特征,是一种温柔的喜悦;我们看到,由伟大在我

---

　　① 　里普斯:《喜剧性与幽默》,刘半九译,马奇主编:《西方美学史资料选编》下卷,上海人民出版社1987 年版,第 819 页。

们心里所引起的感觉的性质完全不是这样。"①车尔尼雪夫斯基所说的"美感",就是指的狭义的美——优美所引起的审美感受。他以"温柔的喜悦"来概括这种美感特点,并以之与"伟大"(即指崇高——引者按)的美感特点相区分,是很有道理的。其一,优美的对象一般体积不是太大,与主体相比两者相当,是主体通过感官便能直接感受领略的美,而崇高等等,则须通过理智与情感更为紧张的探索与激荡才能感受领会。其二,即便优美感亦需有审美者的某些想象活动,但与崇高感等等的想象仍有不同。对优美的审美感受,由想象所趋向的情感和理解,是偏重于对合规律性的自由形式的玩赏和领悟,始终伴随并增添着赏心悦目的快感。崇高感的想象,则更多地倾向于对合目的性的必然内容的探索追求,更为侧重于在矛盾冲突中求取伦理情感和哲理思维的交融。人们观花、赏月、流连忘返于小桥流水的田园风光,或者读一首抒情小诗,看几幅山水小品,与仰视群峰、临江观海,或者观赏一场悲剧,所得的审美感受就迥然不同。我们正可以从中具体地体味到优美的美感特点。

优美在不同的领域有其各自的具体特性。社会生活中的优美,偏重于内容,突出地体现着真与善的和谐统一。社会美的主要对象是人,是人的社会实践活动。优美的人应是外在形体美和内在人格美的和谐统一。如为国争光的体操选手的美,健康轻灵的舞姿的美,鹤发童颜的长者与红领巾的天真相辉映的美,假日春游活动的美,等等。正确地把握社会生活中优美的本质特性,对于美化我们的生活,具有十分积极的意义。

自然中的优美,则偏重于形式。优美的自然景物,鲜明地体现着人类合目的性的实践活动与自然规律的和谐统一。这种主、客体之间统一的和谐性,与优美的自然对象自身多样统一的形式美,又互相交融,相得益彰。比如桂林山水,那山明水秀的自然映衬,细雨朦胧中的青翠山色,雨止云高时的如镜碧波……无不引起人们观赏自然风光的无限趣味,获得赏心悦目的审美愉悦。

艺术中的优美是现实中的优美经过艺术家选择和加工的产物,因而能够更为集中而鲜明地显示出优美的审美特性。艺术家从自然和社会事物多彩多姿的优美形态中任意选材,进行个性不同的艺术处理,会使其作品呈现出不同的风貌和姿态。针对不同描写对象的特点和特定艺术环境的需要,在不同艺术门类中创造种种独见其姿容韵味的审美意象,更有无限广阔的艺术天地。如,文学描写中长短句式、雅俗词语交相配合的和谐美,跌宕起伏的布局美与缓急交错的节奏美;音乐作品中不谐

---

① 车尔尼雪夫斯基:《论崇高与滑稽》,《车尔尼雪夫斯基论文学》中卷,辛未艾译,上海译文出版社1979年版,第73页。

和音的得体运用;绘画中色彩互补对比的绝妙处理,凡此等等,都是着意运用相反相成的技法创造特有的和谐美。

6.5　丑

在美学中,"丑"是一个内涵十分丰富而又颇多歧义的概念。总括前人有关"丑"的论述,主要有四种虽有联系却又不尽相同的含义:第一,是在美与丑相比较、相对立的意义上,把丑视为美的对立面,确认为美的负价值,这是对丑的一般的、抽象的哲学概括。第二,是针对文学艺术中丑的人、事、物来说的,这些丑的对象在艺术作品中不是作为美的陪衬,就是因为在形象中渗透着艺术家否定性的审美评价而发生了质的变化,成为对其现实存在的否定,因而具有了正面的审美价值。第三,是就事物或艺术品的表现形式而言的,一切有乖于常态的形式和表现,都被视为丑。崇高对象的巨大、粗糙、瘦硬、稚拙,其表现形式是丑的。前引亚里士多德在《诗学》中关于滑稽的论述,就把滑稽同丑相联,将喜剧演出里所用的面具说成是"又丑又怪"的。这当然无关面具的内容,而仅仅着眼于面具总要对人的实际面貌加以夸张、扭曲、变形、变色等等,而称它为丑的。第四,近代、特别是自19世纪中叶以来,一些美学家、艺术家认为,人们对美的欣赏、表现,已经过滥、过时,他们在美中发现丑,进而呼唤丑,把丑看成美的特定形态,甚至是最高级的形态。

在本书第一章阐述美的本质的时候,我们就是把丑作为美的对立面来加以界定的,指出丑"是歪曲和否定人的本质力量的感性形象,它的存在妨害和阻碍着人的本质力量的发挥与显现,因而在审美中是一种负价值"。有关丑的第二种含义,我们在"生活丑与艺术美"一节中,也作了较为详细的论述。因此,对于丑的第一、第二种含义,在这里就不再赘述了。

至于第三种含义中的丑,由于是仅就形式而言的,所以它与怪、奇、粗、拙、简、朴、生、涩等等有关表现形式的诸概念的内涵,是一脉相通的。我们说过,艺术美一般追求内容与形式的和谐统一,因此在独立形态的艺术发展的初期,艺术家除精心熔炼作品的内容外,大都致力于创造美轮美奂的艺术形式,因而一般说来他们所创造的审美意象,极少表现在丑的形式中①。西方从古希腊、罗马的艺术到文艺复兴

---

① 在文学艺术取得独立形态之前,由于与巫术礼仪、图腾崇拜等等结合在一起,其形态是复杂多样的。其形式有的在今人的眼光里,也可以说是一种"丑",但这绝非对于丑的艺术表现形式的自觉追求,而是受制于原始人的神秘观念。

时期的雕塑、绘画、文学作品等等是如此,我国宋元以前的文学艺术创作也极少例外。随着审美实践经验的不断积累,许多艺术家开始意识到丑、怪、奇、朴等等艺术形式往往比美的形式更富表现力。我国近代文艺美学家刘熙载在他的美学代表作《艺概·书概》中,就认为以丑、怪、奇、朴等形式表现的美,才是书法艺术所能达到的最高境界。他说:

> 学书者始由不工求工,继由工求不工。不工者,工之极也。《庄子·山木》篇曰:"既雕既琢,复归于朴。"善夫!
> 怪石以丑为美,丑到极处,便是美到极处。一丑字中丘壑未易尽言。
> 俗书非务为妍美,则故托丑拙。美丑不同,其为为人之见一也。
> 书家同一尚熟,而熟有精粗深浅之别,惟能用生为熟,熟乃可贵。①

刘熙载的论述尽管不很具体,但其基本含义还是可以明白的:第一,艺术是人的创造,是"人为"的,但却忌"为人"的做作,为了迎合欣赏者而"务为妍美"或"故托丑拙",都违背了美和艺术的自由创造的精神,因而难以塑造出真正美的审美意象;第二,所谓"丑到极处,便是美到极处",它的含义同古人早就揭示的"大智若愚"、"大巧若拙"是相通的,这正像人们讲到"火"时,一般想到的总是红的颜色,但事实上火燃烧得最充分的时候它的颜色却是青的,所以炉火纯青才是它的最高的境界。艺术创作的炉火纯青的最高境界,在刘熙载看来,就是寓美于丑,"用生为熟"。第三,在艺术美的创造中,要达到这种"丑中见美"、"不工中显工"的大美、大工的极致,需要在长期的艺术实践中作艰苦不懈的努力,所以说"用生为熟,熟乃可贵"。

刘熙载揭示的文艺创作的这一审美表现的规律,为许多美学大师、艺术大师所普遍认同。那么,为什么丑、怪、奇、朴等等艺术形式会比美的形式更富表现力呢?我们认为,这大致涉及三个方面的原因:

其一,作为形式,丑与美、怪与常、奇与正、朴与华等等,都是相比较而存在的,没有绝对的界限。宋玉在《登徒子好色赋》里,强调他家乡"佳人"的美,超过了天下其他地方,而他的邻居"东家之子"的美,又在家乡其他美女之上。应该说,天下的佳人都是美的,每一位佳人都各有其美的特点。至于作者说"臣里"的佳人是更美的,但相对于"东家之子",却又都不那么美了,则不过是作者的主观判断。因此,对于艺术创作而言,其形式可以而且应该多种多样,如果永远拘泥于一种形式,哪怕它是最美

---

① 刘熙载:《艺概·书概》,上海古籍出版社1978年版,第168页。

的,也必然会妨碍艺术的发展、繁荣,失去其应有的光彩。

其二,从人们的认识水平、实践经验来看,一般都有一个由简趋繁、再由繁趋简的辩证运动过程。黑格尔深刻指出:

> 通常人有一种成见,以为艺术在起源时总是简单而自然的。这句话在一定程度上当然是对的:这就是说,粗糙的和野蛮的风格比起艺术的真正精神当然较为简单自然。但是就艺术作为美的艺术而言,它的自然,生动和简单却是另一回事。所谓艺术的开始,即当作粗野来了解的简单自然,例如儿童所画的简单形体,用几条不成形的线就代表一个人或一匹马,与艺术和美并不相干。美作为精神的作品就连在开始阶段也要有已经发展的技巧,大量的研究和长久的练习。既简单而又美这个理想的优点毋宁说是辛勤的结果,要经过多方面的转化作用,把繁芜的,驳杂的,混乱的,过分的,臃肿的因素一齐去掉,还要使这种胜利不露一丝辛苦经营的痕迹,然后美才自由自在地,不受阻挠地,仿佛天衣无缝似地涌现出来。这种情况有如一个有教养的人的风度,他所言所行都极简单自然,自由自在,但他并非从开始就有这种简单自由,而是修养成熟之后才达到这种炉火纯青。①

因此,在丰富的审美实践和艺术创作实践中所实现的表现形式上的丑、怪、奇、朴等等,"成如容易却艰辛",确实大都体现了一种更高的审美境界。我国清代以郑板桥为代表的生活在扬州地区的八位画家,就因为他们的画在形式上打破了古代传统绘画的格局、技法,以丑、怪、奇、朴等等手段,营造出了崭新的意境,被世人称为"扬州八怪"②。在 20 世纪新起的电影艺术中,卓别林那小丑似的扮相,极度夸张而笨拙的动作,以至那不相般配的衣履等等,将他自编自导的许多影片,推向了电影喜剧艺术的高峰。这些都是成功的范例。

其三,相对于美的造型,丑、怪、奇、朴等等手法,当然更为多样,为艺术家自身的本质力量的显现提供了更为广阔的自由驰骋的活动空间,有利于艺术个性的表现和才能的发挥。雨果就艺术中美与丑的形式,深刻地指出:"美只有一种典型;丑却千变万化。因为,从情理上说,美不过是一种形式,一种表现在它最简单的关系中、在它最严整的对称中、在与我们的结构最为亲近的和谐中的一种形式。因此,它总是

---

① 黑格尔:《美学》第 3 卷上册,朱光潜译,商务印书馆 1979 年版,第 5—6 页。

② 除郑燮(板桥)外,其他七人为:李鱓、金农、高翔、汪士慎、黄慎、李方膺、罗聘。

呈现给我们一个完全的、但却和我们一样有限的整体。而我们称之为丑的那种东西则相反,它是我们所没有认识的那个庞然整体的一部分,它与整体万物协调和谐,而不是与人协调和谐。这就是为什么它经常不断向我们呈现出崭新的、然而不完整的面貌的道理。"①这就是说,艺术和谐的形式总大体趋向一致,而不和谐却是千变万化的。

把"丑"作为美的特定形态的第四种有关丑的含义,是近代社会文化审美活动的产物。莱辛在《拉奥孔》里首先强调:"艺术在近代占领了远较宽广的领域。人们说,艺术摹仿要扩充到全部可以眼见的自然界,其中美只是很小的一部分。真实与表情应该是艺术的首要的法律;自然本身既然经常要为更高的目的而牺牲美,艺术家也就应该使美隶属于他的一般意图,不能超过真实与表情所允许的限度去追求美。如果通过真实与表情,能把自然中最丑的东西转化为一种艺术美,那就够了。"②从莱辛的这番话,可以知道早在 18 世纪中叶(《拉奥孔》成书于 1766 年),丑已经引起了人们更多的关注,以至要求把丑放在艺术应有的位置上;不过莱辛并没有把丑直接当作美的一种特定形态,而只是要求将"自然中最丑的东西转化为一种艺术美"。到了 19 世纪,以法国伟大作家雨果为代表的浪漫主义思潮,更在莱辛开辟的道路上,迈出了有决定意义的一步。雨果说:"古代的丑怪还是怯生生的,并且总想躲躲闪闪。可以看出它还没有正式上台,因为它在当时还没有充分显示其本性。它对自己还一味加以掩饰。"③而到了近代,"诗神"的认识提高了,"她会感到,万物中的一切并非都是合乎人情的美,她会发觉,丑就在美的旁边,畸形靠近着优美,丑怪藏在崇高的背后,美与恶并存,光明与黑暗相共。"④因此,雨果响亮地发出了对丑的呼唤:

　　　　在自己的作品里,把阴影掺入光明、把滑稽丑怪结合崇高优美而又不使它们相混,换而言之,就是把肉体赋予灵魂、把兽性赋予灵智;……⑤

　　　　现在是时候了,一切富有学识的人应该抓住那一条总是把我们称之为美的东西和我们根据偏见称之为丑的东西连接了起来的纽带。缺陷——至少我们是这样称呼的——往往是品格的一个命定的、必然的、天赋的条件。……我们在什么地方看到过没有背面的奖章?哪一种才能不

①　雨果:《〈克伦威尔〉序》,《雨果论文学》,柳鸣九译,上海译文出版社 1980 年版,第 37 页。
②　莱辛:《拉奥孔》,朱光潜译,人民文学出版社 1981 年版,第 18 页。
③　雨果:《〈克伦威尔〉序》,《雨果论文学》,柳鸣九译,上海译文出版社 1980 年版,第 32 页。
④　同上书,第 30 页。
⑤　同上书,第 30—31 页。

随着它的光明也带来阴影,随着它的火炬也带来烟雾? 某一种污点只可能是某一种美所具有的不可分割的后果。这种不协调的笔法,虽然对人有些刺激,但它使效果更完全,并且使整体更突出。如果删掉了丑,也就是删掉了美。①

雨果不仅在理论上大胆地发表了自己的宣言,而且身体力行地在自己的创作中给丑以突出的地位,他不是仅仅把丑与美鲜明地对立起来,同时还竭力在丑中发现美,从而推动了近代艺术与审美观念的演进。在他的代表作《悲惨世界》中,同善与美的化身冉阿让处处对立的警长沙威,虽然是一个旧制度的代表人物,却不仅忠于职守,而且在故事的结尾,因承受不住私放冉阿让的心理压力,而投河自杀了。同样,在直接表现 1793 年法兰西大革命那动荡不安岁月的《九三年》里,焚毁村庄、屠戮无辜的朗德纳克侯爵这个魔鬼,竟在听到一个母亲呼天喊地的悲号声时,毅然从地道中出来,返回大火熊熊的堡垒,救出了三个孩子,而义无反顾地把自己的头颅献给革命军。显然,作家赋予反面人物沙威和朗德纳克的这些品质,是以往文学艺术中极少见到的,是同雨果就丑所发表的宣言的精神相一致的,已经隐含着对丑的直接肯定与讴歌。

19 世纪中叶兴起的象征派诗歌开西方现代派艺术之先河。它的显著特征在于进一步提高了丑的地位。1857 年,法国象征派诗人波德莱尔出版了诗集《恶之花》,寓意在于表现当时社会现实的丑恶、罪恶和世纪病的忧郁病态之花。作者为了惊世骇俗,刺痛社会上层人物的眼睛,利用腐尸、蛆虫、死亡等丑的意象来抒发自己在 1848 年革命之后感到幻灭而产生的苦闷、忧郁、悲观、愤怒和反抗的情绪。他认为:"任何美都包含某种永恒的东西和某种过渡的东西,即绝对的东西和特殊的东西。绝对的、永恒的美不存在,或者说它是各种美的普遍的、外表上经过抽象的精华。每一种美的特殊成分来自激情,而由于我们有我们特殊的激情,所以我们有我们的美。"②他所说的现代特殊的美是指"成千上万飘忽不定的人——罪犯和妓女——在一座大城市的地下往来穿梭,蔚为壮观",是指街谈巷议中对于部长的讥笑,"罪犯临死时的豪言壮语",黑色的丧服以及"裸体"③等等。在波德莱尔笔下,丑的意象直接作为"美"而出现在读者面前。

① 雨果:《〈克伦威尔〉序》,《雨果论文学》,柳鸣九译,上海译文出版社 1980 年版,第 84 页。
② 波德莱尔:《1846 年的沙龙》,《波德莱尔美学论文选》,郭宏安译,人民文学出版社 1987 年版,第 300 页。
③ 同上书,第 301—303 页。

　　在其后的现代派艺术中,丑是普遍作为正面理想而大量出现的。美丑地位的这种颠倒,有其深刻的社会文化原因。随着科技进步和社会生产力的提高社会经济大大向前发展,经济利益的膨胀诱发社会矛盾的加深,人们的精神世界愈加陷入了异化的痛苦。人们感到人的价值和自由度大大降低,似乎人变得越来越无足轻重,精神上滋生了莫名的挫折感和恐惧感。人们对于人类文明的重要支柱——逻辑和理性——产生了怀疑,甚至公然提出否定。人们长期遵循的文化传统价值体系备受质疑,甚至连真善美三大价值以及神圣的宗教信仰也都受到根本性冲击。西方世界的人们似乎失去了行为的规范和制约,着意从内心的本能、冲动、直觉、下意识领域寻找精神慰藉和生存价值,必不可免地伴随着焦虑、悲观乃至绝望的情绪。在这种思潮影响下,体现传统价值观念的美、崇高、悲、喜等审美范型及其相应的艺术法则,普遍受到怀疑和批判,于是,丑作为上述审美观念的代替品备受青睐,堂而皇之地登上了大雅之堂。1917年达达派画家杜桑将一个男式尿斗倒置过来命名为《泉》,送往纽约独立画展,这一事件常常被人们视为颠覆传统美学观点的标志。现代主义各流派的艺术家,以反叛传统、强调自我为特色,在艺术表达领域里进行了不懈的艺术追求,使各个门类的艺术作品的面貌大大改观。在绘画领域,出现了模糊、变形、离奇、恐怖甚至不可思议的画面和场景。文学、戏剧等领域中,常常以荒诞的故事、奇特的人物、夸张的手法、隐蔽的讽喻等,营造令人震撼的艺术氛围。就其展现在作品中的艺术意象而言,应该说大多是丑的,甚至是奇丑无比的,现代派艺术中正面表现丑,这与传统艺术中以丑衬美、化丑为美的思路相比,显然是大异其趣的。

　　现代派艺术家大都是社会精英知识分子,他们反叛传统、颠倒美丑的作法也正是他们关心社会前途、对人生价值有所追求的表现。后现代派艺术家则又大不相同。20世纪后半叶,由于两次世界大战造成的精神创伤,由于西方进入后工业社会信息时代使艺术愈加深入到人们的日常生活,由于解构主义和后解释学思潮的流行,欧美经济发达国家相继出现了新的文化转型。60年代前后,全球性的剧烈动荡和社会危机又催生了一种彻底的怀疑论和虚无主义,促使文化艺术进入了后现代主义新阶段。这个新阶段以颠覆和解构为特征:消解经典、消解权威、消解规则,否定历史、否定制度、否定真理,最后只剩下生存、当下、感觉、感官刺激。后现代主义艺术家失去了探讨人生意义的热忱,提倡"零度写作",消解一切价值深度,走向平面化的浮躁、破碎和刺激。在后现代主义艺术中,传统的美丑界限已经失去了意义,人们感受到的常常是一种人生无所依傍又毫无意义的荒诞感。荒诞派戏剧家尤奈斯库说:

　　我们每个人都会在一瞬间确实感到人生犹如梦幻一般,壁垒不再森严,仿佛能看穿一切,进入一个由纯净的光芒色彩织成的茫茫无垠的宇宙;整个人生、整个世界史,都在那一刹那变得无足轻重,毫无意义,根本不存在。……在一个现在看来充满幻觉和虚假的世界里,人类的一切行为都表现得荒诞无稽,整个历史绝对无益,这个存在的事实使我们惊讶万分。……①

　　现代派和后现代派艺术以勇敢的挑战者的姿态、自觉的创新意识和解构意识,开创了文化艺术的新阶段,同时也在经受社会大众的检验和历史浪潮的淘洗。到20世纪和21世纪交替的时代,后现代派艺术已经发生了深刻变化(解构者自己落入了被解构的境地),追求文化价值深度的历史主义思潮正在回潮。同时还应看到,即使在现代派和后现代派艺术大行其道的岁月里,也还有大量的与之拉开距离的遵循优良艺术传统的作品存在。美与丑、悲与喜、崇高与滑稽这些体现传统审美观念的范畴,虽然曾经受到过巨大冲击,却仍然留在或回到人们精神世界的深处,继续成为人们考察新的审美对象的重要坐标系。面对着现代派和后现代派以审丑为特征的各种艺术,我们应该肯定它们在开拓审美疆域、挖掘丑的审美意义方面的历史功绩(对于现实事物的美丑判断的确是能够互相转化的),肯定其中的优秀作品也必然会具有强大生命力而载入史册,同时也应该总结和研究它们的成败得失以利前进。在这一总结提高的过程中,我们相信,人类历史上长期的文化积累中所包含的永恒价值还必然会显示其持久的生命力。

　　以上我们概述了崇高、悲、滑稽(喜)、优美、丑等不同范畴的特点。实际上,表现在现实生活中具体审美对象上面,这些范畴往往是互相联系、彼此渗透而又相互转化的。正因为这样,世界才呈现出极其复杂多样、各具特色的美,从而激发起人们多种多样的美感(包括丑感)。

复习思考题

1. 什么是崇高? 西方美学家是怎样论述崇高的? 应当怎样正确评价他们的见解?
2. 壮美、阳刚之美是否等同于崇高? 为什么?

---

　　① 尤金·尤奈斯库:《起点》,屠珍、梅绍武译,伍蠡甫主编:《现代西方文论选》,上海译文出版社1983年版,第351页。

3. 什么是悲？作为审美范畴的悲有何特点？

4. 悲剧有哪些主要表现形态？

5. 何谓滑稽？它的审美特征是什么？

6. 什么是优美？

7. 丑的美学意义表现在哪些方面？

8. 应当怎样看待现代派、后现代派艺术对于丑的表现与推崇？

第 二 编

第 7 章 美感的本质与特性

　　研究美学,除了研究客观的审美对象及其形态之外,还必须研究作为审美主体的人对美的感受。就是说,必须研究美感,研究人的审美心理。

　　研究人的审美感受在整个美学研究中具有十分重要的意义。号称"现代美学之父"的费希纳,1876 年出版了他的《美学导论》一书,提出要把"自上而下的美学"和"自下而上的美学"区别开来。他把对美的哲学探讨,即从一定的哲学体系出发,经过哲学思辨和逻辑论证,用演绎的方法从一般到特殊来探讨美的本质的传统美学称之为"自上而下的美学"。他主张美学必须从哲学体系中解放出来,着重研究主体的审美感受,由个别到一般,经过不断的归纳去寻求美的法则。他把采取这种研究方法的美学称之为"自下而上的美学"。20 世纪以来,"自下而上的美学"已逐步成为西方美学的主流。这一发展趋势,虽然没有也不可能取消人们对美的本质的哲学探讨,但却表明了审美心理研究在美学中的重要地位。

　　美感具有广狭两种含义。狭义的美感,指的是审美主体对于当时当地客观存在的某一审美对象所引起的具体感受,即审美感受;广义的美感,又称审美意识,指的是审美主体反映美的各种意识形式,包括审美感受,以及在审美感受基础上形成的审美趣味、审美体验、审美理想、审美观念等等所共同组成的意识系统。审美心理学要研究审美意识的整个系统及其各种表现形式,但研究的核心和基础,还是审美感受,即狭义的美感。

7.1　美感是对人的本质力量的自我观照

审美感受起于对美的事物的观照。经验表明,当我们面临某一审美对象(自然的、社会的或艺术的)的时候,对象首先正是以其可感的外在形式吸引我们、打动我们,使我们对它凝神观照而不旁骛他涉,产生强烈的"第一个印象";这种印象,又会立即触发我们的情感,唤起我们的记忆,激起活跃的想象和理解活动,即所谓睹物兴情,"见景顿萌思心"。在情感的推动下,一旦想象力和理解力的自由活动达到和谐的程度,我们就不期然而然地进入一种精神亢奋的状态,不自觉地与对象所指引的某种境界产生共鸣,有所发现,有所领悟。在这种追寻和发现之中,我们会体验到全身心的感动,或者舒畅怡悦,或者动魄惊心,有时甚至达到忘我"销魂"的地步。这种对于客观对象通过感知、想象、情感多种心理功能的综合活动而实现领悟和理解的感受方式,称为审美观照。观照,作为哲学、心理学的专用术语,指的是通过感性直觉直接达到理性本质内容的把握的一种心理过程。通过审美观照,主体就获得了精神上的享受,审美上的满足。

歌德在他早年所写的《论德国建筑》一书中,曾谈到自己对于哥特式教堂的感受。他原来对这类建筑颇为反感,以为它们不过是些紊乱的、不自然的、胡乱拼凑起来的东西,对它"装饰杂乱无章极端仇视"。可是,当他亲临斯特拉斯堡教堂的时候,他获得的印象却完全出乎意料:

> 当我站在那座建筑面前时,我看见的景象使我吃了一惊,那种心情真是我意想不到的。我的灵魂装满了一个伟大而完整的印象,而且由于这个印象是由千百个和谐的细节组成的,我能够享受和欣赏,但无法理解和解释。我多么想经常跑回来享受这种半天堂式的快乐啊,从我们年长的弟兄的作品里领会他们巨人似的精神!……当那些复杂的部分融为完整的块,简单而伟大地耸立在我的灵魂前面,使我的心灵能力欣然升起来,既欣赏又理解时,黄昏多少次用它友情的安息打断我的因搜寻的凝视而弄得疲劳的眼睛啊……在清晨的明媚中,它多么清新地向我招呼,我是多么欣悦地观察那些伟大的和谐的块,在它们无数细小部分中获得生命,就像在永恒自然的作品中一样,全都形成一个整体,全都和整体发生关系!那个庞大的、基础坚固的建筑多么轻盈地升到半空来啊!多么的破碎,然而又多么的永恒![1]

---

[1]　转引自鲍山葵:《美学三讲》,周煦良译,上海译文出版社1983年版,第58—59页。

这里,24 岁的青年歌德,对自己的审美感受作了极其精彩的描述。斯特拉斯堡教堂是以体积的庞大和装饰的繁复著称的,它代表着后期哥特式建筑风格。面对这重重叠叠的钟楼和雕缋满眼的细部,歌德非但不感到破碎和凌乱,反而产生了宏伟和谐的整体印象,说明他是把对象的外在形式作为整体,由感官直接加以把握的,这就是审美感受的直觉性。歌德获得这一印象时,"既欣赏又理解",既享受到"半天堂式的快乐",又感受到心灵为之震颤的巨人般的精神力量,强烈的情感体验中蕴含着深刻的社会理性内容,这就是审美感受的动情性和理解性。

那么,特定的审美对象,何以会引起主体特定的审美心理反应而获得美感? 换句话说,美感形成的根源在哪里? 这就是我们需要进一步探讨的美感的本质问题。

美感的形成,当然离不开审美对象。没有斯特拉斯堡教堂拔地而起、直入云霄的造型,歌德那种身心为之升腾的强烈感动便无由发生。但是,美感的形成又不能单纯归结为对象。在 12 至 15 世纪的欧洲,哥特式建筑原是作为建筑艺术的典范得以普遍流行的,为什么到了文艺复兴之后,人们便转而崇尚古希腊开朗、典雅的建筑风格,而把哥特式建筑当成"粗糙的和野蛮的"①东西加以鄙弃呢? 歌德原来深受流行观点的影响,是厌恶哥特式建筑的,又为什么在他 24 岁、当他成为德国"狂飙突进"运动的一个积极参加者的时候,却能一反成见,对斯特拉斯堡教堂产生如此强烈的共鸣? 这些问题,单纯从对象即哥特式建筑本身是无法得到圆满解释的。欧洲中世纪时期同文艺复兴以后对于哥特式建筑的不同评价,显然反映了社会审美观点的历史变迁;而青年歌德之所以能使哥特式建筑重新恢复荣誉,显然也同他已经具有"新鲜的自然观和艺术观"②有关。可见,即使在歌德个人的审美感受里,也包含着社会审美意识的影响。因此,我们探讨美感的本质,就应当把审美对象、审美主体的个人审美能力和一定时代的社会审美意识这三者联系起来,作全面的考察。

唯心主义美学家否定客观存在的美,主张单纯从人的精神活动中寻求美感的根源。他们过于强调主体审美能力的作用,往往用它顶替了审美对象,甚至把审美能力加以神秘化。如柏拉图就认为,真正的美只存在于尘世之外的理式世界,因而只有少数由于"神灵凭附"而陷入"迷狂"的人,才能观照最高的美,才能"见到尘世的美,就回忆起上界里真正的美"③。新柏拉图主义者普罗提诺进而主张,美作为理式是来自神性。因此,人应当否弃感官所能感受到的物质世界的美,使自己的灵魂经过"净化"而进入神境,取得"灵魂的视觉",这样便可观照到神境之中的理性的美。

---

① ② 黑格尔:《美学》第 3 卷上册,朱光潜译,商务印书馆 1979 年版,第 86 页。
③ 柏拉图:《文艺对话集》,朱光潜译,人民文学出版社 1963 年版,第 125 页。

倾向于这一派的夏夫兹博里、哈奇生等人,还认为人生来就有审辨美丑的能力,人们凭着"内在感官"或"第六感官"就能把握美的观念,直接观照到美。这些说法,既抹煞了现实世界客观存在的美,也抹煞了审美对象在美感形成中的作用,把观念形态的"美的理式"、"美的观念"绝对化、客观化、神学化,因而也就把人的审美能力神秘化或神学化了。这当然是不足取的。但是,他们却以神秘主义的方式肯定了美感是一种能够把握某种理性内容的直接观照,肯定了主观审美能力在美感形成中的特殊能动作用,这显然是从一个侧面窥见了美感的特点。

旧的唯物主义美学家肯定客观现实世界的美,也重视对象在美感形成中的作用,但忽视主体在审美中的能动性,因而对主体审美能力在美感形成中的作用估计不足。如以柏克为代表的英国唯物主义经验论美学家,认定美依存于客观事物的某些可感属性,美感即是这些属性所引起的"令人愉快的松弛舒畅"①的感觉。换句话说,美感是由对象所引起的五官的快感。博克等人从"一切认识都起源于感觉"这个哲学原则出发,强调对象作用于主体的感官才能引起美感,这是正确的,但他们忽视了美感的社会内容和理性因素,甚至把美感和生理快感简单地等同起来,这就滑向了生理主义或感觉主义的泥淖,实际上也就把社会的人降低到了动物的水平,因而难以科学地揭示美感的实质。费尔巴哈和车尔尼雪夫斯基对美感本质的看法,比博克等人要深刻得多。他们不但承认美感来自感觉经验,而且认为美感不是一般的、低级的、非理性的感性认识,它是人通过自己的感官在对象上面认识到自己的本质或自己的生活而获得的愉悦。费尔巴哈把这种愉悦比附为人照镜子:"人在照镜子时,满意于自己的形态。这种满意,是他形态的完美之必然的、不由自主的后果。美丽的形态在自身之中得到满足,它必然因了自己而感到喜悦,必然在自身之中映照出来。"②车尔尼雪夫斯基则根据他关于"美是生活"的理论,把美感看成是从对象身上观照到生活所引起的无私的快感。他说:"凡是我们可以找到使人想起生活的一切,尤其是我们可以看到生命表现的一切,都使我们感到惊叹,把我们引入一种欢乐的、充满无私享受的精神境界,这种境界就叫作审美享受。"③但是,无论费尔巴哈还是车尔尼雪夫斯基,都不可能科学地解释人和社会生活的内涵。他们是人本主义

---

① 柏克:《论崇高与美的观念的根源的哲学探讨》,孟纪青、汝信译,《古典文艺理论译丛》第 5 辑,人民文学出版社 1963 年版,第 68 页。

② 费尔巴哈:《基督教的本质》,《费尔巴哈哲学著作选集》下卷,荣振华、王太庆等译,商务印书馆 1984 年版,第 31 页。

③ 车尔尼雪夫斯基:《现代美学概念批判》,《车尔尼雪夫斯基论文学》中卷,辛未艾译,上海译文出版社 1979 年版,第 23 页。

者。在他们看来,人的本质取决于人的自然属性:"哲学所看到的人,和医学、生理学、化学所看到的一样"①。人的生活,也只是生物学意义上的生命活动而已。人只要像照镜子那样从对象身上看到"生的意味"、"生的现象",便可以直观自己的生命活动,便可以获得美感。这种美感论,无法摆脱消极静观的性质,并没有从社会生活中真正找出美感的根源。

马克思主义强调社会生活在本质上是实践的。实践,是人类特有的认识和改造外部世界的物质的感性的现实活动。这一活动,规定着社会生活和人的本质,也必然最终地规定着美和美感的本质。正如马克思所指出的:"人不仅像在意识中那样在精神上使自己二重化,而且能动地、现实地使自己二重化,从而在他所创造的世界中直观自身。"②人经过实践,在对象世界中能动地、现实地复现自己的本质力量,创造了美;于是人也能从自己所创造的世界中通过感觉直接观照这一本质力量,肯定这一本质力量,引起由衷的喜悦而获得美感。正如美是人的本质力量的感性显现那样,美感是作为实践主体的人对自己本质力量的自我观照。

人为什么能凭着自己的感觉直接观照到自己的本质力量呢? 马克思是从"社会的人"着眼来加以考察的。他所讨论的,既不是孤立于社会之外的单个人,也不是被资本主义的"异化劳动"摧残得畸形片面的"非社会的人",而是结成一定社会关系、保持着活泼的创造力、能动地改造着外部感性世界的实践主体。这种社会的人,"具有丰富的、全面而深刻的感觉"。社会的人的感觉非但和动物的感觉截然不同,而且同非社会的人那种动物式的感觉迥然有别。

首先,这种感觉是丰富而全面的,它的内涵是指"不仅五官感觉,而且所谓精神感觉、实践感觉(意志、爱等等),一句话,人的感觉,感觉的人性"③。所谓精神感觉,指的是精神需要满足与否所产生的感觉,这是一种超出粗陋的物质需要范围的感觉,如因自己的产品满足了他人需要而感到的快感,因同情他人的不幸而感受到的痛苦,因认识的成功或失败引起的喜悦或沮丧等等。所谓实践感觉,即心理学所谓"实践感",指的是人因自己在广泛的实践领域的各种活动而引起的情绪反应。例如在劳动、学习过程中引起的积极的情绪反应,"来自所表现出来的熟练技巧,来自成功的努力,来自独立的探索,并由于取得成果而满意";也可能引起消极的情绪反应,"由于工作过程枯燥单调而抑郁等"④,都属于实践感。实践感觉包含着与实践活动

---

① 车尔尼雪夫斯基:《哲学中的人本主义原理》,周新译,三联书店 1958 年版,第 22 页。
② 马克思:《1844 年经济学哲学手稿》,《马克思恩格斯选集》第 1 卷,人民出版社 1995 年版,第47 页。
③ 马克思:《1844 年经济学哲学手稿》,《马克思恩格斯全集》第 42 卷,人民出版社 1979 年版,第 126 页。
④ 彼得罗夫斯基主编:《普通心理学》,朱智贤等译,人民教育出版社 1981 年版,第 417 页。

相联系的情感和意志。人的实践活动是有意识、有目的地进行的,这种活动本身就会激起人的强烈的情感态度、内在动机、愿望以及指向一定目的的意志;意志要求获得外部的现实性,即要求直接在对象上实现自己;"激情、热情是人强烈追求自己的对象的本质力量。"①所以,社会的人所具有的感觉的丰富性,既是和自然界的本质的丰富性相适应的,也是和人的本质的丰富性相适应的。这一感觉能使人在认识和创造对象的过程中感受到自己的本质力量,因而具有激发情感意志的作用,使这种感觉本身便成为一种享受。

其次,这种感觉具有一定的理性的深度,它在直观形式中包含着理解。社会的人的感觉不但可以直观对象的可感形式,而且可以从中辨识人与自然的某种关系,人和人之间的某种社会关系,即辨识其中蕴含的特定意义。这就是马克思所说的,"眼睛变成了人的眼睛","感觉通过自己的实践直接变成了理论家。"②例如,我们观赏长城那在崇山峻岭间蜿蜒盘踞的雄姿,不但会由其外观的宏伟而产生崇高感,而且可以感受到中华民族先人们改造自然的勇气和毅力,感受到长城作为古战场的悲壮,感受到长城从农业群落和游牧群落的分界线到中华大地上各个兄弟民族融合团结的纽带的历史变迁,总之我们的直觉中饱含着丰富深刻的社会理性内容和情绪色彩。

第三,人的社会实践,是形成这种感觉的最终根源。在社会实践的历史行程中,人们不断地能动地改变着外部自然界,使之逐步成为显示人的本质力量的对象化存在,成为人化的自然;同时,人们也不断改变着自身的自然,使之逐步成为体现自己本质力量的自然,即取得感受、认识、改造或协调外部自然界的能力,并使之日益完善。这是一个永无终结的过程。社会的人的感觉能力,就在这一过程中产生、发展和不断完善起来。因此,马克思才说:"人的感觉,感觉的人性,都只是由于它的对象的存在,由于人化的自然界,才产生出来的。五官感觉的形成是以往全部世界历史的产物。"③

马克思关于社会人的感觉的基本性质的分析,就是我们通常所说的关于五官感觉社会化的思想。这个思想是我们进一步阐释美感本质的理论前提。因为人具有高度社会化的感觉,丰富、全面、深刻的感觉,人才可能在这一基础上产生出审美观

---

① 马克思:《1844 年经济学哲学手稿》,《马克思恩格斯全集》第 42 卷,人民出版社 1979 年版,第 169 页。

② 同上书,第 124 页。朱光潜译为:"眼睛已变成了人性的眼睛","各种感觉在它们的实践中就已直接变成认识者器官。"见《美学》第 2 期,上海文艺出版社 1980 年 7 月,第 10 页。

③④ 马克思:《1844 年经济学哲学手稿》,《马克思恩格斯全集》第 42 卷,人民出版社 1979 年版,第 126 页。

照的能力——"有音乐感的耳朵,能感受形式美的眼睛"④;也正因为社会化的感觉是伴随社会实践产生、发展和不断完善起来的,所以人的审美观照能力的产生、发展和完善,也不能不以社会实践为最终的根源和动力。

用马克思主义的实践观点考察美感的根源,只是对美感本质问题的一种哲学探讨,还不能代替对美感的心理学分析。由历史形成的审美主体的美感(广义的美感)如何体现为个人现实的审美心理活动,这里还有一系列中间环节有待进一步研究。但是,用马克思主义实践观点探讨美感本质问题,却提供了美学史上从未有过的科学的观点和方法,使我们既能克服旧唯物主义消极静观的缺陷,又能同形形色色的唯心论划清界限。这种哲学概括,对于我们认识美感与生理快感的区别、美感与实用满足感的区别以及美感的社会作用,都有重要的原则意义。

美感不等于一般的通过五官感觉得来的快感,但必须以感官的生理快适为基础。一般说来,杂乱无章的线条,强烈尖厉的噪音,使视、听感官产生不快,因而难以引起美感。美感必须"赏心悦目"、"悦耳动听",是由五官快适进而使精神需要获得满足而产生的那种愉悦。在美感的愉悦中往往渗入了伦理上、理性上的满足,这种满足甚至使某种痛感因素也能转化为美感,如在崇高感和悲剧感中就是如此。同时,美感还具有分享性,它本身就要求社会的普遍赞同,不像某些生理快感如食欲的满足感那样属于私人现象。西方近代美学流行的"快乐论",从感官反应刺激时是否产生快乐以及保持快感的久暂来判别美感与非美感,他们囿于生理反应之一隅,忘记了美感与快感的区别,实际上抹煞了美感的社会内容。

美感也不同于实用上的满足感。人们在实际的直接物质需求、物质利益方面所得到的满足,也可以导致一种愉快,然而这并不是美感。马克思说:"贩卖矿物的商人只看到矿物的商业价值,而看不到矿物的美和特性。"①这说明物质生活上的实用满足同精神生活上的审美满足,显然是两个不同的领域。普列汉诺夫曾经进一步指出:就个人而言,"如果我喜欢一幅画,完全是因为我能出售它,并且赚一笔钱,那末我的判断当然决不会是纯粹兴趣的判断。"②

马克思十分重视美感的社会作用。他把"实践的感觉"即意志与情感态度包括到社会的人的感觉之中,作为美感的基础之一,这一点是意味深长的。美感作为对人的本质力量的自我观照,并不是以直接实践的态度对待对象,并不要求对对象立

---

① 马克思:《1844 年经济学哲学手稿》,《马克思恩格斯全集》第 42 卷,人民出版社 1979 年版,第 126 页。

② 普列汉诺夫:《从社会学观点论十八世纪法国戏剧文学和法国绘画》,曹葆华译,《普列汉诺夫美学论文集》第 1 册,人民出版社 1983 年版,第 497 页。

即采取行动,而是通过对对象的欣赏,对一定的意志和情感态度进行再体验。这种再体验,也可以增强人的意志,使人惊醒起来,感奋起来,推动人们走向团结和斗争,实行改造自己的环境。美感的社会作用,就表现为它能转化为促使人们积极投身于社会实践的推动力。这里不仅包含着潜移默化的认识作用,而且包含着深沉有力的感染作用和促使人们行动起来的鼓舞作用,这个作用是科学认识所不能代替的。正因为如此,作为美感物态化形式的艺术,才被马克思看成有别于理论思维的掌握世界的特有方式之一①。

总之,一个对象之所以能引起人们的美感,并不是仅仅由于对象的某些自然属性的特征,也不是由于虚无缥缈的观念,而是由于人们从对象的可感形态中看到了自己的本质力量,看到了与自己的创造性的生活相联系的东西。丰收在望的田野,鳞次栉比的建筑,赏心悦目的自然风景,动人心弦的艺术创作……都是由于能够令人们"直观自身"而招人喜爱、令人感动的。如果说,美是从客体方面对人的本质力量的积极肯定,那么,美感则是主体从精神方面对人的本质力量实现自我观照而产生的愉悦感。

7.2　美感的产生与发展

美感形成的根源既然是在社会实践,它的产生与发展也就离不开人类社会实践的历史过程。

美感的起源,可以一直追溯到"人猿相揖别"的那个古老而又古老的时期。原始人类从制造第一把最粗笨的石刀开始,便在劳动中使自己的肉体组织,主要是双手、大脑和感觉器官不断完善起来;伴随劳动一起产生的语言,又促进了意识的发展。人们不断扩大自己的眼界,一方面,在自然对象中逐步发现新的属性,乃至自然界的某些规律,形成对外部世界的意识;另一方面,人类也在劳动中不断认识自己,学会根据劳动任务和劳动材料调节自己身上的自然力量,逐步形成内在的心理结构和人类的自我意识。这就出现了"完全形成的人",也使人逐步摆脱原先的动物式的群居生活而结成人类社会。恩格斯说过:"由于手、发音器官和脑不仅在每个人身上,而且在社会中发生共同作用,人才有能力完成越来越复杂的动作,提出和达到越来越高的目的。劳动本身经过一代又一代变得更加不同、更加完善和更加多方面化了。

---

① 参见马克思:《〈政治经济学批判〉导言》,《马克思恩格斯选集》第 2 卷,人民出版社 1995 年版,第 19 页。

除了打猎和畜牧外，又有了农业，农业之后又有了纺纱、织布、冶金、制陶器和航行。伴随着商业和手工业，最后出现了艺术和科学……"①。人类不知经历多少万年，才通过劳动，为最初的审美活动提供了生理、心理和社会历史的必要前提。

人类最初的审美活动是跟实用活动即劳动和日常生活活动结合在一起的。在工具、日常生活用具的制造和使用过程中，人类既产生了实用需要得到满足的实用感，也积累了从属于实用感的形式感——主要是形体感和节奏感。从我国远古时代人们所制造的工具造型的演化，可以窥见他们取得初步形式感的历程：旧石器时代北京人的打制石器，一器多用，尚无定型；丁村人已有尖状刮削器、橄榄形砍斫器和圆球状投掷器，工具已略具规范；山顶洞人的石器，进一步均匀规整。到了新石器时代，磨制石器光滑匀整，造型已有明显的方圆变化和比例对称的形式美因素。这一时期组合工具大量出现，说明它们的制造者已具有形体配合的观念和线的观念。没有这个形体感的进化过程，新石器时代晚期仰韶彩陶那丰富多彩的造型，令人惊叹的几何装饰纹样，是不可能出现的。节奏，本来是宇宙间常见的自然运行规律。大至天体运动，以及由此引起的昼夜相替、季节变换，小至人体的呼吸循环，脉搏跳动，以及心理活动中精力的充盈与疲惫，注意力的紧张与松弛，都有起有伏，自成节律。一面是身外自然的运动节奏，一面是身内自然的运动节奏，这两个方面，经由人的劳动和日常生活活动而自觉不自觉地取得协调与应和，于是在人的内心形成鲜明的节奏感。这种节奏感，又进而使人有意识地调节自己的动作，使之节律化，以至像庄子所描述的那位善于解牛的庖丁，奏刀之际，每一个动作都符合音乐般的节奏。这实际上已经具有了相当的审美因素。当然，上述两种从属于实用感的形式感，即形体感和节奏感，还不是严格意义上的美感。但是它们作为潜在的审美因素，已经在实用感的母体内孕育起来，却是毋庸置疑的。

严格意义上的美感，是包含着观念和情绪意义的形式感，即审美形式感，它已经脱离直接的社会功利目的，以至面对假想的感性形式，也能同面对现实事物一样，产生情感的激发。人类从实用形式感发展到审美形式感，从实用感到美感，经历了漫长的演化过程，由于史料的缺乏，要清晰地揭示这一过程，目前还难以实现。但是，有几点认识是可以明确的：第一，在这一演化过程中，人类以生产劳动为中心的社会实践活动归根到底起着决定性作用；第二，这一演化过程的实现，有着若干中介的环节；第三，现有的材料显示，在所有的中介环节里，原始巫术和图腾崇拜的作用，是相当突出的。

————————

①　恩格斯：《劳动在从猿到人转变过程中的作用》，《马克思恩格斯选集》第 4 卷，人民出版社 1995 年版，第 380—381 页。

原始巫术和图腾崇拜都起于原始人类的幼稚观念——"泛神论"(或称"万物有灵论")。原始人处在生产力极度低下、知识极度贫乏的历史条件之下,他们在社会实践中既形成了对自身本质力量的一定意识,又难以理解种种自然现象的因果联系,因而把自然力人格化,把它看成像人一样有生命、有意识、有灵魂的东西。这便产生了最初的神和神话。原始巫术以及与之相关的图腾崇拜,以神和神话的观念为依据,是一种具有原始宗教意义和实用意义的社会性活动。一方面,它是以想象和幻想为手段,表达人们支配自然力、征服自然力的意愿、情感,不直接体现实用目的,而以非现实的形式来唤起信仰、激发愿望和情感意志;另一方面,它所唤起的信仰、愿望、意志又都指向物质生产和人类自身的生产——种的繁衍,在非现实的形式下,暗含着十分现实的实用目的。原始巫术和图腾崇拜的两重性质,决定了它们在审美发生学上的重要意义。

原始巫术运用的范围相当广阔。生产劳动、战争、治病、丧葬等各项活动都广泛渗入巫术礼仪。这些活动中最缺乏成功把握即最具有偶然性的方面,正是巫术可以大显身手的地方。狩猎巫术之所以盛行,正是因为人们打算用幻想的巫术手段来弥补现实狩猎手段之不足。法国学者列维-布留尔曾详细记述过狩猎巫术礼仪过程:猎前以舞蹈、斋戒和咒语来招引猎物,直到它们出现为止;猎人也对自己施行巫术,包括对武器施加影响,对猎人的体力和意志力进行试验(如让有毒的蚂蚁叮咬自己);猎中则对猎物继续使用法术,如点燃烟斗,将烟喷向四个方位以困住野兽;猎后要为被打死的野兽举行安魂礼,以免野兽之神记仇。①这些狩猎者深信自己凭借神力可以和猎物发生"交互感应"关系,因此这类仪式举行得郑重其事,参加者也都如醉如狂,进入了仿佛与神明同在的迷狂状态。"交互感应"的观念普遍存在于原始人的初步审美活动之中。爱斯基摩人认为:"如果一个人能细腻地描绘出所要猎取的动物,好运气就会不可思议地降临到他身上"②。北美印第安人爱用灰熊的爪装饰自己,因为他们深信灰熊的凶暴和大胆会通过熊爪传给以熊爪作装饰的人。③西班牙阿尔塔米拉洞窟以及法国拉斯科洞窟中的壁画,画着野牛、野猪、野鹿、野马等动物的彩色形象,有的竟画在离地表八百米的黯黑之处。据研究,这样的作品是很难为常人所欣赏的,它只能是出于举行狩猎巫术礼仪的需要。可见,狩猎巫术既有操

---

① 参见列维-布留尔:《原始思维》,丁由译,商务印书馆 1981 年版,第 220—230 页。
② J. A. 豪斯顿:《爱斯基摩人的雕刻》,引自《美学》第 2 期,上海文艺出版社 1980 年版,第 210 页注①。
③ 参见普列汉诺夫:《没有地址的信》,《普列汉诺夫美学论文集》第 1 册,曹葆华译,人民出版社 1983 年版,第 314 页。

作演练、传授经验的作用,又有通过摹仿形象(包括绘画和歌舞形象)以唤起信仰、激发意志、情感的作用。在狩猎巫术中,人们通过对动物及其动作以及人的狩猎动作的摹仿,发展了自己的摹仿能力,同时又把事实的真实幻化为想象的真实,在想象的画面和场面中,使愿望和情感得到满足,使人的超摹仿的想象能力发展起来,并取得一种有别于日常交往的另一种情感激发手段——通过虚拟的形象激发情感的手段。在狩猎巫术中出现的原始绘画和原始歌舞,作为人类艺术的雏形,标志着人类审美意识的进一步发展。

图腾(totem)一语,出自北美印第安人阿尔衮琴部落奥吉布瓦方言[1],意指一个氏族的徽号或标志。图腾崇拜,是一种原始宗教信仰,即指原始氏族将某种自然物(动物或植物等)认作自己的祖先或具有其他特殊关系,以其充作本氏族标志和保护神而加以崇拜的旧习俗。据研究,在母系氏族社会,图腾崇拜曾在世界各地普遍流行,因此这一时代往往被称为图腾时代。图腾崇拜在现代残存的原始部族那里,仍然可以见到。如北美印第安人,一到性成熟期,就要举行成年礼,以图腾形象文身或黥创,在身上留下本氏族的印记。这首先是出于族外婚姻的需要,因为只有族外通婚所生育的后代才能保持健壮,因而文身或黥创就等于取得婚嫁资格,青年人才乐于忍受肉体的苦痛而踊跃参加。图腾形象也广泛刻画于本氏族的工具和器物之上,这也有指示这些物件的氏族所有权的用意。但是图腾形象还有另一重要作用,那就是原始人在祈求本氏族祖先为自己祛祸降福时,这些形象作为祖先的替身,成了人们特定观念想象的物态化形式,可以激发共同的愿望和情感,增强对祖先的信仰。在古老的华夏大地,蛇、鸟等动物,都被远古居民作为祖先的形象崇奉过。古代传说中的华夏始祖伏羲和女娲"人首蛇身"的形象同仰韶彩陶"人首蛇身"的壶盖一起,传说中"人面鸟身"的形象同仰韶彩陶许多鸟纹图饰一起,都向我们透露了这一信息。这类形象后来几经变形和互相融合,成为自然界未曾有过的神奇的龙和凤,充当了我国具有悠久历史传统的两大图腾形象。这些形象在当时就具有超摹拟的内涵和意义,主要是神秘的信仰的观念和情感意义。在若干世代之后,经过岁月洪流的冲刷,它们逐渐淡化了原先的神秘的信仰意义,而作为一种美的形式,被赋予新的观念想象意义。如龙,过去曾一度被作为王权的象征,今天仍然被视为中华民族的象征[2],以致炎黄子孙还自称"龙的传人";而凤,则被看作吉祥的象征,普遍得到人们

① 何星亮:《中国图腾文化》,中国社会科学出版社 1992 年版,第 10 页。
② 参阅何星亮:《中国图腾文化》第十三章中华民族的标志和象征:龙,中国社会科学出版社 1992 年版,第 353—393 页。

的珍爱。这些形象已从图腾形象转为艺术形象了。

　　总之，原始巫术和图腾崇拜，就其表现形态而言，是具有审美意义的活动。据荣格(亦译容恩)的说法，它们所提供的是一种"原始意象"(A Primordial image)①。在这种意象中，"情感和思维的比重相等"，感性的形式，蕴含着观念内容和情感内容；它普遍留存在原始人的意识之中，并且可以转化为"集体无意识"，在后人的文化中持久地反复地呈现出来②。容格所说的颇具神秘意味的原始意象，其实是综合着宗教意义、科学认识意义和审美意义的意识基本单位，也就是原始艺术的基本单位。随着生产力的发展和自然力在实际上被认识，被征服，随着社会分工的发展，特别是随着人类自我意识的进一步觉醒(表现为哲学理性思潮的兴起，对"泛神论"观念的批判)，以原始意象为单位的原始意识逐步分化为宗教意识、科学意识和审美意识。原始意象作为美的形式，被保留下来，而原先包含的神秘的观念意义和信仰意义，则逐步汰去。于是，原先主要诉诸神明的巫术礼仪转化为主要诉诸人、以虚拟形象反映现实并表达人的现实思想情感的审美活动、艺术活动。如果说，《尚书》所载尧舜时代的"击石拊石、百兽率舞"，是对尚未从巫术中分化出来的原始歌舞的描述，那么，《诗经》反映的"我有嘉宾，鼓瑟鼓琴。鼓瑟鼓琴，和乐且湛"③，则是对人们审美活动、艺术活动的描述了。艺术就这样取得了自己的相对独立性，这也标志着人类的美感获得了独立的意义。

　　艺术生产固然在原始社会就出现了，但它的进一步繁荣却是人类进入文明时代之后的事。这时社会分工的发展，使一部分人专门从事艺术生产有了现实的可能。尽管文明时代初期的艺术，还受着史前神话和巫术的深刻影响(如古希腊艺术和我国以楚辞为代表的楚文化艺术)，也长期存在为宗教服务、作为宗教礼仪组成部分的宗教艺术，但是，独立的艺术和艺术生产毕竟已经出现，人类完全意义上的审美意识业已宣告诞生。

　　从此，人类的审美意识开始了相对独立的历史发展过程。这个过程是在审美意识和美的创造的交互作用中演进的。一方面，审美意识作为一个社会意识系统(包括审美感受、审美趣味、审美理想和审美观点等不同层次)，对美的创造起指导和规范作用；另一方面，美的创造又将人类审美的历史成果转化为新的审美对象，日益增

---

　　①　这是荣格借用瑞士学者雅可布·柏克哈特的说法。参见张述祖审校《西方心理学家文选》，人民教育出版社 1983 年版，第 410 页。

　　②　容恩：《个体无意识与超个体或集体无意识》，见《西方心理学家文选》，人民教育出版社 1983 年版，第 410 页。

　　③　《诗经·鹿鸣》。

强人类感受美、评价美的能力,其中尤以各种门类的艺术创造,给予审美能力的发展以深刻的影响。

　　人类审美意识的发展,首先表现为审美视野的逐步扩大。美感最初是与生产劳动、日常生活、巫术礼仪等活动中的实用功利感融合在一起的,经历了由对社会美的观照扩大到艺术美,然后再扩大到自然美的演进过程。仅以对自然美的审美而言,人们先是对动物进行审美,而后对植物进行审美,而要领悟山水风物的美,则为时更晚,就中华民族审美的历史来看,还经历了由"比德"到"畅神"的转变。比如,处于狩猎生活时期的欧洲原始洞穴画作者,尽管生活在不乏美丽植物花卉的环境里,但他们着意描摹的只是经常与之周旋的野兽形象。无论是属于"奥纳瑞文化"的洞穴画上的古象或野牛,还是属于"索鲁特文化"的洞穴画上的牝马或野猪,以及属于"马格德林文化"的洞穴画上的驯鹿,一概如此。只是当原始人转入农耕生活之后,人们才能感受植物花卉的美,植物形象才广泛得到描绘,被用于装饰。正如格罗塞指出的"从动物装潢变迁到植物装潢,实在是文化史上一种重要的进步的象征——就是从狩猎变迁到农耕的象征"①。对山川景物的审美意识的自觉,为时更晚得多。我国仰韶时代的彩陶花纹中,已有鱼、鸟、蛙等自然物的形象,采用几何化的写意手法和强烈的变形处理,表明这些自然物已变成象征符号,据学者们研究认为是新石器时代的原生型、次生型和再生型图腾标志②,还谈不上自身的美。周秦以后,山川草木开始作为人的生活背景获得了自身的审美意义,然而人们主要是从"比德"的观点去欣赏它们。那时的人习惯于将自然物的某些特征比附于人的道德、情操,使自然事物的属性(物理属性、化学属性或生物学属性)人格化,人的品性客观化,自然物的美丑,就按其所比附的道德情操的价值来评定,这实际上是一种"美善相乐"的观点。孔子的"知者乐水,仁者乐山"③的提法,和《荀子》一书中所记的孔子"以玉比德"的观点④,都可看成代表。这种用自然物比附人的德行的观点,虽仍有其片面性,却标志着人们对自然美的感受,已同实用感相分离,转为道德情感的满足,表现了历史的进步。《诗经》中常以鸟兽草木比兴,作为抒发情意的借用物。《离骚》以香草喻君子,以萧艾喻小人,都表明"比德"观念对艺术创作有着广泛的影响。由于艺术作品中大量出现以物喻人的形象,所以就使自然物往往附着了传统的隐喻意义,如松柏喻坚贞、兰竹喻清高,直到今天还影响人们对这类自然物的欣赏。

① 格罗塞:《艺术的起源》,蔡慕晖译,商务印书馆1984年版,第116页。
② 何星亮:《中国图腾文化》,中国社会科学出版社1992年版,第136—149页。
③ 《论语·雍也》。
④ 《荀子·法行》:"夫玉者,君子比德焉。温润而泽,仁也;栗而理,知也;坚刚而不屈,义也……"

对自然物的"畅神"审美观,是晋宋以后盛行起来的。同"比德"不同,"畅神"强调的是自然美的欣赏可以使欣赏者的情感得到抒发,得到满足,从而精神为之一畅。它所尊重的,已不是自然物身上被人为地外加的道德伦理价值,而是它自身的足以令人舒畅怡悦的审美价值。王羲之《兰亭集序》写到自己面临会稽山阴兰亭一带有着"崇山峻岭、茂林修竹",又有"清流急湍"的美景所产生的感受:"是日也,天朗气清,惠风和畅。仰观宇宙之大,俯察品类之盛,所以游目骋怀,足以极视听之娱,信可乐也。"宗炳平生"眷恋庐衡,契阔荆巫,不知老之将至",酷爱描山画水,认为再现山川之美,足以"畅神"。他说:"峰岫峣嶷,云林森眇,圣贤映于绝代,万趣融其神思,余复何为哉?畅神而已。神之所畅,孰有先焉!"①肯定观赏和再现自然美可以"游目骋怀","澄怀味象",可以"畅神",也就是肯定从自然界可以直接得到审美的满足。这种观点的提出,标志着对自然美审美意识的觉醒,为时比西欧早一千多年。② 在这种观点基础上诞生的谢灵运的山水诗和宗炳、王微的山水画,在中国艺术史上都具有开山意义。由此而形成的专事表现自然美的艺术品类——山水诗画,后来得到长足的发展,成为我国民族艺术对人类艺术宝库的卓越贡献。

到了现代,由于交通事业的发展和现代科技手段的采用,人们可以观赏到前人从未领略的自然风光:荒无人烟的大漠,波涛汹涌的大洋,极地的冰山,以至火山爆发时动人心魄的壮观……过去人们认为是丑陋怪异的景象,如荒凉的山野,错杂的石林,也逐一进入审美领域。人们虽然并不厌弃优美旖旎的风光,却更醉心于追求自然界的崇高和壮美,审美领域无疑在进一步扩大。

人类审美意识的历史发展,也反映在美感内容的日趋丰富和深化上。这需要考察整个文化艺术发展史,当然不可能在这里详述。现在仅就艺术创造的若干侧面,看一看艺术创造对人们美感的丰富性和深刻性的历史影响。

如我国的山水诗画作为姐妹艺术,在发展中就彼此丰富,同趋深化。一般认为,我国山水诗到唐而致极盛,山水画到宋而趋成熟。自唐以后,诗画交互影响,诗中有画,画中有诗,驱使一代又一代的诗人画家争相从大自然的山川景物中发现诗情画意,创造精美的艺术品。这些作品不断丰富着欣赏者大众的美感,反过来又增强了他们对大自然的欣赏能力。宋人强调山水画要描绘出"可游可居"的佳境,崇尚写实风格;元人则力求画面的简括,崇尚写意:"层峦迭嶂如歌行长篇,远山疏麓如五七言

---

① 宗炳:《画山水叙》,《画论丛刊》上卷,人民美术出版社 1960 年版,第 1 页。
② 东西方在自然美审美意识上何以有如此巨大的差距,是美学史上一个值得深入探讨的大课题,需要从社会的历程,文化的传统诸方面作深入的研讨。

绝,愈简愈入深永。"①由于侧重借景抒情,也就更讲求笔墨趣味,对自然物的形式美的感受力和表现力都更为精细。因而,习惯于欣赏山水画的人,也就善于用艺术眼光看待自然景物:从山石林泉、烟云雾霭的动静变幻,发现画面空灵的构图,从山崖岩石结构的纹理线条,悟到山水画皴法的美妙,对自然风光的美,显得特别敏感。

再如西方的叙事艺术的演进。大家知道,大型叙事艺术作品是通过塑造人物性格来表现社会冲突的,不论是希腊史诗还是希腊戏剧,性格的个性特征虽然也算鲜明,但表现上是单一化和平面化的,缺乏心理深度。莎士比亚在戏剧史上的杰出意义,就在于他善于通过内心冲突来表现性格冲突,创造了"性格悲剧"。他常采用内心独白和"白日梦"的手法,表现人物内心隐秘的情感愿望的消长变化,以致作家本人被后世尊为"伟大的心理学家"②。揭示人物心理活动的技巧,在列夫·托尔斯泰那里又有所进展。他擅长于表现人物从一种思想过渡到另一种思想,从一种情绪过渡到另一种情绪的过程本身,被誉为掌握了"心灵的辩证法"。艺术创作对人的内心世界日益深刻的表现,势必极大地提高人们在社会生活中感受心灵深处美丑斗争的能力。

各种艺术形式的相互渗透,也体现着人们审美感受能力敏锐化、精细化的过程。英国文艺批评家丕德说过,一切艺术发展到精微的境界都求逼近于音乐③。一切艺术都包含着音乐的因素。但是,在一切艺术创作中都自觉追求音乐效果,则是较为晚近的事。即使是造型艺术家,也力求用体积、线条、色彩和光影的对比变化,表现某种旋律,就像音乐一样有节奏的快慢、力度的强弱,足以唤起和强化一定的情绪反应。电影以声画并列的技巧,同时诉诸人的视、听二觉,叙述的节奏感、情绪的节奏感更为明显。一部优秀的电影,就好像是一曲将文学、戏剧、音乐、绘画冶于一炉的交响乐。又如悲剧和喜剧,本是两个平行的美学范畴,具有各自独立的美感形态。但随着艺术的发展,也呈现出相互渗透的趋势。不论中外,不论小说还是戏剧,都出现"悲喜交融"的新的美感形态和新的审美风格。吴敬梓那"戚而能谐"的《儒林外史》,果戈理、契诃夫那些作为"含泪的喜剧"的短篇和中篇,貌似"开心话"实则动人心魄的鲁迅的《阿 Q 正传》……都在轻松的幽默的外在形式下,经过哭笑不得的复杂感受,把人引向哀伤和沉思,别有一种美感的深度。

总之,美感是随不断发展着的人类审美实践——美的欣赏和创造,特别是艺术

---

①　沈颢:《画麈》,沈子丞编《历代论画名著汇编》,文物出版社 1982 年新 1 版,第 235 页。

②　歌德说过:"莎士比亚是一个伟大的心理学家,从他的剧本中我们可以学会懂得人类的思想感情"。见《歌德谈话录》,朱光潜译,人民文学出版社 1978 年版,第 99 页。

③　参见《朱光潜美学文集》第 1 卷,上海文艺出版社 1982 年版,第 308 页。

美的欣赏和创造而向前发展的。然而,审美实践还不是美感发展的最终根源。美感作为精神文化现象,作为社会意识的一种形式,最终根源是在物质生活的生产方式里。马克思关于"物质生活的生产方式制约着整个社会生活、政治生活和精神生活过程"①的论断,同样适用于美感的历史发展。如果说,正是史前特定的生产方式孕育了原始的绘画和歌舞,标志着审美意识的萌芽,使审美从实用中分化出来;那么,正是文明时代生产力的发展和社会分工的发展,促成了艺术生产的繁荣,使人类的审美意识有了相对独立的形态。在艺术生产的长期发展中,各种艺术的繁荣兴盛同样要受建立在一定生产力基础上的社会发展状况的制约:没有古希腊的奴隶主民主制,不会有古希腊艺术——戏剧、雕塑和建筑的繁荣;没有欧洲文艺复兴时城市生活的形成和市民阶级的崛起,不会出现小说;没有我国魏晋以后地主庄园经济的发展,便没有大批文人隐遁田园山林的历史现象,山水诗、山水画的勃兴也将失去必要的前提。至于各类艺术所体现的美感内容,也都具有特定的时代性、民族性和阶级性,它们的变化更新,其最终的社会历史根源仍在经济关系之中。

然而,艺术生产一旦作为艺术生产出现,它和社会物质生产的联系就有其曲折性和间接性。物质生产需要通过政治,通过其他意识形态形式——哲学、道德、宗教等等作为中介,才作用于艺术和审美意识的发展。正如马克思所指出:艺术的发展和繁荣,并不是同物质生产和社会的一般发展成比例的。在生产力并不发达的历史阶段,有可能出现某种艺术的高峰,出现在审美方面具有永久魅力的作品。审美意识和艺术的发展、进步,同物质生产的发展、进步有不同的表现形态。物质产品的新陈代谢十分明显:新产品一旦在实践中取代了旧产品,旧的除了留下个别样品进入陈列馆外,便会因失去实用价值而从物质生活中被淘汰出去。艺术生产则不然。旧的产品并不因新产品的出现而遭到淘汰,相反,它以不朽的魅力继续活跃在后代人的精神生活里,不但继续满足人们的审美需要,而且继续影响人们的审美意识。所以,审美意识的发展,尽管最终受物质生产的制约,却具有自己的相对独立性。

7.3　美感的特性

美感是人在自己所创造的对象世界中实现自我观照时的心理活动,就其主客体关系来说,它和科学意识、道德意识一样,归根结蒂是实践主体对外部世界的一种反

---

① 马克思:《〈政治经济学批判〉序言》,《马克思恩格斯选集》第2卷,人民出版社1995年版,第32页。

映方式。但它又是对对象世界的一种直接观照,这又决定了它具有和科学意识、道德意识相区别的一系列特性。美感的特性,集中表现为个人的超功利的直觉性与社会的含功利的领悟性的对立统一。在这一对立统一的基础上,形成了美感的重感觉而超感觉、富个性而隐共性、超功利而含功利这相互关联的三大特点。

第一,美感依存于对具体的审美对象的直接感知,具有明显的个人直觉性。

所谓个人直觉性,包含两方面的意思:一方面,人们对于美的感受总是直接的、直观的,这也就是说,审美过程要在直接的、具体的、形象的审美对象的激发下才能实现。人们掌握某一数学公式、物理学定理、逻辑学原则,或是掌握伦理道德上的忠、孝、节、义等等,虽然可以通过直接经验来获得,但也可以通过间接经验来实现,而不一定非有感受的直接性不可。美感的获得就不同了,人们要领略一片风景的美,一首乐曲的美,光听旁人介绍和议论是不行的,非得亲自去感受、去品味一番才成。另一方面,审美感受的获得,大都是在直观对象的瞬间实现的,没有、也不需要一个逻辑推理的过程,无需借助抽象思考,便可不假思索地品味对象的美。置身于武夷山九曲溪的竹筏上随溪漂流的时候,虽然来不及辨析这大自然的景观何以有如此的神韵,人们却不免被应接不暇的片片景色所陶醉,神思飞扬;听一支歌曲,也许并没有听清它的歌词,但悦耳的旋律早已令人心动神驰;……普列汉诺夫说过:"一件艺术品,不论使用的手段是形象或声音,总是对我们的直观能力发生作用,而不是对我们的逻辑能力发生作用,因此,当我们看见一件艺术品,我们身上只产生了是否有益于社会的考虑,这样的作品就不会有审美的快感"①。事实上,不仅感受艺术美是这样,感受现实美同样也是这样,如果面对黄山的迎客松,想到的只是它的材质能否作为建筑的材料,哪还有什么美感可言?

美感的个人直觉性不但存在于美的欣赏过程中,也存在于美的创造、尤其是艺术创造的过程中。《文心雕龙·物色》写道:"……然物有恒姿,而思无定检,或率而造极,或精思愈疏。"这是说艺术在表现客观事物时,虽然客观事物有它的特定形态,但人的思想却没有固定的范围,所以艺术家的创作有时在不经意之间竟浑然天成,而殚思竭虑反倒可能失之粗疏。这确实是创作中不可否认的客观现象。我国后来文论、诗论中主张"神韵"、"性灵"一派,更明确地肯定了美感的直觉性。19 世纪俄国革命民主主义思想家别林斯基等人,尽管十分重视艺术的思想意义,但仍然承认直觉在创作过程中的独特地位。杜勃罗留波夫曾经强调:"一个艺术家在他的作品

① 普列汉诺夫:《没有地址的信》,《普列汉诺夫美学论文集》第 1 册,曹葆华译,人民出版社 1983 年版,第 409 页。

中把一些普通观念加以接受、发展并且表现,是和寻常的理论家完全不同的。艺术家们所处理的,不是抽象的观念与一般的原则,而是活的形象,思想就在其中而显现。在这些形象中,诗人可以把它们的内在意义——这对于自己甚至是不自觉的,远在他的理智把它们阐明以前,就加以捕捉、加以表现。有时候,艺术家可能根本没有想到,他自己在描写着什么……"①正是由于这个原因,就导致了艺术品所建构的审美意象的客观意义,可能超越作者自觉的主观意图。有的时候甚至会出现这种情况:批评家从作品本身得出的某些见解,获得了欣赏大众的公认,却难以得到作者本人的认同。

美感突出的个人直觉性,是否就不包括任何理性的成分呢? 这个问题在美学史上颇多争议。有的美学家把审美直觉当作人们认知的最初阶段的心意活动,不涉及其他任何东西,因而主张人们的知识越少、越单纯,就越能感受对象的美,所以在他们看来初生婴儿的第一次睁眼看世界,就最具审美意味,最能发现事物的美。这种见解,显然同人们的审美实践不相符合。其实,直觉在人们的心理活动中,有初级形态和高级形态之别。作为人类心理活动最基本元素的初级形态的直觉,即通常所说的人类感知事物的门户的感觉,它当然不带任何理性成分;而在人们丰富的实践基础上形成的高级形态的直觉,却无可否认地包含着理性的因素。前面我们已经论证了美感是在人们长期的审美实践、社会实践中,经过无数的中介环节,而逐渐形成的。其实,个人的审美能力,也并非与生俱来,同样需要在自身的审美实践、社会实践中实现感官的社会化、人化,才会具有感受形式美的眼睛、聆听音乐美的耳朵。

在美学上首先对直觉作出系统研究的意大利美学家克罗齐,就曾指出"文明人的直觉品有大部分含着概念",但是这种"混化在直觉品里的概念,就其混化而言,就已不复是概念,因为它们已失去一切独立与自主;它们本是概念,现在已成为直觉品的单纯原素了。"②这种见出直觉品中已经混化着概念的理论,虽然阐述得还不是那么充分、准确,但却无可否认是很有道理的。其实,早在克罗齐提出这一见解前的几百年,我国宋代著名文艺美学家严羽就借鉴佛学理论,以禅喻诗,强调说明:在文学艺术创作和欣赏活动中人们所获得的理性,并非一般认知理性,而是一种"妙悟";这种"妙悟",寓理于感性直观之中,如"空中之音,相中之色,水中之月,镜中之像,言

①　杜勃罗留波夫:《黑暗的王国》,《杜勃罗留波夫选集》第1卷,辛未艾译,上海译文出版社1983年版,第348—349页。
②　克罗齐:《美学原理》,朱光潜译,《〈美学原理〉〈美学纲要〉》,外国文学出版社1983年版,第8页。

有尽而意无穷";"妙悟"的产生,却又离不开人们知识文化和实践经验的积累,需要多读书、多穷理,才能达到它的极致①。严羽的这些见解,是相当精到而深刻的。

　　进入 20 世纪,人们对审美直觉的认识,有了很大发展。法国新托马斯主义哲学家马利坦在他的美学代表作《艺术与诗中的创造性直觉》里,肯定"智性或理性在艺术与诗中所起的根本作用",指出艺术与诗中的"智性或理性"同"逻辑意义上的理性"有别,"智性也是诗的精髓"。尤其难得的,是他特别强调在艺术与诗中的理性"包含一种更为深奥的生命"②。他进一步对"诗性直觉"的理性内涵作了如下分析:

　　　　诗人这种对于客观实在的把握,不是通过概念和概念化的认识,而是通过一种隐约的认识。而这种隐约的认识,就是我称之为通过情感契合而达到的认识。③

马利坦的分析确实道出了审美直觉所含理性的两个重要特点:其一,消融在直觉形态中的理性,是隐约的、多义的,缺乏理论认识的明晰性、确定性;其二,理性同直觉在审美中的结合,是通过"情感契合"实现的。马利坦的这些论述,显然把严羽、克罗齐都还没有来得及阐释清楚的直觉、"妙悟"的内涵,作了更充分、更科学的揭示。

　　总之,美感的非概念的个人直觉性,只是美感的外貌和呈现形式,如同概念和推理,是科学认识的外貌和呈现形式一样;而美感的对象,则是富于感染力的感性事物(就现实美的审美而言)或意象(就艺术美的审美而言)。当欣赏者感知这些审美对象的时候,不但会立即产生相应的表象,而且必然有相应的情绪反应,诱发联想和想象活动,将表象改造为饱和着欣赏者主观情绪色彩的、朦胧多义的审美意象。意象有别于概念,但却包含了领悟的成分,能赋予审美主体以人生经验的启迪,这便是马利坦所谓的"隐约的认识"。尽管在审美活动中人们通过直觉形式所获得的领悟,对审美主体个人来说,可以是不自觉的,但却同样可以透视对象内涵的某些方面,这是毫无疑问的。因此,夸大美感的直觉性,排除一切理性因素的观点,同抹煞美感直觉

————————

　　①　《沧浪诗话·诗辨》:"大抵禅道惟在妙悟,诗道亦在妙悟。……惟悟乃为当行,乃为本色。然悟有浅深,有分限,有透彻之悟,有但得一知半解之悟。""夫诗有别材,非关书也;诗有别趣,非关理也。然非多读书,多穷理,则不能极其至。所谓不涉理路,不落言筌者,上也。诗者,吟咏情性也。盛唐诸人惟在兴趣,羚羊挂角,无迹可求。故其妙处透彻玲珑,不可凑泊,如空中之音,相中之色,水中之月,镜中之像,言有尽而意无穷。"

　　②　马利坦:《艺术与诗中的创造性直觉》,刘有元等译,三联书店 1991 年版,第 15 页。

　　③　同上书,第 93—94 页。

性,把它与理论思维等同起来的观点一样,都是从各自的片面陷入了极端。所以,美感确实是重感觉而又超感觉的。

第二,美感的获得同审美主体个人条件密切相关,存在着突出的个性差异。

美是不依赖于个人的意识而客观存在的,但美的事物能否引起个人的美感,成为他的审美对象,却同个人的审美素养、审美心境以及人生经验等等,密切相关。因此,美感的又一个突出特点,就是它的个性差异。如果说美感作为人们特有的心理活动,深藏于人们的内心,因而揭示它的特质会有相当困难的话;那么,我们在美感物态化形式的大量文学艺术作品中,就比较容易洞察它的种种特点了。国画大师齐白石在概括自己丰富的审美实践经验时,曾说:"庐山亦是寻常态,意造从心百怪来。"[1]是的,大自然对任何人都是公平的,它不会为谁特别展示自身的美,也不会对谁把自身的美遮掩起来;可是有人却能随处发现美的存在,有人却在无边美景的怀抱中,视而不见,听而不闻。并且,人们审美之心不同,面对同样的审美对象(如齐白石所说的庐山,或庐山的某一处风景),获得的审美感受、审美情趣、审美成果("意造")也会大相径庭,千差万别,五彩缤纷。从古至今无数优秀的以庐山为题材的绘画、诗歌等文艺作品的现实存在,证明了审美活动中的这一真理。

正因为个性在审美活动中有着如此突出的地位,所以高尔基在给斯坦尼斯拉夫斯基的信里,对于想成为艺术家的人,提出了"找到自己"的原则。高尔基说:

> 每一个人都具有艺术家的禀赋,在更细心地对待自己的感觉和思想的条件下,这些禀赋是可以发展的。
>
> 摆在人面前的任务是:找到自己,找到自己对生活、对人们、对既定事实的主观态度,把这种态度体现在自己的形式中,自己的字句中。[2]

作为一个伟大的作家,一个审美活动的大师,高尔基强调"找到自己"——自己对美的特有感受、自己的形式、自己的字句等等,是深得审美感受精髓的。由于美感的这种突出的个性特点,美感的获得及其物态化的表现形式——艺术创造——常常被人们看作是"自我表现"。事实上,包括艺术创造在内的人类一切审美心理活动,虽然具有突出的个性特点,显现出鲜明的自我表现特色,但却绝非纯个人、纯主观的。高

---

[1] 《〈题某女士山水画幅〉诗》,王振德、李天麻辑注:《齐白石谈艺录》,河南人民出版社1984年版,第36页。

[2] 《文学书简》上卷,曹葆华、渠建明译,人民文学出版社1962年版,第426页。

尔基在创导"找到自己"的原则的同时,就深刻指出真正的艺术家的个人主观的审美感受,必然蕴含着社会的、普遍的意义。他说:"艺术家是这样一个人,他善于提炼自己个人的——主观的——印象,从其中找出具有普遍意义的——客观的——东西"①。主观印象的内部含有客观,个人感受的背后存在着人群和社会,这就是美感富个性而隐共性的又一大特点。

我国古代的园林艺术,在世界上独树一帜,像苏州的拙政园、网狮园,扬州的个园,上海的豫园等等。这些园林瑰宝,给人们留下了审美享受的广阔空间。在观赏这些园林时,人们注意到的大都是每一处园林所独具的特色,因而流连忘返,却很少意识到园林所共有的社会人文内涵。然而,共同的社会人文内涵却客观地、实实在在地存在着。叶圣陶就指出:"古名园往往要求'万物皆备于我'。'万物皆备于我',就一方面说,是挺高妙的一种思想境界;就另一方面说,却是私有欲的表现,……为了要求'万物皆备于我',往往出现不配称的布局。厅堂前面或后面堆起一座假山,不怎么大的荷花池旁边来一艘旱船,就是例子。厅堂和假山,荷花池和旱船,拆开来看都不错,合起来看就见得不呼应,不和谐。"②叶圣陶在肯定古代园林的杰出成就时,对其中所隐含的"万物皆备于我"的观念的揭示与批评,实在是很深刻的,对于我们深入理解美感的个性与共性的辩证关系,极富启发。

第三,只有从现实的功利得失中摆脱出来,美感才能产生,所以其超越个人实用功利的特色十分显著。

美感作为人对自身本质力量的观照,带有明显的个人超功利性质。这种个人的超功利性表现在许多方面:真正的审美,总是摆脱了实用的目的,不去考虑对象的实用价值便产生了愉悦;真正的审美,尽管往往会产生极为强烈的情感体验,却并不立即作出实用性的现实行动反应;真正的审美,当人们获得美感时,总是急于与他人分享,渴望得到更多的人的认同;……这都表明,美感无关于个人的利害,不是自私的享乐,具有超越个人实用功利的特点。

对于美感的这种个人超功利的特点,康德作了深入的研究。在他的美学名著《判断力批判》中,他将人们的快感分为三类:感官满足的快适,道德认同的欣慰,审美获得的愉悦。康德认为,可以从快感的产生是否受对象性质制约、快感是否为人类所独有、快感是否包含功利这三个方面,清晰地将这三种快感区分开来,指出:"在所有这三种愉悦方式中惟有对美的鉴赏的愉悦才是一种无利害的和自由的愉悦;因

① 《文学书简》上卷,曹葆华、渠建明译,人民文学出版社 1962 年版,第 426 页。
② 叶圣陶:《从〈扬州园林〉说起》,见陈从周:《说园》,书目文献出版社 1984 年版,第 4 页。

为没有任何利害、既没有感官的利害也没有理性的利害来对赞许加以强迫。"康德断言审美鉴赏判断的愉悦是不带任何利害的,是"惟一自由的愉悦"①。确实,就个人而言,美感的获得必须摆脱一定的实际功利的考虑。实际功利突出,无疑对审美会有很大的妨害,例如在饥饿感、悲痛感、恐惧感等等实际功利感受支配下的人,是无法真正进入审美境界的。

那么,审美活动是否就完全同功利无关呢?当然不能得出这样的结论。普列汉诺夫在评述康德的"审美判断的非功利性质"的观点时说:

> 功利是凭借理智来认识的;美是凭借直觉能力来认识的。前者的领域是打算;后者的领域是本能。同时——这一点必须记住——属于直觉能力的领域要比理智的领域广阔得不知多少:在享受他们觉得美的对象的时候,社会的人几乎从来没有认识清楚那同他们关于这个对象的观念联系在一起的功利。在极大多数场合下,这种功利只有科学的分析才能够发现出来。审美的享受的主要特点是它的直接性。但是功利毕竟是存在的;它毕竟是审美的享受的基础(我们要提醒一下,这里所说的不是个别的人,而是社会的人);如果没有它,对象看起来就不会是美的。②

普列汉诺夫显然吸收了康德美学中的合理因素,但他所着重分析的美感在个人超功利的形态下所隐含的社会功利内容,却超越了康德的理论,纠正了康德的失误。尽管普列汉诺夫把直觉的领域说成"本能"并不准确,但他的论述还是很深刻的:不但肯定了美感的直接性、直觉性,而且强调就社会人而言,审美活动中的功利还是存在的,它"毕竟是审美享受的基础"。

前面说过,美感是在广义的实用活动——劳动、日常生活和巫术活动中发生的。原始人萌芽状态的美感比较明显地体现着社会功利内容。如他们喜爱用某些动物的皮、爪、牙等装饰自己,是因为在他们看来,佩戴这些凶猛的兽类身上的东西,是战胜这些兽类的标志,可以显示自己的勇敢、力量和灵巧,谁战胜了猛兽,谁就是勇士。这里的社会功利性内容是显而易见的。现代人由于在较大程度上摆脱了原始人那种狭隘的功利观念的束缚,初看上去他们的美感内容似乎失去了社会功利色彩,实际上这种

---

① 康德:《判断力批判》,邓晓芒译,人民出版社 2002 年版,第 45 页。
② 普列汉诺夫:《从社会学观点论 18 世纪法国戏剧文学和法国绘画》,《普列汉诺夫美学论文集》第1 册,曹葆华译,人民出版社 1983 年版,第 497 页。

社会功利内容还是以更为曲折、隐晦、复杂的形式，潜藏在美感深处。如流行于当今西方的荒诞派剧作，就其表面看，他们所塑造的舞台形象充满了故意不根据前提的推理，有的只是梦魇般的逻辑和奇异的变形，甚至在舞台上还经常乱糟糟地出现无生命的、非人性的或陈腐的物体，并任凭它们逐渐扩展，以致排挤了残存的人。这似乎难以确定它的社会功利实质。但一经仔细研究，人们还是可以发现：贯串于荒诞派剧作的一个重要的主题，是表现物对人的压迫、物质力量对精神力量的胜利。而这正是现代资本主义社会中那种物质充裕、精神空虚的现实的曲折反映。个人是不能脱离社会而生存的，个人的审美感受总得体现一定的审美趣味和审美理想，它们又总得和一定的社会政治观点、道德观点或宗教观点相联系。因而，个人审美感受通过层层中介，总会这样那样地体现一定的时代精神，我们就不难从中发现其特定的社会功利内容，这便是我们通过科学分析，可以从非功利的个人审美感受发现社会功利内容的根本原因。

对自然美的观赏，最为鲜明地表现着美感的个人非功利性。自然美侧重于形式美，它的社会性内容即它的观念和情感意义朦胧多义，很不确定，人们欣赏自然美，似乎在欣赏纯形式，与社会功利全然无关。然而，只要对审美意识的历史稍作考察，便能够发现：人类之所以能感受自然美，发现自然美，欣赏自然美，是同人类逐步对自然界日益加深认识和改造的历史进程分不开的。只是在这个"自然人化"的基础之上，大自然才能从可怖可惧的对象变为可亲可敬的对象。也只有在这个基础之上，人们才能建立起自然物与社会生活之间的丰富联想，才有托物言志、借景抒情的可能。东晋作家、音乐家袁崧在他的《宜都记》中有这样的记述：

> 常闻峡（按指三峡之一西陵峡——引者按）中水疾，书记及口传，悉以临惧相戒，曾无称有山水之美也。及余来践跻此境，既至，欣然始信耳闻之不如亲见矣。其叠崿秀峰，奇构异形，固难以辞叙。林木萧森，离离蔚蔚，乃在霞气之表。仰瞩俯映，弥习弥佳，流连信宿，不觉忘返，目所履历，未尝有也。既自欣得此奇观，山水有灵，亦当惊知己于千古矣。①

历来被视为可怖可惧的西陵峡，为什么在袁崧眼里，突然显得空前的雄奇壮美了呢？这固然因为袁崧其人，有卓拔超群的审美鉴赏能力，然而，我们也不难推想，在这种个人与自然审美关系得以实现的背后，隐藏着人类群体与整个自然关系上的历史性变化。有多少原本显得陌生、异己、可怖、可惧的自然事物，由于人类认识和改造自然

---

① 郦道元：《水经注》卷三十四《江水》所引。

的能力的提高,逐步转变为审美对象了啊!陌生的景观,初见之下,就"弥习弥佳,流连信宿,不觉忘返",而山水于人,亦如"惊知己于千古",人与自然,在情趣上往返交流,打成一片,这种亲切的富于人间情味的关系,只能是历史性的文化成果。这样,从对自然美的感受里,不管如何曲折隐微,总还是能够看出人们同自然界的某种历史性关系,能够看出时代的以至于阶级的印痕。比如在我国封建社会的山水诗、山水画作者中,有的人喜欢追求那种恬淡超逸的风格,就表现出士大夫阶级徜徉山水之间那种闲散慵倦的情趣,这种趣味的时代特点和阶级特点,当然也是可以从社会学角度予以分析的。

此外,美感的社会功利性,也表现为满足精神生活需要的这一普遍而广泛的功利性质。增强斗志,激励人心是一种需要;单纯的愉悦作为休息和安慰,是一种需要;陶冶人的情操,优化人的心灵也是一种需要。从精神方面来说,美感的这种社会功利性又是很明显的。进一步说,精神愉悦的这种功利性又可以转过来服务于社会实践的目的,实现精神向物质的转化。正如鲁迅在论小品文的社会作用时指出的,小品文可以"是匕首,是投枪,能和读者一同杀出一条生存的血路的东西;但自然,它也能给人愉快和休息,然而这并不是'小摆设',更不是抚慰和麻痹,它给人的愉快和休息是休养,是劳作和战斗之前的准备。"[①]美感的社会功利性就这样和个人超功利性结合在一起,从而形成了超功利而含功利的又一特点。正因为如此,审美趣味才有健康与病态之分,才有进步和落后之别。

综上所述,美感和实用功利意识、道德意识以及科学认识等相区别的根本特点在于:它在个人的超功利、非实用的直觉形式中,表现了人类社会生活的功利的、实用的内容;它以情感为纽带,将感性的与理性的、个人的与社会的多种成分统一在完整的心理过程之中。这个根本特点,我们将结合美的欣赏和判断,作进一步的社会学和心理学的分析。

复 习 思 考 题

1. 何谓美感?为什么说"美感是对人的本质力量的自我观照"?
2. 美感与快感的关系怎样?
3. 美感在人类历史上是怎样产生与发展的?原始巫术、图腾崇拜同美感的形成有何关系?
4. 何谓"比德"?何谓"畅神"?为什么说"畅神"观点的提出,"标志着对自然美审美意识的觉醒"?
5. 美感的特性表现在哪些方面?

---

① 鲁迅:《小品文的危机》,《鲁迅全集》第 4 卷,人民文学出版社 1981 年版,第 576—577 页。

第 8 章 美的欣赏与判断

美感,是美的欣赏活动的产物。人们对美的事物的欣赏,同时也是对该事物是否美的一种情感性的评价和判断。欣赏活动是个体的直接感受和情感反应,不可避免地带有个人爱好的主观倾向性。"情人眼里出西施","说到趣味无争辩",这类流行于中外的谚语,都提示了美感的主观性和相对性。

那么,在美的欣赏和判断之中,是否还存在客观的、社会的普遍内容? 这一活动是否应当遵循普遍有效的客观标准? 这个问题,美学史上历来聚讼纷纭。我国的庄子就认为世界上的事物是"各美其美"的:"逆旅人有妾二人,其一人美,其一人恶,恶者贵而美者贱。阳子问其故,逆旅小子对曰:'其美者自美,吾不知其美也;其恶者自恶,吾不知其恶也'。"①在西方,休谟提出,美"只存在于鉴赏者的心里;不同的心会看到不同的美"②。杜卡斯认为,在审美领域,"每个人都是他自己独立思考的绝对君主",唯有自我,才是"最终的、不会有错误的判断者"③。他们看到了美感因人而异的特点,但却作了不恰当的夸大。还有一些强调逻辑实证和语义分析的学者,主张"意义即用法",认为"美"、"艺术"等语词根本没有统一的规定性,只是一种赞叹或者喝彩的态度。维特根斯坦后期美学的追随者韦兹在考察了五种美学理论之后断言:"它们的根本错误就在于用一个根本误解来代替艺术。当认为关于艺术的正确

① 《庄子·山木》。
② 休谟:《论趣味的标准》,吴兴华译;马奇主编:《西方美学史资料选编》上卷,上海人民出版社 1987 年版,第 514 页。
③ 杜卡斯:《艺术哲学》,转引自朱狄:《美学问题》,陕西人民出版社 1982 年版,第 51 页。

理论是可能的时候,那么这种美学理论在原则上就错了",因为建立一套理论"在逻辑上就是不可能的"①。这样就必然走向了美学的取消主义。事实上美感在其显著的主观性和相对性之中,也包含着相应的客观社会内容,而且完全可以用一定的、普遍有效的客观标准来加以衡量和判断。

8.1　美的欣赏的主客观条件

欣赏者在欣赏过程中美感的获得,同时也是对欣赏对象的美的肯定性判断的实现。观一处胜景,听一曲音乐,赏一幅国画,人们会情不自禁称奇叫好,发出"真美啊"的赞叹。这是欣赏者情感的自然流露,当然也是对对象的美的一种肯定性判断。显然,美的欣赏和判断乃是审美主体对于审美对象的一种特殊的反映方式。在这一特殊的反映方式中,审美主体的主观能动性,有着特别突出的意义。因为,同一般反映活动不同,美的欣赏活动并不要求欣赏者局限于、执著于对象自身而获得关于对象的确切知识;反而允许和要求欣赏者相对自由地、主动地去追寻和发现它的美。美的欣赏之所以令人感到兴味无穷,恰恰不在于欣赏者被动地接受了什么,而在于他主动地发现了什么、补充了什么。在黄山玉屏楼前远眺"松鼠跳天都",从"松鼠"跃跃然的动势中,可以领略到这机灵的小动物企图飞越天险的风神,僵化的顽石似乎灌注了生命;听贝多芬的《英雄交响曲》,胸臆间自有万马千军在奔突、疾驰,不由得会激起我们对自己所熟悉的英雄人物历史功业的向往和崇敬;齐白石老人留下的幅幅丹青,"妙在似与不似之间",有利于诱发观众主动积极的心理活动,哪怕是一把破蒲扇和一枝剥去莲子的莲蓬,也能给人带来夏去秋来的联想。在美的欣赏中,审美主体面对审美对象所展开的活跃的心理活动,使主体在追寻和发现中得到无穷的乐趣。

一般说来,形成具体的美的欣赏关系,总包括着不可或缺的两个方面:一方面,须有客观的审美对象的存在作为前提;另一方面,审美主体也应当具备相应的审美条件。客观的审美对象的存在是重要的,第一性的。它不依个别欣赏主体的意志为转移,就是说,如果主体因个人原因缺乏相应的审美条件而不能与之构成欣赏关系,这也无损于审美对象客观存在的美的价值;相反地,假使没有一定可感的美的事物作为欣赏对象,那么,主体的感受、体验和评价都会失去依据,因而也就不可能产生

① 莫里斯·韦兹:《理论在美学中的作用》。转引自朱立元主编:《现代西方美学史》,上海文艺出版社 1993 年版,第 455 页。

美的欣赏和判断。只有音乐,才能激起人们的音乐感。从这个意义上说,正是"艺术对象创造出懂得艺术和具有审美能力的大众"①。作为欣赏关系另一端的审美主体的条件如何,又反转过来决定客观对象能否以及在何种程度上进入主体的审美视野、成为他的欣赏对象,决定着主体所获得的审美愉悦的高低强弱及特点。

马克思说:"对象如何对他说来成为他的对象,这取决于对象的性质以及与之相适应的本质力量的性质"②。这一论断,无论对于整个社会审美关系的发展,还是对于某一个别人形成具体欣赏关系来说,都是具有重要意义的。但是,在这两种不同的情况下,它的意义却不完全相同:

对于整个社会来说,对象的审美性质和主体的审美能力(人的本质力量之一)所结成的,是一种相互对立而又相互适应的关系。我们在前一章说过,人的五官感觉及其能力是在实践过程(包括审美实践过程)中逐步"人化"、逐步形成和发展起来的。随着人们审美能力日渐提高,越来越多的客体或客体的某些方面逐步进入人的审美视野,成为审美对象。于是,审美范围日见扩大,审美对象日见丰富。如果说,只是当人类进入新石器时代,有了相当规模的原始种植业活动,植物形象才有可能变成审美对象的话;那么,可以预期,随着宇航事业的进一步发展,人类越来越频繁地往返于宇宙空间,目前尚属未知的太空中的各种奇异景象,将会逐步纳入人类的审美范围,使人类的审美对象极大地丰富起来。

对于一个个体来说,社会性的审美对象能否得到该个体的欣赏,以及欣赏的程度、特点如何,当然也是"取决于对象的性质以及与之相适应的本质力量的性质",取决于该个体的审美条件如何。某一个人是否具备音乐的耳朵,丝毫不会影响音乐本身所固有的美的存在,但却影响到这一个体自己欣赏的效果。对于不辨音律的"耳朵",音乐不是他的审美对象,最美的音乐也不过仅仅是听着好听而已。所以,就个体而言,任何一个对象的意义,总是以这一个体所能感受到的程度为限。正因为如此,在一定历史条件下,某些杰出的艺术家和鉴赏家的审美能力由于往往超出了该时代社会审美能力的平均发展水平,因而他们的艺术创作或审美观点就被看成该时代审美能力的最高标志。当然,从更为开阔的历史进程来考虑,这些杰出人物的审美能力,也还是社会审美意识长期发展的结果,是整个社会审美能力提高的结果。

那么,形成具体审美关系的主观条件究竟有哪些呢? 概括地说,大致有以下

---

① 马克思:《〈政治经济学批判〉导言》,《马克思恩格斯选集》第 2 卷,人民出版社 1995 年版,第 10 页。

② 马克思:《1844 年经济学哲学手稿》,《马克思恩格斯全集》第 42 卷,人民出版社 1979 年版,第 125 页。

四个方面：

第一，要有健全的社会化的审美感官，这主要指的是能欣赏形式美的眼睛和感受音乐美的耳朵。某一感觉器官的机能发生障碍，就会在相应领域内，给他带来感受能力的缺陷。先天的聋、盲、哑人，不可能欣赏自然美景和艺术作品，他们中即使有个别人能通过抚摩雕塑来获得一定的审美体验，那也只能说明他的五官感觉之一的触觉能力，还没有遭到破坏而已。他所能得到的"审美体验"，自然也无法同耳目健全的人相比拟。这就是古人所说的："六律具存而莫能听者，无师旷之耳也。"①一个人的视、听二觉的感受力，固然与社会发展带来的先天生理条件和素质有关，有些人生来就耳聪目明，功能优异。但对于一定对象的敏锐的辨析能力，却只能在后天社会实践中，在直接的、间接的经验积累中获得。车床工人可以凭借谛听车床运转声音的异常而判断出哪一个部件出了故障；染布工人能够分辨几十种到上百种同一类颜色的不同品种。恩格斯说过："鹰比人看得远得多，但是人的眼睛识别东西远胜于鹰。狗比人具有锐敏得多的嗅觉，但是它连被人当作各种物的特定标志的不同气味的百分之一也辨别不出来。"②可见作为审美感官的眼睛和耳朵的审美感受力，都是不断"人化"，即不断社会化的光辉成果。

第二，要有必要的审美修养，包括知识储备、文化教养以及生活阅历等等。首先，审美主体对于当下审美对象有关的知识，要有一定的甚至足够的储备。欣赏植物的花朵，虽然不必充分了解植物的种属及其生物的、物理的、化学的属性，但对于花朵的色、形、味等必须有起码的了解。欣赏艺术作品，要懂得一般的艺术技巧方面的知识，如音乐的乐理、戏曲的程式、电影的蒙太奇等。此外，还要了解作者及作品写作及发表时的社会背景。所以鲁迅说："我总以为倘要论文，最好是顾及全篇，并且顾及作者的全人，以及他所处的社会状态，这才较为确凿。要不然，是很容易近乎说梦的。"③其次，审美主体要具备同审美对象相适应的审美能力，这包括来自教育与环境影响的审美意识和文化传统，以及对民族欣赏习惯的认识与把握。例如中国人对于青松，日本人对于樱花，都是作为一种别具情味的传统意象加以欣赏的。青松那种坚忍不拔、崇高圣洁的"品格"，不是中国人，很难领略；樱花所蕴含的对易逝的生命的眷恋和怜惜之情，不是日本人，也终隔一层。此外，审美主体对社会的经验和认识也极其重要，只有生活阅历深广的人，欣赏一个对象时才会引发出丰富的联

---

① 《淮南子·泰族训》。

② 恩格斯：《自然辩证法》，《马克思恩格斯选集》第4卷，人民出版社1995年版，第378页。

③ 鲁迅：《"题未定"草（七）》，《鲁迅全集》第6卷，人民文学出版社1981年版，第430页。

想和想象,才容易激发起深沉的情感。总之,没有必要的社会生活经验、文化知识和审美素养,纵或有极为敏锐的五官感觉功能,也不能构成优异的审美能力;相反,如果在某一特定审美领域对个体进行有意识的训练,相关的感受能力便可能特别发达。这种训练,不但要把泛览博采和某一专业方向的专门性学习结合起来,尤其要注意引导他们善于欣赏第一流的艺术品。因为,正如歌德所说:"鉴赏力不是靠观赏中等作品而是要靠观赏最好作品才能培育成的。"①

第三,要有一定的审美心境。心境是在一个较长时间内影响人的整个行动的一种比较持久的情绪状态,因而能够使一个人的活动和体验都染上一种情绪色彩。《淮南子·齐俗训》说:"夫载哀者闻歌声而泣;载乐者见哭者而笑。哀可乐者,笑可哀者:载使然也。"这就说明,一个人心境的好坏,不仅能强化或钝化他的五官感受能力,而且还可能引起完全相反的感受。心境开朗,感觉更其敏锐,反应更其迅速;心境抑郁,感受便显得迟钝得多。如果终日闷闷不乐,那就可能失去审美的任何兴致。荀况说:"心忧恐,则口衔刍豢而不知其味,耳听钟鼓而不知其声,目视黼黻而不知其状,轻暖平簟而体不知其安。故向万物之美而不能嗛也,假而得问而嗛之,则不能离也。"②这段话表明,我们的先人早就认识到审美心境的重要性。

第四,要有健康的审美观点。审美观点是人们在实践中形成的关于美的理性认识,它一经形成就具有相对独立性和稳固性。它指导着人们的创作和欣赏,制约着人们对现实对艺术的审美取向。例如现实主义者重视对现实关系的真实再现,浪漫主义者热情洋溢地追求理想,象征主义者对某些意象所蕴含的抽象意义特别敏感,等等。同时,美既然体现着符合社会发展趋势与不断向上"提升"的人的本质力量,它本身就具有推动人类进步的积极的倾向性。特别是社会美和体现社会美的艺术美,其倾向性和阶级性都较为鲜明,一个缺乏进步的世界观和健康的审美观的人,对其中某些东西便难以欣赏,有时甚至会闹到美丑颠倒的地步。清人沈复在他的《浮生六记》里,表现了这样一种情趣:"夏蚊成雷,私拟作群鹤舞空,心之所向,则或千或百果然鹤也。昂首观之,项为之强。又留蚊于素帐中,徐喷以烟,使其冲烟飞鸣,作青云白鹤观。果如鹤唳云端,怡然称快。"③这段别具风味的文字所表达的审美观点与情趣,显然是一般的人们所难以赞同的。

从个体审美能力的形成可以看出,一定的审美能力实际上是一定生理的、心理

---

① 《歌德谈话录》,朱光潜译,人民文学出版社 1978 年版,第 32 页。
② 《荀子·正名》。
③ 《浮生六记·闲情记趣》。

的、社会意识形态的多种因素的结晶物。从这个意义上说,每个人在美的欣赏和判断中,都是以他的全部精神财富对待他的对象的。美的欣赏和判断,决不是消极的、机械的"镜式"反映。

8.2　美的欣赏的一般过程

美的欣赏,是在主客观条件均已具备的情况下,通过个体的感受与体验实现的。它的一般过程是怎样的呢?

个体要进入美的欣赏,首先要自觉或不自觉地摆脱日常意识状态,而转入特定的审美心境,有宁静的、适宜接纳美的事物的心胸,或者说要对美的对象抱一种明确的审美态度。杜甫在《望岳》诗中写道:"荡胸生曾云,决眦入归鸟。""荡胸"、"决眦"这种安宁、坦荡、专注的精神状态,正是个体进入美的欣赏所必须的。

正是鉴于这种审美态度的重要,瑞士美学家布洛提出了他的"心理距离说"。布洛主张,审美时主体与客体之间要保持一种无功利、非实用的"心理距离",否则功利实用关系一旦介入,就会得不到美感。布洛举了一个有名的例子:一条轮船在海上遇到大雾,随时有触礁、撞船的危险,这时船员紧张万分,旅客担惊受怕,旅途变成了畏途;而如果有人能忘掉实际危险,处之泰然,聚精会神去欣赏茫茫海上的大雾,那么透过这"迷迷濛濛的半透明的乳状的帷幕",海雾也就可能成为"强烈乐趣与愉悦的源泉"①。布洛据此主张,保持恰当的"心理距离",是进入审美活动的关键。这个距离不可过大,过大了无法欣赏;也不能过小,过小了会导致距离的消失,同样无法欣赏。布洛的学说有其合理的地方:就主体说,它强调采取明确的非实用的观赏态度;就客体说,它强调要观照客体的形态,使主客体之间从实用关系转为审美关系。但布洛把这一"距离",纯然说成是主观设定的"心理距离",就不那么科学了。审美中主客体之间的距离,并非完全出自个人意愿,而是受制于主体与对象的客观联系,是历史形成的人同客观世界的审美关系的具体表现。在关于美感的特性中,我们已经指出,在现实的个人非功利的赏鉴态度背后,仍然深藏着淡化了的主体与客体的功利关系,因此是超功利而含功利的。在美的赏鉴中,就对象而言,是它的感性外观触发了主体的情思;就主体而言,则已摒弃了一己的私欲,而着眼于人的本质力量的直观。带着食欲去"欣赏"静物画中的水果,只会徒然滋长利己的占有欲,而不可能

---

① 《"心理距离"——艺术与审美原理中的一个因素》,钱广华译,见马奇主编:《西方美学史资料选编》下卷,上海人民出版社 1987 年版,第 1029 页。

获得美感。

　　审美态度同时也是一种持续的、兴味盎然的审美注意,是对审美对象的一种凝神观照,"用志不分,乃凝于神"①。由于胸无利己的杂念而又注意力集中,主体就可能从形式方面充分感知对象,产生强烈的"第一个印象",同时也可更为顺利地诱发联想和想象,使主体的整个审美心理活跃起来。审美注意是不可轻易转移的,更不允许来自主观或客观的干扰,否则欣赏兴致一遭破坏,便会顿生幻灭之感,欣赏也就难以继续下去。

　　我国古典美学受道家哲学影响,常标举"虚静"二字,描述进入审美状态时的心理,讲的也是"湛怀息机"②——虚,"罄澄心以凝思"③——静,即去欲和专注这两个要点。同西方美学理论相较,"虚静"似乎还具有强调开拓主体心理空间、增强主体感受能力的积极意义。刘禹锡说:"能离欲,则方寸他虚,虚而万景入。"④苏轼认为:"静故了群动,空故纳万境。"⑤如冠九则提出:"澄观一心而腾踔万象"⑥,说的都是"虚"可以扩充心胸,拓展心理空间。至于刘勰所说:"水停以鉴,火静而朗。"⑦则是借自然景象来强调只要人的内心保持安宁、平静的状态,就更能明察周围的审美对象。此类观点,在我国美学史上不断得到发挥。可见,无论中外,都一致肯定,转入审美态度,实为进入欣赏的心理前提。

　　美的欣赏心理,一般说来,可分为相互关联、逐步推移、渐次深化的几个层次。

　　最初的层次是对于对象的形式感知。如果主体面临的是优美的对象,那么它所拥有的形式美诸因素及其有机组合,首先会使主体的视听感官感到生理上的愉悦,使"第一个印象"弥漫着和谐、柔丽的色彩;如果主体面临的是崇高的对象,那么它数量上或力量上的"大",都会使主体感官似乎受到猛烈的撞击或威压,产生突兀、惊讶,以至怵目惊心的感觉。从生理上说,这虽未必快适,但从精神方面说,这种情感上的冲击,却能唤起主体理性和意志的力量去把握对象。不论属于何种情况,形式的感知,都不是一次完成的,而是主客体之间往复交流,不断进行对象情趣化和情趣对象化的结果。常常是对象的感性形式,引起了主体的兴发感动;主体又将知觉引

① 《庄子·达生》。
② 况周颐:《蕙风词话》卷二。
③ 陆机:《文赋》。
④ 刘禹锡:《秋日过鸿举法师寺院便送归江陵引》。
⑤ 苏轼:《送参廖师》。
⑥ 如冠九:《都转心庵词序》。
⑦ 刘勰:《文心雕龙·养气》。

起的感兴投射于对象,如此循环往复,"目既往还,心亦吐纳","情往似赠,兴来如答"①,使形式的感知所得,逐步情意化,主体便会获得一种知觉情感。

第二个层次是主客体之间的同情与共感。

欣赏时主体对于对象的审美的同情,指的是主体由于类似关系、接近关系或因果关系将自己的情志转移到对象上,使自己"设身处地"地体验对象。把自然对象拟人化,在他人(包括艺术的审美意象)身上发现自己的类似之处,这种积极认同的心理活动本身,就能使主体感到愉悦。在黄山的半山寺前,仰观天都峰,一块突出的奇石有如雄鸡引颈长鸣,被称为"金鸡叫天门"。这"金鸡"好像在迫不及待地催促天都的阍者,赶快开启天门迎迓远客。面对此景,被迎候的游人,一定油然而生亲切之感。如果逶迤而上,到达蟠龙坡再回首东顾,这"金鸡"早已变成五位老者,他们相互搀扶,颤颤巍巍地向着天都缓缓跻攀。这"五老上天都"的动人情景,能令人精神为之一振,登山兴致陡然大增。这都说明,基于认同心理的审美同情,是撤去物我间的藩篱,以心通物的重要心理机制。

审美欣赏中的"共感",又称"感会"、"会心"、"应会"("应目会心")等等,指的是主体与对象之间心物两契,产生情感上的共振共鸣状态。这大体相当于西方美学所说的审美移情。不过,审美移情是作为一种完整的美学理论提出来的,包含美论、美感论等广泛的内容,而共感共鸣则仅指审美欣赏中的一种心理状态。《宋书·隐逸传》记有我国山水画开创者宗炳的一则故事:

> ……(宗炳)以疾还江陵,叹曰:"老病俱至,名山恐难遍睹,惟当澄怀观道,卧以游之。"凡所游履,皆图之于室,谓人曰:"抚琴动操,欲令众山皆响!"

宗炳说的"澄怀",即前述"虚静"的审美态度;而他所观的"道",则涉及我国古代"天人感应"的哲学思想。这一思想的理论前提是:万物皆有生命,有意、神、气、性等等;万物的生命运动,可以同人的情意活动相契合,使人领悟到某些神秘的意念。宗炳认为,"道"体现于宇宙万物的生命节奏之中,能与音乐节奏共振共鸣而融为一体,从而使主体在观画抚琴之际,获得莫大的审美愉悦,所以,宗炳实际上是在"天人感应"观念的支配下,生动地描摹了审美欣赏中的共感现象。如果剔除其中某些神秘的因素,我们便可以对共感的审美特质有所认识。

---

① 刘勰:《文心雕龙·物色》。

　　我国古代的不少艺术作品,记录了前人在欣赏自然美时心灵与对象所产生的共感现象,表明古人在体认自然之美方面,极为敏感而精妙。如常建的《江上琴兴》：

> 江上调玉琴,一弦清一心。
> 泠泠七弦遍,万木澄幽阴。
> 能使江月白,又令江水深。
> 始知梧桐枝,可以徽黄金。

泠泠的琴声,非但可以清心,而且能令江上的一切自然景物都产生感应,诗人的心灵,和着宇宙的节律,共同奏响一曲恬淡、静穆而略显凄清的乐曲。至于欣赏社会事物的美和叙事性艺术作品的美,共感则表现为欣赏者与社会生活的节奏、人物思想感情的节奏共鸣共振,那就毋庸多言了。

　　欣赏中主体获得同情与共感,意味着体验到"物我两忘"、"身与物化"、"我没入大自然,大自然没入我"的最高审美境界。庄子《齐物论》所记的庄周梦蝶的故事,最早提出"物化"一语,就是指这种物我界限消融、我与万物融化为一的心理境界。柳宗元在一篇游记中,也有这样的记述：

> 悠悠乎与颢气俱,而莫得其涯；洋洋乎与造物者游,而不知其所穷。引觞满酌,颓然就醉,不知日之入。苍然暮色,自远而至,至无所见,而犹不欲归。心凝形释,与万化冥合。……①

这里的"心凝形释,与万化冥合",是对共感现象的极好描述。内心平静至极,似乎精神活动已经凝结；躯体一切束缚均已解脱,仿佛自己与宇宙万物合成一体,这是精神上的大解脱,大超越,大自由。这时,主体感到天地间的"颢(浩)气"充溢心胸,似乎与造物主神游天外。所以,这种审美欣赏中的同情共感,也就相当于人本主义心理学所揭示的"高峰体验"。马斯洛指出："处于高峰体验中的人具有最高程度的认同",显现出一种"你-我"一元关系,即把他人与万物都当作自己的生命,而愿意奉献自身之所有。当人们处于高峰体验时,"创造者与他的产品合二而一；母亲与她的孩子合为一体；艺术观赏者化为音乐、绘画、舞蹈,而音乐、

---

① 柳宗元:《始得西山宴游记》。

绘画、舞蹈，也就变成了他"。"在高峰体验中，表达和交流常常富有诗意，带有一种神秘与狂喜的色彩"①。

欣赏的第三个层次是实现审美的再造与超越。美的欣赏，不是消极的、被动的接受，而是带有欣赏者自身的发现与创造的心理活动。许多美好的事物常引得人们一再地观赏、体悟，流连忘返。著名画家刘海粟十来次登临黄山，就是一个显著的例子。这是因为，在现实美的赏鉴过程中，欣赏者即便面对同一对象，处在同一景点，但由于自然风色、实际情状、特别是欣赏者本人审美心境的差异，在不同的时间他所投入及获得的情致，会有一定的区别以至极大的不同。这也就是说欣赏者面对同一的审美对象，可以感悟和创造出种种不同的审美境界，因而格外令人满足，让人愉悦。同样，在艺术美的欣赏中，欣赏的心理过程也并不会与创作的心理过程完全对应，欣赏者获得的美感，不会是创作者的感受和体验的翻版。因为，在创作者有一个传递的问题，在欣赏者又有一个再创造的问题。这两个问题的存在，注定了两者之间不能简单互逆。

再创造的境界，是审美欣赏活动中的高级阶段，是在欣赏者审美情思活跃飞扬、浮想联翩的状况下实现的，它给人们带来了极大的审美享受和满足。就艺术美的欣赏而言，一方面，作品创造的审美意象启迪、激发着欣赏者的心理；另一方面，欣赏者在赏玩中对这个意象又必然要加以重建、体悟直至超越。由于艺术品提供的可以说是一个"言有尽而意无穷"的审美意象，因而读者在欣赏时，就要通过自己的审美想象，补足那些空白的、无穷的内涵，使意象在自己的脑海里成为一个完整的艺术世界，得到重建。德国符号论美学家卡西尔曾指出："从某种程度上可以说，如果不重复和重构一件艺术品藉以产生的那种创造过程，我们就不可能理解这件艺术品。"②当然，欣赏过程中重建的审美意象，不是、也不可能是原来作品意象的还原，而是欣赏者从自身经验出发的一种揣摩，因而已经具有一定程度的再造、超越的性质。在意象重建的基础上，欣赏者还要进一步赏鉴意象中那些隐秘、幽微之处，体悟其言外之意、弦外之音、像外之旨。徐悲鸿画马不画草，有意留下满纸的空白，但因为他把马表现得那样雄奇骏逸，所以欣赏者就能飞驰自己的想象，不仅见到了在草原上自由奔驰的骏马，而且还能体悟到生命意蕴的一种乐趣。比起意象重建来，意象的体悟自然具有更为突出的创造与超越的因素。清

---

① 引文均见马斯洛：《自我实现的人》，许金声、刘锋译，三联书店 1987 年版，第 256—265 页。参见马斯洛：《存在心理学探索》第 7 章，李文湉译，云南人民出版社 1987 年版。

② 卡西尔：《人论》，甘阳译，上海译文出版社 1985 年版，第 189 页。

人马其昶说：

> 若夫古人之精神意趣，寓于文字中者，固未可猝遇，读之久而吾之心与古人之心冥契焉，则往往有神解独到，非世所云云也。①

要是说"吾之心与古人之心冥契"还属于体悟这个层次的话，那么"神解独到"其实便是一种再造与超越了。正是由于欣赏活动中的这一超越，才使欣赏具有如此巨大的魅力，使人感到"咀嚼有余味，百过良未足"②，必须一而再、再而三的品味，才能满足欣赏的需要。这也就是说，在欣赏活动中欣赏者的体味，完全可以同作者的用心有这样那样的出入，所以前人说过，"作者之用心未必然，而读者之用心何必不然"③，这是很有道理的。聪明的作者，懂得怎样给欣赏者留下足够的心理空间，让他享受再创造的充分自由，实现审美的超越；聪明的欣赏者，也不会苦苦猜测作者的意图、用心，而要让自己的感受和体悟相对自由地飞驰，发现作者不曾发现的东西，对作品作出作者始料不及的心理诠释。苏轼的名篇《前赤壁赋》的描绘，生动地表现了欣赏的这种再造与超越的性质。当"苏子与客泛舟游于赤壁之下"时，面对"白露横江，水光接天"的景色，令苏轼觉得自己进入了"飘飘乎如遗世独立，羽化而登仙"的境界，便不禁扣舷而歌：

> 桂棹兮兰桨，击空明兮溯流光。
> 渺渺兮予怀，望美人兮天一方。

歌声催动了客人的情致，使他吹洞箫而和之，"其声呜呜然，如怨，如慕，如泣，如诉"，"舞幽壑之潜蛟，泣孤舟之嫠妇"。然而，苏轼的歌吟与客人的箫声所表达的审美情怀，却并不完全相同。据说客人指杨世昌，字子京，是一位道士，善吹洞箫。苏轼在《次韵孔毅夫》诗中说他："杨生自言识音律，洞箫入手清且哀。"这次游赤壁吹箫呜呜咽咽，甚是动人，表达的人生苦短的哀叹，深感自身的孤独和渺小，"哀吾生之须臾，羡长江之无穷"。然而，苏轼的歌吟所表达的却是一个更高的境界："自其变者而观

---

① 马其昶：《〈古文辞类纂〉标注序》。简夷之等编：《中国近代文论选》下册，人民文学出版社 1959 年版，第 731 页。

② 元好问：《与张仲杰郎中论文》。

③ 谭献：《复堂词录序》。郭绍虞主编：《中国历代文论选》第 4 册，上海古籍出版社 1980 年版，第 77 页。

之,则天地曾不能以一瞬;自其不变者而观之,则物与我皆无尽也,而又何羡乎?"所以,尽管客人也同苏轼一样面对"月白风清"的江上美景,共同吟诵《诗经》中"月出皎兮"的诗章,亲历"凭虚御风"的感受,并且受到苏轼高歌的感染,吹洞箫"依歌而和之",但他所得到的、表达的意味,所显示的人生境界,却同苏轼有相当大的区别。

总之,在审美欣赏活动中,再造与超越的意义是非常重大的,甚至可以说:没有再造,就没有欣赏;而欣赏,特别是最富审美意味的欣赏,恰恰是为了超越,为了在精神领域实现欣赏者自身的自由与价值。

8.3　审美趣味的差异性与共同性

在有关美感的特性的阐述中,已经涉及这个问题,现进一步再作更为细致的分析。由于审美主体的生理条件、心理素质、文化教养、生活环境和生活经历各不相同,人们的审美能力在质与量两个方面都会产生无穷的级差。这些能力不但具有各自的指向性,而且在能力的高低钝锐之间,有着极其不同的资质和基调。因而,主体在美的欣赏和判断之中,会对某些对象或其某些方面表现出特殊的喜好和偏爱,表现出自身特有的审美趣味。在各不相同的审美趣味之间,不但有高下之分,而且有健康与病态、进步与落后之别。因此,审美趣味的高下优劣,不仅显示了主体的审美特色,而且也是主体审美能力发展水平的标志。

审美趣味和日常生活的趣味是有显著区别的。后者,如饮食上的趣味,在很大程度上是个人的事,是个人生理上的习惯和喜好的表现。四川人嗜辣,苏南人好甜,就趣味而论,无分高下优劣,而且也并不要求社会普遍赞同。审美趣味则是一种"社会性的偏爱"。尽管对这方面趣味的选择,也允许相当宽泛的自由,但却不妨碍人们按照其社会意义,作高下优劣的品评。因为它们所体现的,已经不是个人的生理要求,而是社会性的精神文化要求了。一般说来,人们的审美趣味,总希望得到社会的普遍赞同。饮食上的趣味分歧,难得引起争论;审美趣味的不同,却往往成为热烈的争论的动因,因为人们无论如何总希望别人分享他的美感。现实生活中的人,都是社会的人,任何个人作为一定生产关系、阶级关系、家庭关系、国家关系、宗教关系等等社会关系的具体承担者,他的审美趣味,就不能不包含着、体现着一定时代、民族、阶级共同的审美要求和趋向。

审美趣味的个性差异取决于主体个性的不同特征。主体的个性特征,由先天与后天、生理与社会多种因素的复杂关系所造成,因而是千差万别的。以研究高级神经活动著称于世的俄罗斯生理学家巴甫洛夫说:"现在我们坚决主张,人一面有着先天的品质,另一面也有着为生活情况所养成的品质。这是很显然的。这就是说,如果说到那些先天的品质时,这就是指神经系统类型而言,如果说到性格的话,那就是指那些先天的倾向、意向与那些在生活期间受生活印象的影响所养成的东西二者之间的混合物了。"①这就是说,个性是人们高级神经活动类型和后天环境、教育形成的"合金"。这里,人的遗传因素、天赋素质等,是构成个性差异的生理基础;后天条件,如特定的社会的物质生活、文化教育,以及特有的社会实践活动和经历等等,对于个性特征的形成则具有决定性的作用。

先天因素作为形成个性差异的生理基础,是不容忽视的。即以气质与个性的关系而论,我们知道,气质的生理基础是高级神经活动的类型,烙有极为明显的先天的生理性的印痕。个性特征的形成,往往是在这种特有气质的生理基础上发展而来的,因而个性特征常常不可避免地涂上各种气质的色彩。比如,同样具有勤劳这一性格特征的人物,还会同中有异,各具个性。多血质的人,一般以情绪饱满、精力充沛显现出勤劳的本色;粘液质的人,则通常以踏实肯干,操作精细体现其勤劳美德。同样,胆汁质的人,往往以猛打猛冲、怒不可遏的方式,显露出勇敢的特性;而粘液质的人的勇敢,却可以表现为沉着镇静、处之泰然;抑郁质的人常常心绪不佳、意气消沉,缺乏自信力,因而很难有勇敢的表现。再从才能与个性的关系看,天资的作用也是不容忽视的。试想,唐初的王勃,十岁能赋;明末的夏完淳,九岁善文;奥地利的莫扎特,三岁发现三度音程,能在父亲指点下谱制小步舞曲,没有卓绝的天赋决不会有这样特异的才能。所以,巴甫洛夫曾把高级神经活动类型分为艺术型、思维型和中间型,认为各类型的特点与一些专门能力直接相关。一般说,在自己的活动中主要依靠占优势地位的第一信号系统的人,属于艺术型,这类人对现实的感知具有完整性、充分性和主动性,想象力优于抽象思维能力,而且有高度的情绪易感性。在自己的活动中主要依靠占优势地位的第二信号系统的人,属于思维型,这类人长于分解现实,抽象思维能力较为发达。在自己的活动中,两个信号系统取得良好平衡的人属于中间型。②显然,对于这些类型区分在个性形成中的作用,必须作充分的估计。

但是有决定意义的还是后天因素,即社会影响的因素。马克思、恩格斯说:"和其他任何一个艺术家一样,拉斐尔也受到他以前的艺术所达到的技术成就、社会组

---

① 巴甫洛夫:《论克瑞奇米尔所著的〈身体结构与性格〉一书》,《巴甫洛夫选集》,吴生林等译,科学出版社 1955 年版,第 398 页。

② 参见 B. 波果斯洛夫斯基等主编:《普通心理学》,魏庆安等译,人民教育出版社 1979 年版,第 386—387 页。

织、当地的分工以及与当地有交往的世界各国的分工等条件的制约。像拉斐尔这样的个人是否能顺利地发展他的天才,这就完全取决于需要,而这种需要又取决于分工以及由分工产生的人们所受教育的条件。"①这说明,先天因素能否得到发挥,发挥到什么样的程度,也即在何种意义上对个性特征的形成产生作用,都是由后天的社会条件决定的。由于社会生活内容异常丰富复杂,各人所生活的环境,所从事的事业,所经历的道路,所承受的社会影响各不相同,因而就形成了千差万别的个性。有一对孪生的女大学生,她们的外貌非常相似,但个性却有明显的差异。姐姐比妹妹善谈吐、好交际,比较果断、勇敢和主动,与人交谈总是姐姐开始答话,妹妹只表示首肯或作补充。姐妹两个性差异的成因之一,是她们的祖母从她俩童年时代起,就责成姐姐照管妹妹的行动,作妹妹的榜样,并首先执行长辈所委派的任务,于是,姐姐便较早地形成了独立、主动、善交际、果断等特点,而妹妹则养成了随从姐姐、倾听姐姐意见的习惯。②

千差万别的个性,给审美趣味打上深刻的印记,这就构成了审美趣味的个性差异。审美趣味的个性差异,主要表现在形象感知、对象选择和内容领悟三个方面:

形象感知的差异。各感觉器官先天敏感程度的不同,感官功能发展之间的不平衡,是引起形象感知差异的生理原因。此外,还有复杂的心理原因。据心理学家研究,有些人的知觉属于综合型,他们的知觉具有概括性和整体性,但是分析方面较弱;有的人的知觉属于分析型,其特点是有较强的分析能力,对细节感知清晰,但综合方面较差。第三种人的知觉可能具有上述两种类型的特点,可称为分析综合型。③这种生理、心理因素与一定的社会因素结合交融,就表现出不同个性在形象感知上的审美差异。布洛曾对色彩感觉的个性差异做过试验。受试者是 43 个成年人,规定每人看 30 种颜色。按照试验结果,将他们的色觉划为四个类型:(1)客观类——所关心的是颜色自身的纯度、亮度与饱和度,没有什么好恶之感。(2)生理类——偏重于生理反应,有人喜爱某色,因为它温和;厌恶某色,因为它太刺激,令人头晕。(3)联想类——一见颜色就立刻引起联想:见蓝色如见天空,见红色如临火焰,见绿色便联想到草木,诸如此类。(4)性格类——觉得色彩如人,各有性格:红色活跃,豪爽,富于同情心;蓝色冷静,深沉,不肯轻易让人知道自己;黄色畅快而轻浮;

①　马克思、恩格斯:《德意志意识形态》,《马克思恩格斯全集》第 3 卷,人民出版社 1960 年版,第 459 页。

②　参见伍棠棣主编:《心理学》,人民教育出版社 1980 年版,第 222—223 页。

③　伍棠棣主编:《心理学》,人民教育出版社 1980 年版,第 210 页。

青色古板、闲逸,颇有几分中产阶级气派。这类受试者能将色彩的物理性质翻译成心理性格,所以审美力最强。①布洛的试验未必准确,分类未必精当,但这种描述至少可以说明,对色彩的感觉有明显的个性差异是客观存在的事实。

对象选择的差异。由于审美主体生活阅历、立场见解、文化教养、个性气质,以至年龄、性别等方面的差异,在面对众多的审美对象时,就会表现出各自不同的审美喜好。休谟曾经说过:"情绪旺盛的青年比较容易受到恋慕和柔情等描写的感染;年龄老大的人则比较喜爱有关持身处事和克制情欲的至理名言。二十岁的人可能爱奥维德;四十岁可能喜欢贺拉斯,到五十岁多半就是塔西佗了。"②这是就年龄不同所造成的审美趣味的区别而言的。至于生活阅历、立场见解对人们审美趣味的影响,往往更为显著。我国古典小说名著《红楼梦》、《水浒》,在卫道者的眼里,竟被目为"海淫"、"海盗"之作,屡遭封建统治者的禁毁,就充分说明了这一点。有人喜爱古典诗词、古典音乐,有人爱好通俗文艺,这无疑同文化教养上的差异密切相关。由于个性气质的不同,有的迷恋宣泄型的迪斯科,有的钟情陶冶型的华尔兹。即使有着血缘关系的近亲,也会出现"妻喜栽花活,儿夸斗草赢"③的情况。……总之,正是因为审美选择的这种明显的差异,在审美活动和文艺创作及欣赏的各个领域,才必须保证多种流派、多种风格、多种形式的自由竞争与发展,以满足广大群众不同的审美需要。

内容领悟的差异。因为不同主体对具体美感对象的关系不同、态度不同,感受时的选择方向、敏感程度、注意程度、侧重方面,以及记忆和联想的具体内容,也会有许多差别,因而感受时的领悟和情感反应,也就各相歧异。黑格尔说过:"同一句格言,从年轻人(即使他对这句格言理解得完全正确)的口中说出来时,总是没有那种在饱经风霜的成年人的智慧中所具有的意义和广袤性,后者能够表达出这句格言所包含的内容的全部力量。"④如果对一句格言的理解尚有这种情形,那么,对某一审美对象的感悟就会有更明显的差异。同样观赏黄山,有一定生活阅历、文化修养的成年人,与缺乏必要知识的少年儿童,领略的意趣就大不相同。人们是否经历过战乱,在同读杜甫的诗《春望》时,领悟和体验的深度上,也会大不一样。鲁迅说:"拿我的那些书给不到二十岁的青年看,是不相宜的,要上三十岁,才很容易看懂。"⑤此

---

① 参见朱光潜:《近代实验美学》,《朱光潜美学文集》第 1 卷,上海文艺出版社 1982 年版,第 290—292 页。

② 《论趣味的标准》,吴兴华译,马奇主编:《西方美学史资料选编》上册,上海人民出版社 1987 年版,第 526 页。

③ 魏野:《春日述怀》。

④ 转引自列宁:《黑格尔〈逻辑学〉一书摘要》,《列宁全集》第 38 卷,人民出版社 1959 年版,第 98 页。

⑤ 《致颜黎民》,《鲁迅全集》第 13 卷,人民文学出版社 1981 年版,第 346 页。

外,对某门艺术的形式、技巧、手法的熟悉程度,也直接影响到对这类艺术的具体作品的体验和领悟的深度。而这无疑是与个人的爱好和教养直接相关的。与个性特征的千差万别相一致,审美趣味的个性差异,也通过形象感知和内容领悟的差异性呈现出千姿百态。更有甚者,同一个人,在不同的心境条件下,也会表现出大相悬殊的审美趣味。比如,特定条件下的个人心境,会使审美感受蒙上特有的情绪色彩:高兴时花欢草笑,哀伤时云愁月惨,便是审美心理常见的现象。同一个艺术家,描画同一个审美对象,表现出同中有异的情思趣,并不鲜见。比如郑板桥笔下的墨竹,有的清秀俊逸,生机盎然;有的坚韧挺拔,傲然卓立;有的枝叶扶疏,凄清萧条;……凡此等等,说明审美趣味的个性差异确乎是千变万化,多彩多姿的。

相对于审美趣味的个性差异,审美趣味又有时代的、民族的、阶级的共同性的一面。这种社会性的共同审美倾向,体现了一定范围的人们对于美的普遍的追求和愿望,集中地显示出一定时代、民族和阶级的审美理想。审美理想是人类审美意识高度发展的产物。它是在审美感受基础上形成的人们对美的一种完善形态的愿望、憧憬和理想,是一种指向未来、指向人的生活远景的创造性想象的成果。它一方面渗透着人的系统化的理性要求,另一方面又仍然保持着感性的形态。审美理想对一定时代、一定民族和一定阶级的美的欣赏和创造,起着能动的指导作用和规范作用。

各个时代的人们,受着特定社会实践内容和社会思想的影响、制约,形成各自不同的审美理想,在这种审美理想的指导和规范下从事美的创造和欣赏,其创作风格和审美趣味自然会表现出时代的特点来。这就形成了审美趣味的时代性。

古希腊的"多利安"式神庙建筑,全用大理石为材料,四周环以高大的廊柱,内部神殿亦呈开放型结构,厚重、静穆而又开朗,充分反映了古希腊神与人"同形同性"的宗教观念,跟当年盛极一时的奴隶主民主制政治氛围,完全协调。欧洲中世纪的哥特式大教堂,外形高耸、峭拔,暗含向天国伸展的寓意,作为封闭式结构,其内部空间设计也体现向上飞腾的思想:廊顶是尖拱形,两廊方柱细瘦苗条,直线向上,在顶部自然向内弯曲,交会于拱顶;门窗也呈尖拱形,极其高大,须抬头仰视方可看见其顶部,力求使人们目睹建筑空间向上飞腾的气势而产生心神动荡不宁的印象。马克思说:"这些天生的庞然大物对精神是能起某种物质的作用的。精神感觉到质量的重压,这种压力感就是崇拜的开端。"①应当说,哥特式建筑用物质手段来制造宗教权威感和神秘感是相当成功的。哥特式建筑艺术,从 12 世纪到 16 世纪初,盛行了四

① 马克思:《第六届莱茵省议会的辩论》,《马克思恩格斯全集》第 1 卷,人民出版社 1956 年版,第 38 页。

百来年之久。从苏格兰到西西里,几乎遍及整个欧洲。同时,不仅是大的教堂,即便民用和公共建筑,以至要塞和宫堡,都显现着这种风格。这种具有鲜明时代性的建筑的出现,与基督教在中世纪欧洲的至高无上的地位有着密切的联系。中世纪的欧洲,普遍存在着对世俗绝望的厌世心理。基督教正是利用这种社会心理,竭力宣扬和渲染人世是苦海,人生是悲剧,人间是烈焰腾腾的地狱;同时,又美不可言地描画天国的光明幸福,引诱人们超脱尘世,度入"极乐世界"寻觅无穷的幸福。这对受尽苦难、愚昧无知的人群,无疑是极富于诱惑力的精神鸦片。基督教正因此而获取了统治人心的至高无上的地位。审美理想和审美趣味特有的时代烙印,正是这样在哥特式教堂和其他建筑中得到了鲜明的显现。同样道理,在中世纪的绘画中,圣像都戴着不小的灵光圈,似乎显得很威严,但这些人物,既没有动态,也没有表情,不能给人生命感。到了文艺复兴时期,在绘画大师拉斐尔笔下,出现了栩栩如生、和蔼可亲、年轻貌美的圣母像,表明市民的世俗的审美理想战胜了中世纪贵族神权的审美理想。不论是建筑还是绘画,不论是文学还是雕塑,到处都可以看到不同时代的审美理想在历史上的交相更替。

审美趣味的民族性则是每一民族共同历史生活的结果。同一民族的成员在生活习惯、思想文化传统和心理、感情等方面,有着许多共同的东西;不同民族之间,文化心理也就各相歧异。比如对人体美的欣赏,不同民族的审美趣味便大相径庭。在达尔文所生活的时代,非洲摩尔人看到白人的皮肤便"皱着眉头,并且还像有些发抖"。西海岸的黑人皮肤越黑越会受到称赞。喀非人中有长得较白的男子,"没有女子肯嫁给他"。他们所以如此憎恶白色,反映着一种共同的民族文化心理:相信精灵鬼怪都是白色的,白皮肤是健康不佳的一个标志。再从体形上看,也有类似的情况。"不少的印第安人称赏扁到极度而在我们看来却认为一个白痴才会有的脑袋。美洲西北海岸的土著居民把脑袋挤压成尖顶的圆锥体"。"在塔希帖人中间,'长鼻子'是个骂人之词,所以他们为了美观要把小孩子的鼻子和前额加以压缩"。北美洲的克茹人、南美洲的艾玛拉人和奇楚亚人都是以长发为美,以割发为最严厉的刑罚。巴拉圭的印第安人以拔尽面部及身体上的毛为美,以至连眉毛与睫毛尽皆拔去;古代盎格鲁-撒克逊人赞赏多须,蓄须成为美的标志。①审美趣味的民族性在艺术领域表现得更为鲜明,它影响着人们对艺术对象的选择,例如对艺术样式和艺术风格的选择;从而,一个民族共同的审美趣味,就促使该民族的艺术创造形成独特的民族作风和民族气派。这正是构成该民族艺术审美价值的重要方面。一个民族的艺术要想

---

① 参见达尔文:《人类的由来》下册,潘光旦、胡寿文译,商务印书馆 1986 年版,第 874—879 页。

自立于世界艺术之林,应该保持和发扬自己的民族特色,而不应该丢弃民族传统,以民族虚无主义的态度去追求艺术上的"世界主义"。

　　审美趣味的阶级共同性,是阶级社会中必然存在的历史现象。不同阶级以经济利益为基础,形成自成一体的政治、思想、伦理、道德观念,同时也影响和制约着本阶级成员的审美理想和审美趣味。据记载,19世纪非洲西部塞内冈比亚地区(塞内加尔河和冈比亚河流域)富有的黑人妇女穿小鞋子,小到不能把脚完全放进去,致使太太们的步态别扭。这种情态,居然被富有者们公认为具有诱人魅力的美。贫穷的黑人劳动妇女,决不穿这种小鞋子。她们整日忙于繁重的劳动,需要的是扎实有力的脚板,绝然无暇在步履中忸怩作态、卖弄风情。这种审美趣味的歧异,诚如普列汉诺夫所说:"它是社会原因所引起的,即塞内冈比亚黑人中间存在着的财产不平等所引起的"①。这种同一阶级审美趣味的共同性,在艺术领域中也普遍存在。比如创作方法,有些是集中地体现着特定阶级的审美理想的,因而不同的创作方法之间的论争,常常反映着不同阶级审美趣味的矛盾。1830年雨果的《欧那尼》一剧首次公演,以雨果为旗帜的浪漫主义派和带有贵族倾向的新古典主义派曾发生了激烈的冲突,两派观众,为捍卫各自的美学观点,在剧场中大打出手。②再从对艺术家的评价来看。莎士比亚,是文艺复兴时期杰出的文艺大师,革命民主主义者别林斯基曾予之极高的评价:"那神通的、伟大的、不可企及的莎士比亚,却领悟了地狱、人间和天堂;他是大自然的主宰,他同样地考察善与恶,在富有灵感的透视中诊断宇宙脉搏的跳跃! 他的每一出戏都是一幅世界的缩影"③。但是当时一些流亡在法国的英国贵族们,却对莎士比亚及其作品百般挑剔,排斥贬低。

　　审美趣味的共同性,不仅表现在同一时代、同一民族、同一阶级的成员之间,而且也表现在不同时代、不同民族、不同阶级的成员之间。毛泽东曾在60年代初的一次谈话中,引用孟子关于"口之于味,有同嗜焉"的成语,指出"各个阶级有各个阶级的美,各个阶级也有共同的美"④。显然,这里说的"共同美",指的正是审美活动中"人之于美,有同感焉"的共同美感现象。毛泽东借用孟子的话,正是用五官感觉的共同性来说明各阶级在美感方面的共同性是存在的。

　　"人之于美,有同感焉",这在日常生活中是很普遍的。皎洁的月色,鲜艳的花

---

　　① 普列汉诺夫:《没有地址的信》,《普列汉诺夫美学论文集》第1册,曹葆华译,人民出版社1983年版,第327页。

　　② 参见《雨果夫人见证录》,鲍文蔚译,新文艺出版社1958年版,第53节《爱尔奈尼》(即《欧那尼》)。

　　③ 别林斯基:《文学的幻想》,《别林斯基选集》第1卷,满涛译,上海译文出版社1979年版,第22页。

　　④ 见何其芳:《毛泽东之歌》,《人民文学》1977年第9期。

朵,秀丽的山水,这是为人人所欣赏的。珍珠、玛瑙、金银、翡翠,也是为人人所喜爱的。就以人体美来说,尽管车尔尼雪夫斯基正确地指出了剥削阶级和劳动人民对人体美的不同观点,但是,他同时承认:"红润的脸色和饱满的精神对于上流社会的人也仍旧是有魅力的"①。在艺术欣赏中,这类例子更是屡见不鲜。

黑格尔早就指出:"真正不朽的艺术作品当然是一切时代和一切民族所能共赏的"②。马克思主义经典作家也多次论及这一点。马克思在《〈政治经济学批判〉导言》中肯定古希腊艺术至今"仍然能够给我们以艺术享受,而且就某方面说还是一种规范和高不可及的范本",提出了古希腊艺术具有"永久的魅力"的问题。列宁在论述托尔斯泰的文学遗产时,认为他的天才作品标志着"全人类艺术发展中向前跨进的一步",值得广大劳动群众"在推翻了地主和资本家的压迫而为自己建立了人的生活条件的时候永远珍视和阅读",因为里边"有着没有成为过去而是属于未来的东西"③。但是,正如马克思指出的,如何解释艺术何以具有"永久的魅力",也就是同一艺术品何以能为一切时代、一切阶级和一切民族所共赏,却是美学上一个困难的问题。有人把共同美感现象简单地归因于抽象的全人类共同性。这种观点,既离开美感的个性和阶级、时代、民族的种种差异来空谈它的共同性,也离开人的思想、情感、意志、性格的社会性,来谈论人的审美能力,这实际上就只能是单纯从人的审美心理的自然基础来求得问题的解答,把人的本质归结为人所共有的自然属性,从而回到旧唯物论的老路上去。

共同美感是一种极其复杂的审美心理现象,应该将对象与主体两方面放置于具体的社会环境之中作具体考察。

不同的审美对象,产生共同美感的可能性各不相同。有的内容本身就没有多少阶级性,如形式美,侧重形式美的自然美,以及表现这两者的某些艺术品,就是如此。这种对象极易为各时代、各民族、各阶级的人们所共赏,诚如车尔尼雪夫斯基所说:"说到他们对自然美的理解,双方(指上层贵族和乡村农民——引者)却都是一模一样的,你无法找出一种风景,有教养的人感到喜欢了,普通的人却不觉得好。"④有的对象虽表现了社会性内容,但阶级色彩比较曲折、隐晦,形成共同美感的可能性就大

① 车尔尼雪夫斯基:《艺术与现实的美学关系》,周扬译,《车尔尼雪夫斯基选集》上卷,三联书店1958年版,第8页。
② 黑格尔:《美学》第1卷,朱光潜译,商务印书馆1979年版,第336—337页。
③ 列宁:《列·尼·托尔斯泰》,《列宁论文学与艺术》,人民文学出版社1983年版,第210、214页。
④ 车尔尼雪夫斯基:《现代美学概念批判》,《车尔尼雪夫斯基论文学》中卷,辛未艾译,上海译文出版社1979年版,第24页。

一些。比如爱情、友谊等所反映的社会关系,比之阶级关系,其产生与存在要久远得多。这些关系中的人类共同性,是历史发展的产物,又存在于历史发展之中。它不是先天的抽象的全人类性,而是人类社会实践的成果。因此,有些表现男女爱情,游子思乡这类比较久远、比较普遍的人生经验的作品,特别是其中的抒情性作品,其思想感情的演绎性和可填充性颇大,常常赢得不同时代、不同民族、不同阶级的欣赏者的共鸣。有的对象所体现的思想内容虽有强烈的阶级性,但是,它的倾向是进步的,是符合历史发展的潮流的;它的形式也比较完美,因而也能得到非敌对的其他阶级肯定性的审美评价。还有一些对象,对于敌对阶级来说,在当时条件下,只会遭到排斥,很难引起共同美感,但是随着历史的推移,它的现实倾向性逐步淡化,因而完全可能在另一个时代受到普遍的推崇。例如,封建社会中的皇宫、陵墓等建筑,作为皇权的象征,是用劳动人民的尸骨和血汗堆积起来的,因而在当时往往引起劳苦群众的憎恨,难以成为他们的审美对象。但是,时至今日,这些宫殿和帝王陵墓,其宏伟的规模和精美的建筑,作为劳动人民智慧和创造才能的结晶,却能激起人们直观自身力量的强烈美感。

从主体方面看,前已述及,个体的一定审美能力是一定生理的、心理的、社会意识形态的多种因素的结晶;先天的生理素质是它形成的自然基础,后天的实践、教育和训练是它形成的社会条件。如同胚胎的发育史是整个人类进化的历史缩影那样,儿童审美能力的发展在颇大程度上也是和整个人类审美能力的历史发展相符合的。人类的审美能力的历史成果,通过两条渠道世世代代积累下来:一方面通过生理的遗传,使人类的日趋发达、日趋完善的五官机能和大脑机能保存于新的个体,构成新个体审美能力的自然基础;另一方面通过美的创造特别是文化艺术创造的承传更新,使人类发展着的审美意识,借助于物化和物态化的形式保存下来,在后天的教育训练与审美实践中,新的个体便接受了这一成果。这两个方面的发展,既是相互并行的,又是交互影响的。由于审美能力的这种历史发展,在后人的审美意识中,便积累了十分广阔的社会心理内容,既有时代的、民族的、阶级的共同的东西,也有人类历史所共有的社会性的东西。人们对形式美的共同美感,就是后者的突出表现。所以,正如我们不能离开个体来谈论人类审美能力的发展那样,我们同样不能离开审美意识的个性差异以及它的社会、时代、民族、阶级特色来谈论它的全人类共同性。否则,这种全人类共同性,就变成某种超历史的、抽象的、不可捉摸的东西了。

当然,共同美感本身,也相当复杂。在共同美感之中,仍然存在着内在的差异,这种情况,是不能忽视的。比如,观赏黄山,且不说热爱祖国山河的国内游客、海外

华侨同国外旅游者的感受会有许多差别,就是同用艺术眼光去观赏它的艺术家,侧
重点也会有所区别。斯诺夫人特别重视覆盖在峰顶的薄雾,因为它使人"仿佛置身
于古老道学的玄秘奥妙之中";而李可染则十分强调表现山峰岩石结构的外形特点,
因为它很接近中国山水画的皴法。①宋人周敦颐写过有名的《爱莲说》,赞美这"花之
君子"的超脱之气。后人也多称赞莲花高洁的品性,但跟周敦颐主张超脱的道学眼
光便不很相同。比如周恩来在解放前曾将一幅墨荷送给党的地下工作者,并用来作
为联络的暗号,其用意就在于勉励对方在复杂的环境中坚持斗争,保持革命的节
操。至于音乐欣赏,也不乏这样的事例。列宁和俾斯麦,一个是无产阶级的革命
导师,一个是历史上著名的德意志的"铁血宰相",但他们都赞赏贝多芬的《热情
奏鸣曲》。列宁说:"我不知道还有比《热情奏鸣曲》更好的东西,我愿每天都听一
听。这是绝妙的、超越人力的音乐。我总带着也许是幼稚的夸耀想:人能够创造
怎样的奇迹啊!"②列宁夸耀的是贝多芬所体现的人类创造奇迹的才能。俾斯麦
谈到《热情奏鸣曲》时则说:"倘我常常听到它,我的勇气将永远不竭。"③俾斯麦
的"勇气",自然是跟他的整个政治立场和世界观联系着的。凡此都可以说明,在
这些不同时代、不同阶级的人的共同美感之中,还是蕴含着时代的、阶级的以至
个性的差异。审美趣味的差异性和共同性是相互渗透的,它们是同中有异,异中
有同的。

　　总之,带着个性特征的千差万别的个人审美趣味,总是这样那样地和时代的、民
族的、阶级的共同审美趋向和审美理想联系在一起。审美趣味一方面带有个人的、
偶然的东西,一方面又包含时代的、民族的、阶级的普遍而必然的东西。前者是后者
的具体表现,后者制约和规范着前者。但是,后者只能大致包括前者而不能代替前
者。因此,承认审美趣味的共同性,并不意味着可以缩小甚至取消审美活动中个人
爱好的广阔天地。

　　审美趣味的差异性和共同性不但是相互联结的,而且是相互推移的。就同一阶
级的成员而言,相对于个体的差异性,其大致相近的审美趣味是他们在审美上的共
同性;但就同一民族而言,各阶级自身的共同性又表现为阶级之间的差异性。同一
时代的各民族自身的共同性又表现为民族间的差异性。如此等等。这表明审美趣
味的差异性和共同性之间是一种相互依存、相互转化的辩证关系。

----

① 参见袁廉民:《把自然美掌握在自己手里》,《中国摄影》,1981 年第 1 期。
② 引自高尔基:《列宁》,见《列宁论文学与艺术》,人民文学出版社 1983 年版,第 418 页。
③ 罗曼·罗兰:《贝多芬传》,傅雷译,人民音乐出版社 1978 年版,第 16 页。

8.4 审美判断的标准

审美判断与非审美的一般的逻辑判断,有着明显的不同。"这朵花是红的","这朵花是美的",这两个判断初看差别不大,实际上一个是逻辑判断,一个是审美判断,中间颇有区别。前一个判断中主词"花"和宾词"红"都是概念,判断的实质是将眼前的对象由个别概念归入一般概念,判断中有着和花的表象相分离的趋向。而"红",作为某种长度的光波,可以用光谱分析予以测定,同时,也可以从视网膜接受刺激之后所引起的特定生理反应得到证明。因此,这一判断的普遍有效性可以作为定式标示出来。后一判断则不然。说这朵花美,那就完全不能脱离这朵花的外在形式,它的体态、色彩、香味,甚至关涉到有无绿叶扶持,花瓣有没有带着露珠。同时,说这朵花美,更是主体一种情感性判断,主词"花"是一个感性客体,宾词"美"则是对客体审美价值的主观肯定,包含着主体的愉悦感。因而这一判断不能脱离欣赏者此时此地的主观情感态度,他的趣味爱好,他的生活经验,他的文化教养和当下的心境等等。这也是不同欣赏者面对同一对象,产生不同审美判断的由来。这种判断当然也具有一定的普遍有效性,但它无法归结为某种定式。这种判断往往出于常理之外,它含的是"理外之理"①。比如,在生活中,一般说来,枯萎衰败的花朵是不美的,但在白石老人笔下,残荷也别具风姿,是饶有兴味的欣赏对象;生活中的花草有四时之别,但王维作画却不问四时,"往往以桃杏芙蓉莲花同画一景",甚至可以有"雪中芭蕉"②。由此可见,审美判断有着逻辑判断无法比拟的丰富性和多样性。

美的欣赏活动,是通过个体的直接感受和情感反应实现的,不可避免地带有个人爱好的主观倾向性。然而,欣赏活动需要对对象的美作出一种评价和判断,便也和逻辑判断一样,要求社会的普遍有效性。综观人类审美实践,人们总是自觉不自觉地运用着某种相对固定的尺度去衡量审美对象的。所谓审美标准,就是指这种尺度。它既是鉴别美丑的标准,也是考察对象审美价值高低的尺码。

从历史发展过程来看,人类的审美活动是从实用活动中慢慢升华而来的,因此,人们对社会实践的成果的评价,也不能不是实用先于审美。工具的创造,最早体现着人类有意识有目的的活动,即最早体现人的本质力量,所以工具也往往最早成为美化甚至崇拜的对象。原始石器在实用过程中逐渐取得符合形式美的造型,原始人

---

① 参见钱锺书:《通感》,《七缀集》,三联书店 2002 年版,第 62 页。
② 钱锺书:《中国诗与中国画》,参见同上书,第 18 页。

常在自己简陋的工具上刻以美丽的纹饰,这都是众所周知的。1978 年在河南临汝阎村出土的仰韶文化瓮葬陶缸,饰有彩绘的《鹳鱼石斧图》,画面是一只健壮的白鹳叼着一尾鱼,虔诚地奉献给它所崇奉的对象———一柄石斧。斧头的刃部呈圆弧形,被固定在斧柄上。斧柄中部有一个斜十字,显然是一个特殊的标记。石斧受到崇奉和讴歌,足以证明它在整个社会生活中的极端重要的地位。这幅由鹳、鱼和石斧三部分组合而成的图画,属于仰韶文化中期即庙底沟时期,其内容更显复杂,隐含着原始宗教信仰的意味。①带鱼的陶缸是有用的,同时也被普遍认为是美的,审美标准与实用功利标准是合二而一的。我国古代有所谓“美善相乐”的说法,古希腊的苏格拉底也主张美与善的统一,认为两者都需要以功用为标准去衡量。这种美学观点,同远古时代美的创造的历史情况有着内在的联系。

相对独立的审美标准,是伴随着专门的审美活动———艺术生产的出现而形成的。随着审美活动与物质生产活动、其他社会实践活动的分化,实用功利标准和审美标准也发生了分化。在审美活动中,对于对象的实用功利考虑已逐渐退居次要地位,并且常常已潜伏在审美标准之中。在某些审美对象中,人的本质力量的显现,采取了越来越曲折、细致的方式,有些似乎是与人的本质力量不相容的对象,仍然表现着人类审美能力的演进。例如以宣传宗教教义、制造宗教迷狂为目的的宗教艺术,通过艺术造型引导人屈从于苦难的现实,所表现的是一种“退让屈从的英雄主义”,恰恰是对人的本质力量的颠倒;但是正如黑格尔指出的那样,宗教艺术从外在方面的表现转向揭示内心的高尚和心情的神圣,却表现了审美能力的历史性进步。②北魏雕塑的佛像,特别是麦积山佛像那种秀骨清相,有着超凡绝尘的气度和充满不可言说的智慧和精神,至今还打动着我们,原因就在这里。魏晋山水诗和唐宋山水画的兴盛,本来都和士大夫消极退隐寄情山水密切相关,这些诗、画也都带着士大夫归隐生活的印迹,甚至带有消极、慵倦的情趣,但他们毕竟以自己的敏感,发掘了自然景物的美,还是开拓了人类的审美领域。相对独立的审美标准,正是在这些艺术创作和欣赏活动的历史发展中,逐步形成并不断发展的。

但是,正因为美的创造在显现人的本质力量方面出现了种种曲折复杂的情况,

---

① 对于《鹳鱼石斧图》如何解释,学术界尚有歧见。严文明《鹳鱼石斧图跋》认为,画着这幅画的陶缸应该是建立功绩的部落酋长的葬具。“白鹳是死者本人所属氏族的图腾”,“鲢鱼则是敌对联盟中支配氏族的图腾”,这位酋长曾率领白鹳氏族联盟打败鲢鱼氏族联盟,受到拥戴,死后族人把他的功绩画在他的葬具上。文载《仰韶文化研究》一书,文物出版社 1989 年版,第 306—307 页。刘锡诚认为,“他的这个见解是有一定说服力的。”《中国原始艺术》,上海文艺出版社 1998 年版,第 159 页。

② 黑格尔:《美学》第 2 卷,朱光潜译,商务印书馆 1979 年版,第 284—285 页。

因而某一对象对于人的本质力量的显现程度和它的审美普遍性之间,往往呈现不平衡状态。这就造成了审美标准的确立和发展的复杂性。审美趣味是具有仿效性的,东汉童谣说:"城中好高髻,四方高一尺,城中好广眉,四方且半额。城中好大袖,四方全匹帛。"一个时代统治者所倡导的审美风尚,尤其具有"传染性"。其中包括统治者的某些病态性的偏爱,尽管不利于人的本质力量的发挥,也常常流行于整个社会,具有相当的普遍性。"楚灵王好细腰,而国中多饿人"①是这样,封建社会长期流行的女子以缠足为美的风尚也是这样。女子缠足据说起于南唐李后主之世:"《道山新闻》云:李后主宫嫔窅娘纤丽善舞,后主作金莲,高六尺,饰以宝物、组带、缨络,莲中作五色瑞云,令窅娘以帛绕脚,令纤小屈上作新月状,素袜舞《云中曲》,有凌云之态。唐镐诗曰:'莲中花更好,云里月长新。'是后人皆效之,以弓纤为妙,盖亦有所自也。"②宫廷舞伎得风气之先,名门淑女群起仿效,于是"先是倡伎尖,后是摩登女郎尖,再后是大家闺秀尖,最后才是'小家碧玉'一齐尖。待到这些'碧玉'们成了祖母时,就入于利屣制度统一脚坛的时代了。"③这个时代延续了上千年之久。但是,缠足毕竟是残害身心健康的。俗话说:"小脚一双,眼泪两缸"。这种陋习是如此妨碍人类本质力量的发挥和提升,以致它最终不得不被历史所废弃。也还有另外一种不平衡状态:即显现了人的本质力量,具有较高审美价值的事物,却长期受不到公正评价,得不到普遍承认。李贺的诗、吴文英的词,均擅长以时空交错手法表达思想感情,但由于与传统手法相乖离,常被人视为"怪僻"、"晦涩"。现代艺术的发展,特别是电影艺术的兴起,时空交错的手法已为人所熟知,人们回过头来重读李诗、吴词,就不但不觉怪僻和晦涩,反而觉得手法十分高妙,简直需要刮目相看了。

审美标准发展的历史清楚地说明,审美标准产生于人类的审美实践,是人们自觉不自觉地总结审美经验的积极成果。所以,它既具有主观性和相对性,又具有客观性和绝对性。

审美标准,经审美经验上升到审美理想而凝聚出来,是社会意识的一个组成部分。它是人们在社会实践中对客观对象反映的产物,因而具有主观性和相对性。不同时代和社会的个人、阶级、民族,都按照各自的审美趣味和审美理想来进行审美评价,体现着各自的主观标准,它们歧异纷繁,似乎漫无所归;但是,在所有这些主观评

---

① 《韩非子·二柄》。

② 周密:《浩然斋雅谈》卷中,《〈浩然斋雅谈〉〈志雅堂杂钞〉〈云烟过眼录〉〈澄怀录〉》,邓子勉校点,辽宁教育出版社 2000 年版,第 19 页。

③ 鲁迅:《由中国女人的脚,推定中国人之非中庸,又由此推定孔夫子有胃病》,《鲁迅全集》第 4 卷,人民文学出版社 1981 年版,第 505 页。

价中,有的符合事物的客观审美价值,有的与事物的客观审美价值相背离,因而有的具有普遍有效性,有的不具有普遍有效性。这一点恰恰是不依个人或某个阶级、社会集团的主观意志为转移的。由梁简文帝萧纲所倡导的轻浮绮靡的"宫体"诗,在当时"递相仿习,朝野纷纷",风靡整个文坛;现在看来,虽然在讲究声律、辞采方面未可一概抹煞,但整个说来由于没有多少审美价值,遂逐渐被历史所遗忘。相反,像《史记》那样具有高度文学价值的历史著作,它的作者司马迁在写作的时候就预感到将可能招致冷遇,表示要"藏之名山,传之后人";不久,它果然被指摘为"是非颇谬于圣人",甚至被目为"谤书"。然而,历史终于洗净了蒙在它上面的尘垢,使它放出固有的光彩。多少艺术家和批评家深深感叹过"知音"之难逢,然而只要是真正具有审美价值的作品,千载之下总可以觅得众多的"知音"。历史上固然由于各种原因,主要是社会性的劫难,湮没了一些艺术的明珠,但总的说来,时间对于艺术品的生命力是一种考验,时间是选优汰劣的公正的筛子,时间是伟大的批评家。时间的考验,证明了审美趣味终究是可以争辩的,审美判断的标准,终究有着它的客观性。

审美标准的客观性,归根到底是由美的价值的客观性决定的。不但美和美的事物是客观存在的,而且主体和审美对象的关系也是在历史上客观地形成的,因而审美价值总是客观的。尽管在美的欣赏和判断之中,主体的能动作用显得十分突出,但是在主体的千差万别的主观感受之中,还是会这样那样显现出对象的客观审美价值,显现出主体与对象的客观关系。这也就是说,总要包含着不依赖人的主观意识而客观存在的社会内容。正如美本身是随着社会实践的历史发展而不断更新着和创造着那样,客观审美标准也不是凝固的、一成不变的尺度,它同样是历史的、具体的尺度。这正如美在变化发展的相对性中具有绝对性一样,在具体的、相对的审美标准中也具有着绝对性的内容。普列汉诺夫说:"人们对美的概念在历史发展过程中无疑地在变化着。但是,如果没有绝对的美的标准,如果所有美的标准都是相对的,这也并不等于说我们没有任何客观的可能性来判断某一艺术构思表现得好不好。"他接着指出,"描绘同构思愈相符合,或者用更普通的话说,艺术作品的形式同它的思想愈相符合,那末这种描绘就愈成功。这也就是客观的标准。"①这里,普列汉诺夫强调了审美标准的相对性,但他并不否认有客观的审美标准,也就是并不否认审美标准的相对性中包含着绝对性。任何夸大审美标准的主观性和相对性,忽视其客观性和绝对性,宣扬相对主义的说法;任何片面强调审美标准的客观性、绝对

---

① 普列汉诺夫:《艺术与社会生活》,《普列汉诺夫美学论文集》第 2 册,曹葆华译,人民出版社 1983 年版,第 887 页。

性,否认其主观性和相对性,提倡绝对主义的论调,都是不利于正确理解和阐明审美标准的特质的。

审美标准作为主观性与客观性、相对性与绝对性的统一,实质上代表了时代审美主体在具体的审美判断中所能观照到的人的本质力量所达到的程度。因此,历史上曾经出现过的多种多样的审美标准,凡是在客观上符合美的本质的,都不同程度地对美的发展起过有利的作用;或者说,凡是有利于美的发展的审美标准,都是在某些方面或一定程度上反映着美的本质。这就表明,尽管审美的客观标准是历史的具体尺度,我们很难用某种定式来标示它,但这不等于说,对它的内容作最一般的规定,是根本不可能的事。根据我们对美的本质的理解,审美标准的客观具体内容可以着重从以下三个方面来把握:

首先,美是人的本质力量的感性显现,美感则是欣赏者从中实行自我观照所得到的精神愉悦,因此,观照对象是否体现了人对事物内在规律的把握和利用,也即是否蕴含着"真",就成为具有普遍意义的一条审美客观标准。人造卫星,被一节又一节能量巨大的火箭推送进宇宙空间,在太空遨游而作种种有科学价值的探测。宇宙飞船登临月球之后而又准确无误地返回地球,它那飞越太空的雄姿,它那令人神往的信号,它那胜利凯旋的荣光,……人造卫星和宇宙飞船所激起的巨大美感,正是来自人类合规律性的创造才智,正是对人类遵循自然规律改造客观世界、推动社会发展的自我观赏。就艺术而言,艺术美的第一个审美标准就应该是真实。现实主义主张按生活本来的面目真实地描绘现实,其作品总是暗含着"真"。浪漫主义作品则侧重于审美理想的直接追求,常常采取改造对象、表现情感的表现方式,在作品中注入超脱现实真实感的内容和观念,借助于象征、寓意等手法,突破人们感受的经验习惯。但是,大凡具有积极意义的浪漫主义艺术品,其审美理想的产生,正植根于现实社会的生活土壤之中;对审美理想的追求,实际上是以超越现实的形式达到批判和否定现存社会秩序的目的,是对社会历史发展前景的想象性展示。音乐中一切显赫的浪漫派作品,绘画中如席里柯、德拉克洛瓦的杰作,扬州八怪的写意画,文学中如西方的拜伦、席勒,或是中国的屈原、李白、李贺、郭沫若的诗歌,以及中国的《西游记》、法国的《巨人传》等等,无不在仙魔神鬼的怪诞意象之中,以色彩缤纷、虚幻迷茫而又真挚强烈、热情奔涌的特有情调,曲折地展示着社会历史的发展规律,依然暗含着"真"。

其次,美作为人的本质力量的感性显现,实质上又是人类合目的性的社会实践的被肯定,因此,是否符合人类的功利目的,是否于社会和历史发展有益有利,也即是否暗含着"善",成为鉴别对象是否美的又一项客观标准。这在实用产品和实用工艺品方面,表现得尤为突出。如一件衣服、一支钢笔、一辆自行车或小轿车、一架收录机或电视机,几乎一切实用产品,无不以其是否符合社会的实用需要,作为判断其好坏、美丑的前提。衣服失去御寒遮体这一功能,就不能称之为美的。如果新设计的时装,既无助于发挥体形的长处,又不利于克服身材的弱点,那么,质料再好,款式再时髦,也不能算是美的。同样,收录机、电视机之美,也必然与其收录性能、视听效果密不可分。初看上去似乎并无实用价值的山水自然景物之美,也同样如此。且不说山水风景能令人心旷神怡,有助于人类在紧张的生活劳动之余调节精神,消除疲劳,就其以"人化"了的自然属性引起人们意趣弥深的联想和想象而言,也是以曲折隐晦的形式显示着特有的功利效果。一弯新月,能唤起人无限的希望;半轮残月,又令人倍添惆怅;月之阴晴圆缺,常常成为人们悲欢离合的象征,这一切,正是因为月亮作为人类生活的环境和背景的一部分,已经成为人们可亲可近的对象的缘故,究其实,还是因为它暗含着"善"。

最后,美是以感性形式显现的人的本质力量,美感是人们通过感性形式实行自我观照获取的精神愉悦,因此,对象的内容与形式所达到的和谐统一程度,也是审美判断的标尺之一。人的本质力量对象化的产品,未必美,如科学和理论著作;人的本质力量未曾对象化到客体之上,却又能以其自身的外在行为显现为美,如人的人格美。这里,关键的问题,在于有没有一个足以使人的本质力量放光辉的具体的感性形式。材料高贵、工艺细致、技术难度高的特种工艺品,其形式如何,对于显示人的本质力量具有突出的意义。在对这类对象的审美评价中,感性形式显现的人的本质力量的程度,作为审美标准,就表露得格外明显。比如,宋代的象牙雕,合理利用材料的自然形状,刀法精练,刻工简略,线条流畅。其人物刻画,突出神似,极显气韵生动的特色。清代的工艺,又有很大的发展,呈现精雕细刻的特色。如南方的象牙球,雕成球中有球,九层连环,层层活络。北方的上色象牙,掩盖了象牙的本色,做到了酷肖逼真。所有这些工艺品,都由其形式对人的智慧才能的光辉显现而激发人们的美感。当然,在美的欣赏和判断活动中,脱离内容而片面强调形式因素是不足取的,但这也正好说明,形式是审美判断不可忽视的重要因素。对象的感性形式本身既然是显示人的本质力量的方式,那么,从一定意义上说,形式还是检验人的本质力量显现程度从而呈现美的特殊标记。正是因为这一缘由,它也成为审美判断标准的重要组成部分。

总之,凡是在历史上真正能够获得社会普遍承认的美的事物,都有这样的特点:它符合于客观事物的发展规律,蕴含着"真";它有利于丰富人们的物质生活和精神生活,具有着普遍而广泛的社会功利性,暗含着"善";它有利于人们通过感性形式直接观照到自身的本质力量,即具有鲜明的独创性的形式并且和谐统一地体现着它的内容。一句话,凡是以感性形式启迪人们智慧、促使人们热爱生活、愉悦人的身心的事物就是美的;在这方面所达到的程度愈高就是愈美的。这就是对于客观的审美标准的最一般的规定。当然,由于美的现象异态纷呈,绚丽多彩,极难定出一个可以涵盖一切的统一模式来,因此,在对具体的审美对象进行审美评价中,还应当有与之相适应的具体的审美标准。这也是我们在美的欣赏和判断活动中应该注意的。

复习思考题

1. 形成具体的美的欣赏关系,应当具备哪些主客观条件?
2. 为什么美的欣赏需要社会化的感官?
3. 明确的审美态度何以是进入美的欣赏的前提条件?
4. 美的欣赏的一般过程包括哪些层次?
5. 怎样理解审美趣味的个性差异?
6. 审美趣味的共同性是由哪些因素决定的? 它与差异性的关系如何?
7. 审美判断究竟有无标准? 为什么?
8. 应当从哪些方面来把握审美标准?

第 9 章 美感的心理要素

美感,若从其心理功能考察,是主体与审美对象相遇时产生的全身心感动。它以直接感受为起点,经由包含想象、理解在内的主动领悟,使主体产生动情的、积极的心理反应。美感的获得,有时尽管是瞬间实现的,却涉及感觉、知觉、表象、记忆、联想、想象、情感、理解等众多心理因素,其中既有被动的感受,更有主动的发现;既有意识成分,也有非意识、无意识成分。它们互相诱发,互相推动,互相渗透,处于活跃的运动状态。

康德在《判断力批判》中,对美感作过著名的哲学分析。他以为,美感起于对象的表象,经过想象力和知解力的和谐活动,同主体的愉快直接联系在一起。表象是知觉的成果,以表象为起点,无异于以知觉为起点。康德的表述,抓住了美感四种最重要的心理功能:知觉、想象、理解和情感,成为后来美感心理学"四要素"说的张本。现在,我们就这四要素在审美过程中的功能,作描述性说明。

9.1 感 觉 与 知 觉

主体必须首先通过感觉和知觉才能同周围世界发生反映关系,这是整个人类意识活动的共同特点。感觉和知觉,不论对于理论认识或是对于审美把握,都是进行更高一级心理活动的基础。如果说,没有生动的直观,就没有抽象的思维和科学的认识;那么,没有生动的直观,就更不可能有审美的想象、情感和理解的和谐活动,也就无所谓美感心理。初看起来,欣赏文学作品,主体所接触的并不是事物的具体感性形态而是语词,生动的直观在这里似乎并不重要。其实不然,文学作品的语词不但标示一定的概念,而且具有虚拟的意象性。文学作品所描摹的意象之所以能唤起我们的美感,是因为经由语词的刺激,能使主体回忆起以往既有的相类似的表象。语词的意象性建立在表象回忆的基础上。所以,文学欣赏还是离不开原有的感知成果,只不过感知的作用显得曲折一些罢了。

在理论认识和审美心理中,感知所起的作用明显不同。从表象开始,两者的过程即已分道扬镳。作为感知的直接成果,保留储存于记忆中的表象,有一般表象和具体表象之别。如"红花",可以是一般表象,即不论哪个品种的红色的花的表象,它概括着所有红花的共同感性特征——"红"。但"红花"也可以是具体表象,即关于一株红梅、一支红荷,或是一树火红的石榴花的表象,它保留着特殊对象物的具体感性特征。那红梅,可能映着皑皑白雪迎着寒风怒放;那红荷,可能带着露珠从碧绿的荷叶丛中兀然挺立;那石榴花,可能在五月艳阳的映照下耀眼欲燃。一般说来,认识过程中,一般表象占优势,它经过概括抽象,转化为表述对象本质属性的概念,成为抽象思维进行分析、综合、判断、推理的基本单位。而在审美心理过程中,则以具体表象占优势。这种具体表象,由于不断渗入主体的情感因素和意念因素,成为既保持事物鲜明的感性面貌,又含有理解成分,浸染着情绪色彩的具有审美性质的新表象,即审美意象。审美中,审美意象随想象的展开而不断衍生、变异,随情感的抒发而转化为某种情意的象征形式,随理解的加深而取得丰富的观念意义与价值意义。审美意象贯串于审美心理的全过程,所有心理因素都附着于它、透过它发挥作用,而它自己,则是在情感的推动下处于自我创造、自我发展、自我更新的不断运动状态。正是在这个意义上,可以说审美意象是审美心理的基元。美感始终不能脱离审美意象;一旦离开审美意象,便离开了感知的直接性与动情性,势必丧失自己的审美特质,而不复成其为美感了。

感知对于美感的重要性,自18世纪英国经验主义美学兴起之后,一再得到不少美学家的肯定。即使坚持人的感觉经验便是世界实体的唯心主义经验论者,也不得不承认审美必须有一个对象作为外来刺激,主体通过感觉,才能产生美感。如美国的帕克便认为:"感觉是我们进入审美经验的门户;而且,它又是整个结构所依靠的基础。"①

从心理学角度看,美感的门户是感知;从生理学角度看,美感的门户便是主体的各个感觉分析器。然而,人的耳、眼、鼻、舌、身等感官,在审美过程所起的作用,并不

---

① 帕克:《美学原理》,张今译,商务印书馆1965年版,第50页。

相同。人们早就觉察到,在各种感官中视觉和听觉所起的作用最为突出,因而历来把视听两大感觉分析器称为主要的审美感官。柏拉图认为,视觉和听觉产生的快感高于饮食色欲之类的快感,并专门讨论过美是否等于视、听产生的快感的问题①。托马斯·阿奎那不否认人通过嗅觉感受玫瑰的芬芳也可以获得美感,但他认为"与美关系最密切的感官是视觉和听觉"②。黑格尔的看法有些绝对化:"艺术的感性事物只涉及视听两个认识性的感觉,至于嗅觉、味觉和触觉则完全与艺术欣赏无关。"③其实,嗅觉、味觉、触觉以及人的运动觉(筋肉感)在审美感受中也能发挥其不可忽视的辅助作用。心理学实验表明:如果光有嗅觉、味觉、触觉而失去视觉、听觉,对象在感受中固然会变成一片混沌而不可理解;然而,如果光有视觉、听觉,失去其他感觉,对象在感受中也将变得似乎是可以理解却又不能肯定的虚幻存在。因此,在欣赏雕塑和建筑时,建立在触觉经验基础之上的质感便显得特别重要。在劳动过程中,人们把理智、意志和筋肉的运动结为一体,能体验到巴甫洛夫称之为"筋肉的愉快"那种兴味盎然的情绪状态。至于以香味之美为吟咏对象的诗句,诸如"花有清香月有阴"④,"暗香浮动月黄昏"⑤,也早已脍炙人口,其审美价值更是难以否定的。不过,从审美心理的总体来看,触觉、味觉、嗅觉和运动觉终究处于从属地位,而视觉和听觉对于审美心理活动的展开,特别是对于想象和理解活动的展开,却起着主导的、为其他感觉所不能替代的作用。

视、听感官成为主要审美感官的原因在哪里呢? 托马斯·阿奎那认为,这是因为视、听跟认识关系最为密切,是"为理智服务的感官"⑥。黑格尔也把视、听二觉称之为"认识性的感觉",认为它们容易激起心灵的反应和回响,便于通过艺术进行"心灵化",因而与审美有密切关系。帕克则强调这两种感觉具有交际的功能,他说:"视觉和声音之所以优越,根本原因就在于通过它们可以表达更为广阔和更为深刻的感情生活和思想生活。"⑦上述各家的看法虽各有其合理成分,然而还没有把问题阐释清楚。视、听感官不仅有着更为广阔的感知领域,而且还和人类的语言有极紧密的联系。语言作为人的交际工具,是在视、听感官的生理功能基础上发展起来的;而人

---

①　参见柏拉图:《文艺对话集·大希庇阿斯篇》,朱光潜译,人民文学出版社 1963 年版,第 198—210 页。

②⑥　托马斯·阿奎那:《神学大全》,北京大学哲学系美学教研室编:《西方美学家论美和美感》,商务印书馆 1980 年版,第 67 页。

③　黑格尔:《美学》第 1 卷,朱光潜译,商务印书馆 1979 年版,第 48 页。

④　苏轼:《春夜》。

⑤　林逋:《山园早梅》。

⑦　帕克:《美学原理》,张今译,商务印书馆 1965 年版,第 52 页。

类的视觉和听觉又能借助于语言取得日益深广的概括性和理解性,从而使这两大感觉成为突出的社会化感觉。社会的人的感性丰富性首先通过视、听两大器官发展起来,形成"有音乐感的耳朵、能感受形式美的眼睛",完全不是偶然的。

审美感知之所以有别于一般的有认识职能而不一定产生精神愉悦的日常感知,也正因为它具有更明显的社会化特点,具有更丰富的情意因素。具体说来,审美感知与日常感知有如下几方面区别:

首先,审美感知饱含着浓厚的感情色彩。

人们在感知客观世界时,之所以能形成表象并储存在记忆里,在很大程度上得力于情绪的帮助。人们在感知当下对象时,总要调动以往的经验作为补充,把大脑中过去曾建立的某种暂时联系恢复起来,从而使过去经验中的情绪因素转而附着在当下的表象上,使得一般表象也会融入某种程度的情绪因素。但日常感知作为认识过程的起点,总是要求局限于对象自身,要求主体取中立态度以服从逻辑概念系统的支配,表象中的情绪因素在认识活动中往往遭到压抑。审美感知则侧重于具体表象,而且这一表象要联系于主体的快感与不快感,形象记忆要伴随情绪记忆一同活跃起来,具体表象所带有的情绪色彩恰恰成为人们着意追求的东西,使整个审美感知过程笼罩着浓重的主观情绪因素。"物色之动,心亦摇焉"①,正是审美感知与情绪活动趋于和谐一致的具体写照。大自然生生不息,万物处于永恒的运动和变化之中,每一具体景物都充满生机,各具风神。不但飞禽走兽、江河湖海是如此,就是巍然屹立的山峦,也如郭熙所说,因时间、条件、观察角度的不同而显出各自特殊的意态:"春山淡冶而如笑,夏山苍翠而如滴,秋山明净而如妆,冬山惨淡而如睡"②。这些不同意态,便足以唤起主体不同的情绪感受。山峦自身的意态和主体的情绪反应相结合,使感知所得,就不单是关于山峦的一般表象,而是充满情趣的关于山峦的审美意象了。正因为审美感知总带有浓厚的感情色彩,审美感知的直接产物是活生生的审美意象,所以它才能触发人的想象和情感活动,使审美心理得以进一步展开。鲁迅说:"曙日出海,瑶草作华,若非白痴,莫不领会感动"③。"领会感动"四个字,道出了审美感知动情的特点。刘勰所谓"登山则情满于山,观海则意溢于海"④,瑞士学者阿米尔所谓"一片自然风景是一个心灵的境界"⑤,都是对这一特点的诗一般的

① 刘勰:《文心雕龙·物色》。
② 郭熙:《林泉高致集·山水训》,《画论丛刊》上卷,上海人民出版社 1960 年版,第 19 页。
③ 鲁迅:《拟播布美术意见书》,《鲁迅全集》第 8 卷,人民文学出版社 1981 年版,第 45 页。
④ 刘勰:《文心雕龙·神思》。
⑤ 转引宗白华:《中国艺术意境之诞生》,《美学散步》,上海人民出版社 1981 年版,第 59 页。

描述,说明了审美感知同一般感知的不同之处。

其次,审美感知伴随着敏锐的选择力。

人们所面对的外部世界,是一个混沌杂乱的"刺激丛"。即便是日常感知,也要求主体将对象从万象纷呈的背景之中选择出来。但审美过程由于要求主体专注于对象的感性形式,而对象的感性形式又是千姿百态、生动活泼而富于变化的,因此更要求主体在欣赏时善于捕捉对象在每一瞬间所给予的印象,以及对象在运动中的每一精微变化,具有特别敏锐的选择能力。被称为"瞬间艺术"的摄影艺术,很能说明问题。如黄山摄影,谁都知道,每当雨后雪霁,黄山千峰竞秀、万壑腾烟,是最为理想的拍摄时机。但不是每个人都能有效利用这个时机。只有训练有素、长年潜心观察过黄山的人,才能以最合适的角度和光线,在效果最佳的一刹那,从森罗万象的背景中捕捉最宜表现的对象,制成美丽的天然图画。这里有时间、空间众多因素的奇妙组合,要抓住这珍贵的一瞬,非得有敏锐的选择力不可。莱辛曾经说过:"在自然里(指包括社会在内的整个现实界——引者按),一切都是互相联系的,一切都是互相交错的,一切都是互相变换的,一切都是互相转化的。"而"艺术的使命",要求我们在鉴别对象时"能随心所欲地驾驭自己的注意力",使"我们在自然中从一个事物或一系列不同的事物,按照时间或空间,运用自己的思想加以鉴别或者试图鉴别出来的一切,它都如实地鉴别出来"①。莱辛这里所说,虽不限于审美感知,但无疑首先适用于审美感知。他指出艺术负有将审美对象从一切事物中鉴别出来的使命,以便集中观赏的注意力,是说得相当剀切的。

艺术家的审美感知往往带有专业的倾向,表现为专业性的敏感。音乐家对于音响和节奏,画家对于色彩和线条,雕塑家对于形体的各种体积变化,感受特别灵敏,他们能将自己的注意力习惯地专注于与专业有关的方面,将对象观察到极细微处,并能从中发现旁人不易发现的东西。据说法国印象派绘画大师莫奈,年轻时有一次在田野漫步,突然发现眼前的一切与往日所见大不相同。他眼前的田野,不再是覆盖着青草、作物和树丛的坚实地面,而是一幅由光影和色彩交织而成的画面。这个与往常经验不同的发现,促使他日后醉心于对自然景物的光与色的瞬间印象的表现,在用色方面选取特殊技巧,形成印象派的独特画风。艺术家的专业性敏感,看似突如其来,其实仍是长期观察和反复训练的结果。光,是变化莫测的现

---

① 莱辛:《汉堡剧评》,张黎译,上海译文出版社 1981 年版,第 359 页。

象。达·芬奇说过:"请看亮光,并思量它的美吧。眨眨眼睛再看它,你就会见到本来并不在那里的东西,而原来在那里的,已不知去向。"①因此,达·芬奇总是教人潜心观察各种事物的形象,醒后睡前,都要把它们回忆一遍,以便深印于记忆。这表明,艺术家感知选择性之所以显得特别突出,正是长期专业性实践的产物。

按照审美感知选择性的原理,在美的创造特别是艺术美的创造中,人们经常借助于特定的技术技巧,将主体的感知稳定地引向对象,使无意注意转化为有意注意,使无关的感知尽可能被抑制下去,与特定对象有关的感知高度兴奋起来,在大脑皮层的相应区域形成稳定的优势兴奋中心,从而获得充分的感受。电影之所以有特写镜头,绘画雕塑之所以有突出部,舞台之所以采用追光,都是为了调动观众的注意力,引导观众进行选择。小说家常精心选取一二场面、若干细节特加点染,用意同样如此。鲁迅主张画人的特征最好画他的眼睛而无需画他的全副头发,说明他相当重视利用审美感知的选择性。

第三,审美感知还有整体性的特点。

感觉以反映对象的个别属性为特点,只凭感觉,并不能直接把握对象的整体。但各感官的感觉又不是孤立地进行的,不但各种感觉之间存在相互作用和相互对比的关系,而且感觉总是迅速过渡为知觉,即将个别感觉迅速组合为有关对象的完整映象。在实际感受中,人们总是将对象作为整体来知觉的。

感觉的相互作用表现为某一器官的感受性因为另一器官的同时活动或相继活动而发生变化。弱的味觉(如酸觉)能提高视觉感受性;噪音则会降低视觉感受性。如果将声音转换为色彩信号,在演奏音乐时,随着乐曲的特定旋律,在屏幕上同步显示相应的色彩变化,就会增进欣赏者听觉的感受深度。反过来,在柳宗元"欸乃一声山水绿"②的诗句里,悠扬的渔歌则恰好使翠绿的视觉映象格外鲜明,听觉增强了视觉的感受性。审美心理过程中感觉的相互对比,最突出的表现是"同时反衬现象":"寂静之幽深者,每以得声音衬托而愈觉其深;虚空之辽广者,每以有事物点缀而愈见其广。"③一些著名的诗句,如"风定花犹落"④,以动写静,人们愈见其静;"直视千里外,唯见起黄埃"⑤,因辽阔地平线上埃飞烟起,更使人感到画面旷荡荒凉。大与小,高与矮,明与暗,都可能形成同时反衬的心理效果。天安门高达三十多米的巍峨

---

① 《芬奇论绘画》,戴勉编译,人民美术出版社1979年版,第92—93页。
② 柳宗元:《渔翁》。
③ 钱锺书:《管锥编》第1册,中华书局1979年版,第138页。
④ 谢贞:《春日闲居》。
⑤ 鲍照:《芜城赋》。

城楼,因有正门两侧的两座低矮的小屋而越发显得宏伟高大。毛泽东《浪淘沙·北
戴河》一词,写了碣石山前大雨滂沱海浪汹涌的壮丽景象:"大雨落幽燕,白浪滔天,
秦皇岛外打鱼船。一片汪洋都不见,知向谁边?"这小小打鱼船,难煞许多解诗人。
有说这风浪中颠簸的小渔船,象征着小农经济,经不住风吹雨打,得赶快"组织起
来";有说秦皇岛原系军港,过去是帝国主义炮舰横行之所,如今归人民所有,渔船出
没,寓有诗人由衷的欣喜……其实,打鱼船就是打鱼船,其他什么也不是。诗人登高
望远,从暴风疾雨中眺望大海,一幅海上洪波图,尽收眼底,那小小打鱼船,点缀于风
急浪涌的无边大海之间,衬出这一片汪洋的无涯无际,恰是"同时反衬"的佳例。

　　审美知觉作为对事物感性面貌的整体把握,突出地表现着"统觉"的作用。统
觉,指的是知觉内容和倾向蕴涵着人们已有的经验、知识、兴趣、态度,因而不再限于
对事物的个别属性的感知。因为有统觉作用,主体就能将已有的知识、经验、情感、
兴趣、意志的目的指向性融入于当下对象的知觉之中,使知觉的内容,不再局限于事
物感性面貌本身,而附着特定的观念和情绪意蕴。鲁迅写道:"野地上有一堆烧过的
纸灰,旧墙上有几个划出的图画,经过的人是大抵未必注意的,然而这些里面,各各
藏着一些意义,是爱,是悲哀,是愤怒,……而且往往比叫了出来的更猛烈。"[1]要识
别类似野地上的纸灰这种不显眼的生活痕迹所潜藏的意蕴,就得依赖必要的生活经
验。同样是一堆纸灰,如果烧的是无关的废纸,那当然别无深意;如果是一位烈士的
母亲为她已经献身于革命的爱子烧化纸钱的痕迹,其中岂不就隐藏着比呼喊出来更
为猛烈的爱、悲哀和愤怒? 这纸灰,在了解它的原委的人们的心目中,就会变成传递
某种思想情感的信息,唤起同样猛烈的情感反应。纸灰作为眼前的信息,一经为主
体获得,便同过去在头脑中储存的信息相接通,已有的经验和情感态度不知不觉地
参与当下的感知,使感受的内容极大地丰富起来。

　　正因为审美感知具有整体性的特点,所以在艺术美的创造中,就必须精心处理
形与神、动与静、虚与实、个别与一般、偶然与必然等等之间的辩证关系,以便充分发
挥欣赏者的统觉作用,让他们在有限的既定的映象中,获得更为丰富的感受。我国
传统美学主张诗画要"化景物为情思"[2],要有"弦外之音"和"象外之旨",强调的也
是这个道理。

　　审美感知既有动情性又有整体性,这两者又有什么关系? 为什么审美时人们总
觉得对象是一整体对象,而它又恰到好处地传达出某种情趣、某种意味? 这个审美

---

①　鲁迅:《写于深夜里》,《鲁迅全集》第 6 卷,人民文学出版社 1981 年版,第 499 页。
②　范晞文:《对床夜语》卷二。

对象整体性与抒情性为何能获致统一的问题,是亟待深入探讨的心理学课题。以研究视觉艺术中的知觉功能著称的格式塔心理学,对此作过富有启发性的设定。他们认定人在知觉过程中有一种来自天赋的"完形"能力,能将似乎杂乱无章的对象构造成具有一定结构、一定形状的完整形式——"完形"。他们反对将知觉简单地看成是感觉材料的总和,反对将整体看作是各个部分的机械相加或凑合,认为整体大于部分之和,每一部分,只有放在整体中来感知才能见出意义,正如一个乐句,它虽然由若干乐音按特定节奏和旋律组合而成,但它表达的调子并不存在于个别乐音之中,而只存在于它们的整体组合之中。格式塔心理学美学的代表性学者阿恩海姆据此进一步指出,事物的运动或形体结构与人的心理—生理结构之间有某种对应关系。事物的运动或形体结构,显示着某种"张力",它作用于知觉主体,能在大脑电脉冲中引起类似的"张力"样式,产生特定的情绪反应。凌乱的线条之所以使人心情烦乱,放射性的线条之所以使人精神亢奋,水平行进的波状线使人觉得安逸,下行线使人感到抑郁,都是因为这些形式的物理能力转化为知觉主体的心理张力,形成特定的情绪反应。于是,完形转化为表现,完形即是表现。阿恩海姆曾依此解释过一些古典绘画名作以及包括毕加索在内的现代派绘画名作的表现功能,具有较强的说服力。不过,他所说的"张力",无论就事物形体来说还是就知觉心理来说,都还缺乏必要的科学实证,但他提出的知觉中主客体"异质同构"的假说,却为研究知觉完整性与动情性的统一,开辟了新的思路。

9.2 想 象

被马克思称为"对于人类的进步贡献极大的想象力"[①],是人类在长期社会实践中逐步发展起来的。在劳动过程,人可以在过程刚开始就预计到可能的结果,以目的表象的方式,把这一结果在想象中呈现出来。目的表象指引着劳动者同自然界作物质交换,成为他发挥全部体力、精力以图实现的目标。从历史上看,人类大约在旧石器时代后期,就能借助想象去征服自然力,支配自然力,将自然力形象化,"创造出神话、故事和传说等等口头文学,已经成为人类的强大的刺激力"[②]。想象力实在是人类自觉的有意识的本质力量的重要表征,是一切创造性劳动,尤其是美的创造的不可或缺的重要能力。

①② 马克思:《路易斯·亨·摩尔根〈古代社会〉一书摘要》,《马克思恩格斯全集》第45卷,人民出版社1985年版,第384页。

想象在审美心理中有着特殊的重要性。在西方,许多美学家十分看重想象的创造性品格,黑格尔曾称它为"最杰出的艺术本领"①;浪漫主义文学运动,标举想象,将其与热情、天才并列为自己的文学标帜;象征派大诗人波德莱尔甚至将想象尊为一切心理功能中的"皇后"②。

想象在审美心理诸多功能中被特别强调,原因何在呢?

首先,想象使感受取得了超越现实时空的相对自由。想象的实质,是表象的再现、重组和更新,照康德的说法,它是一种"作为生产性的认识能力"③。想象复活着贮存于心的旧有表象,把它和当下感知所得的表象联结起来、融合起来,产生新的表象——审美意象。由于旧有表象的介入,当下感知所得的范围被大为扩展,内容更为丰富,想象绵绵不穷,新表象的产生也生生不息,现实时空对感知的限制被完全打破。

其次,想象使精神升腾远举,进入超感性的理想境界。作为人生理想的组成部分,审美的理想是对尚待实现的美——事物的美,人格的美,人生境界的美——的热切向往和忘情追求。审美理想从现实的美出发,一头伸向历史,从前人的审美理想中撷取"范型";一头指向未来,从超越现实的高度去衡定理想境界的价值。审美理想虽然以意象或境界的方式呈现,具有感性特征,但它涵摄着来自历史和展望未来的理性价值,要求人们深入体悟并作内在评价。理想的境界,本存在于想象之中。而在人的全部审美心理功能中,能贯通过去、现在、未来的,主要就是想象。

再次,想象能激活潜意识、无意识,使之借助意象呈现出来。想象得以活跃、展开的驱动力,来自欲望与情感。它们有的处于意识水平之上,有的则因现实条件的拘检或理性力量的压抑而转入潜意识或无意识。想象既有突破现实时空的自由,又具有感性化和非理性的特点,想象活跃之时,潜意识、无意识状态的欲望情感便易被激活,通过梦境般的幻象涌现出来。弗洛伊德着眼于个体心理,他将潜意识、无意识内容归结为性欲(Libido,又译性力),固然有失片面,但他发现在潜意识、无意识状态下蕴藏着巨大心理能量,这一能量可以经想象激活并得到释放,不能不说是揭开了想象的一大秘密。容格的着眼点转向集体无意识心理,认为它可以在想象活动中通过"原始意象"得以释放,为后世艺术中反复出现的神话意象和形形色色的艺术变形提供了心理学证明,成为"原型批评"的理论依据④。

---

① 黑格尔:《美学》第 1 卷,朱光潜译,商务印书馆 1984 年版,第 357 页。

② 波德莱尔:《1859 年画展》,《外国理论家作家论形象思维》,中国社会科学出版社 1979 年版,第 47 页。

③ 康德:《判断力批判》,邓晓芒译,人民出版社 2002 年版,第 158 页。

④ 参见容格:《集体无意识的概念》,《心理学与文学》,冯川、苏克译,三联书店 1987 年版。

　　想象是一个有着广阔内容的心理范畴。它的初级形式是简单联想。简单联想又可分为接近联想、类似联想和对比联想等多种形态。想象的高级形式,则是再造性想象和创造性想象。

　　由于甲乙两事物在时间、空间上相当接近,人们在有关经验中便把它们经常联系在一起,以致一感受到甲便自然联想到乙,并引起相应的情绪反应,这就是接近联想。在日常生活中,"睹物思人","爱屋及乌",看到瑞雪想到丰年,"憎恶和尚恨及袈裟",这类心理现象十分常见。在艺术创作中,艺术家虽只直接描写甲物,却可以借助接近联想的功能将欣赏者的想象活动指引到间接表现的乙物,由实生虚,使被描写的甲物获得更为丰富的意蕴。水墨花卉画可以"墨分五色";齐白石只画一群正在游动的虾子,观者却觉得满纸是水;戏曲表演中摇桨以代替行船,挥鞭以代替走马,望空有月,指地有河,几对兵丁轮番出入便是千军万马,大都是这个道理。许多因游览胜地而作的怀古诗,如苏轼的《念奴娇·赤壁怀古》,辛弃疾的《菩萨蛮·书江西造口壁》,都由空间的接近将今昔人事联系在一起,打破了时间的界限,抒发诗人的感慨,具有深广的内容和动人的力量。

　　类似联想是由甲乙两事物在性质或状貌上的某种类似引起的。以动植物甚至是无生物比拟为人,如以雄鹰喻勇士,以暴风雨象征革命,就是抓住两者之间的相似点指此说彼,以唤起类似联想。艺术创造中广为运用的比喻、象征的手法,其心理根据便是类似联想。然而,类似联想的"类似",只是两事物在某些特征上的近似,并非百分之百一致。比喻的喻体与本体之间既类似又差异,包含着相反相成的因素:"两者全不合,不能相比;两者全不分,无须相比。……不同处愈多愈大,则相同处愈有烘托;分得愈远,则合得愈出人意表,比喻就愈新颖"[1]如波斯诗人哈菲斯的诗句:"世界的行程是一把血染的刀,滴下的每点血都是皇冠。"[2]设喻奇警已极,意蕴也深邃邈远。象征则是用一个具体事物的形象去充当另一较为抽象的事物的感性符号。衔着橄榄枝的鸽子可以象征和平,蓝色也可以象征和平。这种象征意义虽是约定俗成,但依然较为朦胧。不论比喻还是象征,都能使欣赏者在异中有同、同中有异、似是而非的玩味和琢磨中,展开更为积极的心理活动。正像黑格尔所称道的,它们都足以"把彼此各自独立的事物结合成为错综复杂的意象"[3],取得更大的思想感情的容量。

---

①　钱锺书:《读〈拉奥孔〉》,《七级集》,三联书店 2002 年版,第 44 页。
②　引自黑格尔:《美学》第 2 卷,朱光潜译,商务印书馆 1979 年版,第 134 页。
③　黑格尔:《美学》第 2 卷,朱光潜译,商务印书馆 1979 年版,第 134 页。

　　建立在甲乙两事物性质或状貌对比关系之上的联想,称为对比联想。和感觉的相互对比不同,对比联想的功能,主要不在强化对某一对象的感受,而在强化对两事物所具有的对立关系的理解和感受。兄弟阋墙,自相残杀,本来就是令人痛心的事。曹植借助对比联想,以其豆相煎的景象来比拟他在王位之争中所遭受的来自其兄曹丕的迫害,写出的诗句就更能动人心魄:"煮豆持作羹,漉豉以为汁,其在釜下燃,豆在釜中泣,本是同根生,相煎何太急。"①1941年初皖南事变发生时,周恩来曾在一首四言诗中活用过这个典故:"千古奇冤,江南一叶。同室操戈,相煎何急!"这里其豆相煎的比喻,概括的已不是一家一室的个人恩怨,而是中华民族在大敌当前的危难时刻,内部的反共势力摧残革命力量的沉痛历史;表达的已不是个人的愤懑而是出于民族大义的愤怒声讨。借助对比联想还可以将两种具有对立关系的事物粘合起来,构成乖谬的意象。如鲁迅《野草》中的《死火》,便将本不相容的火和冰结为一体,创造出被严寒冻结起来的"死火"的意象,成为鲁迅本人"冷藏情热的象征"②。这"死火"一得"我"的体温,便顿时红焰流动,同"我"一齐跃出冰谷,表明鲁迅心头始终活跃着任何寒冷也冰结不了的革命之火。

　　被称为"通感"的心理现象,也可以看作联想的一种特殊形式。所谓通感,就是指五官感觉在感受中互相挪移,各感官交相为用,互换该官能的感受领域。歌声常用"甜"来形容,颜色也有冷暖之分,不但听觉之中会有味觉,而且视觉之中也可能有温暖(触觉),以至耳中可以见色,眼里可以闻声。过去佛家和道家都曾对此作过神秘主义的解释。其实,这是"本联想而生通感"③的正常心理现象,可以看成是感觉联想。同一事物的多种属性可以同时诉诸人的不同感官,这种感觉的"叠合"多次反复,便形成稳固的条件反射,容易由此一感觉自然而然推及另一感觉。如熟悉大海的人观赏大海的画面,常有似乎闻到海水腥味的幻觉。在审美活动中,运用通感的心理功能可以使人产生新鲜隽永的意象。马融《长笛赋》中的"尔乃听声类形,状似流水,又像飞鸿"。贾岛的《客思》中的"促织声尖尖似针",就是用视觉形象或触觉感受来描摹听觉。吴文英的《八声甘州》中的"箭径酸风射眼,腻水染花腥",更涉及味觉、触觉和嗅觉的相互挪移。

　　上述简单联想包括通感在内,作为广义的想象,都要受到当下感知对象的引发,它是在直接感知时所产生的表象基础上进行的想象,离不开当时当地特定的生活经

---

①　曹植:《七步诗》。
②　许寿裳:《我所认识的鲁迅》,人民文学出版社1978年版,第76页。
③　钱锺书:《管锥编》第2册,中华书局1979年版,第484页。

验。而更高一级的想象(即狭义想象,包括再造性想象和创造性想象)则可不必依赖当下直接感知,它借助记忆所储存的表象,通过分析综合,创造新的意象。因而,它能突破经验的局限,达到超经验的水平。

再造性想象和创造性想象的心理机制,都是贮存于在大脑皮层的旧有表象的新综合。正因为想象离不开旧有的暂时联系,所以不论它提供的新意象何等奇特,不管是古希腊神话中人面狮身的斯芬克斯,还是马人喀戎,不管是我国古代传说中人首蛇身的女娲,还是伏羲,都不过是对现实中人、狮、马、蛇等形象的组合和改造。鲁迅说得好:"天才们无论怎样说大话,归根结蒂,还是不能凭空创造。描神画鬼,毫无对证,本可以专靠了神思,所谓'天马行空'似的挥写了,然而他们写出来的,也不过三只眼,长颈子,就是在常见的人体上,增加了眼睛一只,增长了颈子二三尺而已。"①鲁迅的话,实际上肯定了想象归根结蒂是对现实的一种特殊反映方式。生活积累愈厚实,记忆中储存的表象愈丰富,想象力愈有自由驰骋的广阔天地,这是艺术史早经证明了的。

再造性想象和创造性想象有区别又有联系。再造性想象使人们有可能根据他人提供的具象描述——包括以语言或以其他物质手段所作的描述——在自己的意识中构成新的意象。许多见所未见、闻所未闻的事物,凭着他人的描述——如在目前,成为我们的审美对象,这便使我们的审美视野极大地扩展开来。无须假借他人的描述,而是将记忆中储存的表象作创造性的综合,独立创造出新颖、独特、奇特的意象的心理活动,称之为创造性想象。一般说来,在美的欣赏过程中,再造性想象占优势;在美的创造过程中,创造性想象占优势。然而正如美的欣赏和美的创造没有也不可能隔着一道鸿沟那样,这两种想象也是可以相互转化的。优秀的艺术品,不但允许而且正好要调动欣赏者的创造性想象,使之能对原有意象的意蕴作新的开掘和补充。

创造性想象受情感驱动而展开,其过程惝恍莫测,种种奇幻怪诞的意象纷至沓来,自由无涯,看似全然悖逆认识,然而正像康德所指明,这是想象力与知解力的和谐运动,认识仍在暗中起着作用。1958 年,江西余江县在全县范围消灭了血吸虫。喜讯传来,令诗人毛泽东"浮想联翩,夜不能寐",写下题为《送瘟神》的七律二首。第一首写旧日中国,小小的血吸虫化为"瘟神"的意象。它横行大地,逞凶肆虐,四处散布疾病、灾难和死亡。人们对它莫可奈何,以致"绿水青山"的美丽山河,变成"千村薜荔","万户萧疏",鬼魅跳梁的一片坟场!诗人"坐地"、"巡天",眼见天边的牛郎也

---

①　鲁迅:《叶紫作〈丰收〉序》,《鲁迅全集》第 6 卷,人民文学出版社 1981 年版,第 219 页。

对此束手无策,黯然神伤:"牛郎欲问瘟神事,一样悲欢逐逝波。"第二首写解放后的中国。冬去春来,大地复苏,"六亿神州"掌握着自己的命运,焕发出无穷活力,重新安排自己的山河:"红雨随心翻作浪,青山着意化为桥。天连五岭银锄落,地动三河铁臂摇。"在这一派惊天动地的改造山河的壮举中,瘟神已经无处藏身:"借问瘟君欲何往,纸船明烛照天烧。"两首诗的意象构成,成一尖锐对比:第一首,瘟神肆意横行,人民徒唤奈何,山河一片凋敝;第二首,人民当家作主,瘟神日暮途穷,大地一派生机。两幅迥然不同的画面,寄寓着诗人对人民命运的关切,是沉痛和欣喜的对比,同时,也渗透着诗人对历史的沉思,是逝去的历史灾难和未来光明前景的对比。想象作为意象构成的动态过程,既抒发着诗人的情感,也融会着诗人的理性思索。用中国传统美学的用语,这叫情理交融。只是这个"理",已非抽象概念所能穷尽表达的逻辑结论,而是需要诉诸体悟的某种不确定的意蕴。想象情理交融的特点,黑格尔称之为理解性和抒情性兼具的双重品格。在他看来,想象是"理性内容和现实形象互相渗透融会的过程",它"一方面要求助于常醒的理解力,另一方面也要求助于深厚的心胸和灌注生气的情感"[1]。这种双重品格,使想象在艺术创造中能发挥特有的功能。

当然,想象作为一种心理活动形式,决非审美感受所独有,科学也需要想象。但审美的想象与科学的想象有明显的区别。科学的想象带有直接的功利目的,而且本身是一种感性抽象,其成果是以感性形式说明科学概念的"构架",比如生物标本挂图、设计蓝图、模型等等。它既不需要形象个性的保持和发展,也毋需主观情感的渗入。审美想象则以创造新的个性化的意象为目标,始终不脱离具体感性的表象活动,其中理解性和抒情性因素是始终结合在一起的。审美想象的这些特点,使它在审美过程中,成为沟通感性因素和理解因素的桥梁。

9.3　情　　感

情感是审美心理中最活跃的因素。它广泛地渗入其他心理因素之中,使整个审美过程浸染着情感色彩;它又是激活其他心理因素的诱因,能推动它们的发展,起着动力作用。因此,审美心理中情感因素的特点和作用问题,向来受到美学家和艺术理论家的重视。

情感不同于认识。认识是对外界物的属性及其关系的反映,情感则是主体对自身需要与外界物相互关系的一种评价态度。主体对某物或迎或拒,采取正面的肯定

---

[1]　黑格尔:《美学》第 1 卷,朱光潜译,商务印书馆 1984 年版,第 359 页。

性或是负面的否定性的情感态度,完全取决于该事物能否满足主体自身需要。情感还包含主体对自身行为、思想、心理状态满意不满意的态度,具有自我评价的性质。总之,情感与人的需要、愿望、理想联系在一起,带有强烈的主观倾向性。从生理角度考察,情感是由皮下神经系统和植物神经的兴奋引起的,它一方面受到大脑皮层的指导和调节,一方面又直接影响到内脏器官的活动和腺体的内分泌功能,所以情感体验总会伴随内部生理因素的某些变化,并表现为相应的表情和形体动作。羞涩时手足无措,恐惧时全身颤抖,高兴时手之舞之、足之蹈之,这类现象屡见不鲜。我们说审美情感是全身心的感动,指的就是审美的愉悦兼有生理上内部体验的特点。

审美情感以日常情感为基础,但两者之间存在显著差别。审美情感要求于对象的,已不单纯是个人一般需要的满足,而是审美需要、审美理想的满足,其中包含主体对审美对象理性的、社会性的评价,所以属于高级情感类型。

首先,审美情感作为一种精神性的愉悦,有别于单纯的生理快感。日常情感和生理快感的区别不太严格,生理需要的满足、情欲的满足所产生的快感通常并不排除在日常情感之外;审美情感却要求"赏心悦目",不但要"顺眼"、"顺耳",而且要"惬意",即要在感官生理快适的基础上求得精神的满足。康德十分重视这个区别。他指出,快感在先还是判断在先是区别快感和美感的关键。先获得快感再判断对象是"美的",这还不是审美,正如觉得这东西好吃,然后称之为"美食",这只是对生理快感的肯定;只有对象从一开始就引起主体想象力和理解力的和谐活动,先判断它美尔后感到愉快,那才是审美的愉快。康德强调的这个区别,表明了美感具有普遍的社会性内容。从这个意义上说,美感是"净化"了的情感。感官主义美学家抹煞美感与快感的区别,鼓吹艺术应追求官能刺激,醉心于色情、凶杀等等,这是对美感的污染,同艺术的审美本质恰好背道而驰。

其次,审美情感是附丽于意象的情感,意象既可悬于心目,从容玩赏,其中情感,也可从容作内在体验、内在评价,就是说,可对情感进行反思。日常生活中的情感具有弥散性和瞬时性,往往时过境迁,即渐淡忘。而意象却使审美情感获得特定的感性形式,使之相对稳定,人们面对意象,可以从容品味其中情感的特定调质,领悟其中特有的价值意义。鲁迅曾集《离骚》中名句,成一联语以赠友人:"望崦嵫而勿迫,恐鹈鴂之先鸣。"①羲和驾车载日,每天西行止于崦嵫,本是著名神话,鹈鴂(杜鹃鸟)啼鸣而芳春将逝,也是流行传说。原诗中,诗人借此提示年华似水、时不我再的无情

---

① 《离骚》原文为:"吾令羲和弭节兮,望崦嵫而勿迫。路曼曼其修远兮,吾将上下而求索。""及年岁之未晏兮,时亦犹其未央。恐鹈鴂之先鸣兮,使夫百草为之不芳。"

事实,而着一"勿迫",着一"恐"字,更抒写了诗人为实现自己理想而分秒必争的急迫心情。对光阴流逝的恐惧,反衬出一位肩负大任的志士仁人自励不息、奋勉不止的壮烈情怀。在鲁迅辑成的联语里,这种情怀,因附着于羲和驭日、鹈鴂啼鸣的传统审美意象而被客观化,他人通过意象的鉴赏,便可对这一情怀产生共鸣与感应,从而受到屈原伟大人格力量的陶冶。屈原体验过的,鲁迅体验过的,旁人还可以再体验。就这个意义说,审美情感是一种"反思情感"。

在审美过程中,情感因素常常充当感知和想象的动力。从审美感知开始,情感因素便介入其中。如果对象是比较熟悉的,当下的感知就会撞开形象记忆和情绪记忆的大门,使主体产生一定的情绪反应,转过来支配感知的选择方向,如果对象是陌生的、新颖的,新奇感和期待感便会增强主体的注意力,强化感知,产生强烈的第一个印象。在想象阶段,原先感知的成果,亦即饱和着情绪色彩的表象,由于情感的进一步诱发,获得新鲜的生命,不断运动、分解和综合,使主体进入"神思飞扬"的状态,一系列新的审美意象,也正由这种状态所孕育,所诞生。这种情形,我们前已述及。还有另一种情形,主体在现实生活中由于理想受挫或备受坎坷而郁积一腔忧愤,而现实的限制,又使其无计排遣,遂发为诗文,借创造性的想象加以释放。这便是传统美学的"发愤抒情":"惜诵以致愍兮,发愤以抒情。"[1]"诗三百篇,大抵贤圣发愤之所为作也。"[2]在这类诗文中,想象往往采取超现实的方式,无意识中的神话原型常常不召而至,主体为抒发深心郁愤,找到了相应的同构形式。李白在天宝初年曾应诏入京,供奉翰林,但不久就遭受权贵排挤,被赐金放还,为抒解愤懑,寻求安慰,开始第二次漫游,写下《梦游天姥吟留别》这篇不朽诗作。天姥山,本不算高峻,但进入诗人梦境,却成为"势拔五岳掩赤城"的天下第一奇峰,成为上接天界的神仙洞穴。诗人梦中攀跻绝巘,饱览仙界异景,躬逢仙界盛会,忘却了尘世的一切苦恼和烦忧。梦觉之后,诗人似乎获得更充实的精神力量,更果敢地与不合理的现实相抗争:"安能摧眉折腰事权贵,使我不得开心颜!"

正因为情感对美感的形成起着明显的推动作用,所以作为美感物态化形式的艺术品,不论是侧重于抒发情感的表现艺术,或是侧重于描绘现实的再现艺术,作者的情感脉络,都会作为作品的内在结构线索潜藏在作品之中。艺术作品之所以没有一处是多余的和纯粹偶然的东西,一切都从属于、趋向于一个整体,就因为有饱和着情感的思绪这块磁石,吸引着原本是散漫零乱的意象,并把它们联结、聚合成和谐完整

---

① 屈原:《九章·惜诵》。
② 司马迁:《史记·太史公自序》。

的意象体系。因此,欣赏艺术作品,特别是对艺术品进行美感分析,就无论如何不要放过其中的情感脉络。情感是往复流动、缠绵不尽的,诗歌才会有回环复沓之美。民歌的重章叠句的表现功能有如歌曲的副歌,一唱三叹,字面上固然重复,从表现情感而言却并不显得重复。作为再现艺术之一的小说,其结构一般是服从于情节发展和性格发展的需要的,但它也和总体气氛的变化和叙述语调的变化相关联。小说叙述的疾徐、疏密和虚实之间,常暗含一种情感起伏跌宕的节奏。鲁迅的《狂人日记》调子如急管繁弦,多跳跃性短句,作为狂人的内心独白,正好闪现他暴风雨般的愤激之情;《祝福》的调子徐缓而低沉,像是为祥林嫂不幸的一生谱写的哀歌;《伤逝》的调子热烈而缠绵,不但写出了主人公难以排遣的"悔恨而悲哀",而且交织着作者对觉醒于"五四"大潮随后又陷入无路可走的可悲境地的青年一代的深切同情。《红楼梦》自五十五回起繁华将尽,大故迭起,日益显露下世光景,在全书结构上为一大转折。与此相适应,叙述语调也由明朗从容转入悲戚忧伤,总体气氛为之一变。正如有正本第五十五回的脂批所说:"此回接上文恰似黄钟大吕之后,转出羽调商声,别有清凉滋味。"把握《红楼梦》叙述语调所体现的情感节奏的变化,无疑有助于理解这部伟大作品的总体结构。

关于审美过程为何必然伴随情感活动,中外美学家曾根据各自不同的哲学立场,作过不同解答。中国传统美学以生命哲学为根基,认为宇宙万物,均一气化生,生命元气,贯通天地人,因而外物的生命情态与人的情感能交互感应,"物色之动,心亦摇焉"①,这就是有名的"感物动情"说。西方美学则盛行"移情"说。此说的前身,是基于"泛神论"的"生气灌注"论。歌德、黑格尔等人都认为,人能凭自己的心灵为外物灌注"生气"(直译应为"神灵的气息"),将对象精神化为有情有意的东西。"移情"说的代表人物里普斯主张:"移情"就是通过主体意识的活动将对象人格化为"自我","移情"所产生的快感,是对自我"内心活动"所体验到的愉快和欣喜。他说:"审美的欣赏并非对于一个对象的欣赏,而是对于一个自我的欣赏。它是一种位于人自己身上的直接的价值感觉,而不是一种涉及对象的感觉。"②比如当人们在观赏古希腊的"多利安"式石柱时,觉得柱子似乎不受上部石料的重压而具有耸立上腾的气势。产生这种感受的原因不在对象本身,而在于欣赏者的"自我",在于人把自己承受重压时耸立上腾、奋力抵抗的观念和意象"移注"到石柱之上,因而人们欣赏石柱

---

① 刘勰:《文心雕龙·物色》。

② 里普斯:《论移情作用》,朱光潜译,马奇主编:《西方美学史资料选编》下卷,上海人民出版社1987年版,第847页。

耸立上腾的气势,不过是在欣赏"自我",欣赏一个"客观的自我"。"移情"说实际上把审美过程理解为情感向外物的单向投射,"物本无情,我自移位。"中国的"感物动情"说,则以承认万物禀有生机、生气为前提,审美过程被理解为物我双方交流共感的过程,"目既往还,心亦吐纳","情往似赠,兴来如答"①。这两种主张,就对美感的理论说明看,可能涉及了情感活动的两种不同方式,难加轩轾②。但西方"移情"说过分强调主体作用,将外物简单视作情感投射的容器,易于忽视对象自身的审美特征,忽视自然美的巨大价值;中国"感物动情"说则尊重外物自身的感性特征,主张在物我双向交流中捕捉对象的生命情态——美的所在,导致晋宋之际(公元 5 世纪前后)对自然美的观照的进一步觉醒,并造成后世山水诗画的极度繁荣,在世界审美意识史上一枝独秀。

9.4　理　　解

如何看待美感中的理解因素,学界的看法在逐步深入。随着价值论被引入美学,美感作为对美所独具的价值的情感评价,已为更多人所关注。美感中的理解力,主要不是逻辑理性能力而是价值理性能力,这一点,也开始受到普遍的承认。

美感中的理解力,和逻辑理性的区别是相当明显的。经验表明,在审美过程中,感知、想象和情感诸因素处于自由和谐的运动状态,它们共同组成完整的心理过程。其间并没有也不需要横插一个独立的抽象思维阶段,人们不必中断自己的感受,半途里停下来进行判断和推理;更不需要把审美这个始终不脱离表象的感性活动处处都"翻译"成相应的概念,另搞一套与之相平行的理论认识。相反,我们总是不假思索地让自己的感知、想象和情感循着对象的指引和规范,自由地和谐地活动起来,而在最终获得的审美愉悦中,蕴涵着对于对象所具有的社会理性内容的理解和把握。这种理性内涵,不像理论认识那样确定,它往往朦胧多义,一时难以用概念穷尽表达,所以审美的理解有着"可以意会而难于言传"的特点。

其所以如此,根本的原因在于美感涵摄的理性内容,不是对外部事物本质联系的真确认知,而是对人和人的生活自身的价值意义的领会。人们之所以需要审美,需要从事艺术的创造和欣赏,主要不是为了在把握外部世界的客观规律上同逻辑认识平分秋色,互较短长,而是为了揭示人的生存状态,回答人究竟应当如何活着的问题。从人的现实感性生活出发,把人引向超越现实的理想世界,帮助人发现生活的

---

① 刘勰:《文心雕龙·物色》。

② 例如"移情"说颇类似中国先秦时期的"比德"观,参阅本书第七章第二节"美感的产生与发展"。

意义和价值,这是审美和艺术的使命,是一切逻辑认识、社会科学都难以取代的独特的使命。人们爱读《红楼梦》,尤其爱读其中充满青春气息的少男少女的恋爱故事。但倾心于这些故事的读者,并不想从中找到关于什么是爱情的唯一正确的定义或答案,而是通过身临其境的切身体验,领悟到天地之间,还有一种如此理想化的、纯真的、比生命还来得珍贵的爱情。这种爱情的感召力是如此巨大,不论是青年男女,还是满头白发的老年夫妇,都愿意而且可以从中吸取力量,使自己的爱情生活不断获得新的意义与价值。山川风物的欣赏同样如此。如果你是抱着科学考察的目的来到景区,那自然应该另当别论。一般游客都是作为山水的观光者,没有必要过多地了解山峰岩石的构造,植被的品种和属性,只是求得徜徉于山石林泉之间,陶醉于天然画图之中,在山水风光中体验回归自然并从大自然的怀抱中寻得精神家园的那种人生的快慰。

正因为如此,审美中的理解,就与逻辑认识有显著区别,它是通过我们前述的直觉、体验、领悟等方式来实现的。审美理解中的直觉、体验、领悟等能力的正常发挥,有赖于一个必要的心理前提——自觉审美态度的确立。之所以强调它是"自觉"的,就因为它是在意识水平上的、为自己所觉知的清醒的观赏态度。有了这种态度,人们在审美时才能始终保持静观而不作实用、伦理的反应;审美的情感,才能附着于意象而从容作内在体验。有了这种态度,不论是读小说还是看戏,欣赏者尽管可以被感动得痛哭流涕或义愤填膺,但却不会忘记这是"小说家言"、"假戏真做",不会把艺术世界和现实世界混为一谈。否则,看曹操戏就跳上台去手刃"曹操",看《奥赛罗》就枪击"雅戈",就演员说,这或许不失为成功的表演;就肇事的观众而言,人们就不能不责备他失去了欣赏中应有的理智。可见,确立自觉的审美态度实际上已潜在地融进了理解因素。

审美理解的又一个前提,是要有跟对象相关的必要知识储备。当你欣赏自然美,游览济南大明湖时,如果你读过刘鹗的《老残游记》,记得他对大明湖风光的描写,便会使你的审美感受增添新的理解内容。对此,我们论述欣赏的主观条件时,已经述及。

自觉的审美态度和必要的知识储备,都是审美理解的前提,也可以看作审美理解的一种类型——前提性的理解。它还有另一种更重要的类型,即渗透在感知、想象、情感诸因素之中的融会性理解。感知由于统觉作用使情感渗入表象,使表象得以活跃而进入想象。在想象过程中,感知成分由于表象的再现、组合和改造而转化为情感体验,情感的逻辑暗含着生活的逻辑,便把理智成分孕涵其中。这种情形,正如刘勰在《文心雕龙·神思》所描述的:"神用象通,情变所孕,物以貌求,心以理应。"象、情、理在同一想象过程融合一体,共同构成一种特殊的领悟,这就是人们在审美过程中特有的思维活动,即所谓审美思维或形象思维。前面提到的李白《梦游天姥吟留别》,把自己平生游历过的名山胜景通过艺术想象加以再创造,把一座并不很高大的天姥山写得特别雄伟、险峻、壮丽,以突出"梦游"中幻境之美好,用以跟丑恶卑污的现实构成鲜明对比,寄寓着诗人自己对现实的态度和理解。我们欣赏这首诗,也会循着诗人借以展开想象的情感线索,在留连那变幻莫测的奇景的同时,感受到诗人胸中的不平,达到相应的理解。有些短小的抒情诗,诗人把它的情感完全压缩在看来各自独立的意象里,但通过意象的对列,却很自然地挑动读者的心弦,体会到一种思想情感。马戴的《灞上秋居》有两句:"落叶他乡树,寒灯独夜人。"这里提供的是两个单独的视觉意象:他乡树梢上簌簌飘落的黄叶和寒灯之下长夜不眠的孤寂的人。这两个意象两两叠加,却形成一种被视为"视觉和弦"的东西,联合起来提示一个与二者不同的意象:无限愁苦、落寞潦倒的文人的意象。这第三个意象,自然是假定的、想象的,但却是饱含着思想情感的。读者的想象活动趋向于第三个意象,也就是趋向于一种理解,即类似于电影"蒙太奇"镜头对列产生第三种意义的那种理解。我国传统诗论所谓"状难写之景,如在目前;含不尽之意,见于言外"[1];钱锺书《谈艺录》所谓"理之在诗,如水中盐、蜜中花,体匿性存,无痕有味,现相无相,立说无说。"[2]都道出了审美理解与感知、想象、情感融为一体的特点。

当然,审美理解的程度是有深浅之分的。通过直接观照而获得的理解,还只是第一步,它还可以进一步深化。那就是通过对审美感受的反复品味和冷静分析,把难以言传的"意会"用语言文字传达出来,甚至可以一直上升到理论高度,予以一定的解说。这时,审美活动就开始从审美判断跨入审美的理论批评领域了。

复习思考题

1. 审美感知在审美心理活动中的地位如何? 它有哪些不同于日常感知的特点?
2. 在审美心理诸因素中,想象为何特别受人重视?
3. 想象有哪些具体形态? 试联系审美实践加以说明。
4. 审美情感与日常情感有何区别? 它在审美心理活动中的动力作用表现在哪里?
5. 里普斯的"移情"说和传统美学的"感物动情"说主要区别是什么?
6. 如何看待美感中的理解因素? 它的主要特点何在?
7. 审美的理解有哪两种主要类型?

---

[1] 梅尧臣(字圣俞)语,见欧阳修:《六一诗话》,《〈六一诗话〉〈白石诗说〉〈潭南诗话〉》,人民文学出版社 1962 年版,第 9 页。

[2] 钱锺书:《谈艺录》,中华书局 1984 年版,第 231 页。

第 三 编

第 10 章　美的创造的一般规律

以往的美学理论,对于美的创造的研究,一般不够重视。一些主张美是客观的人认为,既然美是客观的,那就如同客观规律一样,是根本不可能创造的。一些认为美是主观的人则从"美在心而不在物"的立论出发,认为美的创造纯粹限于个人的心灵活动,如"移情说"的倡导者就是这样论述的。更多的美学家虽然也承认美的创造,但他们所谓的美的创造不过是艺术创造的同义语,他们所着重研究和阐发的美的创造的规律,实际上仅仅是艺术创造的规律。

无视美的创造的广阔领域,把美的创造仅仅理解为纯粹个人的心灵活动或局限于艺术的创造,都是不符合客观实际的。只要简略地回顾一下从原始社会以来人类在衣、食、住、行、文化教养等方面的发展,就可以充分肯定:随着历史的前进,人类改造世界的能力在日益增强,人与自然之间不断取得新的平衡,人类自身及其生活在一天天美化。这就有力地表明,美的创造不仅无可否认,而且其领域也远远超出了艺术创作的范围。科学的美学理论,应该力避疏漏和谬误,从实际出发,加强对美的创造的研究,认真总结人类美化世界的一切实践活动,揭示美的创造的规律,从而使人们更加自觉地进行美的创造。

10.1　美的创造的实质

人类所进行的美的创造活动,经历了由无意识到有意识、由自发到自觉的漫长的演变发展过程。

当人类的祖先开始制造粗陋的工具的时候,就告别了动物界,开始了自己的独特的历史。原始人用石头做成的砍砸器、刮削器、尖状器,虽然极为粗糙、简陋,甚至在形体上同天然石块没有多大差别,但却表明他们在长期的劳动实践中,已经对自然事物(石头)的质地有所了解,并能根据自身的不同目的和需要对客观对象进行加工。所以,即使在如此原始的劳动及其对产品的极少变动中,仍然体现了人类对于客观规律性与主体目的性的把握,显现了人的本质力量,具有不可忽视的美的价值。

当然,砍砸器、刮削器、尖状器,以及此后的石斧、骨针等生产工具,并非人类有意识地、自觉地创造美的结果。只有经过若干万年的实践活动,在满足直接的肉体需要的基础上,人类才有可能觉察到外化在客观对象中的自己的本质力量,从而实现马克思所说的:"在他所创造的世界中直观自身"①。换句话说,人类审美意识的觉醒,是随着社会生产力的发展,在物质需要得到一定程度的满足的基础上逐步实现的。到了人类的审美意识真正觉醒之后,美的创造就成为人们根据一定的审美理想,按照美的规律所进行的一种改造客观世界同时也改造主观世界的自觉的实践活动。

美的创造与审美理想

美的创造,是通过人类的社会实践实现的。在人与自然、人与社会的互动过程中,事物发生了属人的变化,人的本质力量获得了物化(物质产品)或物态化(艺术作品)的感性形态,这就是科学意义上的美的创造。然而,这只是对美的创造的实质在最高层次的抽象概括。其实,美的创造活动是以创造审美价值为目的的实践活动,因此,较为贴切而深入地探讨美的创造,不能停留在一般的实践活动上。实际上,从人类一般物质实践到美的创造,以至从某些物质—精神性实践活动到美的创造,都存在着不可缺少的中介环节。探寻这样的中介,就需弄清楚美的创造是在社会实践活动的怎样一个层次上提出来的,从一般实践活动到审美创造活动需经历哪些心理层次,人类漫长的发展历程所形成的历史积淀与美的创造有什么样的关系,等等。当然,对这些问题的深入研究和阐发,是有关美学专著的任务。在这里,从阐释美的创造的一般规律出发,我们只着重强调一点,那就是审美理想对美的创造的作用。

人们的审美理想,受制于一定的社会历史条件,有着确定的社会内涵。这是因

---

① 马克思:《1844年经济学哲学手稿》,《马克思恩格斯选集》第1卷,人民出版社1995年版,第47页。

为,一定时代的审美理想的表现形态可能十分复杂,可是追溯其根源,无不同一定的生产力和生产关系状况相适应。我国汉代艺术,无论是绘画、雕塑,还是舞蹈、文学(汉赋),都以飞动流畅、虎虎有生气为其审美特征,这显然同封建地主阶级战胜奴隶主阶级之后,第一次在中国这样辽阔的土地上建立了中央集权的巩固统治分不开。就个人而言,任何人的审美理想都不是天生的,而是个人所特有的人生经历和社会实践活动的产物,取决于他在社会生活中的地位、职业、境遇、教养等等条件。因此审美理想作为一种社会性意识,必然具有时代性、民族性,在阶级社会里又带有阶级性。统治阶级的审美理想,经常借政治权力灌输以至强加给社会上的其他阶级、阶层,使整个社会都受其影响。中国封建社会后期推行妇女缠足,就是一例。

审美理想又具有个人差异性。审美理想不像政治理想、道德信念那样偏重于对人类社会关系的理论设定和抽象概括,不是一种关于"美是什么"的抽象观念,而是渗透着一定的理性要求的具体意象,是人们在追求美、创造美的活动中出现于脑际的一种指向未来的创造性想象。一方面,它体现着一定社会力量关于美的理解、认识、要求和愿望;另一方面,它又表现为无限丰富的、生动鲜明的个别形象,因而可以是人人不同的。我国古代诗歌中,留下了许多体现着作者审美理想的意象。例如,汉代乐府民歌《陌上桑》中的采桑女秦罗敷和辛延年《羽林郎》中当垆卖酒的胡姬,都是聪明美丽、不畏强暴的理想女性,在权势人物的调笑威逼面前,表现出了坚贞不屈的理想情操。但是,她们的反抗方式不同,从而凸现出两个独显光彩的鲜明个性。罗敷采用的是机智的夸夫婿的办法,抬出自己的理想丈夫的形象——"为人洁白晰,鬑鬑颇有须。盈盈公府步,冉冉府中趋。坐中数千人,皆言夫婿殊",借而迫使太守却步,表现了罗敷的智慧;而胡姬在冯子都面前则是严词拒绝、据理力争的态度——"不惜红罗裂,何论轻贱躯!""人生有新故,贵贱不相逾",表现出一派弱女子的凛然不可犯的正气。罗敷和胡姬的不同个性特色,体现了作者不尽相同的审美理想。

审美理想在审美实践中产生。它体现了主体的内在固有尺度的要求,因而,它一经产生之后,就对人的审美活动和美的创造实践产生巨大的能动作用。这主要表现在以下两个方面:

第一,审美理想的形成,使人们有可能自觉地感受美、认识美,从而能够及时、迅速、敏锐地发现和观赏客观对象的美。

人类社会,是一个广阔无垠,纷纭复杂的世界,美的事物同不美的、甚至丑的事物交错杂糅在一起。这就给感受和认识现实生活中的美带来了一定的困难。人们在生活中常常会遇到这样的事:大家参与了共同的活动,经历了同样的过程、游览了同一的景物……而他们所获得的审美感受却往往大相径庭,有的人简直一无所获,直待别人说出了自己的审美感受,他才恍然大悟,发觉自己竟对众多的美好事物熟视无睹,充耳不闻。造成这种现象的原因固然很多,其中是否形成明确的审美理想也是关键因素之一。生活中已经树立了一定的审美理想的人,由于他的心目中有了具体的、明确的对于美的事物的要求与渴望,所以就对客观世界中呈现的美特别敏感,当对象世界中符合他的审美理想的事物一经出现,他便会立即感到难以形容的喜悦和全身心的陶醉。王实甫的《西厢记》描绘张生在普救寺初见莺莺,就恰如"撞着五百年前风流业冤","只教人眼花缭乱口难言,魂灵儿飞在半天"。张生和崔莺莺的爱情是一见钟情式的。在封建社会里由于礼教壁垒的森严,青年男女一般没有直接接近的机会。但是,他们却私下里都在自己的心目中编织着关于未来配偶的审美理想。一旦看见和自己的理想配偶相近的异性青年,就很容易把对方理想化,看成是朝思暮想、长期渴求的目标,从而一见倾心。张生和莺莺佛殿相遇、墙角联吟,彼此对于对方的容貌、才华感到愉悦倾慕,于是就产生了出自内心的自然吸引。汤显祖的《牡丹亭》则更进一步,里面的两位主人公杜丽娘和柳梦梅,甚至"未见钟情",梦里相恋。在科学不发达的古代,一见倾心、"未见钟情"式的男女恋情,常常被赋予神秘化的解释,什么前世姻缘、月老撮合、命中注定等等。其实,这不过是男女双方早已形成的关于未来配偶的审美理想在起作用。由此可见,审美理想能够提高人们感受美、认识美的能力,从而使人得以及时地发现客观对象中的美,欣赏并且陶醉于客观对象中的美。

第二,更重要的是,审美理想体现着人们进行美的创造的理想目标,激励着人们追求美、创造美的热忱,吸引着人们为创造更加美好的生活而英勇献身。

审美理想是人们关于审美对象的理想蓝图,具有明确的指向未来的倾向性。同时,因为它融会在具体的审美感受之中,所以它比政治理想、道德信念带有更为强烈的感情色彩。如果说政治理想、道德信念由于偏重于理性的凝聚而使人们在实践活动中具有意志的坚定性的话,那么,审美理想则因其带有强烈的感情色彩,而使人们在实践活动中有着极大的创造热情。一部人类文明发展史,充分显示着人的审美理想的巨大的能动作用。古往今来的人民群众可歌可泣、前仆后继的斗争业绩和各种艺术珍品,哪一件不闪耀着人的审美理想的光辉?进步、高尚、富有个性特色的审美理想,使人们热血沸腾、孜孜以求地进行探索和实践,激励、引导和制约着人们进行各种美的创造。除了某些抽象的精神生产以外,人类创造性活动的一切领域,都留下了审美理想积极作用的印记。古希腊雕塑艺术的突出成就,就同当时以人为中心追求比例对称、和谐统一的希腊人的审美理想有密切的关系。无论是智慧女神雅典娜,还是普通的运动员掷铁饼者,全以准确、细腻的造型,由内到外透露出生命的活力,通过外在形体的健美造型表现出了人的坚强的意志和无穷的智慧。事实上,古希腊艺术中众多的"神",不过是更加完美的人而已。你看,米洛的维纳斯,那微微前倾的身形、婀娜丰满的体态、安详端庄的容颜,传达出多么美妙的神韵与节奏,典雅而非做作,温柔而不娇媚,真可谓"古代的神品:被节制了的热情,为理智所调节的生之愉快","神奇中的神奇!"①

在物质生产中,审美理想的作用同样十分显著。人们很难设想,离开了一定时代审美理想的指引,会有北京的故宫、巴黎的铁塔、东京的高速公路、纽约的摩天大楼……著名的花园之城澳大利亚的首都堪培拉的建设,是审美理想积极作用于人类物质实践活动的一个典型例子。1909 年,澳大利亚联邦政府决定把这块居于墨尔本和悉尼两大经济、交通、贸易中心之间的地方,作为首都所在地,向全世界征求城市建造的方案,最后采纳了美国建筑家的整体设想。经过十多年的建设,美丽的堪培拉屹立在澳大利亚人民和世界人民的面前。它丘陵环绕,绿树成荫,依山傍水,鲜花怒放,既无工厂矿山,又无高层建筑,空气新鲜,阳光充足,成为人们工作、生活、休息的理想场所。在世界各国的城市日益被工业三废污染的现代,堪培拉的建设说明了人类应当怎样安排自己的环境,美化自己的生活,在审美理想的指导下,按美的规律来进行建造。自从人类的审美意识觉醒以后,人类改造客观世界和主观世界的历史,总是同某种审美理想联系在一起。在当代,为适应后工业文明时代人类社会发展的新要求,人们提出了建立可持续发展的生态美学观,更是将人与自然协调发展的审美理想提高到一个新的层次。

总之,人类在长期的社会实践中形成了自己的审美理想,而审美理想反过来又进一步影响人的社会实践,使人类对客观世界的自觉改造,同时成为美的创造。这就是社会实践与审美理想的辩证关系。

进行美的创造的基本条件

人们在从事一种创造性的实践活动之前,总要在头脑中首先想象出关于实践结果的具体形态。这是在生产活动中人和动物的根本区别。而当这种形态是一种富有感情色彩的审美理想时,这一具体目标就成为下一步实践活动的努力方向、成为进行美的创造的设计蓝图而强烈地吸引着创造者。美的创造活动,实际上就是实现创造者的审美理想的实践过程。确立怎样的审美理想,对于美的创造活动有着定向

———————

① 《罗丹艺术论》,葛赛尔记,沈琪译,人民美术出版社 1978 年版,第 115—116 页。

性的指导意义。因此,确立符合社会发展规律的、高尚的、富有个性特色的审美理想,是自觉地进行美的创造的首要前提。

我们知道,元代王实甫所写的《西厢记》,是根据唐代元稹的《莺莺传》及金代董解元的诸宫调而创作的。从《莺莺传》到《西厢记》,题材都是张生与莺莺的自由恋爱的故事。但是,由于作者元稹和王实甫对这个故事的理解和评价不同,因而两部作品的思想风貌和社会影响也迥然有别。在元稹的《莺莺传》中,张生是一个"始乱终弃"地玩弄女性的封建文人,莺莺则被视为妖人尤物。张生为自己辩解说:"大凡天之所命尤物也,不妖其身,必妖于人。使崔氏子遇合富贵,乘宠娇,不为云,为雨,则为蛟,为螭,吾不知其所变化矣。……予之德不足以胜妖孽,是用忍情。"作者则称赞张生"为善补过者",表明了元稹的审美理想含有封建士大夫的陈腐观念。而在王实甫的《西厢记》中,张生是一个诚恳、热情、执著地追求恋爱自由的风流才子,莺莺是一个从犹豫、动摇走向坚定、果敢地追求自由的相门小姐,张、崔的爱情要求被赋予了反抗封建礼教和封建婚姻制度的进步意义,体现了作者审美理想的进步性。正是由于王实甫的审美理想是符合社会发展规律的、进步的、高尚的,才使《西厢记》成为反映封建社会千千万万青年要求爱情自由和反抗封建婚姻制度的理想和愿望的代表作,赢得了历代进步文学家和广大青年的共鸣、喜爱和推崇。由此可见,由于作者审美理想的迥异,《莺莺传》和《西厢记》的艺术成就和社会影响是不可同日而语的。

然而,树立了一定的审美理想,是否就一定能有效地进行美的创造呢? 问题没有这样简单。审美理想的树立,决非美的创造的完成。理想,是主体的意识;美,是客体的价值。从理想到现实,从意识到存在,从审美理想到创造出美的事物,要经历从主观到客观的实践活动过程,克服种种矛盾才有可能得以完成的。

历来的美学家对于艺术美的创造大都进行过比较细致的研究,总结出不少具有普遍意义的经验,有助于我们认识美的创造的一般规律。他们很早就觉察到审美理想与艺术美创造之间的矛盾。晋人陆机在《文赋》中说:"……每自属文,尤见其情。恒患意不称物,文不逮意;盖非知之难,能之难也。"这种"意"与"文"的矛盾,是艺术构思和艺术表达之间的矛盾,在一定意义上也可以说就是艺术领域内审美理想与美的创造的矛盾,是许多作者所深切感受到的。"方其搦翰,气倍辞前;暨乎篇成,半折心始。何则? 意翻空而易奇,言征实而难巧也。"刘勰《文心雕龙·神思》中的这几句话,确也道出了创作的甘苦,中肯而简洁。苏轼在《答谢民师书》中曾说:"求物之妙,如系风捕影,能使是物了然于心者,盖千万人而不一遇也,而况能使了然于口与手乎?"的确,要把自己的审美感受和完美的艺术构思传达出来,造成具有审美价值的意象,还必须经过作者的艰辛的劳动和精益求精的刻苦探求。

　　对此,西方美学家也有相似的见解。罗马新柏拉图主义最重要的代表普洛丁在他的《九卷书》里,不仅论及这个问题,而且以雕塑为例,分析了造成审美理想与美的创造之间的矛盾的原因。他指出:

> 　　理式先存在于艺术家心里,……他在心里原已构思成的这种美,(比起体现于雕像的美)要高得多,不能完全转运到石头上去,只能还留在他心里,转运到石头上所产生的美就比较低下些。总之,这种较低的美不能在石头上保持艺术家心里原来所构思的那样纯洁,只能美到石头被艺术家降伏的程度。[①]

普洛丁所说的"心里原已构思成的这种美"其实就是雕塑家在进行雕塑创作前所建构的审美理想,不过普洛丁却把它同先验的"理式"(理念)混为一谈了,以为主观的"理式"(理念)才是最高级的美的存在。然而,他指出雕塑家创造出来的美"只能美到石头被艺术家降伏的程度",却不能不说是相当深刻的。作为美的创造者的雕塑家,要把自己"心里原已构思成的这种美"体现在具体的雕像中,就不能不对自己所使用的物质材料——石头——有所了解,并善于运用一定的手段对之进行加工改造,以实现自己的审美理想。所以,普洛丁的论述,揭示了在美的创造的整个过程中主体所应具备的某些基本条件。

　　美是客观的、社会性的存在。美的客观社会性决定了美的创造不能始终停留在观念之中,即便是艺术美的创造也必须借助于一定的物质材料,把观念形态的艺术构思外化为物态化形式的艺术作品。因此,洞察物质对象的性质,把握其客观规律,是进行美的创造所必须解决的一个重要环节。不同的物质对象或物质材料,有不同的性质和特点,有自己独特的"种的尺度"。要美化某种事物(即进行现实美的创造),或依据某一物质材料进行艺术美的创造,就要了解这种事物的特性和规律。如果不懂得需要美化的对象的客观规律,不清楚所借助的物质材料的特性(对艺术创作来说),就不可能把审美理想变为美的现实。如前所述,一个雕塑家对他所使用的材料(或石头,或象牙,或铜铁,或竹木等等)的性质、特点和加工方法,必须有透彻的了解和熟练的掌握;同样,一个歌唱家必须明白自己音色、音质、音域的特点,才能充分发挥自己的长处,使演唱产生理想的效果。在文学意象的塑造中,语言的把握和

　　① 普洛丁:《九卷书》,北京大学哲学系美学教研室编:《西方美学家论美和美感》,商务印书馆 1980年版,第 59—60 页。

运用,起着重要的作用。正如高尔基所说:"文学创作的技巧,首先是在于研究语言,因为语言是一切著作、特别是文学作品的基本材料。"①"正如木旋工和金属旋工一样,一个文学工作者应该清楚地知道他的素材——语言、文字,否则他就不能够'描绘'自己的经验、自己的情感和思想,也不能够创造画面、人物性格等等。"②至于进行现实美的创造、美化整个自然界和人类社会,更需要对复杂的客观世界的种种规律有深刻的了解。只要回顾一下人类航天事业的发展,就可以对这个问题有一定的认识。早在万千年前的远古时代,人们就向往着飞向月亮,遨游太空,从东方的《嫦娥奔月》的美丽神话,到西方关于飞毯、飞靴的传奇故事,表现了人们飞天的愿望是多么强烈。可是,在生产水平和科学技术水平极为低下的古代,这一愿望只能是一种幻想。即使到了20世纪初,人类已经造出了飞机,可以在地球的大气层里飞翔,但这离飞向宇宙还有多么大的距离呵!现今人类除地球外到过的唯一天体,不过是地球的卫星月球,要真正达到在太空自由飞翔的目的,不知还要经过多么漫长的岁月。这不仅要解决一系列科学认识上的问题,还要解决许许多多极端复杂的技术问题,需要一代又一代人的不懈努力。

美的创造既然是一种主观见之于客观的实践活动,除了认识、把握对象的内在规律外,不言而喻,还必须具备种种实践所需要的创造才能和技巧。历来的美学家都承认才能和技巧对于美的创造的重要性,但是对于创造的才能(或称天才)来自哪里,却有截然不同的解释。柏拉图就认为,真正成功的诗作必须凭诗神赐予的灵感,他说:"凡是高明的诗人,无论在史诗或抒情诗方面,都不是凭技艺来做成他们的优美的诗歌,而是因为他们得到灵感,有神力凭附着。……诗人是一种轻飘的长着羽翼的神明的东西,不得到灵感,不失去平常理智而陷入迷狂,就没有能力创造,就不能做诗或代神说话。"③今天看来,把创造艺术美的才能归结为"神力凭附",当然是一种谬误。实际上,先天的生理、心理素质,只不过提供了具备某种才能的可能性,要真正获得这种才能,还得在长期的社会实践中不断地学习、探索和锤炼。人类美化自己生活的历史早就证明,只有在某个方面练就纯熟的技能、技巧,才有可能得心应手地进行美的创造,把审美理想变成美的现实。《庄子·养生主》中著名的《庖丁解牛》的寓言,说明即使从事像宰牛这样平凡的劳动,如果在实践中锻炼出高度的技巧,那么也能"奏刀騞然,莫不中音,合于桑林之舞,乃中经首之会",给人以美的享

① 高尔基:《论社会主义现实主义》,孟昌译,《论文学》,人民文学出版社1978年版,第321页。

② 高尔基:《给包·尼·波列伏依》,《高尔基文学书简》(下),曹葆华等译,人民文学出版社1965年版,第136页。

③ 柏拉图:《伊安篇》,《文艺对话集》,朱光潜译,人民文学出版社1963年版,第8页。

受。对于后辈初学者来说,要想获得并提高自己的才能和技巧,仅仅着眼于自己的实践锻炼还是远远不够的,还需要刻苦学习前人已经积累下来的创造经验。歌德曾经遇到过这样一件事:一幅出自年轻画家的肖像画受到在场的妇女们普遍称赞,她们说"值得惊赞的是,他是全靠自学的。"对于绘画十分内行的歌德从画面上的那双手看出,"画得不正确,也不艺术",就毫不客气地指出:"这位年轻人有才能,只是他全靠自学,因此,你们对他不应赞赏而应责备。才能不是天生的,可以任其自便的,而是要钻研艺术,请教良师,才会成材。"①总之,在我们看来,在一定的先天条件具备的基础上,得到良师指导和自己的不懈努力,获得才能和技巧,是进行美的创造的必要条件。

综上所述,创造美必须具备的主观基本条件主要是:

第一,来自社会实践的高尚的审美理想。

第二,把握客观对象或使用的物质材料的内在规律。

第三,得心应手的创造才能和技巧。

这也就是说,为了进行美的创造,人们在社会实践活动中,应当通过熟练的技巧,把合目的性与合规律性有机统一起来。除了这些主体必须具备的条件外,当然还要有必要的物质基础和适当的社会环境,才能创造出日益丰富和完美的事物。

10.2　原始社会中美的创造

现今的人类,是由古猿的一支发展而来的。从猿人、古人、新人,到原始社会解体,进入私有制的奴隶社会,人类的历史大约过了数百万年。在如此漫长的时间里,人类通过繁重的艰苦的劳动,一步一步地提高了自己生产物质财富和创造审美价值的能力。

五六十万年以前,处于旧石器时代早期的周口店北京猿人,已经懂得选用质地坚硬的石料,打制成砾石砍砸器、燧石刮削器、脉石英尖状器等,用来砍树木,剥兽皮,割兽肉。这些人类最早的创造物,粗笨得同自然状态的物体没有多大差异,可是终究留下了人类劳动的痕迹,打上了人的意识的印记。这些石器虽然是为了实用需要而制造的,而不是自觉的美的创造的产物,但是它们是那个时代的先民们合规律性与合目的性相统一的创造物,仍然有其不可忽视的审美价值。

到了距今二三十万年以前的旧石器时代中期,猿人逐渐进化为古人。这一时期

————————————

① 《歌德谈话录》,朱光潜译,人民文学出版社 1978 年版,第 194 页。

的人类化石,在我国发现的有广东韶关马坝人、湖北长阳的长阳人、山西襄汾县丁村的丁村人。经过数十万年生产实践经验的积累,在工具的制作上,古人比猿人有了显著的进步。丁村人打制的石器,不仅类型比北京猿人增加,有可供投掷的多边形石球和锐利均衡的三棱形尖状器,而且制作精细,加工难度较大,显示了人类才能、智慧的进一步发展。

大约三四万年前的旧石器时代后期,人类进化到新人阶段。我国考古发现的新人遗迹有:广西柳江人和来宾县的麒麟山人、四川资阳的资阳人、内蒙古自治区的河套人、北京周口店的山顶洞人等。新人在生理形态上,已经没有猿人那样的原始性,其脑量平均为 1 400 毫升(北京猿人的脑量平均为 1 088 毫升),同现代人基本没有什么差别。新人制造的工具,形式更为精巧,效用显著提高。如山顶洞人所使用的石器,刃部锋利,造型匀称,特别是一枚长 82 毫米的骨针,针身细圆,针头尖锐,针孔窄小,不仅表现了相当高明的劳动技艺,而且说明山顶洞人已经能够制作兽皮衣服了。除此之外,在山顶洞还发现了大量的装饰品,经过磨制并钻孔染色的小石珠,挖孔的兽牙,磨孔的海蚶壳,刻纹的鸟骨,等等。装饰品的出现,意味着至迟在新人阶段,人类已经有了精神生活的需要。据人类学家的研究,山顶洞人所以佩戴穿孔的兽类犬齿,是因为这些野兽"很可能是当时被公认为英雄的那些人的猎获物。每得到这样的猎获物,即拔下一颗牙齿穿上孔,佩戴在身上作为标记",又因为犬齿"齿根最长,齿腔较大,从两面穿孔很容易穿透。另一方面犬齿在全部牙齿中是最少的,在食肉类动物的牙齿中也是最尖锐有力的","取最尖锐有力的牙齿更能表现其英雄"[1]。所以装饰品的出现虽不能作为山顶洞人已经具有独立的审美意识的根据,但起码可以证明山顶洞人实际上已觉察到对象中包含了自身的本质力量,从而或多或少具备了在自己创造的世界中直观自身的能力。

进入新石器时期,人类美化自身生活的能力,有了飞速的发展。以磨制石器为特征的生产工具如石铲、石刀、石斧、石凿等,精巧、光洁、锐利,大大提高了原始人在恶劣的自然条件下的生存的能力。而磨制的石簇,证明人们已发明了弓箭,扩大了狩猎的范围,提高了打猎的效率,促进了社会生产力的发展。我国 1953 年发现的距今五六千年的西安半坡遗址,是一个相当完整的新石器时代氏族村落的遗址:有房屋遗迹四十五座,圈栏二座,储藏窖穴二百多处,制陶窑址六座,以及生产工具、生活用具约万件。半坡人烧制的陶器,有种种不同的造型和用途:作为炊具的有灶、甑、釜、罐等;作为饮食用具的有钵、盆、碗、杯;作为盛水器和储藏器的尖底瓶、平底瓶等

---

[1]　贾兰坡:《中国大陆上的远古居民》,天津人民出版社 1978 年版,第 126—127 页。

等。陶器上彩绘的显著特点是动物形象较多,有人面、鱼、鹿等,而以鱼纹最为普遍。著名的"人面含鱼纹盆",突出地显示了在半坡人的生活里,审美与实用的紧密结合。丰富的半坡文物告诉我们:当时人们对于美的创造已不限于生产工具,而是旁及了社会生活的各个领域,从房舍建造到生活用具,从物质生产到艺术造型,美的创造的领域在扩大,人们的审美视野也随之而发展。山东大汶口氏族公墓出土的玉器、象牙制品等,有的已失去实用价值,具有独立的审美意义,如那作为氏族头人权力象征的"玉钺",造型规整,厚薄匀称,色泽晶莹,就是在今天看来,仍有很高的审美价值。

人类告别动物界,是以制造工具为标志的。"在生产中,人客体化,在消费中,物主体化"①。原始人按预定目的制成的工具,凝结了自身的意志和力量,客观上就具有了审美的价值——尽管当时的猿人,囿于粗陋的实际需要,对它的美还可能没有什么感觉。因此,我们可以说,原始人在制造工具的同时,实际上也开始了美的创造。马克思在《资本论》里分析劳动过程时,有一段十分精辟的论述:

> 在劳动过程中,人的活动借助劳动资料使劳动对象发生预定的变化。过程消失在产品中。它的产品是使用价值,是经过形式变化而适合人的需要的自然物质。劳动与劳动对象结合在一起。劳动对象化了,而对象被加工了。在劳动者方面曾以动的形式表现出来的东西,现在在产品方面作为静的属性,以存在的形式表现出来。②

马克思的分析说明,劳动的结果对于作为主体的人来说,有两方面的意义:其一,在劳动中,人们按预定的目的改造客观对象,从而使产品能够满足人的物质生活的需要,具有使用价值;其二,在劳动过程中,实现了人与自然、主体与客体之间的物质交换,"劳动对象化了",主体方面以动的形态表现出来的东西,化为产品以客观存在形式显现出来的静的属性,这也就是人的本质力量获得了客观的感性显现的形式,从而成为可供人类实现自身观照的对象。换句话说,产品的审美价值伴随着使用价值,在劳动过程中产生了。

怎样认识审美价值同使用价值的关系,美学界存在着原则的分歧,这一分歧直

---

① 马克思:《〈政治经济学批判〉导言》,《马克思恩格斯选集》第 2 卷,人民出版社 1995 年版,第 7 页。编者在"消费"后面加注,注明"原手稿中是'人'。"

② 马克思:《资本论》,《马克思恩格斯选集》第 2 卷,人民出版社 1995 年版,第 180 页。

接关系到对于美的本质的理解。在马克思主义诞生前,不少人类学家、自然科学家和哲学家都强调:效用从属于外观,审美先于功利。英国教育家斯宾塞说:"从时间的先后看,可以说人类先有装饰后有衣着。一些忍受身体上很大痛苦去文身的人都经得住严寒酷热而很少设法去减轻这种痛苦。……就是在我们中间,多数人对衣料的华美比对它的温暖考虑得多,对剪裁的式样比对穿着的方便考虑得多——当我们看到效用仍然多半从属于外观这个事实,我们就更有理由来推断出这样一个起源。"①普列汉诺夫在考察了大量原始部落的生活状况和原始艺术的情况后,批评了这种观点,指出:

> 如果我们谈的是使用价值,那就可以有把握地说,那些为原始氏族用来作装饰品的东西,最初被认为是有用的,或者是一种表明这些装饰品的所有者拥有一些对于部落有益的品质的标记,而只是后来才开始显得是美丽的。使用价值是先于审美价值的。②

普列汉诺夫特别强调:"总之,人最初是从功利观点来观察事物和现象,只是后来才站到审美的观点上来看待它们。"③普列汉诺夫探究原始人的社会实践活动所得出的这些结论,在美学研究中产生了深远的影响。不过,作出人们观察事物是功利在先审美在后的判断,同得出"使用价值是先于审美价值"的结论,两者并不是一回事,值得进一步辨析清楚。

人类的认识,是随着人类社会实践的发展而发展的。由于人类的首要的历史活动,就是满足衣、食、住所需要的资料,即生产物质生活本身,所以人类首先注重的是产品的实用价值。墨子早就说过:"长无用,好末淫,非圣人之所急也。故食必常饱,然后求美;衣必常暖,然后求丽;居必常安,然后乐。为可长,行可久,先质而后文,此圣人之务。"④只有生产发展到一定水平以后,原始人才能超越粗陋的物质需要的局限,意识到产品的审美价值,在自己的劳动和劳动产品中直观自身而发现美。因而,普列汉诺夫得出的"人最初是从功利观点来观察事物"的结论,概括了历史的事实,是完全正确的。

---

① 《什么知识最有价值》,《教育论》,胡毅译,人民教育出版社 1962 年版,第 1 页。
② 普列汉诺夫:《没有地址的信》,《普列汉诺夫美学论文集》第 1 册,曹葆华译,人民出版社 1983 年版,第 427 页。
③ 同上书,第 395 页。
④ 《墨子·墨子佚文》。

　　至于事物的使用价值同审美价值的产生，一般说来是难以区分先后的。价值是相对于能否满足人的需要而言的，没有人类的需要，客观的自然物的价值就无法呈现出来，它所具备的只能说是某种"潜在价值"。当自然物进入人类实践活动领域，成为人的对象以后，它对于人类便有了一定的价值意义。马克思在《资本论》中关于劳动过程的分析说明，劳动产品的使用价值和审美价值是在劳动过程中同时产生的。自然物在实践中为人所掌握而具有使用价值的时候，它也就具有了审美价值。但是，由于人们最初所关注的只是产品的使用价值，所以产品的审美价值尚未被人们明确地意识到而处于潜在的状态。其后，人们在产品中直观自身而感到喜悦之后，又可能为了追求观赏价值而放弃产品的使用价值，于是就出现了专供观赏的特种工艺品。此类单纯具有审美价值的产品，确实产生在与它相似的实用产品之后，是在人类的精神生活的需要有了一定程度的独立发展的基础上逐渐出现的。因此，在生产发展的不同阶段和不同的产品上，事物的使用价值同审美价值虽然有种种复杂的关系，但就人类最初的劳动产品而言，审美价值却是与使用价值结合在一起的。使用价值，在于物对人类的实际效用；审美价值，则在于物所显现的人的本质力量能够愉悦人们身心的作用。

　　总之，原始社会里美的创造，经历了从人类整个物质生产活动逐步分离而具有独立形态的复杂过程。原始人最初创造的美，尽管是低级的、粗糙的，现今看来似乎谈不上有什么审美价值，但是，作为美的创造的第一步，其意义绝对不能低估。它是人类审美意识和创造美的才能进一步发展的必不可少的基础。有了这个基础，才有审美意识、审美理想的逐步觉醒和深化，才有以后美的创造的高度发展。正如没有原始人就没有现代人一样，没有原始的"架木为巢"、石刀石簇，就没有今天的高楼大厦、飞机火箭。仅就从"无"到"有"的意义大于从"低"到"高"的意义来讲，"架木为巢"和石刀石簇的审美价值的历史意义，实在是超过了高楼大厦和飞机火箭。恩格斯说："在人类历史的初期，发现了从机械运动到热的转化，即摩擦生火；在到目前为止的发展的末期，发现了从热到机械运动的转化，即蒸汽机。而尽管蒸汽机在社会领域中实现了巨大的解放性的变革——这一变革还没有完成一半，——但是毫无疑问，就世界性的解放作用而言，摩擦生火还是超过了蒸汽机，因为摩擦生火第一次使人支配了一种自然力，从而最终把人同动物界分开。"①恩格斯的话对于我们怎样历史地认识事物的审美价值和估价人的创造美的才能，有重要的借鉴意义。

---

①　恩格斯：《反杜林论》，《马克思恩格斯选集》第 3 卷，人民出版社 1995 年版，第 456 页。

10.3　文明社会中美的创造

在原始社会解体以来的三四千年中,人类的文明社会,基本上处于私有制的条件下。目前虽然有些国家已进入社会主义社会,但并未改变这样一个基本事实:迄今为止,人们欣赏、赞扬、崇敬的许多美的事物,以及人本身所具有的高度智慧和才能,主要都是在私有制条件下形成、发展的。因此,正确认识和估价文明社会中私有制条件下美的创造的实际业绩,是一个十分重要的研究课题。

对立统一是宇宙间的普遍规律。世界上的一切事物都在对立统一中向前发展,无不具有两重性,私有制也不例外。新石器时代后期,由于生产工具的日益改进和社会分工的进一步发展,生产力获得了大幅度的提高,氏族公社内部出现了剩余产品和交换,于是家庭私有制出现了,贫富间的差距越来越大,终于形成了两大对立的阶级:奴隶和奴隶主。氏族公社在奴隶主阶级胜利的欢呼声中彻底崩溃。因此,私有制的出现,乃是社会生产力发展的结果,是历史演变的必然趋势。它有适应生产需要,促进社会发展和文化繁荣的一面,又有压迫剥削劳动者,使劳动人民陷入苦难深渊的一面。恩格斯在《反杜林论》里驳斥杜林把私有制"叫做基于暴力的所有制"时,曾经强调:

> 私有财产在历史上的出现,决不是掠夺和暴力的结果。……私有财产的形成,到处都是由于生产关系和交换关系发生变化,都是为了提高生产和促进交流——因而是由于经济的原因。[①]

恩格斯又指出:

> 只有奴隶制才使农业和工业之间的更大规模的分工成为可能,从而使古代世界的繁荣,使希腊文化成为可能。没有奴隶制,就没有希腊国家,就没有希腊的艺术和科学;没有奴隶制,就没有罗马帝国。没有希腊文化和罗马帝国所奠定的基础,也就没有现代的欧洲。我们永远不应该忘记,我们的全部经济、政治和智力的发展,是以奴隶制既成为必要、同样又得到公认这种状况为前提的。在这个意义上,我们有理由说:没有古代的奴隶

---

① 《马克思恩格斯选集》第3卷,人民出版社1995年版,第505页。

制,就没有现代的社会主义。①

恩格斯论说的虽然仅仅是奴隶制,但是这种历史分析的方法对于研究同为私有制的封建社会和资本主义社会,自然也适用。无论是奴隶制、封建制,还是资本主义,都是人类文明发展所走过的特定历史阶段,都具有矛盾的二重性。

异化劳动与美的创造

美是人类自由自觉的创造性活动的成果,但在文明社会的私有制条件下,劳动异化了,而美的创造活动却并未停止,这是为什么呢?"异化劳动"同美的创造的关系究竟怎样呢?

"异化"是德国古典哲学中的一个术语,德文为 Entfremdung,指的是主体经过转化,成为外在的、异己的东西。黑格尔用"异化"来表示他的绝对精神发展的各个阶段,最后又复归为绝对精神。因此,在黑格尔的哲学里,异化、外化、对象化的含义,是基本相同的,不包含同主体相敌对的这层意义。费尔巴哈用"异化"来阐释宗教的本质,指出人按自己的面貌创造了上帝——异化为上帝,然后加以崇拜;一旦人认识到上帝的本质不过是人的本质时,异化也就消失了。所以,费尔巴哈讲的异化,已含有同主体对立的意思,只是他仅仅从抽象的思辨理解这个问题,而没有根据人的社会实践来加以把握。其实,假若没有物质条件和社会关系的变革,单凭认识的提高或思想批判,是无法消除对上帝的迷信这种异化现象的。

在《1844 年经济学哲学手稿》中,马克思关于"异化劳动"的论述,赋予"异化"以新的含义,把它同现实化、对象化、物化、外化等区别开来。人通过物质生产实践,把属人的本质体现在对象中,这就是主体的现实化、对象化、物化、外化。到了私有制社会,劳动生产的结果为剥削阶级所获取,劳动者生产的产品越多,剥削阶级掠夺的东西也就越多。于是,劳动产品的积累所代表的财富的力量对于劳动者来说,成了异己的、统治自己的、压迫自己的力量,这就是劳动的异化。因此,马克思所说的"异化",包含同主体对立的意思,不同于黑格尔;同时,它并非仅仅指观念、认识领域里的异化,而主要是指人的实践活动及其成果所造成的异化,所以也有别于费尔巴哈。青年时代的马克思的确曾经接受过黑格尔和费尔巴哈的思想影响,但他绝不盲从这两位德国古典哲学的权威,特别是在 1842 年至 1843 年间参加《莱茵报》的工作以

---

① 《马克思恩格斯选集》第 3 卷,人民出版社 1995 年版,第 524 页。

后,通过参加涉及物质利益立法问题的实际斗争,开始思考经济利益与意识形态及政权的关系问题,促使自身思想产生了新的飞跃。这时的马克思虽然还不是成熟的马克思主义者,但他的思想观点不仅同黑格尔,而且同费尔巴哈也有了某些原则的区别。因此,《手稿》是马克思扬弃黑格尔、费尔巴哈的学说,走向马克思主义这一思想转变过程中的重要著作。这部著作尽管还残留着费尔巴哈人本主义的痕迹,然而它的许多基本思想——关于私有制和异化劳动的论述,关于扬弃异化要"通过工人解放这种政治形式"的观点,关于共产主义必然性的论证等,已经闪耀着历史唯物主义的思想光辉。在这部著作中,马克思使用了某些同黑格尔、费尔巴哈相同的术语、概念,但已赋予它以新的含义,如从资本主义制度下的生产实践来运用"异化"一词,就是一个突出的例子。

在《手稿》里,马克思论述了异化劳动所包含的四个规定:

第一,劳动者同劳动产品的异化。劳动产品,是劳动者生产实践活动的产物。它作为劳动者本质力量的一种确证,本来应当引起劳动者产生胜利成功的愉悦之情。黑格尔在他的《美学》里,谈到"英雄时代的那种特别符合理想的世界情况":阿伽门农的王杖就是他的祖先亲手雕成的传家宝杖,俄底修斯亲自造成他结婚用的大床,……英雄们都亲手宰牲畜,亲手去烧烤,亲自训练自己所骑的马,亲手制造犁、刀、矛、盾、盔甲、武器等。在这种情况下,英雄们都感受到劳动创造的乐趣,因此劳动对于他们当然"不是一种劳苦,而是一种轻松愉快的工作","总之,到处都可见出新发明所产生的最初欢乐,占领事物的新鲜感觉和欣赏事物的胜利感觉,一切都是家常的,在一切上面人都可以看出他的筋力,他的双手的伶巧,他的心灵的智慧或英勇的结果。"①黑格尔的论述,显然把古希腊时代的劳动理想化也抽象化了,他忽略了社会关系对于人的实践活动——劳动的制约。马克思针对资本主义原始积累时期的社会现实矛盾,深刻地揭示了社会生产关系的决定性作用,阐明了私有制条件下生产劳动的异化本质。由于剥削,劳动者生产的东西并不属于他自己,而属于生产资料的占有者,属于剥削阶级。"工人对自己的劳动的产品的关系就是对一个异己的对象的关系。""工人在劳动中耗费的力量越多,他亲手创造出来反对自身的、异己的对象世界的力量就越强大,他自身、他的内部世界就越贫乏,归他所有的东西就越少。"②劳动产品成为一种与劳动者相对立的异己力量,"同他相

---

① 黑格尔:《美学》第1卷,朱光潜译,商务印书馆1984年版,第331—332页。
② 马克思:《1844年经济学哲学手稿》,《马克思恩格斯选集》第1卷,人民出版社1995年版,第41页。以下在本节中的引文,凡引自《手稿》,只在引文后注明页码。

对立"。

第二,人同劳动活动本身的异化。劳动创造了人,劳动体现了人的本质,劳动是在物种关系上人区别于其他动物的基本特征。然而,阶级剥削和压迫却使劳动成了苦役,而难以带来自由创造的愉快。所以,马克思指出:"异化不仅表现在结果上,而且表现在生产行为中,表现在生产活动本身中。"(第 43 页)"劳动对工人说来是外在的东西,也就是说,不属于他的本质;因此,他在自己的劳动中不是肯定自己,而是否定自己,不是感到幸福,而是感到不幸,不是自由地发挥自己的体力和智力,而是使自己的肉体受折磨,精神遭摧残。……劳动的异己性完全表现在:只要肉体的强制或其他强制一停止,人们就会像逃避鼠疫那样逃避劳动。"(第 43—44 页)本来,自由的创造性的劳动使人类在物种关系上得到提升,可是在阶级剥削造成的异化劳动条件下,提升不仅受到了阻碍,有时简直造成了倒退,结果,工人只有在劳动之外才感到自在舒畅。

第三,人同人的"类本质"的异化。由于前面所说的工人同自己的产品的异化——物的异化,以及工人同自身活动的异化——自我异化,也就必然使"类同人相异化"。工人"只有在运用自己的动物机能——吃、喝、生殖,至多还有居住、修饰等等——的时候,才觉得自己在自由活动,而在运用人的机能时,觉得自己只不过是动物。动物的东西成为人的东西,而人的东西成为动物的东西。"(第 44 页)这样,人失去了他的类本质,降低到动物的水平。

"类"、"类本质"等等,原来是费尔巴哈哲学中常用的术语,指的是人类、人类的本质。在《基督教的本质》一书里,费尔巴哈指出:"科学就是对于类的意识。""人的内在生活是与他的类、他的本质相联系的生活。"构成真正的人类的东西是什么呢?"就是理性、爱和意志的统一。""如果人的本质是人的最高的本质,那么,在实践上,最高的和根本的规律,也就应当是人对于人的爱。"[1]在费尔巴哈的哲学里,爱成了解决一切社会疑难杂症的万灵药方,"爱随时随地都是一个创造奇迹的神"[2]。

马克思在《手稿》里扬弃了费尔巴哈这种抽象的"爱"的观点,一是从社会生产实践来阐释人的"类本质",二是从私有制的形成来说明人的"类本质"的异化,三是把这异化现象的消除归结为人与人之间社会关系——生产关系的改造。由此可见,马克思虽然沿用了费尔巴哈的词语,但在思考问题的方式和深度上是与费尔巴哈断然

---

[1]　费尔巴哈:《基督教的本质》,王太庆译,《西方哲学原著选读》下卷,商务印书馆 1987 年版,第 467、468、469、482—483 页。

[2]　恩格斯:《路德维希·费尔巴哈和德国古典哲学的终结》,《马克思恩格斯选集》第 4 卷,人民出版社 1995 年版,第 240 页。

有别的。

第四，人同人相异化。劳动及其产品既然同劳动者相异化，那么它究竟属于谁呢？马克思摒弃了一切唯心主义的解释，深刻地指出："神从来不单独是劳动的主人。自然界也不是。""劳动和劳动产品所归属的那个异己的存在物，劳动为之服务和劳动产品供其享受的那个存在物，只能是人自身。""如果劳动产品不属于工人，并作为一种异己的力量同工人相对立，那么，这只能是由于产品属于工人之外的另一个人。如果工人的活动对他本身来说是一种痛苦，那么，这种活动就必然给他人带来享受和生活乐趣。不是神也不是自然界，只有人自身才能成为统治人的异己力量。"（第48—49页）

这样，人就不仅在物种关系上退回到动物状态——表现在把劳动作为苦役，而不是作为生活的第一需要；并且在社会关系上也同动物状态没有什么差别——表现在弱肉强食的竞争与人压迫人、人剥削人。要否定异化，结束这种状态，就必须扬弃私有制，解放全人类。马克思说：

> 从异化劳动同私有财产的关系可以进一步得出这样的结论：社会从私有财产等等解放出来、从奴役制解放出来，是通过工人解放这种政治形式来表现的，别以为这里涉及的仅仅是工人的解放，因为工人的解放还包含普遍的人的解放；其所以如此，是因为整个的人类奴役制就包含在工人对生产的关系中，而一切奴役关系只不过是这种关系的变形和后果罢了。
> （第51页）

这里提出的通过工人解放的政治斗争来扬弃私有财产的思想，同《共产党宣言》、《资本论》等马克思主义成熟时期的著作里的思想，显然是一脉相承的。

异化劳动既然有阻碍人的提升、使人回复到动物状态的一面，那么它是否就同美的创造无关呢？是否在私有制条件下劳动人民就完全不参与美的创造呢？有的人确实这样认为：异化劳动不能创造美；谁承认异化劳动也有创造美的一面，谁就是赞美私有制，为剥削阶级涂脂抹粉。显然，这是一种简单片面的推论，同马克思采用的辩证分析方法是大相径庭的。马克思在分析异化劳动时就曾明确说过：

> 当然，劳动为富人生产了奇迹般的东西，但是为工人生产了赤贫。劳动生产了官殿，但是给工人生产了棚舍。劳动生产了美，但是使工人变成畸形。劳动用机器代替了手工劳动，但是使一部分工人回到野蛮的劳动，

并使另一部分工人变成机器。劳动生产了智慧,但是给工人生产了愚钝和痴呆。(第 43 页)

马克思指出的私有制下的这些事实告诉我们,异化劳动同私有制本身一样,具有矛盾的二重性。它既产生丑,同时也创造美。异化劳动之所以还能创造美,对此我们可以从以下几个方面来理解:

第一,异化劳动作为人类改造客观世界的一种实践活动,不能不显现出人的本质力量来。在异化劳动中,劳动者从事的是服从有产者意志的被迫劳动,其智慧和创造力都遭受到压制。整个劳动过程,对他们来说,也无疑是一种"肉体受折磨、精神遭摧残"的苦役。因此,异化劳动中的劳动者个人,不可能从他们生产的产品中直接感受到劳动的愉快,从而获得美感。然而,从客观实际情况来看,异化劳动中的劳动者按照事先设定的程序进行生产,他必须服从和达到整体设计思想的要求,才能经得起检验从而得到自己的那份报酬。就劳动产品的整体设计来说,必然符合人类生产活动的基本规定——"人懂得按照任何一个种的尺度来进行生产,并且懂得处处都把内在的尺度运用于对象;因此,人也按照美的规律来构造。"(第 47 页)从总体上说,异化劳动条件下的劳动产品依旧体现了"种的尺度"与"内在尺度"的统一,成为特定历史形态下人的本质力量的一种显现,因而具有美的价值。无论是雄伟、壮丽的长城,还是巍峨、庄严的故宫,都是我国劳动人民在私有制条件下的异化劳动的产物。从孟姜女哭长城的传说,不难想见广大人民在建造万里长城时所经历的艰辛和身受的苦难。然而,就在这一过程中,同时显示了我国古代劳动者的大智大勇,他们在生产力极为低下的时代,使用着原始的工具,却创造了举世闻名的伟大奇迹。如今,长城已经载入世界文化遗产名录,以它那挺拔的雄姿、恢弘的气势,吸引着无数中外游人,给人们以强烈而深刻的审美教育。

第二,异化劳动体现了人的增值和贬值之间的矛盾。一方面,异化劳动包含了上述种种消极方面,因而使人的价值贬低,甚至降到动物的水准;另一方面,作为一种特定历史阶段的产物,异化劳动又是人类社会向前发展不可缺少的一环,具有符合客观规律的一面。马克思明确指出:"人实际上把自己的类的力量统统发挥出来,并且把这些力量当作对象来对待,而这首先又是只有通过异化的形式才有可能。"① 各种形态的异化劳动,相对于此前的那个历史阶段来说,都具有解放生产力、提高人

---

① 马克思:《1844 年经济学哲学手稿》,《马克思恩格斯全集》第 42 卷,人民出版社 1979 年版,第 163 页。

的价值的积极方面。回顾人类演进的历史,在迄今为止的漫长的私有制条件下,生产力的不断发展,不仅使物质生产产品的审美价值日益提高和拓展,而且有力地推动了精神产品及艺术美的丰富和发展。比如,由于声、光、电等科学技术的广泛应用,不仅电影、电视等艺术得以产生并飞速发展,而且话剧、歌剧、戏曲等的演出,也因为有了磁带、电脑等新产品、新技术的使用,而使灯光、效果等大为改观,从而增强了舞台演出的意境美。同时,随着物质技术水平的提高和科学的发展,人们对客观事物规律的认识逐渐深入,审美能力也不断提高。中国的古代艺术,由汉代以前的重"形似",向着东晋以后讲究"形神兼备"、"以形写神"的转化;西方的艺术,伴随着人们光学知识的增长和对光的本质的感觉能力的发展,产生出印象派绘画来;如今的西方世界,以机器人为主人公,表现人们探索神奇宇宙奥秘的科学幻想作品的涌现,如此等等,无不从一个角度说明,在异化劳动下人的增值,为创造美和发展美起着不容抹煞和低估的积极作用。

第三,异化劳动没有也不可能完全扼杀劳动者的创造才能。阶级剥削、阶级压迫对于具体劳动者的束缚,并非每时每刻都一样强烈、一样明显。异化使劳动受到束缚,这是肯定会发生作用的绝对因素;而束缚的方式和程度却具有相对性。在束缚程度相对较轻的情况下,劳动者可以获得某些自由创造的天地。因此,在一定的时间、场合,劳动者还是可以表现出某种程度的积极性、创造性,尽管这种积极性、创造性经常会遇到剥削者的打击以至扼杀。屠格涅夫在《木木》中曾写到盖拉新的惊人力气和勤劳,"一个人做四个人的工作,他动手做起事来非常顺利,而且在他耕地的时候,把他的大手掌按在木犁上,好像他用不着那匹小马帮忙,一个人就切开了大地的有弹性的胸脯似的,或者在圣彼得的日子里,他很勇猛地挥舞镰刀,仿佛要把一座年轻的白桦林子连根砍掉一样;或者在他轻快地、不间断地用着三阿尔申长的连枷打谷子的时候,他肩膀上椭圆形的坚硬的肌肉一起一落,就像杠杆一般——这些景象看起来都叫人高兴。"显然,在异化劳动情况下劳动者的相对的积极性,仍然对于美的创造有着十分重要的意义。

至于私有制社会中的自由职业者、独立手工业者等小资产阶级或劳动人民,由于社会制度根本性的制约,他们的劳动从本质上讲不能不属于异化劳动。但是,他们不像奴隶、农奴或无产者那样被统治阶级压在社会的最底层。他们中的部分人,还掌握一小部分生产资料,因而能对劳动产生一定的兴趣。马克思、恩格斯在谈到中世纪的手工业状况时,曾说:"每个劳动者都必须熟悉全部工序"、"每一个想当师傅的人都必须全盘掌握本行手艺。正因为如此,所以中世纪的手工业者对于本行专业和熟练技巧还是有兴趣的,这种兴趣可以达到某种有限的艺术感。"①事实上,这些个体劳动者,都是本行业内的能工巧匠。他们在劳动中还保存着某种诗意的光辉,在可能的限度内发挥着人的自由自觉的本质。人类历史上无数精美的雕塑和光彩夺目的工艺品,如陶瓷器皿、金银饰物、牙雕石刻、泥塑木雕等等,构思奇巧、造型优美、技巧精湛,……这些令人赞叹的艺术精品,大都是这些个体劳动者心血和智慧的结晶。

第四,异化劳动尽管意味着人与人相异化,但这是就剥削者与劳动者的关系而言的,在劳动者之间,依旧存在着友爱、团结、生死与共的相互关系。这种关系,激励着劳动者的生活勇气和斗争意志,因而对美的创造有重要的促进作用,并且成为艺术创作的重要来源。例如,罗丹的著名雕塑群像《加莱义民》,其感人力量主要就在于艺术家通过对人物性格的准确揭示,表现了义士们为整个加莱的完整与人民的生存而献身的精神。"为首的欧斯塔什是一个长胡子的严肃的老人,他那深沉悲痛的目光凝视着地面,默默地准备赴难。在他身边是一个双手拿着城门钥匙的中年男子,他昂起着头,紧闭着嘴,露出坚毅而执拗的神色。他的背后是两个较年轻的形象:一个双手抱头,似乎在恐怖和绝望之下痛苦得不能自已;另一个把手举到额头,仿佛下意识地抵御着向他袭来的打击。再转过去,是一个面貌文雅的长发的人,他摊开着下垂的双手,以一种疑惑的、询问的姿态面向其余几人。最后一个是头侧向前者、高举着右手的青年人,他似乎正在对敌人的残暴提出激愤的控诉。"②这是现实生活中加莱义士的高尚美德在艺术中的动人表现。

在有产者阶级的压迫、奴役下,劳动人民对于美的创造的实践活动,还有一个重要方面是他们为争取自身解放所进行的反抗和斗争。从奴隶起义、农民战争直至无产阶级革命,人类日益自觉地把握了社会发展的客观规律和意识到自身的历史使命。正如列宁早就指出的那样:"革命是历史的火车头,——马克思这样说过。革命是被压迫者和被剥削者的盛大节日。人民群众在任何时候都不能够像在革命时期这样以新社会秩序的积极创造者的身份出现。在这样的时期,人民能够作出从市侩的渐进主义的狭小尺度看来是不可思议的奇迹。"③所以,广大人民群众反剥削、反压迫的革命斗争,集中体现了那个时代人的本质力量,是私有制下美的集中表现和

---

① 马克思、恩格斯:《德意志意识形态》,《马克思恩格斯选集》第 1 卷,人民出版社 1995 年版,第 106—107 页。

② 陈允鹤编:《罗丹》,人民美术出版社 1981 年版,第 6 页。

③ 列宁:《社会民主党在民主革命中的两种策略》,《列宁选集》第 1 卷,人民出版社 1972 年版,第 601 页。

美的创造的动力与源泉。

有产者阶级与美的创造

在文明社会里,有产者阶级作为私有制的代表,一方面压迫和剥削广大劳动人民,束缚和扼制广大劳动者进行美的创造;另一方面也由于自身在社会上居于特殊的主导地位而对美的创造作出了自己的特殊贡献。

历史上的奴隶主阶级、地主阶级和资产阶级,在取得社会统治权以前和以后的一段时期里,它们作为新的社会形态的代表,领导社会上的其他阶级和人民,同腐朽的社会势力作斗争,积极进取,朝气蓬勃,不畏险阻,勇于牺牲,是社会改革和美的创造的主要动力之一。当一个革命阶级在同反动的阶级或社会力量作斗争时,一般来说,它代表的不仅是本阶级的狭隘利益,而且也代表了其他被统治、被压迫的阶级或阶层的利益;它的胜利,对于社会发展和其他阶级的人们都是有利的。地主阶级取代奴隶主阶级的统治,资产阶级战胜封建贵族的斗争,无不极大地解放了社会的生产力,促进了物质文明和精神文明的飞速发展,使美的创造达到了一个新的水平。恩格斯在论及欧洲文艺复兴时期的资产阶级时,曾热情赞扬道:"这是人类以往从来没有经历过的一次最伟大的、进步的变革,是一个需要巨人而且产生了巨人——在思维能力、激情和性格方面,在多才多艺和学识渊博方面的巨人的时代。给资产阶级的现代统治打下基础的人物,决不是囿于小市民习气的人。相反地,成为时代特征的冒险精神,或多或少地感染了这些人物。那时,差不多没有一个著名人物不曾作过长途的旅行,不会说四五种语言,不在好几个专业上放射出光芒。……那时的英雄们还没有成为分工的奴隶,而分工所具有的限制人的、使人片面化的影响,在他们的后继者那里我们是常常看到的。但他们的特征是他们几乎全都处在时代运动中,在实际斗争中生活着和活动着,站在这一方面或那一方面进行斗争,有人用舌和笔,有人用剑,有些人则两者并用。因此就有了使他们成为全面的人的那种性格上的丰富和力量。"①诸如达·芬奇、米开朗琪罗、莎士比亚、塞万提斯以及丢勒等所创造的艺术珍品,在人类美的创造史上占据着极重要的位置。

历史上作为私有制代表者的剥削阶级,长期占据着社会的统治地位。他们掌管政事,管理社会,也组织重大建设项目,直接参与美的创造活动。例如公元前5世纪,由

---

① 恩格斯:《〈自然辩证法〉导言》,《马克思恩格斯选集》第4卷,人民出版社1995年版,第261—262页。

于波斯人的入侵,雅典的城垣和房舍在战火中被夷为废墟。获得胜利的希腊人,在波希战争之后,着重重建雅典城市。这一宏伟的建设蓝图,包括三个重要方面:(1)雅典至比里尤斯海港的长城;(2)比里尤斯港口和雅典城区的住宅;(3)雅典卫城。位于整个城市中心的雅典卫城,实际上是一座纪念性的城堡,是全部建设规划的重点。雅典卫城由门厅——卫城的大门、《胜利女神尼克小庙》、《依列虚太邕神庙》、《巴特农神庙》四组建筑组成,它通过祭奉雅典的保护神雅典娜,表现了当时统治者的自信、威势和力量,是希腊古典时期美的创造的突出代表。雅典城市的重建、特别是卫城的构筑,固然有赖于无数自由民和奴隶的辛勤劳动,凝聚了他们的鲜血和汗水;但是,当时雅典执政者伯里克利斯的决心和气魄、伟大雕刻家菲狄亚斯的组织、领导和创作,显然具有决定性的作用。

在文化艺术等精神生产方面,由于脑力劳动同体力劳动的分工与对立,有产阶级及其知识分子垄断了精神文化,因而在艺术美的创造上,更起着主导的作用。专门从事精神生产的艺术家们,经过精细的艺术探求和长期的经验积累,极大地扩大了人们的审美视野,提高了人们的审美感受能力,丰富了艺术表现的手段和技巧。无论是诗歌、小说、戏剧,还是绘画、雕塑、音乐,总之在各个艺术领域内,一切不朽的世界名著,大都出于他们之手或经过他们的提炼加工,这是人们有目共睹的历史事实。我们应该充分肯定有产阶级及其知识分子对于艺术美的杰出贡献,同时我们也不可忽视当时的社会条件:"由于分工,艺术天才完全集中在个别人身上,因而广大群众的艺术天才受到压抑。"①应该看到,要是没有劳动人民创造的物质财富,没有劳动人民所作出的巨大牺牲,有产阶级及其知识分子根本就无法进行艺术美的创造。马克思剖析资本主义社会时明确指出:"很清楚,这个社会的整个上层建筑就把工人的剩余劳动作为生存条件。这些不劳动的人,从这种剩余劳动中取得两种东西:首先是生活的物质条件,他们分得赖以和借以维持生活的产品,这些产品是工人超过再生产他们本身的劳动能力所需要的产品而提供的。其次是他们支配的自由时间,不管这一时间是用于闲暇,是用于从事非直接的生产活动(如战争、国家的管理),还是用于发展不追求任何直接实践目的的人的能力和社会的潜力(艺术等等,科学),——这一自由时间都是以劳动群众方面的剩余劳动为前提,也就是说,工人在物质生产中使用的时间必须多于生产他们本身的物质生活所需要的时间。"②

---

① 马克思、恩格斯:《德意志意识形态》,《马克思恩格斯全集》第 3 卷,人民出版社 1960 年版,第460 页。

② 马克思:《经济学手稿(1861—1863 年)》,《马克思恩格斯全集》第 47 卷,人民出版社 1979 年版,第215 页。

休闲与美的创造

从人类诞生直到今天为止,人类所进行的美的创造已经结出了光辉灿烂的文明之果,其中绝大部分都是在私有制占统治地位的条件下创造出来的。在《1844 年经济学哲学手稿》中,马克思一方面毫不留情地揭露和批判资本主义私有制条件下异化劳动所造成的恶果,另一方面,他又明确无误地肯定了私有制作为人类历史发展途径的合理性和必然性。他说:

> 人同作为类存在物的自身发生现实的、能动的关系,或者说,人使自身作为现实的类存在物即作为人的存在物实际表现出来,只有通过下述途径才是可能的:人实际上把自己的类的力量统统发挥出来(这又是只有通过人类的全部活动、只有作为历史的结果才有可能),并且把这些力量当作对象来对待,而这首先又是只有通过异化的形式才有可能。①

在马克思看来,私有制条件下劳动者处于异化劳动状态因而创造才能受到一定的扼制,而有产者阶级则由于发财欲膨胀而造成人的需要的片面性,双方都不可避免地陷入一种人性的异化状态;尽管如此,同时还应看到,正是通过这种异化的形式双方都作为"类存在物""把自己的类的力量"有条件地发挥出来,从而创造了美,创造和积累了人类的文明成果。

美的创造活动,是能够"享受""个人的生命表现"的活动,是能够直观地"感受到个人的乐趣"②的活动,是"成为个人的自我实现"的"真正的自由的劳动"③。这种能够愉悦身心的"自由劳动",只能在主体能够自由支配自身的"自由时间"中才能实现。马克思十分敏锐地洞察到自由时间的重要性,并且把自由时间的运用提高到关

---

① 《马克思恩格斯全集》第 42 卷,人民出版社 1979 年版,第 163 页。

② 马克思在《詹姆斯·穆勒〈政治经济学原理〉一书摘要》中说:"假定我们作为人进行生产。在这种情况下……我在我的生产中物化了我的个性和我的个性的特点,因此我既在活动时享受了个人的生命表现,又在对产品的直观中由于认识到我的个性是物质的、可以直观地感知的因而是毫无疑问的权力而感受到个人的乐趣。"《马克思恩格斯全集》第 42 卷,人民出版社 1979 年版,第 37 页。

③ 马克思在《经济学手稿(1857—1858 年)》中说:"在这些条件下劳动会变成吸引人的劳动,成为个人的自我实现,但这决不是说,劳动不过是一种娱乐,一种消遣,就像傅立叶完全以一个浪漫女郎的方式极其天真地理解的那样。真正的自由的劳动,例如作曲,同时也是非常严肃,极其紧张的事情。"《马克思恩格斯全集》第 46 卷(下),人民出版社 1979 年版,第 113 页。

乎人类发展的高度来加以论证：

> 节约劳动时间等于增加自由时间，即增加使个人得到充分发展的时
> 间，而个人的充分发展又作为最大的生产力反作用于劳动生产力。……自
> 由时间——不论是闲暇时间还是从事较高级活动的时间——自然要把占
> 有它的人变为另一个主体，于是他作为这另一主体又加入直接生产过程。
> 对于正在成长的人来说，这个直接生产过程就是训练，而对于头脑里具有
> 积累起来的社会知识的成年人来说，这个过程就是[知识的]运用，实验科
> 学，有物质制造力的和物化中的科学。对于这两种人来说，由于劳动要求
> 实际动手和自由活动，就像在农业中那样，这个过程同时就是身体锻炼。①

> 整个人类的发展，就其超出对人的自然存在直接需要的发展来说，无
> 非是对这种自由时间的运用，并且整个人类发展的前提就是把这种自由时
> 间的运用作为必要的基础。②

> 时间实际上是人的积极存在，它不仅是人的生命的尺度，而且是人的
> 发展的空间。③

马克思这种人的发展有赖于自由时间多少的见解，深刻地影响了当今世界关于闲暇
和休闲学的研究。

自由时间是"非劳动时间"，"不被生产劳动所吸收的时间"。在马克思看来，自
由时间包括两种类型：一是"发展智力，在精神上掌握自由"、从事较高级活动的时
间，包括个人接受教育和训练的时间、发展智力从事实验科学的时间、履行社会职能
进行社交活动的时间；一是"用于娱乐和休息"的时间。自由时间的价值主要体现在
第一类活动中。自由时间是使社会成员充分享受人类文化成果、发展自由个性的保
证。对于每一个社会成员来说，只有具有了充分的自由时间，才能保障他能够承受
人类优秀文化并且进行自由创造的权力，才能保障他实现把某种艺术创作作为自己

---

① 马克思：《经济学手稿(1857—1858年)》，《马克思恩格斯全集》第 46 卷(下)，人民出版社 1980 年
版，第 225—226 页。
② 马克思：《经济学手稿(1861—1863年)》，《马克思恩格斯全集》第 47 卷，人民出版社 1979 年版，
第 216 页。
③ 同上书，第 532 页。

的爱好和一种活动的权力。而能不能得到自由时间以及得到多少自由时间,显然是
与社会生产力发展水平、物质财富的发展水平以及生产关系状况密不可分的。在私
有制社会里,只有占少数的有产者阶级及其精神贵族、知识精英才能占有和享受自
由时间;到了共产主义社会,占有和享用自由时间将成为每个社会成员的普遍的生
活形态。马克思曾经展望说:

> 在共产主义的社会组织中,完全由分工造成的艺术家屈从于地方局
> 限性和民族局限性的现象无论如何会消失掉,个人局限于某一艺术领域,
> 仅仅当一个画家、雕刻家等等,因而只用他的活动的一种称呼就足以表明
> 他的职业发展的局限性和他对分工的依赖这一现象,也会消失掉。在共产
> 主义社会里,没有单纯的画家,只有把绘画作为自己多种活动中的一项活
> 动的人们。[1]

在共产主义社会中,人们所从事的社会必要劳动是一种可以自由表现自己的生命、
实现自己的愿望并且能够在产品中直观自身因而获得乐趣的活动;而在更多的自由
时间里,人们可以按照自己的意志达到自我实现的目标,获得充分发展和发挥自己
的艺术才能的机会;人与人之间将出现相互支持、相互肯定,协调相互关系以保证每
个人的"自由的生活活动"的新局面。在共产主义社会里,"直接把社会必要劳动时
间缩短到最低限度,那时,与此相适应,由于给所有的人腾出了时间和创造了手段,
个人会在艺术、科学等方面得到发展。"[2]共产主义社会理想,是一种审美的人生境
界,即艺术化生存的境界,马克思称之为"自由王国"。

社会全体成员获得大量的自由时间,是以直接把社会必要劳动缩减到最低限度
为前提的。缩减社会必要劳动时间的目标,又必须通过高度发展社会生产力、使社
会财富充分涌流才能实现。这是一个社会发展的客观进程。马克思说:

> 事实上,自由王国只是在由必需和外在目的规定要做的劳动终止的
> 地方才开始;因而按照事物的本性来说,它存在于真正物质生产的彼岸。
> 像野蛮人为了满足自己的需要,为了维持和再生产自己的生命,必须与自

---

[1] 马克思、恩格斯:《德意志意识形态》,《马克思恩格斯全集》第3卷,人民出版社1960年版,第
460页。

[2] 马克思:《经济学手稿(1857—1858年)》,《马克思恩格斯全集》第46卷(下),人民出版社1980年
版,第219页。

然进行斗争一样,文明人也必须这样做;而且在一切社会形态中,在一切可能的生产方式中,他都必须这样做。这个自然必然性的王国会随着人的发展而扩大,因为需要会扩大;但是,满足这种需要的生产力同时也会扩大。这个领域内的自由只能是:社会化的人,联合起来的生产者,将合理地调节他们和自然之间的物质变换,把它置于他们的共同控制之下,而不让它作为盲目的力量来统治自己;靠消耗最小的力量,在最无愧于和最适合于他们的人类本性的条件下来进行这种物质变换。但不管怎样,这个领域始终是一个必然王国。在这个必然王国的彼岸,作为目的本身的人类能力的发展,真正的自由王国,就开始了。但是,这个自由王国只有建立在必然王国的基础上,才能繁荣起来。工作日的缩短是根本的条件。①

工作日的缩短,意味着自由时间的增多,意味着人们发展自由个性、进入艺术化生存境界的机会和可能性不断增大。在今天,自由时间的增多已经不仅仅是一个未来的遥远的生活目标了,而是现实生活中迫在眉睫需要解决的问题。西方发达国家于 20 世纪后半叶进入了后工业社会,人们的休闲时间大量增加,休闲与工作之间出现互相融合的趋向,休闲在社会经济和生活中的地位越来越重要,甚至人们断言人类社会已经进入休闲占据"中心地位"的时代②。在当今世界上,以欲望横流为特征的后现代大众文化,正是在休闲条件下兴起和流行的。因此,如何看待休闲、规范和引导休闲,是一个关系到人类文化走向的战略性问题,也是一个急需解决的现实问题。事实上,休闲学已经作为一个正式的社会学科建立和发展起来,并且对于流行文化产生了引领作用。1950 年,美国学者里斯曼出版了《孤独的人群》;1955 年,荷兰学者赫伊津哈发表了《游戏的人》;1962 年,美国学者发表了《闲暇社会学》等,这些著作的问世促使基础休闲学作为文化社会学的一个下属学科被确立下来。与此同时,北美许多大学设立了休闲学专业。一大批基础休闲学、应用休闲学著作相继出版,一些从农、林、医、运动生理、地理等自然科学视角进入休闲研究的休闲科学著作也不断问世,医疗休闲、旅游休闲等学科也建立起来。1956 年,在联合国的帮助下,首次进行了大规模的国际性的休闲问题调查。1967 年,国际社会学会决定成立

---

① 　马克思:《资本论》第 3 卷,《马克思恩格斯全集》第 25 卷,人民出版社 1974 年版,第 926—927 页。
② 　美国《未来学家》杂志 1999 年第 12 期载文说:随着知识经济时代的来临,未来的社会将以史无前例的速度发生变化。也许 10—15 年后,发达国家将进入"休闲时代",发展中国家将紧随其后。参阅马惠娣:《编者的话》,《走向自由——休闲社会学新论》"编者的话"第 8 页。又参阅李仲广、卢昌崇:《基础休闲学》第十三章"以休闲为中心的未来社会",该书所说的未来社会与"后工业社会"等说法是同义的。

休闲研究委员会,次年在布拉格建立了国际休闲研究中心。1970 年,在联合国援助下,丁布鲁塞尔召开了国际闲暇会议,通过了由国际娱憩协会①提出的著名的《休闲宪章》。《休闲宪章》指出:

> 消遣时间是指个人完成工作和满足生活要求之后,完全由自己支配的时间。这段时间的使用是极其重要的,消遣和娱乐为补偿当代生活方式中人们的许多要求创造了条件,更为重要的是它通过身体放松、竞技、欣赏艺术、科学和大自然,为丰富生活提供了可能性。无论在城市和农村,消遣都是重要的,消遣为人们提供了激发基本才能的变化条件,使其意志、知识、责任感和创造能力等得到自由发展。消遣时间是一种自由的时间,在这个时间里,人们能掌握作为人和作为社会有意义的成员的价值。②

《休闲宪章》后来又经过几次修订,2000 年 7 月在世界休闲大会上,作为联合国《世界人权宣言》第二十七条闲暇权的具体化,由世界休闲组织通过,其内容首先肯定了正当的休闲活动属于基本人权,个人可以利用休闲机会来实现自我,政府及教育部门应该确保公民的这一权利,使他们得到最高质量的休闲。《休闲宪章》对于尊重人类追求休闲娱乐等自我发展的权利,对于提高人类的生活质量,进一步推动休闲活动的发展,都具有积极有益的保障作用。③

改革开放以来,中国居民的可自由支配收入与闲暇时间一直在同步增长,在消费领域里先后经历了满足基本生活资料需求阶段、满足物质欲望阶段,逐步转入了对于自我实现欲望的追求。人们把最后这个阶段的变化称之为第三次消费革命,其特点是在衣食住行、旅游观光、娱乐、学习等领域重视挖掘其中的文化内涵,以满足更高一级的精神文化方面的需要。我国从 1995 年起实行五天工作制,1999 年又实施春节、五一、十一长假日,此后又增加了清明、端午、中秋等传统节假日,这意味着我国居民每年的闲暇时间已经超过三分之一,实现了发达国家花费百年才达到的闲暇水平。在这种背景下,旅游、节庆、体育、娱乐等休闲文化设施、休闲产业也迅速繁荣起来。从一定意义上说,我们正在迎来一个休闲文化时代。

广义的自由时间是工作时间以外的时间,即"八小时以外"。它包括两个部分:

---

① 国际娱憩协会,英文为 International Recreation Association。其中 Recreation 有多种译法:娱乐、康乐、游憩、娱憩等,包含消遣、娱乐、休养、精力和体力的恢复等含义。

② 引自李仲广、卢昌崇:《基础休闲学》,社会科学文献出版社 2004 年版,第 18 页。

③ 参阅同上书,第 4—20 页。

生活必需的时间和可以自由支配的时间。生活必需的时间包括与职业相关的活动时间、家务劳动时间、满足个人生理需要的时间、照顾家属及教育子女的时间等,仍然是人生必须付出的时间。另一部分是真正的可以自由支配的时间,又称狭义的自由时间,即可以按照个人的意愿休息、娱乐以及满足自身多种发展需要的时间,这才是真正严格意义上的自由时间。参照我国目前的实际情况,我们可以把人们在自由时间所从事的休闲活动分为以下几个层级:

第一层级:解闷层级,从事摆脱单调、消磨时间的活动,或者寻求刺激、追求娱乐的活动,包括闲聊、自娱、打扑克、搓麻将、下棋以及去舞厅、夜总会玩乐等活动;

第二层级:欣赏者和追随者层级,包括看电影、电视,养花鸟及其他宠物,参观游玩,艺术爱好、收藏等活动,人们投入一定的感情积极从事自己所乐意的活动,充实和提高自己的精神生活,实现自己的一定的愿望,但尚未达到有所发明创造的高度;

第三层级:创造发明者层级,包括绘画、摄影等各种艺术创作,业余发明创造,科学研究等,需要全身心投入,可以获得创造的愉快、自我实现的满足感;

此外,还有一个负面的层级:放纵自我、危害社会的层级,从事赌博、吸毒、色情活动以及飙车、斗殴等犯罪活动,属于应该批判和取缔的不良行为。

从社会调查的统计数据来看,目前我国城乡大众在休闲活动方面,多数人还处于第一层级,少数人处于第二层级,处于第三层级的人数则更少,还有一些人处于负面的层级。因此,加强休闲文化建设,提倡健康的休闲活动,提高人们的精神生活层次,乃是我国当下精神文明建设的重要任务。而提倡和鼓励人们从事美的欣赏和创造活动,无疑是进行健康的休闲活动、提高人们精神生活境界的核心内容和主要途径。

美国伊利诺伊大学休闲研究系荣誉教授、首届世界休闲与娱乐协会研究委员会主席约翰·凯利在他的《走向自由——休闲社会学新论》一书中,对于休闲与美的创造的关系有许多发人深省的论述:

> 休闲是创造的行动和可能性,即使通常只是小规模的创造,比如一句幽默,一个装饰房间时的小窍门或是比赛中一次临时的战术,但在它本身的意义框架之内是一些全新的东西。在创造中,自我和社会也因此而变得丰富起来,即使只在很小的程度上。

> 休闲活动本身可能产生享受,这种享受在行为者全身心投入到活动中时最为强烈,即达到"畅"状态,而且,在这种沉醉中可以体验到被称为狂

喜的高度兴奋。

将各种材料聚拢在一起以完成某种形式的创造,这不就是和谐或优雅吗? 感知到这种优雅不就是美吗? 至于这种创造是物质的还是精神的,这并不重要。创造的场合是家、工厂还是工作间? 这也不重要。重要的是,一个行为者或一个行为者群体完成了一项创造行为,伴随而来的是表达自我的自由和狂喜的感情。

只要人类是追求意义的物种,那么任何行动就都有寻求和产生意义的层面。当这种意义以物质的形式出现时,我们称其为产品,当它是非物质的时候,我们称它为狂喜或想象力。它可以是具体的或象征性的,情感的或理性的,隐秘的或公开的,典型的或新奇的。无论怎样,行为者不仅在表达自己,也在寻找自己,他不仅存在,而且"成为"。在这种行动中,我们是,并且"成为"人。只有当我们拒绝行动或否认创造的可能性时,才会把自己从我们的人性中异化出来。只有当这种行动被剥夺时,我们才被外界的力量所异化。①

作者在这里充分肯定了休闲活动中事无巨细的创造过程所具有的审美意义,一方面是美的创造的客观产品,另一方面是美的创造给主体带来的"畅神"的兴奋,都是"表达自己"、"寻找自己"、使行为者"成为"人的活动,具有确证人性和进一步提升人性的重要意义。相反地,如果拒绝或者否认创造的可能,如果这种机会和权利受到剥夺,则会使我们的人性陷入异化状态。作者从人性"走向自由"的高度,多方面论证了休闲创造的客观意义,最后得出结论说,休闲"不仅仅是工作以外的或多余的时间,休闲也不仅仅是摆脱所有要求后得到的自由,休闲是以存在与成为为目标的自由——为了自我,也为了社会。"②

从人性的全面发展走向自由的意义来看待休闲和创造,从反对异化和个人与社会统一的角度来论证这种人性自由,是当代关于休闲学研究的重要特色。这表明当代休闲学与马克思关于异化劳动、人的全面发展、自由时间、共产主义等问题的论述,在基本思路和理论高度上具有一致性。事实上,许多休闲学著作都大量征引马

① 约翰·凯利:《走向自由——休闲社会学新论》,赵冉译,云南人民出版社2000年版,第260—262页。

② 同上书,第283页。

克思的见解。显而易见,马克思针对当时资本主义社会现状所进行的思考,关于人性的异化和复归的论述,以及对自由王国的展望,都是关于人类社会的前瞻性研究和开创性成果,理应在人类思想史上占有相应的历史地位。美国出版的《国际社会学科学百科全书》中关于"闲暇社会学"的条目中,清楚地写道:"能够预见到休闲在文明发展中的重要性的思想家是马克思。"①马克思关于人的全面发展的重要论述,我们将在美育章节中进一步阐发。

复习思考题

1. 美学研究为什么要强调探寻美的创造的一般规律?
2. 何谓审美理想? 它与美的创造的关系怎样?
3. 进行美的创造应当具备哪些基本条件?
4. 马克思是怎样论述"异化劳动"的? 异化劳动与美的创造的关系如何?
5. 简述美的创造的历史发展。
6. 怎样理解休闲与美的创造的关系?

---

①　参见李仲广、卢昌崇:《基础休闲学》,社会科学文献出版社 2004 年版,第 50 页。

第 11 章　现实美的创造

现实生活的领域是无比辽阔的,现实生活中的美也是无比丰富的。无论在城市,在乡村,在工厂,在学校,在人类创造新生活的一切活动中,在人与人之间的各种关系中,到处都存在着美的事物、美的现象。现实生活中的美,不是自然物固有的属性,也不是某种先验理念的外化,而是同人类整个社会实践活动不可分割地联系在一起的。我们必须重视现实美的创造,认识和掌握现实美创造的客观规律,推动整个社会生活的美化,更好地发挥美学对社会实践的指导作用。

11.1　现实美创造的广阔领域

人是生活的主人。他不仅随时随刻在欣赏着美,而且还总是自觉不自觉地在创造着美。哪里有人的生活,哪里就会有美的创造活动。高尔基说过:"照天性来说,人都是艺术家。他无论在什么地方,总是希望把'美'带到他的生活中去。他希望自己不再是一个只会吃喝,只知道很愚蠢地、半机械地生孩子的动物。他已经在自己周围创造了被称为文化的第二自然。"①人类的实践活动是多方面的,因此,现实美创造的领域也是无比广阔的,它表现在现实生活的许多方面。

---

① 高尔基:《论"渺小的"人及其伟大的工作》,孟昌译,《文学论文选》,人民文学出版社 1958 年版,第 71 页。

生产劳动的美化

生产劳动是社会赖以存在和发展的基础。人们在劳动中,不但可以获得满足实用需要的产品,而且还可以在精神上得到审美的愉快。因此,生产劳动也具有不可否认的审美价值。

劳动为什么能给人以审美的愉快呢? 马克思在《资本论》里指出,当劳动的内容及其方式、方法能够吸引劳动者的时候,劳动者就可以"把劳动当作他自己体力和智力的活动来享受"①。具体分析起来,这种"享受"包含以下几个方面:

第一,劳动作为一种筋肉活动,是人的生命机体本身所需要的,是使自己的机体显示生命力的一种方式。人在这种体力的活动中,能够感受到生活的欢乐。人的劳动与动物的本能性活动的不同之处,在于它的自由、自觉的性质,在于有人的智力参加。"为了在对自身生活有用的形式上占有自然物质,人就使他身上的自然力——臂和腿、头和手运动起来。当他通过这种运动作用于他身外的自然并改变自然时,也就同时改变他自身的自然。他使自身的自然中蕴藏着的潜力发挥出来,并且使这种力的活动受他自己控制。"②可见,从一般意义上说,劳动作为体力和智力的活动过程,使人们自身潜藏的能力得到发挥,本身就具有满足机体运动要求,获得某种生命自由的意义。这是从机体本身的活动中所获得的愉快。

第二,劳动作为人类维持生存和提高生活质量的手段,是一种具有直接功利目的的活动。它总是要努力获得一定的物质资源,并根据主观意愿对其进行加工、改造。当劳动过程以获得预定的劳动成果而完成时,就能使人们得到实现功利目的的善的满足。这是从实用功利目的满足中所获得的愉快。

第三,在生产劳动中,由于人类不断地掌握了客观事物的固有规律,使得人类的作为变成了合目的性与合规律性不断趋向统一的活动,变成发现美的尺度与按照美的规律改造世界的感性活动——即现实美创造的活动。正是这种物质实践活动,一方面不断改变了人类赖以生存的自然界的面貌,在地球的表面上不断打上人类意志的印记,创造了人类的物质文明;另一方面也改变了人类自身,不断提高了自己认识世界和改造世界的能力。当人们在实践中,由于自己的才智和力量得到感性的显现,便会感到一种自由创造的愉快。这是从"直观自身"中所获得的愉快,也就是我

---

① 马克思:《资本论》第 1 卷,《马克思恩格斯选集》第 2 卷,人民出版社 1995 年版,第 178 页。

② 同上书,第 177 页。

们所要强调的审美愉快。

可见,生产劳动不仅使人从肌体上得到快适感,从功利上得到满足感,更使人从精神上得到愉悦感。

生产劳动的美,主要包含如下三个方面:

第一,劳动过程的美。

生产劳动是一种自由创造的活动,因此,劳动的过程必然孕育着美的创造。当我们看到钢花飞溅、铁水奔流的场面,或者是挥镰收割、截流合龙的情景,都会情不自禁地感到,这是一种创造,是一种美,美就在这流动的过程中表现出来。当然,劳动场面的美,一般以自由劳动作为前提。因为,在这样的劳动中,劳动者的活动才可能是自觉自愿的,而不是强迫的;他们能够发挥自己的聪明才智,进行自由的创造,而不是盲目顺从,成了会说话的机器;他们的心情是轻松的、愉悦的,而不是痛苦的……与此相反,在皮鞭驱使下所进行的劳动,其场面就难以给人以美感。

劳动过程的美,首先必然同劳动组织的美联系在一起。生产劳动是一种社会性的活动。很多劳动往往是集体的,有的甚至要有成千上万的人参加。如何把广大的劳动者恰当地组织起来,上下一致,万众一心,既能保持高昂的劳动热情,又能紧张而有秩序地工作,这是一门很重要的领导艺术。作为生产劳动的领导者,应当建立科学的劳动组织和管理制度,使整个生产劳动过程和谐、协调。劳动组织的科学性、合理性和严密性,是生产劳动美化的关键。

第二,劳动条件的美。

劳动条件的美,主要包括劳动工具的美和劳动环境的美,这是技术美学所要研究的主要问题之一。

先谈劳动工具的美。生产劳动离不开工具。"工欲善其事,必先利其器"①,这主要是从实用的角度考虑问题的。随着人类审美意识的发展,人们对劳动工具也不断提出新的审美要求。几十万年以来,人类社会经历了石器、青铜、铁器、蒸汽、电子时代,生产工具相应也发生了极为深刻的变化。任何美的工具,无论其实用功能,还是结构形式,都凝聚着人的智慧和才能,都应当和当时人的本质力量所能达到的较高水平相吻合。工具的功能美和造型美,不仅直接影响着生产劳动的效率,也影响着人们的审美感受。

再谈劳动环境的美。任何生产劳动都离不开环境,不论是工业劳动或农业劳

_____

① 《论语・卫灵公》。

动,精神生产或物质生产,都是在特定的具体环境中进行的。劳动环境的美,主要包括光线与色彩、室内环境布置和室外环境景观以及噪音的消除等。生产环境的美,不但对劳动过程的美有着直接的影响,而且能够提高劳动生产效率。以工厂来说,不仅整个厂区应该整齐清洁、绿树成荫,更有喷泉雕塑、鸟语花香,力求实现园林化;而且车间内部也应空气流通,光线充足,色彩调和,通道宽敞,机器、产品安置井井有条,并尽量控制和减少噪音……工人在这样的环境里工作,即便辛苦紧张,精神仍会感到愉快,获得某种美的享受。据统计,工厂照明设备美观,光源的高度、亮度适当,仅这一项,就可提高劳动生产效率 10%—30%。

第三,劳动产品的美。

劳动产品,是人们生产劳动的最终成果。劳动产品的美,是美的劳动过程的结晶,也是技术美学研究的中心课题。鲍列夫说:"作为迪扎因理论的技术美学,是用工业的手段按照美的规律掌握世界的理论,是设计和以工业方式成批生产对于人和社会来说既有益又精美的物品的理论,是关于这些物品的社会存在的理论。"①迪扎因(design),即工业艺术设计。这种设计的最终成果——产品,是人的对象性的社会存在,它的构成因素主要包括材料、结构、功能和形式几个方面。

在构成产品的诸多因素中,产品的功能美,是生产目的和使用价值的体现;产品的形式美,是审美价值的体现;产品的结构美,既联系着使用价值,又联系着审美价值。联系着使用价值,就是功能结构;联系着审美价值,就是形式结构。功能结构和形式结构要构成和谐的整体,这就是结构的有机性,或曰有机结构。所以,结构因素是附属于功能—形式系统的。在产品的功能—形式的关系中,形式当然是为功能服务的。在进行劳动产品设计的时候,功能的考虑应该是第一位的。但是,是不是所有的形式都是由功能决定的呢? 当然不是这样简单。我们在第二章里就已阐明,形式有内形式与外形式之分。产品的内形式的确是为功能所决定的,而外形式就未必如此。因为,外形式不一定与使用功能直接有关,它可能是一种外加的成分。如汽车的外观漆成什么颜色,描绘上什么图案以及是否加上什么装饰部件等等,都是跟汽车的使用功能没有什么关系的。

除了功能与形式这两大因素以外,还有一个材料问题,它是构成美的产品的物质基础。物质产品不可能离开材料,而材料本身就具有一定的审美价值。桑塔耶纳说:"如果在探索和创造美的时候,我们忽略了事物的材料,而仅仅注意它们的形式,

---

① 鲍列夫:《美学》,乔修业、常谢枫译,中国文联出版公司 1986 年版,第 40 页。

我们就坐失提高效果之良机。因为,不论形式可以带来甚么愉悦,材料也许早已提供了愉悦,而且对整个结果的价值贡献了很多东西。"①所以,材料的选择与确定,对于生产美的产品来说,具有首要的基础性的重要地位。

劳动产品的生产,离不开技术美学。而技术美学的中心范畴,则是技术美。技术美是技术发展的产物,它是工业技术高度发展的结果。产品的功能美与形式美,都依赖技术手段的先进才能达到目的。所以,技术美实际上是指产品整体形态的美。技术愈是先进、愈是精湛,产品的整体形态就愈是美。

产品一旦进入流通领域,就成为商品。凡是商品,都需要进行包装。包装的目的,首先在于保护商品在流通的过程中不被损坏,同时也有销售目的,即吸引消费者的注意,从而对商品产生购买欲望。商品包装不仅仅是一种商品经营行为,而且是一种美化生活的美学行为,赋予产品外观以艺术形态,是其基本任务。它的基本要求是:第一,包装必须符合商品性质,它有认知方面的要求;第二,包装必须富于内涵,它有文化方面的要求;第三,包装必须精致,它有工艺方面的要求;第四,包装必须投合消费者的审美心理,它有美学方面的要求。

从产品的生产到成品包装,最为关键的过程是审美设计。设计,作为技术美学的基本范畴,它是劳动产品生产的首要环节,是为生产目标提供预选方案的技术行为。因此,设计的确定总带有决策性,要求尽可能地先进并达到完善化。但是,设计行为是现在的,而产品要到此后才会出现在市场上,设计者的理性预见未必能符合未来的趋势,所以就有许多变化的因素伴随着。这样,设计也就只能寻求当前最为满意的效果。令人满意的产品设计,除了实用性与审美性的基本要求以外,还要追求新颖性与经济性。一个成功的设计,必然是技术与艺术的统一,同时又能最大限度地降低成本,而且符合时代潮流,为广大消费者所喜爱。

劳动产品的美是在产品的所有构成因素的和谐统一中体现出来的,是由劳动者把握住同该对象的实用价值最为合适的质量、数量关系以及同人的感受最相适应的形式中产生出来的。在熟练的、富有自由创造才能的劳动者那里,产品的实用功利尺度和形式上的审美尺度往往得到了完美的掌握和运用,以至于初看起来,他们似乎是本能地生产出了最美的产品。最大限度地美化劳动产品,既是生产者的任务,也是消费者的希望。

必须补充说明的是:从古代的石斧到今天的掌上电脑,都反映着各自时代的社会审美尺度。这个尺度,是随着社会的演进而不断发展变化的。事实上一件产品的

①　桑塔耶纳:《美感》,缪灵珠译,中国社会科学出版社 1982 年版,第 52 页。

制造,其使用价值和形式美的要求,总是同当时工艺的水平、企业的设备,以及时代的风尚等等,密切结合在一起的。因此,各种劳动产品所体现的审美尺度必然具有强烈的时代色彩和历史继承性。

自 然 的 美 化

大自然作为广义的生活环境,与人类的劳动和生活密切相关。美化自然,也是美化人类生活的一个重要的方面。随着人类社会历史的发展,自然界作为与人类劳动实践密切相关的观赏对象,是呈现人的自由意识的广阔天地。但是,迄今为止,由于生产水平和科学水平的局限,自然美的创造还仅限于地球表面的极为有限的范围。今后,随着人的本质力量的不断提高,被人类创造的大自然的美必将以空前深广、无比丰富的面貌显现出来。

自然美的创造,或者称之为自然的美化,在本质上也就是自然的人化。如前所述,自然美的对象有两类:一类是直接经过人类的劳动加工的,显示了人的创造才能;另一类是尚未经过甚至根本不可能经过人类劳动直接加工的,如璀璨的星空、湛蓝的大海、皑皑的雪山、皎洁的月色等等。当这些自然物在一定的社会条件下,成了人的"无机的身体"的时候,从理论领域说来,它是"人的意识的一部分,是人的精神的无机界";"从实践领域说来,这些东西也是人的生活和人的活动的一部分"①。因此,这类自然物就改变了它与人类之间的漠然的以至对立的关系,成为人类可亲的对象,从而客观地、历史地变成了自然美的一部分。所谓自然的美化,当然这两类自然美都包括在内,它们的范围都在不断扩大。但是,一般更为人们所强调和注重的,则是后一类自然美向前一类自然美的不断转化,即人类通过实践活动,不断地向生产的广度和深度进军,从而越来越深广地对自然界施加影响,日益扩大前一类自然美的领域。例如把自然山水加工为园林风景区,某些自然景观由于建筑装饰、树碑刻石、重大历史事件纪念物的保留等原因而变为人文景观等。

自然的美化是对各种自然景观的美化。自然景观包括山水(山岳、水体)、生物(动物、植物)以及岩溶、火山、沙漠、冰川、天象等。由于岩溶、火山、沙漠、冰川、天象等,有的根本无法加工、改造,有的很难加工、改造,所以我们美化自然的重点,当然是山水与生物。山清水秀、绿树成荫、鸟语花香,这就是我们美化自然的目标。

① 马克思:《1844 年经济学哲学手稿》,《马克思恩格斯选集》第 1 卷,人民出版社 1995 年版,第 45 页。

　　自然的美化,乃是物种本身的尺度和人类在认识其客观规律基础上力图使合目的性与合规律性相统一的"内在的尺度"二者交互作用的结果。例如,我们中华民族对于金鱼的养育和菊花的栽培,就是显著的事例。野生的鲫鱼和山菊,本来是依据大自然的物种尺度而生存的。我们的先人认识和掌握了它们的固有规律,并按照遗传和变异的内在必然性,使之朝着满足人的观赏需要的方向发展,获得了真(生长规律)和善(人的观赏需要)相统一的新的尺度,从而培育出了几百种各有特色的金鱼和菊花,美化了人类的生活,满足了人类日益增长的精神需要。随着科学技术的进步,自然保护区的设置和遗传工程学的发展,人类将进一步揭开地球上物种进化的秘密,从而有可能使越来越多的生物物种按着人的意志有选择、有目的地发展变化。

　　自然的美化,根本问题是处理好人与自然的关系。中国古代哲学家提出了"天人合一"的思想。老子说:"人法地,地法天,天法道,道法自然。"①庄子说:"天地与我并生,而万物与我为一。"②孟子说:"尽其心者知其性也,知其性则知天矣。"③董仲舒说:"天亦有喜怒之气,哀乐之心,与人相副。以类合之,天人一也。"④直到张载称"儒者则因明致诚,因诚致明,故天人合一",第一次明确提出这一命题⑤,尽管儒道两家及儒家各派对于"天"的理解不尽相同,但在中国古人的观念里,天首先指自然之天,仍是它的基本义。天人合一,即强调自然与人为的统一。人化的自然,对人来说,具有一种亲和性,从本质上看,它是与"天人合一"的哲学命题相吻合的。"天人合一"的哲学观念,要求人与自然和谐相处。人对自然的美化,目的就是要加强自然与人的亲和关系,让人类生活在无比美好的环境中。在人对自然的美化过程中,首先必须考虑到一个基本的前提,就是建立环境友好型社会,保持生态环境的平衡。那些不可再生的自然资源绝不能遭到破坏,不允许自然环境恶化,也不能让自然环境损害人类健康。任何人的破坏自然生态平衡的行为,都应当受到惩罚。我们必须建立生态价值观,加强环境保护意识,使人类赖以生存的自然界不断得到美化。

日常生活的美化

　　随着历史的发展,美日益渗入到千家万户的日常生活之中。随着人民生活水平

---

① 《老子》第二十五章。
② 《庄子·齐物论》。
③ 《孟子·尽心上》。
④ 《春秋繁露·阴阳义》。
⑤ 参阅汪涌豪:《中国古代文学理论体系范畴论》,复旦大学出版社 1999 年版,第 429 页。

的不断提高,人们愈来愈讲究日常生活的美化。

所谓日常生活的美化,主要包含两方面的内容:

第一,生活环境的美化。

这主要是指人工景观的建设。人工景观,包括园林、都市街景和民居等几个方面。

园林,是艺术化了的风景区。园林空间是一种令人愉快的环境,它是人们在休闲时满足精神需要的活动场所。园林的美化,实际上是一种环境设计的艺术。在空间处理上,要求虚实结合;要能在有限的空间中见出无限,形成一种感人的意境;要通过借景、透景、对景、引景、隔景、分景等艺术手法,创造诗情画意。园林中叠山理水、建亭修路、设置园林小品、广植花草树木等等,都要求艺术化,具有怡人性。

都市街景是由许多方面构成的,主要是:由建筑群所呈现的空间美,由交通网所形成的动态美,以及由广场、绿化、小品以及其他人文因素所构成的环境美。建筑群不但要造型新颖美观,而且要有连续感和整体布局;都市交通要形成网络化,道路周边要尽可能增加活动场所;城市广场要突出视觉中心,并富有装饰美;城市绿化要提供绿色走廊,造成一种线性景观;城市建筑小品,作为街头的点缀,要体量适宜,表现健康的审美情趣。

城市的居民住宅小区和乡村民居的美化,是生活环境美化的重要课题。居民小区的建设,建筑物要求多样化、有可识别性。住宅园林化,是我国城市和乡村民居建设的理想目标。室内的装修与陈设作为生活环境美化的一项重要内容,必须坚持:从实际条件出发,妥善地处理好实用与审美的关系;处理好整个格调与居住者性格、年龄、职业等的关系;既要符合经济、实用、美观的原则,又要富有情调和品位。

第二,服饰的美化。

服饰打扮在人们的日常生活中,占有一定的地位。衣服除了能够御寒、遮羞和标志职业以外,还要讲究质地、颜色和式样,它能有效地显示出人的气质与丰采。在服饰打扮上,人们应该享有充分的自由,不必强求一律。一般说来,只要不妨碍别人,不影响自己的工作、学习和生活,一切正当的爱好,都应受到尊重。当然,任何社会条件下的任何自由,都是相对的,决不能不受任何约束。服饰的美化,首先要处理好实用与审美的关系。审美服从实用,这是一条原则。不论制作何种样式的礼服、工作服、运动衣、睡衣、浴衣,都要让人们穿着它能够更好地从事某种活动,如果一件衣服穿在身上影响了人们的活动,其式样就很难说是美的了。其次,要树立健康的审美观念。所有人对于美的追求,都同他的审美观念有着不可分割的联系,因为任何美的欣赏和创造,都是在一定的审美观念的指导下进行的。服饰打扮,往往能比较明显地表现出一个人的审美观念。有的人以怪为美,惟洋是崇,趣味低俗,就很难说他对美有多少正确的认识了。再次,从形式格调方面看,一个人选择什么样的发型,穿什么颜色和式样的衣服,应当同他的年龄、职业、性别、性格、身材、肤色等条件相适应,所谓"量体裁衣"就是这个意思。东施效颦,邯郸学步,都是不美的。

日常生活的美化,是社会审美意识发展的一个重要侧面,是与人类文明的发展进程相适应的。人类文明发展的程度愈高,在美化自身及其居住环境等方面所表现出来的趣味则愈精细、愈高尚,其表现形式也必定愈加丰富多彩。

在谈到日常生活美化的时候,我们不能不提到"时尚"这个概念。"时尚是现实生活中广为流传的某种行为习惯、某种物品或某种观念。它与风俗相似,可反映于相当大一部分人口群的某种一致的行为模式中,而且表现极为突出、触目,如日常生活中所说的'狂'、'狂热'。"①时尚的表现形态涉及人的行为模式、思想观念及相关物品,并不限于审美领域,但是审美领域的时尚以其迅速变化的感性形态最为引人注目。时尚的主要特征表现为:第一,在一定时期广为流行,迅速被人们模仿、采用和推行;第二,它是在无形的权威制约下自发形成的,如果谁不紧跟往往难免会感受到一种无形的精神压力;第三,它像潮水一样时涨时消,可以是变化很快的,也可能相对地稳定一个时期而变成习俗,从这个意义上说,时尚可以看成习俗的变动形态,习俗可看作时尚的固定形态。时尚是文化模式流行变迁的表现,在文化变迁十分缓慢的社会中大都没有时尚可言。一定时尚的形成和变迁,都是植根于一定社会的经济、政治、文化背景之中的,是有其客观发展规律可循的。我国自改革开放以来,随着思想解放和政治环境的宽松,随着经济物质条件的大为改善,随着闲暇时间的增加和网络传播媒介的发展普及,促使审美时尚处于快速更新的变动不居之中,甚至引领时尚的明星们的偶然表现(例如时装领域)也会引起追星族们迅速仿效。审美时尚的快速变换,促进了不同地区、不同社会层面的人们之间的文化交流和审美观念的不断更新,促使整个社会文化领域显示出勃勃生机且富有弹性,这是有利于社会的稳定和发展的。同时也应看到,盲目地追逐时尚也会带来一些副作用,引发一些不必要的社会矛盾。处在思想敏锐、感情丰富而易变的年龄段的青年人,往往表现出紧跟时尚、追星猎奇的倾向,如果家庭成员内部对待时尚的态度存在明显差别,就常常会引发彼此间的矛盾。在一定情况下,某些时尚还有可能被赋予其他社会含义,成为某种亚文化社会群体的标志,甚至成为导致社会不安定的诱因。因此,时尚

---

① 岑国桢:"时尚与时髦"词条,见《心理学百科全书》下卷,浙江教育出版社 1995 年版,第 1884 页。关于审美时尚问题,并可参阅郑惠生:《审美时尚与大众审美文化》,中国文联出版社 1999 年版。

问题需要正确的分析、认真的对待。一般说来，对待审美时尚的态度是一个人的审美爱好和趣味问题，应该同思想上政治上的是与非区别开来；审美涉及情感领域，审美是不能强迫的，审美爱好和趣味的提升应该通过引导青少年树立正确的审美理想和价值观念来实现，而这正是审美教育的重要任务。

人际关系的美化

现实生活中的人，都不是孤立的。他们总是在一定的环境中生活着、工作着，总要同周围的人们形成各种各样的复杂的社会关系。在人与人之间的关系中所体现的道德内涵和审美理想，既是伦理学又是美学中的一个重要的问题。孟轲所谓的"父子有亲，君臣有义，夫妇有别，长幼有叙，朋友有信"[①]，是他从封建伦理观念出发提出来的人与人之间的理想的关系。康德关于道德律令和义务的设想，尽管内容空洞，具有神秘色彩，仍然表现了当时某些人有关调整人与人之间关系的愿望。这些理想和愿望，由于缺乏科学的历史依据，不可避免地都带有这样或那样的空想的性质。

马克思主义告诉我们，人类的历史是一部生产力与生产关系、经济基础与上层建筑之间不断矛盾运动的历史。建立人与人之间的完美的关系，不能单凭人的主观愿望，它必然要受到充满着各种矛盾斗争的社会历史条件的制约。毛泽东说："真的、善的、美的东西总是在同假的、恶的、丑的东西相比较而存在、相斗争而发展的。"[②]这说明，美不是孤立绝缘的，也不是没有客观标准的，人与人之间的关系，总会在祛邪扶正的社会矛盾中得到不断的发展和美化。在充满着矛盾的社会生活中，凡是符合历史发展规律的人民群众的英雄行为，是最善、最美的行为；凡是为了亿万人民群众的事业而忘我献身的人，是至善至美的人；凡是在推动历史前进的伟大斗争中建立起来的相互帮助、相互学习、相互尊重、相互谦让的这种亲密无间的关系，是人与人之间最为美好的关系。

人的本质就是能进行自由自觉的活动，人在从事这种创造性活动中所建立的关系也应该是美的关系。但是，由于异化劳动的出现，人与人之间的正常关系也被异化了：尔虞我诈，弱肉强食，一切以自我为中心，以个人的利害为半径，即使是家庭成

---

① 《孟子·滕文公上》。
② 毛泽东：《关于正确处理人民内部矛盾的问题》，《毛泽东选集》第 5 卷，人民出版社 1977 年版，第 390 页。

员之间,往往也会在温情脉脉的面纱之下,掩藏着赤裸裸的金钱利害关系。只有随着人类社会发展的最高阶段共产主义的实现,随着"超越阶级对立和超越对这种对立的回忆的、真正人的道德"①——共产主义道德的大大发扬,"人人为我,我为人人"这种人与人之间最美最理想的关系,才能最终建立起来。

人是生活的主人,也是美的主人。人们不仅通过各种实践活动,创造着无以计数的美,而且在人自己身上,在人的各种言行举止中,在人与人之间的各种交往活动中,也时时处处要符合道德规范,要讲究文明礼貌。尽管文明礼貌也是一个道德问题,但是,当这些符合社会历史发展的道德准则,通过人的具体行为表现出来的时候,那么,这些具体行为也就有一定的审美价值了。道德与审美往往是不能截然分家的,同样一个对象,既可以从伦理的角度,用善与恶的尺度来衡量它,又可以从审美的角度,用美与丑的标准来品评它。因此,我们不仅要用道德准则来规范人的行为,而且还要以审美的原则来净化人的行为,使以理解、尊重为基本原则,以和谐为最高目标的新型人际关系,无处不在,使文明礼貌之花,到处开放。

11.2 现实美的创造与物质文明、精神文明的关系

现实美的创造,是人类直接在物质生产和物质生活活动中进行的,从这个角度说,它是人类物质文明的重要体现;同时,现实美的创造,又是人类思想意识、创造才能反作用于物质生产的光辉体现,是人类审美意识的对象化,因而它也是人类整个精神文明的重要组成部分。我们要探求现实美创造的客观规律,就必须弄清它与物质文明和精神文明之间的关系。

不论是物质文明还是精神文明,都不能脱离人类整个社会实践活动,都是在人类改造客观世界和主观世界的过程中发展起来的。有史以来,人类文明时代已经经历了奴隶制、农奴制、雇佣劳动制三个时期,它们的基础都是一个阶级对另一个阶级的剥削。在以剥削制度为基础的社会中,一个极端是剥削者的物质财富的堆积与挥霍浪费、精神生活的片面发展;另一个极端是劳动人民在物质和精神上相对与绝对的贫困。在推翻了剥削制度和完成了生产资料所有制的变革之后,我国进入了建设社会主义物质文明和精神文明的新阶段。

人类文明的程度是以脱离动物界的程度为标志的。物质文明愈高,表明人类依赖自然的程度愈小,控制、协调自然的能力愈强,在自然面前所获得的自由的程度愈

---

① 恩格斯:《反杜林论》,《马克思恩格斯选集》第3卷,人民出版社1995年版,第435页。

高,即人类在物质生活方面脱离动物式的野蛮状态愈远。它的具体内容,主要指生产力发展的水平,劳动工具和技术的进步水平,物质财富和物质生活的富裕程度。精神文明愈高,表明人类的自由自觉的自我提升程度愈高。它的具体内容,既包括教育、科学、卫生、体育等与一定的物质文明直接发生关系的领域,也包括与物质文明间接发生关系的社会意识形态和社会风气,其中关于真、善、美的价值体系占有重要地位。不同社会的精神文明之间的区别,主要是由于其价值体系的不同所决定的。社会主义精神文明,是以共产主义思想为指导的关于真、善、美的价值体系为其核心的。

现实美的创造与物质文明的关系

现实美的创造活动,是直接依附于物质生产劳动的,因此,现实美的创造活动,总要直接或间接地受到物质生产劳动的制约。

第一,物质生产劳动的发展,为现实美的创造提供了物质条件。我们在前面讲过,生产劳动是支撑整个社会大厦的柱石,也是促进社会不断发展的主要动力。人类对美的感受能力,对美的欣赏和创造活动,都是从这里慢慢派生出来的。吃、喝、住、穿是人类最基本的需要,只有在这方面得到满足以后,人类才能维持自己的生存,精神方面的需要也只有在这个基础上才能得以产生,得以发展。马克思说过,忧心忡忡的穷人,对最美的景色都没有什么感觉。同样,一个衣不遮体的人,也不会去讲究服饰的美。这就充分说明,只有物质生产发展了,人民生活改善了,才为现实美的创造开拓了广阔的空间。

第二,劳动资料、劳动工具的发展水平,制约并标志着人类进行物质生产的技术条件,规定着人类从事现实美创造的能力。以建筑来说,商代的宫室和陵墓,其巨大的规模与木构架,就离不开当时较为成熟的夯土技术和利用铜制工具加工木材等因素。周代宫殿和宗庙的"如翚斯飞"、"作庙翼翼",则是在我国木制建筑已趋向成熟的基础上所形成的飞动之势。此后,铁器工具的出现更推动了生产力的发展,促进了城市建设规模的扩大。到了战国时代,砖、瓦和彩绘的出现,进一步改变了我国建筑的整体面貌。现在,各种物质产品的美化,例如汽车、手机等,都与科学技术的迅猛发展和现代化的生产水平直接联系着。劳动资料愈丰富,劳动工具愈先进,这就说明人类从事物质生产的条件愈成熟,因而也就标志了人们从事现实美创造的能力的加强。

第三,生产力发展的水平也制约着人们对于"种的尺度"和人的"内在尺度"的认识水平,制约着人对于美的规律的认识和掌握,制约着审美意识的发展和演变。早在石器时代,人类就发现和利用均衡、对称等形式规律以及光滑、明亮等审美属性来加工石器;在制陶劳动中,又发现和运用线条及其节奏的审美属性等。凡此种种,都是与当时的生产水平分不开的。再以建筑来说,从古代穴居的山洞,到现代注重采光、照明和通风效果的窑洞;从半坡氏族公社时代的方形或圆形的半地穴建筑,到今天的高楼大厦;从殷墟城垣,到现代城市建设;……这些历代建筑物所体现的审美属性和审美尺度(就其内在功能和外部装饰两方面而言),也都是与各自时代的物质生产条件分不开的。正如普列汉诺夫所说:"人的本性使他能够有审美的趣味和概念。他周围的条件决定着这个可能性怎样转变为现实;这些条件说明了一定的社会的人(即一定的社会、一定的民族、一定的阶级)正是有着这些而非其他的审美的趣味和概念。"①换句话说,一定民族的审美心理"是由它的境况所造成的,而它的境况归根到底是受它的生产力状况和它的生产关系制约的"②。

如果说,艺术美的创造和艺术生产总离不开一定的物质、技术基础的话(例如,中国的书法、绘画艺术的特点同我国特有的"文房四宝"密切相关,电影、电视艺术的生产以现代光学发展和摄影技术的进步为基础等等);那么,与艺术美相比,现实美的创造就更为直接地受着一定的物质生产条件和科学技术水平的制约和影响。如果说,艺术生产作为上层建筑中一个高高地悬浮于空中的部门,还受着其他上层建筑部门的巨大影响,因而其发展同物质生产的发展会出现不平衡状态;那么,现实美的创造则由于较为直接地依附于物质生产,因而一般说来,它与物质生产的关系大体是同步的、平衡的。试想,要是没有相应的物质生产基础,人们要想美化自己的劳动条件和产品,美化自己的生活环境,乃至于矫正形体等等,难道是可能的吗?

从另一方面来说,现实美的创造对于物质文明也有积极的反作用,它为物质文明的发展提供了精神动力和智力支持。

如前所述,美不能离开社会,它是在人类以生产劳动为核心的整个社会实践活动中产生和发展起来的;但是,美一经产生,就在人类社会生活中发挥着积极的能动作用。现实美的创造,对于物质生产所发生的积极影响尤为明显。从产品本身的美化来看,其造型、结构、色彩、包装等审美要素的追求,都能促进工艺水平的提高,使

---

① 普列汉诺夫:《没有地址的信》,《普列汉诺夫美学论文集》第 1 册,曹葆华译,人民出版社 1983 年版,第 320 页。
② 同上书,第 350 页。

生产不断向广度和深度进军。一台机器,造型轻巧,结构合理,色彩和谐,不仅能给
人以审美的愉快,有时恰恰也能最充分地发挥其使用价值,提高生产效率。此外,从
科学技术发展来看,科学和技术在本质上就是人类对自然界施加的一种外力,是使
自然界朝着对人类有利的方向发生变化的一种外力。因此,人类寻求、认识和掌握
合目的性与合规律性相统一的美的尺度的努力,乃是科学和技术发展的内在动因之
一。在与实际物质生产距离较远的基础科学研究的领域,大自然内部的和谐同发现
这种和谐所获得的那种乐趣,被科学家看作是一种精神上的美的享受;追求这种乐
趣是推动科学家们进行研究的一种内在的动力。著名物理学家杨振宁专门撰写了
《美与理论物理学》①一文,追溯了物理学的发展与发现美的关系。1542 年出版的哥
白尼的伟大著作《天体运行论》的第一句话就是:“在哺育人的天赋才智的多种多样
的科学和艺术中,我认为首先应该用全副精力来研究那些与最美的事物有关的东
西。”这清楚地表明了哥白尼是多么欣赏科学中蕴含的美。伽利略教导科学界说,从
一些纯化的理想化的关于自然界的实验中得出的物理定律,可以用精确的数学语言
来描述,这是定量的物理学的开始。“伽利略的观念是一种深刻的美的观念。”波尔
兹曼将阅读麦克斯韦空气动力学论文时得到的喜悦比拟为聆听美妙的乐曲。对于
爱因斯坦和狄拉克来说,他们研究物理学的风格在于“美始终是一个指导原则”。狄
拉克在《科学的美国人》中宣称:“使一个方程具有美感比使它去符合实验更重要。”
他本人正是沿着这条道路得到了关于反物质的理论。创建量子力学并提出测不准
原理的海森伯“没有遵循由美的观念所指导的直觉去进行工作,他被自己的发现搞
糊涂了,最后结果是他的数学完全预言了这些事实,从那以后他变成了数学美的皈
依者。”美国理论物理学家钱德拉萨克也曾在文章中列举了许多事例。例如彭加勒
指出:科学家研究自然“是为了从中得到乐趣,而他得到乐趣是因为它美”。提出引
力规范理论的赫曼·韦尔,“曾承认这个理论作为引力理论是不真的,但它是那么
美,使他不愿放弃它,于是,为了美的缘故,他把它维持下去。而多年以后,当规范不
变的形式被加进量子电动力学时,韦尔的直觉变得完全正确了”②。可见,人们对于
合规律性与合目的性相统一的美的尺度的追求,可以促进科学上的发现和技术上的
革新。

---

①　该文由张美曼翻译,刊于《自然辩证法通讯》第 10 卷第 53 期(1988 年),后经杨振宁本人同意,载
入陈望衡主编《科技美学原理》一书卷首,以下引文均出自该文。《科技美学原理》,上海科学技术出版社
1992 年版。

②　以上均引自 S·钱德拉萨克:《美与科学对美的探求》,原载美国《今日物理》1979 年第 9 期,中译
见《科学与哲学(研究资料)》,1980 年第 4 期。

现实美的创造与精神文明的关系

精神文明的具体内容,实质上就是人类在追求真、善、美的漫长历史中所不断积累起来的精神成果。这些精神成果,一方面表现为科学、哲学、伦理学、美学以及各种艺术作品等思想意识的物态化形式;另一方面,更重要的则表现为一定的社会风气,表现为通过后天教育而具有一定的文化教养、思想品质和审美观念的人,而后又由他们继续进行新的创造。现实美的创造活动,是人类建设精神文明的重要一环,两者之间的关系是密不可分的。

马克思说:"人们自己创造自己的历史,但是他们并不是随心所欲地创造,并不是在他们自己选定的条件下创造,而是在直接碰到的、既定的、从过去承继下来的条件下创造。"①恩格斯在谈到哲学的发展时也说:"每一个时代的哲学作为分工的一个特定的领域,都具有由它的先驱传给它而它便由以出发的特定的思想资料作为前提。"②这说明了人类的一切创造活动都不是凭空进行的,它不能离开前人积累起来的各种成果。现实美的创造也是这样,它总是在继承前人文化传统的基础上,借鉴前人创造美的经验而进行的。只有当前人的精神财富和审美经验转化为新一代的"内部的丰富性",即"同人的本质和自然界的本质的全部丰富性相适应的人的感觉"③的时候,新的创造才有可能提出和完成。一切新的创造,必然是过去的文化传统与生活中出现的新课题、新因素相互作用的产物。因而,现实美的创造是不可能脱离一定的社会精神文明的发展水平的,它必定要接受已有的精神成果的影响和制约。例如,没有光学知识和绘画经验的积累,摄影艺术是不可能产生和发展的。只有当文化发展到了一定的阶段,才有可能提出自然景观和人文景观的自觉保护、自然保护区的设置、自然界生态平衡的维护措施等新的课题。也只有当人们的思想意识、道德情操、审美观念发展到了一定的水平,才会产生各种美化生活、美化自身的相应措施和方式。反过来说,人们的思想意识、道德情操、审美观念的发展,也是由现实的因素所决定、所推动的。现实美的程度愈高,它对人的精神世界的良性影响就愈大。在现实美的创造过程中,在现实美的创造成果中,人类的精神文明也更加

---

① 马克思:《路易·波拿巴的雾月十八日》,《马克思恩格斯选集》第 1 卷,人民出版社 1995 年版,第 585 页。

② 恩格斯:《致康·施米特》,《马克思恩格斯选集》第 4 卷,人民出版社 1995 年版,第 703—704 页。

③ 马克思:《1844 年经济学哲学手稿》,《马克思恩格斯全集》第 42 卷,人民出版社 1979 年版,第 124、126 页。

丰富了。

　　总之,表现于物质生产与社会生活之中的现实美的创造,不能脱离整个社会精神文明的发展水平,同时,现实美创造的深入开展,又反过来促进整个社会精神文明的发展。

11.3　现实美的创造与可持续发展

关于"可持续发展"

　　在工业革命(18 世纪 60 年代始于英国)之后,人类社会步入了高发展阶段。尤其是近百年来,经济增长速度大幅度提高。在现代经济高速增长的情况下,爆发了产业公害,人类的生存环境遭到严重破坏。例如,全球气候变暖、南极上空臭氧空洞的深度已达 5 个珠穆朗玛峰、全球土地退化等等。这样,人们就不得不重新审视经济发展理论,探讨解决危机的办法。1972 年 6 月,联合国以"只有一个地球"为主题,在瑞典首都斯德哥尔摩召开了有 114 个国家参加的第一次"人类与环境"会议。会议通过了著名的《人类环境宣言》和《联合国国际行动计划》,成为世界环境政策的基本指南。1987 年,挪威前首相布伦特兰夫人曾主持联合国世界环境与发展委员会(WCED),发表了《我们共同的未来》的报告;1991 年,世界自然保护同盟(IUCN)、联合国环境规划署(UNEP)和世界野生生物基金会(WWF)共同发表了《保护地球:可持续生存战略》;同年于北京召开了"发展中国家环境与发展部长级会议",发表了《北京宣言》,1992 年,联合国在巴西里约热内卢召开了"环境与发展"大会(UNCED),有 183 个国家参加,会议通过了《关于环境与发展的里约宣言》、《21 世纪行动议程》等重要文件,提出了一个重要口号:"人类要生存,地球要拯救,环境与发展必须协调。"①这些都引起了全世界人民对可持续发展问题的重视。对此我国也作出了积极的响应,制定了《中国 21 世纪议程——中国 21 世纪人口、环境与发展白皮书》。所以,我们今天谈论现实美的创造,就不能不考虑到可持续发展的问题。

　　那么,何谓可持续发展呢? 对于这个问题,目前人们认识还不尽相同,一般都采用布伦特兰夫人的定义。在《我们共同的未来》这个联合国的文件中,她提出了"可

---

　　①　参见余正荣:《生态智慧论》,中国社会科学出版社 1996 年版,第 158 页;王维:《人·自然·可持续发展》,首都师范大学出版社 1999 年版,第 364—365 页。

持续发展"的概念:"既满足当代人的需求,又不对后代人满足其自身需求的能力构成危害的发展"①,就是可持续发展。可持续发展的基本思想是:它并不否认经济增长,而是以创造社会财富、提高生活质量为目标;经济增长必须考虑如何减少损失,减少经济增长对环境的压力,重视自然保护、重视地球生态的平衡,保证以可持续的发展方式使用可再生资源。总之,可持续发展的思想,更注意经济的发展性和持续性,它强调的是环境与经济协调发展,追求人与自然的和谐,既要使当代人类的要求获得满足,又要求不对后代的生存与发展造成危害。

可持续发展的理论核心是社会—生态系统的整体观,它是生态持续性、经济持续性与社会持续性有机统一的发展观,是一种既立足于现实,又着眼于未来的战略思想。在人类面临生态危机的今天,可持续发展的思想对全人类都具有极为重要的理论意义和实践意义。从美学的角度来看,现实美的创造,也必须以可持续发展战略为指导思想,因为现实美的创造必然要利用自然资源,必然要对客观环境产生作用,这就涉及对未来发展有利还是有害的问题。所以,现代美学应当重视生态环境问题,建立生态美学观,只有这样,才能适应后工业文明时代人类社会的发展新要求。

现实美的创造,虽然是人类对于自身生活的美化,但它并不是可以凭着人们的主观意愿任意为之、无所依傍的。它必须在可持续发展的思想指导下,遵循现实美创造的基本原则。

现实美创造的基本原则

现实美的创造,一方面受着人类在实践中获得的内在尺度的制约,另一方面又受着客观物种尺度的制约,这就形成了两条基本的原则:合规律性协调律与合目的性平衡律。如果说,现实美的创造受一定社会的物质文明和精神文明状况的制约,从而规定着它的客观的历史面貌和发展情况;那么,合规律性协调律与合目的性平衡律,则是现实美创造的内在规律。现将两条原则分而论之。

第一,合规律性协调律。

人类为了维护自己的生存与发展,必须通过创造性的活动不断在客观世界中实现自己的目的,这是问题的一个方面;但是,光有主体这方面的一厢情愿是不行的,要取得积极的效果,还必须遵循客观世界的各种规律,协调好各方面的关系。这就

---

① 转引自王军:《可持续发展》,中国发展出版社 1997 年版,第 36 页。

是现实美创造中的合规律性协调律。

客观世界中的大大小小的事物,都存在着一定的规律。这些规律,都是不以人的意志为转移的。不论是自然规律也好,社会规律也好,人们只能认识它、遵循它、利用它,而不能任意违反它。人与动物的一个重要区别,就在于人能够认识规律、掌握规律,在客观规律所允许的范围内,能动地从事各种活动。因此,人的生产劳动都是具有创造性的。动物的生产是片面的,它们只是凭着自己的本能和自己所属物种的尺度进行活动,不懂得也不可能自觉地遵循客观世界的规律。恩格斯指出:

> 一切动物对待食物都是非常浪费的,并且常常毁掉还处在胚胎状态中的新生的食物。狼不像猎人那样爱护第二年就要替它生小鹿的牝鹿;希腊的山羊不等幼嫩的灌木长大就把它们吃光,它们把这个国家所有的山岭都啃得光秃秃的。①

这说明动物的生活活动是盲目的、短视的,人的行为却不能这样。如果仅仅为了眼前的利益,竭泽而渔,不顾后果,那就会受到自然规律的惩罚。我国古代思想家孟轲曾经说:"不违农时,谷不可胜食也;数罟不入洿池,鱼鳖不可胜食也;斧斤以时入山林,材木不可胜用也。谷与鱼鳖不可胜食,材木不可胜用,是使民养生丧死无憾也。养生丧死无憾,王道之始也。"②孟子的这段话,透露出人类与自然界协调发展的可贵思想,可以说是对于合规律性协调律的素朴的初步认识。

人类对于客观世界的各种规律的认识和掌握,当然不是一蹴而就的;相反地,它是人类在不断遭受挫折中付出代价后,慢慢地从实践中总结出来的。人类一天天地学会更加正确地理解自然规律,学会认识人对自然界的惯常行程的干预所引起的后果。滥伐森林造成的水土流失与土地荒芜,教育人们懂得维护自然生态平衡的重要。马铃薯的传播带来的瘰疬症,促使着人类医学科学的发展。各种自然科学的建立与发展,大大开拓了人类的视野,加深了对自然界的正确理解,教育人们日益意识到自身的行为所引起的比较远的自然影响,从而使人类在自然界面前变得越来越聪明,越来越能以大自然的朋友的姿态和眼光来对待自然界。由此可见,合规律性协调律的具体体现,同样有一个客观的必然的历史发展过程。

---

①　恩格斯:《劳动在从猿到人转变过程中的作用》,《马克思恩格斯选集》第 4 卷,人民出版社 1995 年版,第 378—379 页。

②　《孟子·梁惠王上》。

人类的实践活动不仅受着自然规律的制约,而且也受着人类本身的条件——社会生产关系及其发展规律的制约。哥伦布发现了新大陆,却在西半球复活了东半球早已成为过去的奴隶制度,并奠立了贩卖黑奴的基础。大机器的出现,在私有制占统治地位的社会里,给人类带来了"异化"状态,迫使大多数人重新回到无异于动物的悲惨境地。但是,从历史发展的角度来看,奴隶制的产生,异化劳动的出现,都有其新生事物的进步性和历史的必然性。它们的腐朽性是逐步暴露的,它们的消亡,也有待于社会发展到了一定阶段才会形成比较成熟的客观条件。人们不能因为仅仅看到它们有害于人类的一面,就凭着主观愿望让历史的车轮按照自己所设想的轨道去运行。陶渊明所设想的世外桃源,英国人莫尔所创造的乌托邦,都是和谐美妙的理想世界,但实际上并不能够成为现实。但从另一方面来说,历史上提出的种种社会理想以及无数次旨在改变现存社会关系的社会改革和群众运动,都在显露理想与现实的落差中使人警醒,不断加深了人们对于社会发展规律的认识和理解,总是不断地鼓舞着人们为追求实现美好社会理想而斗争。社会发展的客观规律是不能违逆的,人们通过不断加深对它的理解而逐渐接近人类的理想目标,向着理想化的合规律性协调生活的方向迈进。在我们看来,共产主义就是这样的理想社会。恩格斯指出:共产主义应该是"这样一种社会状态,在这里不再有任何阶级差别,不再有任何对个人生活资料的忧虑,并且第一次能够谈到真正的人的自由,谈到那种同已被认识的自然规律和谐一致的生活。"①

第二,合目的性平衡律。

人类作为大自然的一部分,不能脱离整个自然而存在;同时,每一个人作为社会群体的一分子,也不能脱离社会而存在。这样,人类为了维护个体和整个族类的生存与发展,就必须同周围的环境保持一定的平衡关系。这就是合目的性平衡律的基本含义。对于个体来说,打破这种平衡,就意味着疾病或死亡;对于整个社会来说,打破这种平衡,就会造成混乱和灾难。人类为了生存而进行的一切创造性活动,都应当遵循这一合目的性平衡律。"人离开动物越远,他们对自然界的影响就越带有经过事先思考的、有计划的、以事先知道的一定目标为取向的行为的特征。"②这就说明,人类愈来愈能够更加自觉地掌握和运用合目的性平衡律。人类进行现实美的创造活动,其基本原则之一,也就是必须有利于人类自身的生存和发展这样一个

---

① 恩格斯:《反杜林论》,《马克思恩格斯选集》第3卷,人民出版社1995年版,第456页。
② 恩格斯:《劳动在从猿到人转变过程中的作用》,《马克思恩格斯选集》第4卷,人民出版社1995年版,第382页。

目的。

合目的性平衡律的最简单、最基本的形式,是机体需要与客观自然提供的条件之间达到相对平衡。原始人直接采取野果充饥,躲进岩洞御寒,就是为了维持这种最低限度的平衡。这种最低限度的平衡,是一般动物甚至某些植物也能做到的。在长期的进化发展中,那些不能与自然条件保持最低平衡的生物物种,就被大自然无情地淘汰了。因而广义地说,保留至今的所有动物,都具有使自己适应环境从而达到平衡的能力。这种最低限度的平衡,还不是真正人类学和美学意义上的“合目的性平衡”;但它却是人类“合目的性平衡”赖以发展的客观基础。人类改造客观自然的活动,是同适应人的机体需要的目的分不开的。而人的机体的运动及其需求,又有其自身的客观规律。所以,人类追求的合目的性平衡,总是在一定的历史条件下,依据自身机体运动的客观规律而提出来的,是有规律可循的。拿劳动工具来说,马克思称之为“延长了”的人类的“自然的肢体”。人对于延长了的自然肢体的要求,在于它是否能够像自己的四肢那样灵巧方便。因此,凡是灵巧方便,令人称心如意的工具便是美的。“人(和动物一样)靠无机界生活,而人和动物相比越有普遍性,人赖以生活的无机界的范围就越广阔。”[1]利用自然,通过劳动实践改善自然的条件以保证主、客体之间的平衡,才是人类所特有的合目的性平衡律。食物范围的不断扩大,从披兽皮住地穴到各种衣服、建筑的兴起,火的发现和燃料的利用,一直到城市的创建,能源的开发,都是为了追求这种越来层次越高的平衡。

在《愚公移山》的神话故事中,愚公之所以要率领全家搬掉挡住出路的两座大山,就是为了追求更高的生活目的,实现更高意义上的主客体的平衡。从我们中华民族的实际生活来看,长江、黄河曾经长期成为人们通行的严重障碍。如果说在远古时代由于人们生活范围的狭窄,还没有普遍感到跨越天堑之不便的话,那么,随着历史的发展,以及社会交往的频繁,人们征服天堑、便利交通的要求就越来越迫切。从独木舟、木帆船到轮船、火车轮渡,最后到一座座宏伟壮观的大桥的修建,一条条越江隧道的通车,便是我国人民在这个领域追求合目的性平衡的生动写照。

人是万物的灵长。人类应当以主人公的姿态来对待周围的一切,应当从符合人类目的的需要出发来维持同周围环境的平衡关系。随着人类主体自我意识的不断提高,人们也就愈来愈以更高的目的要求来理解和掌握自己同自然与社会环境的关

---

① 马克思:《1844 年经济学哲学手稿》,《马克思恩格斯选集》第 1 卷,人民出版社 1995 年版,第45 页。

系,希望最大限度地保持平衡。换言之,就是使人的"无机的身体"与有机的身体达到最高水平的一致。保护自然资源和各种稀有生物,扩大地表植被以防止大地沙漠化,维护一定区域以至整个地球的生态平衡,属于这一平衡关系的客观方面;计划生育、优生学、医学,以及体育运动的发展、教育的普及、精神文明建设等,则属于这一平衡关系的主体方面。在当代,如前所说,面对着气候变暖、生态危机的新形势,保持整个世界生态平衡以确保人类生活的可持续发展,已经是历史向全人类提出的一个崭新课题。

人类的需要和目的是多方面的,既包括物质生活方面,也包括精神生活方面。为了保证正常的生产劳动的进行,人类尽可能地改造自己的劳动环境和生活环境。相对封闭的环境的设置(盖厂房、搭工棚等)、劳保安全设备的改进、灯光照明的调节、新鲜空气和水的供应、噪音及污染因素的排除,以至研制具有人工智能的机器人等等,都是为了保障人类在尽可能符合自己内在要求的条件下进行劳动。在生活设施的建造方面,如城市和乡村的住房设计、园林建筑、室内陈设、房前屋后及高楼屋顶种花养鱼等等,也都是为了追求符合实践主体的目的需要。此外,人们还有科学、文化、艺术、社交等各种精神需要。只有各方面的目的需要都达到相对满足的时候,才算实现了合目的性平衡。一旦客观环境不利于人的生产与生活,限制和阻挡了人的物质需要和精神需要的提高,主客体之间便失去了平衡。这样,人类就需要通过自己的实践活动,来求得新的平衡。或者说,人的活动由于计划不周而产生了违背自身的目的需要的后果,这就必须调整或改变计划,重新追求新的平衡。这种从平衡到不平衡、再到新的平衡的矛盾发展的历史,就是在合目的性平衡律制约下,人类求得自身生活不断美化的演进史。

总之,人类既然需要保存和发展自身,就要保存和发展自然界;既然需要改造客观世界(从自然索取),就要不断地改造主观世界(认识和掌握客观规律)。人类的有机的身体(自身)和"无机的身体"(自然界)是不能分离的。如果说合规律性协调律代表着手段,合目的性平衡律则体现着目的,手段和目的显然是不可分割的。目的如果脱离必要的手段就是空的,手段如果脱离目的则是盲目无用的。因此,合目的性平衡律只有在合规律性协调律的基础上才能实现,而合规律性协调律必须符合合目的性平衡律的要求才有意义。这两条原则之间的关系,是对立的统一。

人类的共产主义理想,是使人类获得合目的性平衡和合规律性协调的理想的社会形态,即人类真正成为自然和社会的主人,从而获得真正的人的自由的社会形态。所以,马克思作出了这样的结论:这种共产主义,它是"人和自然界之间、人和人之间的矛盾的真正解决,是存在和本质、对象化和自我确证、自由和必然、个体和类之间的斗争的真正解决。它是历史之谜的解答,而且知道自己就是这种解答。"①

复习思考题

1. 现实美的创造包括哪些范围?

2. 现实美的创造与物质文明的关系怎样?

3. 现实美的创造与精神文明的关系怎样?

4. 何谓"可持续发展"? 现实美的创造与它有什么关系?

5. 现实美创造的基本原则是什么? 怎样把握"合规律性协调律"与"合目的性平衡律"?

---

① 马克思:《1844 年经济学哲学手稿》,《马克思恩格斯全集》第 42 卷,人民出版社 1979 年版,第 120 页。

第 12 章　艺术美的创造

在现实生活中,人们在不倦地追求着现实美的同时,也强烈地追求着艺术美。这是因为,艺术美集中地显示着美的特性,具有现实美所无法替代的特殊的审美价值。在现实生活中如果缺少艺术美,社会的审美需要就无法得到充分的满足,生活将变得单调而枯燥,人们审美能力的提高也将受到极大的影响。在人类文明发展史上,艺术美的创造历来受到特别的重视,是有其深刻的社会根源的。因此,探讨艺术美创造的一般规律,是美学研究的重要课题之一。

12.1　艺术作品的创作过程

艺术美存在于艺术作品之中。艺术作品之所以具有审美价值,虽然与作品反映的客观对象的美丑有关,但主要则是由艺术家的本质力量显现为光辉的审美意象所决定的。这种本质力量的显现过程,就是艺术家的审美体验物态化的过程,即艺术美创造的过程。优秀的艺术作品作为艺术家的审美体验的物态化的积极成果,集中地体现了艺术美创造的特有本质。显然,探寻艺术家审美意识的形成及其物态化的特点、规律,便是对艺术美创造的研究。毫无疑问,现实生活是艺术美创造的源泉,艺术家是艺术美创造的主体。艺术家的审美理想,则对艺术美创造具有贯串性的决定作用。事实上,正是在审美理想的烛照下,艺术家经审美反映和审美创造,建构了物化符号形态的艺术作品,才完成了艺术美的创造。纵观这一全过程,主要包含先后承续、渗透、转进的三个环节:审美体验、艺术构思与艺术传达。

审　美　体　验

在第二编第七章里,我们已经阐明人们的审美心理活动有相互关联、逐步深入的不同层次,从审美感受到同情共感直至再创造的超越。艺术美的创造,作为一种最富创造性的审美实践活动,绝不能停留于一般的审美感受或审美经验,而必须由此升华为高层次的审美体验、审美再造。

达·芬奇在总结自己丰富的绘画经验的《笔记》中写道:"我们一切知识来源于我们的感觉。"①"假设你不是一个能够用艺术再现自然一切形态的多才多艺的能手,也就不是一位高明的画家。"因为,"不观察它们,不在心中再现它们,你就办不到这一点"②。对现实中有关人物的审美体验,正是达·芬奇在绘画中创造的审美意象的基础。在作画之前,达·芬奇常把自己的体验在脑子里勾画出来,并用文字记入自己的笔记。关于《最后的晚餐》,他在笔记中写道:"一个正在饮酒的人把杯子放回原处,掉头对着讲话的人。另一个人绞着自己的手指蹙着眉望着他的同座。另一个人摊开双手,露出掌心,两臂高耸触耳,满脸惊讶。另一人对邻座耳语,而这人一手拿着餐刀,另一手拿着刚切一半的面包,掉过头来听。另一人转身的时候手里的餐刀打翻了桌上一只杯子。……"③这些人物的表情姿态,尽管与完成的作品中的人物造型并非一一直接吻合,但无可否认,却是构成作品艺术图像的基础。

一切艺术美的创造,都是以艺术家在现实生活中获得的审美感受为其发端的。《乐记》中说:"乐者,音之所由生也。其本在人心之感于物也。"④钟嵘说:"气之动物,物之感人,故摇荡性情,形诸舞咏。"⑤这就说明,没有审美感受,艺术美创造的其他环节都是难以形成的。

审美感受是感知、想象、情感、思维(理解)几种功能相互交融的复杂的心理过程。审美感受一般不离开对感性对象的直接观照,是由形式感知引起兴发感动而逐步情意化的审美直觉,从而形成伴和着感情又包含着理性因素的审美意象。在审美感受中,理解因素寓于直觉,还是肤浅的,还需要经审美理想的烛照,转化为审美体验,才能进入艺术美创造的实质性阶段。然而,由于审美感受既是寓有理性因素的

---

①　《芬奇论绘画》,戴勉编译,人民美术出版社 1979 年版,第 48 页。
②　同上书,第 41 页。
③　同上书,第 189 页。
④　《乐记·乐本》。
⑤　《诗品·序》。

感性直觉,同时又渗透着情感的因素,这就使审美感受毕竟有别于一般的感觉,从而具有了整个艺术创作活动开端的意义。而且,审美意象也以其感性形式与审美感受相联系,它正是在审美感受的基础上发展而来,在审美感受的积聚深化中逐步形成的。从这一意义上讲,审美感受是艺术创作的基础性环节。

审美感受作为初级状态的审美意识,具有个别性、局部性的特点。这是因为,一方面,审美感受是偏于感性直觉的反映形式,缺乏深刻的内在理性内涵;另一方面,审美感受的产生,从对象而言,总是由具体物象引发的,带有个体性和分散性。从审美主体来说,感知的反映和接收能力,总是有限的,即便在被感应被接收的物象中,也还会因引起的兴奋程度的差异而有所选择和侧重。当然,仅仅凭借这些呈分散状态的个别局部性的审美感受,还不可能直接物态化为艺术作品。但是,正是靠着这些点滴感受的积累,这些零星意象的矛盾和联系,才促使艺术家在联想、想象中,循着特定的情感脉络逐步转进到审美体验的层次之中。高尔基说:"我并不承认自己是大师,能够创造出和奥勃洛摩夫、罗亭、梁桑诺夫等典型与性格具有同等艺术价值的性格和典型来。但是为了写《福玛·高尔捷耶夫》,我同样不得不观察几十个对自己的父亲的生活与工作感到不满的商人的儿子"①。正是在对这一个又一个"商人的儿子"的观察中,获取了丰富的个别的和局部的审美感受,高尔基才有可能进而获得审美体验,并在审美理想的指引下提炼和创造出福玛·高尔捷耶夫这一艺术典型来。阿Q的"影像",早在动手创作《阿Q正传》之前,即已在作者脑海中浮现,而构成阿Q"影像"的点滴零星的审美感受,则更是早在鲁迅的生活实践中就已不断产生了。鲁迅曾说:"画家的画人物,也是静观默察,烂熟于心,然后凝神结想,一挥而就,向来不用一个单独的模特儿的。"②这既是对审美感受具有个体局部性的剖示,也同时强调了在审美体验中将零星感受融会贯通、积聚升华对艺术创作的意义。

审美体验在艺术美创造中构成特殊的审美意识,它同包含感官愉悦在内的一般审美感受等审美经验形态也有一定区别,是一种丰富多样、生动活泼、深厚深刻的审美形态。歌德称之为:"感性的、生动的、可喜爱的、丰富多采的""印象"③;托尔斯泰强调他要传达给人的是"体验"这种东西④;冈察洛夫则直言:"我只能写我体验过的

---

① 高尔基:《谈谈我怎样学习写作》,戈宝权译,《论文学》,人民文学出版社1978年版,第194页。
② 鲁迅:《〈出关〉的"关"》,《鲁迅全集》第6卷,人民文学出版社1981年版,第519页。
③ 《歌德谈话录》,朱光潜译,人民文学出版社1978年版,第147页。
④ 托尔斯泰:《艺术论》,丰陈宝译,马奇主编《西方美学史资料选编》下册,上海人民出版社1987年版,第706页。

东西"①。所以，只有这种称得上审美体验的特殊审美意识，才可以通向艺术美的创造。

审美体验的一个重要特征，是伴随着紧张、剧烈的内心乃至外部形体的一系列活动。审美活动由审美感知始，经审美想象、审美情感的交融，进入审美体验与体悟，始终伴随着一种亢奋、热烈的情绪，奔涌着一股强大的生命之流。正如威廉·詹姆斯所描述的："当美激动我们的瞬息之际，我们可以感到胸部的一种灼热，一种剧痛，呼吸的一种颤动，一种饱满，心脏的一种翼动，沿背部的一种震摇，眼睛的一种湿润，小腹的一种骚动，以及除此而外的千百种不可名状的征兆。"②这种状况常常使艺术家陶醉，乃至如痴如狂。郭沫若创作《女神》时，处于一种极度抖颤、不能控制的状态之中，巴金经常感到自己被内心某种神奇超常的力量推演为写作"工具"，巴尔扎克时常情不自禁地嚎啕大哭，福楼拜竟以为"爱玛就是我"，托尔斯泰与作品中人物悲喜与共，情感大起大落，……

审美体验伴随着紧张、激烈的内心乃至外在活动，同时展开了体验审美物象、超越审美物象的心灵创造活动。遍照金刚的《文镜秘府论》说："感兴势者，人心至感，必有应说，物色万象，爽然有如感会。"③在动情、动思融入了主体心灵创造因素的审美体验中，审美活动再也不只是纯客观"复现"式的"反映"或"映现"审美物象了。出现在这一审美境界中的是"万象"自天而降，联翩奔涌而来，倏忽即逝。似乎为一些无意识、非理性、超人格的神力差遣，在"起兴"或"感兴"的状态中"爽然感会"，构成兴中之象、兴造之象、有兴之象的"兴象"。这种成为审美体验独特成果和标志的"兴象"，产生在审美活动深化的进程中："当其有所触而兴起也，其意、其辞、其句，劈空而起，皆自无而有，随在取之于心，出自为情、为景、为事，人未尝言之，而自我始言之，故言者与闻其言者，诚可悦而永也。"④这种"众里寻它千百度"也难以觅求，却在突然间降临于"灯火阑珊处"⑤的"兴象"，是在往昔的记忆意象、当前的感知意象和未来理想的碰撞和融通中迸发出来的新的审美意象，是艺术家独到的审美体悟与发现，是艺术家对其所经历的有关人生在审美体验的瞬间所获取的升华是"自无而有"，"自我始言之"的崭新的审美创造。这种在社会实践基础上所获得的有限中见

---

① 冈察洛夫：《迟做总比不做好》，李邦媛译，《古典文艺理论译丛》第 1 辑，人民文学出版社 1962 年版，第 189 页。

② 詹姆斯：《心理学原理》第 2 卷，纽约 1890 年英文版，第 470—471 页。

③ 《文镜秘府论·地卷·十七势》。王利器：《文镜秘府论校注》，中国社会科学出版社 1983 年版，第 126 页。

④ 叶燮：《原诗·内篇》。

⑤ 辛弃疾：《青玉案·元夕》："众里寻他千百度，蓦然回首，那人却在，灯火阑珊处。"

无限、刹那中见永恒的体验,这种发现于审美体验之中真正体现着美的"兴象",被艺术家遵循艺术规律、运用相应的艺术形式转化为物态化的审美意象,便是艺术美的创造。

艺 术 构 思

艺术家从生活中获得的审美体验,不管怎样令他激动不已,以至产生创作的冲动,但对一部完整的艺术作品及其艺术美而言,却仍然是分散、零星的。要把呈分散、零星状态的材料及审美体验,经选择、提炼、改造和生发,从而组合、构建成一部完整的艺术作品,首先必须在头脑中构成一个审美意象的体系,这就是艺术构思的任务。要言之,艺术构思就是艺术家以审美体验为基础,经反复酝酿和推敲,最后完成未来作品的总体建构及其相关的细部描画的全面设计与实施方案的酝酿过程。

艺术构思,是艺术家由审美体验转向审美创造时特有的精神活动,它不仅要求基本完成特定审美意象在自己内心中的建构,而且还要对这一意象的艺术表达方式与途径,作出初步的设定。在创作中,艺术家在审美理想的烛照下,其零星的、分散的审美感受经由审美体验,不断集中、升华为特定的审美意象体系,使自身对众多社会人生的体验渗透在环境、氛围、情节之中,使自己对于人生的领悟凝聚为特定的、完整的创作蓝图。例如,刘洛生的套色木刻《运木出山》,以森林、积雪和天空构成的无限广阔的自然环境为背景,借满载木材的运木车的强烈动势,与寂静的山林相对照,和飘荡的流云相呼应,使原始森林活跃起来,充满生气,生动地传达出新生活的节律。这一曲引起观赏者强烈共鸣的劳动赞歌,正是作者对于森林伐木生活的诗意和美进行独到的体验和构思的成果。

艺术家在艺术创作中心灵活动的方式属于艺术的掌握世界的方式,通常人们也称之为形象思维、艺术思维或审美思维。由于艺术构思是整个创作过程的中心环节,人们也常常把艺术构思与形象思维等量齐观。艺术的掌握世界的方式,是同科学精神的、宗教精神的、实践精神的掌握世界的方式相并列的一种特殊的方式①。它的特殊性在于,通过对于感性世界的感受、体悟、领会、解释,借助于联想、想象而

---

① 马克思在论述政治经济学的方法谈及科学的思维方法时说:"整体,当它在头脑中作为思想整体而出现时,是思维着的头脑的产物,这个头脑用它所专有的方式掌握世界,而这种方式是不同于对于世界的艺术精神的、宗教精神的,实践精神的掌握的。"(《〈政治经济学批判〉导言》,《马克思恩格斯选集》第2卷,人民出版社1995年版,第19页。)

生发开来的心理活动过程。在这一过程中,感受、体悟中包含着领会、解释,同样也存在由感性到理性的深化和飞跃,甚至可以蕴含着十分深刻的人生哲理性体验的高度概括,但是,它却是始终不脱离感性对象的整体性体验,而不是抽掉具体感性特征之后对于本质规定性的概括、判断,它不采用通常认识过程中的逻辑推理的抽象过程。从这个意义上说,将艺术的掌握世界的方式或艺术构思过程称为"形象思维",是不甚科学的提法。因为按照认识论和心理学的一般规定,思维的形式是概念、判断、推理,思维的方法是抽象、归纳、演绎、分析与综合,思维等同于逻辑思维。由此可见,把艺术构思称为形象思维就会忽视艺术的掌握世界方式的特殊性,甚至导致用抽象的逻辑思维规律硬套艺术创作过程的错误。但是,考虑到形象思维的提法已经广为流行,只要我们充分阐明它的特殊性,使它与抽象的逻辑思维区分开来,那么,采用审美思维或形象思维的说法仍然是方便可取的。

审美思维的特殊性可以归纳为两个方面:

首先,表现为把握对象的方式的特殊性。人的审美活动是面对整个社会人生的意识活动,是人的生存、生命活动的一部分。依照海德格尔的基础存在论的说法,人作为"此在"的首要的基础性前提是"在世"("在世界之中"),"在世"是此在的基本建构;人在世的"现身情态"即日常的感觉、情绪状态就包含着领会,人对于与生俱来的生存状态的切身领会是人生的缘发性意识,所以情绪先于认识,"情绪是此在的原始存在方式"①。人对于世界的艺术的掌握方式指的就是这种缘发性情绪状态的领会方式,是对于周围世界和人生状态的体悟,是对人生意义的理解。它不会脱离感性世界的具体情景状貌,也不会脱离审美主体的喜怒哀乐的情绪体验,而是将这两者结合为一体,形成富有主观感情色彩的、具体的审美意象世界。艺术家的艺术构思过程就浸沉在这样的审美意象世界之中。

其次,表现为深化理解的途径的特殊性。人类抽象思维的一般规律,是通过对大量个别物象由表及里的解剖,经过概念、判断和推理的逻辑过程,达到对事物本质的理解。这里,准确的数据的建立,严密的逻辑关系的强调,揭示普遍性的追求等等,成为至关重要的环节。由审美感受经审美体验向审美意象飞跃的审美思维,并不以数据为基础,更不受数据的制约。有时候,可能是沿着由少数和个别事实所引起的感受生发开去;有时候,由特定感受展开的愈趋深入的思维脉络,恰恰是与某些真实的现象不相吻合甚至背道而驰的。审美思维是对特定审美感受的深化开掘,是从某个角度或侧面深刻领会人生意义的底蕴。因此,它并不热衷于去觅获那种具有

① 海德格尔:《存在与时间》修订译本,陈嘉映、王庆节译,三联书店 2000 年版,第 159 页。

最大外延的本质概括,而是特别着力于对审美意蕴和审美价值的热烈追求和深入把握。在这里,主观情感因素具有巨大的潜在能量,制约和推动着理性因素的发展和想象的进行,这便在审美思维中形成了无形的情感逻辑,并且常常起着决定性的作用。

审美思维或形象思维的心理活动的基本方式是想象。想象同思维一样,都是人的高层次的心理活动方式,是运用记忆中的原有表象形成新的意象的心理过程。马克思在研究原始社会发展的过程时,认为想象属于"人类的较高的属性",是经过蒙昧时代之后在"野蛮时代低级阶段"发展起来的:"对于人类的进步贡献极大的想象力这一伟大的才能,这时已经创造出神话、故事和传说等等口头文学,已经成为人类的强大的刺激力。"①想象的重要作用,首先表现为劳动之前对于劳动产品的设想。"劳动过程结束时得到的结果,在这个过程开始时就已经在劳动者的想象中存在着,即已经观念地存在着。"②同样道理,想象也是一切艺术创造和科学发明的重要前提。在西方美学史上,许多理论家都把想象和审美思维看成是同一回事。亚里士多德说:"想象和判断是不同的思想方式。想象是可以随心所欲的……"③。莎士比亚说:"疯子、情人和诗人都是满脑子结结实实的想象。……诗人转动着眼睛,眼睛里带着精妙的疯狂,从天上看到地下,地下看到天上。他的想象为从来没有人知道的东西构成形体,他笔下又描出它们的状貌,使虚无杳渺的东西有了确切的寄寓和名目。"④高尔基认为:"想象在其本性上也是对于世界的思维,但它主要是用形象来思维,是'艺术的'思维;可以说,想象——这是赋予大自然的自发现象与事物以人的品质、感觉、甚至还有意图的能力。"⑤在感觉、知觉、记忆、体验等诸多心理能力中,想象,对创造具有特殊审美价值的意象,完成作品的艺术构思,有着突出的作用。纷纭繁杂的生活现象,引起艺术家多种多样的审美表象,其间,有些是相近、相似、相通的,有些是截然相反的,有些则毫无关联的。但在某种现实条件的刺激下,种种不同的审美表象,又都会与艺术家记忆库存的内在因素发生交叉错综的关系。通过想象,艺术家可以把记忆中的各种表象重新组合起来,使之获得新的意义。例如现实生活中秋瑾被杀与某些愚昧者用人血馒头治痨病本是不相干的事,鲁迅在《药》中通

① 马克思:《摩尔根〈古代社会〉一书摘要》,《马克思恩格斯全集》第45卷,人民出版社1985年版,第384页。

② 马克思:《资本论》第1卷,《马克思恩格斯选集》第2卷,人民出版社1995年版,第178页。

③ 亚里士多德:《心灵论》第3卷第3章。引自《外国理论家作家论形象思维》,中国社会科学出版社1979年版,第8页。

④ 莎士比亚:《仲夏夜之梦》。引自《外国理论家作家论形象思维》,第13页。

⑤ 高尔基:《谈谈我怎样学习写作》,戈宝权译,《论文学》,人民文学出版社1983年版,第160页。

过想象把两者联结起来,就具有了撼人心脾的艺术力量。同时,通过想象,艺术家还可以虚构现实生活中并不曾存在的事物,通过表象的变幻组合,创造新的艺术世界。正如古希腊的阿波罗尼阿斯所指出的,想象所创造的那些艺术品,"它的巧妙和智慧远远超过摹拟。摹仿只会仿制它所见到的事物,而想象连它所没有见过的事物也能创造,因为它能从现实里推演出理想。"①《西游记》里的"天宫",拉斐尔笔下的圣母,米开朗琪罗塑造的"地狱"等,都是艺术家通过想象,从现实里"推演"出来的。

　　在艺术构思中,推动想象活动的基本动力的情绪和情感,占有特殊重要的地位。我国最早的音乐理论专著《乐记》,就已认识到情感对音乐创作的作用:"凡音者,生人心者也。情动于中,故形于声;声成文,谓之音。"②别林斯基说得就更明白、更彻底:"感情是诗情天性的最主要的动力之一;没有感情,就没有诗人,也没有诗歌"③。艺术家在进行艺术构思时是沉浸在情感的漩涡中的。李贽写道:"且夫世之真能文者,比其初皆非有意于为文也。其胸中有如许无状可怪之事,其喉间有如许欲吐而不敢吐之物,其口头又时时有许多欲语而莫可所以告语之处,蓄极积久,势不能遏。一旦见景生情,触目兴叹;夺他人之酒杯,浇自己之垒块;诉心中之不平,感数奇于千载。既已喷玉唾珠,昭回云汉,为章于天矣,遂亦自负,发狂大叫,流涕恸哭,不能自止。"④白居易指出"情"是艺术之"根":"感人心者,莫先乎情,莫始乎言,莫切乎声,莫深乎义。诗者:根情,苗言,华声,实义。"⑤艺术家在构思中想象力为什么那样活跃,能够"精骛八极,心游万仞"⑥?原来,想象力是受着情感活动的驱使的。情感的旋风停止了,想象的羽翼也就失去了飞翔的能力。事实上,艺术家从饱含感情品味人生境遇,经深切体验跃入理性领悟,再化为审美评价融入艺术构思,情感因素不仅作为推动深化的动力,而且渗透其中成为具有特殊意义的有机成分。大至意象体系的布设和意境的开拓,小到艺术细节的提炼和安排,无不受到这种情感的诱导和支配。例如,毕加索的《格尼卡》这幅画的创作构思的起点,就是基于画家的义愤。1937 年西班牙巴斯克省文化中心格尼卡遭到德国法西斯空军的狂轰滥炸,被夷为

---

　　① 斐罗斯屈拉德斯:《阿波罗尼阿斯传》,《外国理论家作家论形象思维》,中国社会科学出版社 1979 年版,第 9 页。

　　② 《乐记·乐本》。

　　③ 别林斯基:《爱都华·古别尔诗集》,《外国理论家作家论形象思维》,中国社会科学出版社 1979 年版,第 74 页。

　　④ 《杂述·杂说》,《焚书》卷三。

　　⑤ 白居易:《与元九书》。

　　⑥ 陆机:《文赋》。

平地。毕加索得悉之后,极为悲愤,就为巴黎世界博览会西班牙馆画了这幅壁画,以此作为对法西斯暴行的抗议。画面上的形象是变了形的、支离破碎的牛头、马身、妇女、儿童的类乎纸片的东西罗列在画布上,画的设色与构图,明显地体现着情感的需要。在这动乱的物体中看到的是仰天狂叫的求救者、奔逃的脚、濒死的马、断臂倒地的士兵、抱着死婴号啕大哭的母亲、木然屹立的公牛、吓得发呆的见证人……,画面聚集了残暴、痛苦、绝望、恐怖等含义。毕加索写道:"为什么我要如此行事? 很简单,我希望的仅仅是它能喷射出热情。"[1]

在艺术构思阶段,艺术家往往会在苦苦思索、久久不得要领的情况下,突然出现一种精神亢奋、思绪飞扬、茅塞顿开的心理状态,使创作达到出神入化的境界。这就是创作中的灵感现象。由于灵感具有突发性,难以有意识地驾驭,因而常常令人感到神秘。柏拉图就把灵感解释为一种"神力",诗人得到灵感进行创作,就是"由神凭附来向人说话"[2]。其后又有人用天才论、无意识或直觉论来解释灵感,一直未脱去灵感论的神秘外衣。其实,灵感降临的偶然性的背后还是以必然性、规律性作为基础的,仍然是可以解释的。灵感的降临并不是靠思考推理而得来的,而是当事者在一定的心理定势前提下形成一种诱发态势;然后遇到机缘合适的新信息,在大脑皮层突然闪现形成新的信息通道,于是就感到豁然开朗,甚至达到无比激动、亢奋的激情状态。这里所说的心理定势,包括面对难题急于解决的心理境域,也包括当事者心中积压长期求索而未解的心理境域。心理定势形成一种难题有待解决的准备状态,使当事者在心理和行为上具有一定的指向性,并且调节着当事者的意识活动和无意识活动,形成蓄势待发之势。这种蓄势待发状态作为基础和前提,就有可能在合适的信息出现之后迅速形成新的电路接通,出现富有创造性的意识成果。艺术家正是凭借着异常丰厚的审美意识的积累,以及潜藏于意识深处的一片深广辽阔的无意识的海洋,使其在高度集中地进行审美创造的艺术构思阶段左右逢源,处于特别兴奋、活跃状态的审美意识以其特有的渗透和转化方式,给艺术家提供了具有某种决定意义的灵感。

所以,灵感并不神秘,它是创作中的一种"顿悟"现象。百思不解的艺术家偶然受到某种生活事件的触发,在头脑中顿然出现了一种清晰的图景,仿佛一切都被照亮了,这就是灵感的爆发。唐代书法家张旭看了公孙氏舞剑而悟到了他的书法应有的气韵;京剧艺术家盖叫天从袅袅上升的烟柱获得了京剧舞姿的灵感。列夫·托尔

---

① 毕加索:《与泽沃的谈话》,《世界美术》1981 年第 1 期。
② 柏拉图:《伊安篇》,《文艺对话集》,朱光潜译,人民文学出版社 1963 年版,第 9 页。

斯泰在日记中记载了他由于看到路边生命力旺盛的鞑靼花(牛蒡)想起了顽强生存的哈泽·穆拉特,于是创作了同名小说。画家苏里柯夫因为别墅木屋漏雨而突然想起有同样遭遇的缅希柯夫,画下了名画《缅希柯夫在别廖佐夫》……

灵感具有两个显著的特点:一是灵感的来临具有不期然而然的突发性;二是灵感到来时精神上处于一种高度集中、高度灵敏的亢奋状态。冈察洛夫曾经说过:"我起初写得没精打采、笨头笨脑、枯燥无味……我自己都常常没兴趣写了,直到突然光芒四射,照亮了我应该走的道路。"①正因为灵感是突然发生的,所以许多偶然性因素往往触发着灵感的产生。只有在长期的生活积累的基础上,才会产生这种现象。"长期积累,偶然得之",这便是灵感的实质之一。由于作家长期思考的问题骤然得到解决,因而茅塞顿开,文思泉涌。陆机说:"若夫应感之会,通塞之纪,来不可遏,去不可止。"②这种情况的产生,完全是因灵感唤起丰富的想象力的结果。总之,灵感是艺术构思过程中所出现的一种特殊的心理现象。它既依赖于艺术家平时丰富的生活积累,又依赖于艺术家对他所创造的意象的不倦的追求。灵感,实际上是对艰苦的精神劳动的优惠奖赏!

艺 术 传 达

艺术构思还只是在艺术家头脑中对艺术作品的设计,此后的工作就是艺术传达。

艺术传达是一种把精神活动转化为物态化形式的实践活动。它的任务就是把经艺术构思浮现于艺术家头脑中的审美意象体系外化为物态化形式的艺术品。因此,艺术传达必须借助一定的物质材料,画家需要借助于笔墨、颜料、纸张或者画布,雕塑家要借助于青铜、石头、象牙及黄泥,即便是运用音响、语言等符号系统的艺术,也需要借助实践活动将它外化出来,音乐家创作离不了钢琴,作家也必须借助纸笔或电脑把文字固定下来,如此等等。显然,艺术传达环节带有物质生产活动的某些特性。艺术传达所创造的产品不是实用物品,而是一种物态化的欣赏对象。它的审美特性,又决定它要遵循艺术创作的特殊规律来创作。艺术传达对构成和显示艺术的基本特性,具有至关重要的意义,是艺术构思能不能变成艺术品的客观存在物的

---

① 冈察洛夫:《迟做总比不做好》,李邦媛译,《外国理论家作家论形象思维》,中国社会科学出版社1979 年版,第 108 页。

② 陆机:《文赋》。

关键所在。

意大利现代美学家克罗齐从他的"直觉即表现"的著名学说出发,把艺术创造局限在艺术家的心灵活动之中,从而取消了艺术创作中的传达活动。他说:"那些叫做诗、散文、诗篇、小说、传奇、悲剧或喜剧的文字组合,叫做歌剧、交响乐、奏鸣曲的声音组合,叫做图画、雕像、建筑的线条组合,不过是再造或回想所用的物理的刺激物。""美不是物理的事实,它不属于事物,而属于人的活动,属于心灵的力量。"①这种割裂精神与物质关系的说法,背离了艺术的根本特性和艺术创作的基本规律。这实际上就否定了艺术家把审美认识和审美创造转化为物态化形式的艺术美的可能性,也就从根本上取消了艺术作品和艺术美的客观存在。

事实上,艺术传达活动,是艺术创作中一个与艺术构思密不可分的环节。美国哲学家布洛克说:"当我们以语言、色彩、声音或诸如此类的东西表现我们自己时,我们并不是先想好自己将要表现什么,然后再决定用什么方式表现。……我们清楚地知道自己将要表现什么时,也就是这种东西已通过我们使用的表现媒介——语言、色彩和形状——被构造出来之时。"②在实际的创作过程中,意象的产生总是与传达方式的构想同步行进的。画家想象人物模样和作品构图时,必定连同线条、颜色、光彩一起构思;诗人构想意境时,更是离不开语词、文句及其声音、意义的选择、提炼和推敲。显然,艺术家的构思包孕着传达的因素。诚如黑格尔所说:"按照艺术的概念,这两方面——心里的构思与作品的完成(或传达)是携手并进的。"③因此,虽然从总体来说,艺术传达是把审美意象导引、转化为艺术作品的手段,但就其审美创造的本质而言,艺术传达决非只是把艺术从内心意象移植为外在形态的搬运工,它所包含的也决不仅仅是技术、技艺、技巧等纯形式的东西。质言之,艺术传达,既在审美理想的烛照下以潜在形态与艺术构思渗透并进,又在艺术创作的物态化阶段以显在形态与艺术构思相交融。此时,构思阶段的思维和情感活动继续处于兴奋状态,并在积极延续中愈趋深入和强化。

此外,艺术传达,作为审美创造的物态化实践活动,还兼负有一项势所必然的任务,就是对艺术构思的意象化成果加以检验,并进而予以修正、深化和完善。这是因为,在审美意象物态化为成品的创作实践过程中,总会发现主观设想与客观实际某些脱节的地方,需要加以调整;而且,人们的认识,也总是在实践中不断发展和深入

①　克罗齐:《美学原理》,朱光潜译,《〈美学原理〉〈美学纲要〉》,外国文学出版社1983年版,第107—108页。

②　布洛克:《美学新解》,滕守尧译,辽宁人民出版社1987年版,第167页。

③　黑格尔:《美学》第1卷,朱光潜译,商务印书馆1979年版,第363页。

的。因此,艺术传达在艺术创作过程中,仍是一个极富于创造性的阶段。艺术构思对艺术传达有着根本性的决定和支配作用。它在艺术构思物态化的过程中得到完善之后,又进一步促进艺术传达臻于完善。艺术创作的理想境界,正是在艺术构思与艺术传达两者辩证渗透和促进中实现的。托尔斯泰在《安娜·卡列尼娜》的创作中,就明显地经历了这样的过程。在直接传达艺术构思的初稿中,安娜在精神气质上含有品行不端的因素;卡列宁外表固然平庸、不动人,却因其善良,能引起某些同情;渥伦斯基也显得可爱、聪明。但在定稿中,这些人物的性格特征,都有了较大的变化。女主角具有了非凡的魅力,成为一个高尚动人、诚实真挚的人;卡列宁成了冷酷无情的官僚,麻木不仁的"部里面的机器";渥伦斯基则成为彼得堡"花花公子"的典型。小说在结构方面也几经反复,最后才得到最为满意的定稿本。

艺术传达,须遵循艺术规律。一切艺术门类,都要按照某些共同的规律来创作。同时,各种不同的艺术门类,由于熔铸意象体系的方式和运用的物质材料各不相同,在艺术传达上还须遵循各自特殊的规律。比如,一定的物质材料有其自身的性能,而用之于作为体现审美意象的媒介,又有其特定的规律。综合掌握这些特性的规律,在艺术传达中不只是理论认识的问题,而且必须转化为自由驾驭的熟练技能。如歌唱家过硬的嗓音,作曲家对音响、旋律的性能和规律的娴熟把握,雕塑家巧夺天工般的操刀绝技,文学家遣词造句的特有功力等等,都是艺术家进行艺术传达所必须具备的技术条件。高妙的艺术技巧正是在此基础上产生的。高尔基说:"必须知道创作技巧。懂得一件工作的技巧,也就是懂得这一工作本身。总的来说,在劳动和创作的一切领域内,技巧是文化成长的一个基本力量,是文化全部过程的一种主导力量。可以看到许多,读到许多,也可以想象出一些东西,但是要做,就必须有本领,而本领是只有研究技巧才能获得的。"[1]凡是真正的艺术,都有赖于高明的技巧。技巧,既是对艺术手段的熟练运用,其中又充满了创造性。石涛说:"'至人无法',非无法也,无法而法,乃为至法。……夫画:天下变通之大法也"[2]。所谓"法",就是创作规律;所谓"无法而法",就是对规律的创造性的自由把握。其中,技巧起着重要作用。什么是艺术技巧呢? 美国马·肖勒认为:"内容(或经验)与完成的内容(或艺术)之间的差距便是技巧。"[3]应该承认,这个看法是有其深刻意义的。艺术家头脑中的构思,与作品的审美意象之间的差距,是由艺术家的艺术表现能力造成的,而艺

---

① 高尔基:《谈谈〈诗人丛书〉》,孟昌译,《论文学》,人民文学出版社 1978 年版,第 42—43 页。

② 《石涛画语录·变化章第三》。

③ 肖勒:《技巧的探讨》,《世界文学》1982 年第 1 期。

术表现能力的强弱,反映着艺术技巧的高低。因此,艺术的魅力,很大程度上是与艺术技巧的高低分不开的。刘熙载评论孙过庭所书之《书谱》说:"用笔破而愈完,纷而愈治,飘逸愈沈著,婀娜愈刚健。"①这种"在唐为善宗晋法"的草书风格,正是与孙过庭的书法修养和技巧分不开的。

12.2　艺术典型与意境的创造

艺术美体现于艺术作品的外部形态及内部结构的各个方面,体现于它所反映的社会生活内容蕴含的深邃的思想和隽永的韵味,而从艺术美的创造角度来说,它的集中体现,是艺术典型与艺术意境。偏重于再现型的艺术,比如雕塑、戏剧、电影、风俗画和叙事文学作品等,通过艺术的典型化创造艺术典型。偏重于表现型的艺术,比如建筑、音乐、舞蹈、山水画和抒情文学作品等,通过意境的创造与开拓,完成艺术美的创造。

偏重于再现的艺术的典型化

偏重于再现的艺术的典型化,以创造完美的艺术典型为目标。这种典型化工作,包括概括化与个性化两方面的内容。

艺术典型的概括化,要求概括事物的某些共同特征。丹纳在考察已有说法之后得出结论说:"艺术品的目的是表现某个主要的或凸出的特征,也就是某个重要的观念,比实际事物表现得更清楚更完全……"②强调艺术应当比实际的事物"表现得更清楚更完全",这当然是对的;但是,艺术的概括化并不是单纯对某些共同特点的展示,更不是图解"某个重要的观念"。概括化的根本要求,在于通过对共性特点的展现,深刻地揭示该事物之所以为该事物的本质特征或必然规律。简单地说,概括化的实质,是展示必然性。

揭示事物必然性的概括化,使艺术典型具有反映特定生活内容的普遍性。亚里士多德早就指出,艺术创作要描写"按照可然律或必然律可能发生的事",并且明确地把它与普遍性相联系。他说:"诗所描述的事带有普遍性,历史则叙述个别的事。所谓'有普遍性的事',指某一种人,按照可然律或必然律,会说的话,会行的事,诗要

①　刘熙载:《书概》,《艺概》卷五,上海古籍出版社 1978 年版,第 156 页。
②　丹纳:《艺术哲学》,傅雷译,人民文学出版社 1963 年版,第 28 页。

首先追求这目的,然后才给人物起名字"①。列宁说:"必然性＝'存在的一般性'(存在中的普遍性)"②。这就是说,只有深刻地揭示必然性,才能正确而充分地显现一般性。

典型化过程中的概括化,并不在于表现某一人物所属阶级共性的多少,也不在于它是否表现了某一阶级的主要阶级特征。它既可以展示某个阶级的某些主要属性,也可以展示其他非主要的特征。关键在于深刻地揭示这些属性、方面、特征之所以成为有关人物的属性、方面、特征的必然性。独一无二的传奇人物白毛仙姑,为体现国民性弱点而创造出来的阿 Q,都令人信服地获取了无与伦比的普遍性,成为极为成功的艺术典型。《红楼梦》中对于林黛玉的描写,并没有着力于揭示她的主要阶级属性,然而林黛玉的叛逆性格的形成,恰恰深刻地概括了历史的必然性,因而也是世界艺术史上的不朽典型之一。

偏重于再现的艺术,侧重于客观具体地描绘一定时代的社会生活,着力塑造典型人物。在这里,概括化的核心问题,便是通过具体人物展示特定的社会历史必然性。黑格尔说:"日常的外在和内在的世界固然也现出这种存在本质,但它所现出的形状是一大堆乱杂的偶然的东西,被感性事物的直接性以及情况、事态、性格等等的偶然性所歪曲了。艺术的功用就在使现象的真实意蕴从这种虚幻世界的外形和幻相之中解脱出来,使现象具有更高的由心灵产生的实在。因此,艺术不仅不是空洞的显现(外形),而且比起日常现实世界反而是更高的实在,更真实的客观存在。"③黑格尔所说的体现必然性的"更高的实在",是基于他的先验的绝对理念的演变过程而提出的,如果我们把它置于社会历史发展的客观规律之上,他讲的道理仍然包含着可供我们汲取的合理的内核。恩格斯在批评《城市姑娘》不典型时指出,小说既没有表现"工人阶级对他们四周的压迫环境所进行的叛逆的反抗,他们为恢复自己做人的地位所作的极度的努力",又没有揭示出以耐丽、乔治为代表的伦敦东头工人群众为什么"那样不积极地反抗,那样消极地屈服于命运,那样迟钝",所以整个说来,作品缺乏必然性,"还不够现实主义"。恩格斯在这封写给哈克奈斯的信里强调:"据我看来,现实主义的意思是,除细节的真实外,还要真实地再现典型环境中的典型人

---

① 亚里士多德:《诗学》,罗念生译,《〈诗学〉〈诗艺〉》,人民文学出版社 1962 年版,第 28—29 页。

② 列宁:《黑格尔〈哲学史讲演录〉一书摘要》,《列宁全集》第 38 卷,人民出版社 1959 年版,第 291 页。

③ 黑格尔:《美学》第 1 卷,朱光潜译,商务印书馆 1979 年版,第 12 页。

物。"①恩格斯的论断,揭示了典型塑造的根本规律,即通过对具体的实际生活的描绘,真实地展示特定的社会现实关系发展的必然性。

俄罗斯巡回画派画家列宾在他的名画《不期而至》中捕捉了一个家庭生活中带有偶然性的瞬间,进行了卓有成效的艺术提炼。画面的焦点,是一个步入家室的革命流亡者。风尘仆仆的衣着和面容,表明他是从遥远地方的死亡线上逃亡而来的;他那敏锐地搜索着反应的警戒的目光,则突出了他未曾失去革命者气质的精神风貌。他的突然来临,打破了家庭的平静。母亲迅即认出,是久别的、时刻牵挂心头的儿子回来了!多年的悲哀与深厚的母爱,竟使老妇人在此意外的冲击下,产生了痉挛。坐在钢琴前的妻子,在转身注目的瞬间,由极度的惊喜而至木然发呆,一时间难以站立起来。儿子带着一种好奇心观看这位不相识的人,女儿胆怯地注视奇怪的来客,门口的女仆,则一脸充满狐疑的神色。画面对人物神态精练传神的刻画,以及运用对比手法达到的高度戏剧性效果,突现了当时革命者的悲壮经历和性格的本质特点,深刻地展示了特定时代社会真实的历史画面。

恩格斯曾经深刻指出:"每个人都是典型,但同时又是一定的单个人,正如老黑格尔所说的,是一个'这个',而且应当是如此。"②黑格尔所说的"这个",是指特定的"感性确定性"③,是存在于特定时间、特定空间的独特性格,是不可重复的"这一个"。如果失去了鲜明的个性特征,那么也就失去了艺术的生命,失去了典型的概括意义。因为典型的概括意义必须熔铸在鲜明独特的个性之中。典型塑造的个性化,就是提炼体现必然的偶然。马克思指出:"具体之所以具体,因为它是许多规定的综合,因而是多样性的统一。"④在具体事物的多种规定性中,既有本质性原因所引起的必然趋向,又有非本质原因所造成的偶然因素。必然性通过偶然性为自己开辟道路,偶然性是必然性的补充和表现形式,这就使事物的发展呈现出丰富生动的多种面貌。艺术典型的个性化,正是要在这些必然因素与偶然因素的特定组合中,深刻显现并充分发挥其独特性,从而创造出既突现必然性又显现出鲜明特殊的偶然性来。这样,才会有个性化的艺术典型,才有可能真切生动地展示现实生活多彩多姿、各具特色的美的风貌。

---

① 恩格斯:《致玛·哈克奈斯》,《马克思恩格斯选集》第4卷,人民出版社1995年版,第683—684页。

② 恩格斯:《致敏·考茨基》,《马克思恩格斯选集》第4卷,人民出版社1995年版,第673页。

③ 参见黑格尔:《精神现象学》第一章,贺麟、王玖兴译,商务印书馆1983年版,第63—73页。

④ 马克思:《〈政治经济学批判〉导言》,《马克思恩格斯选集》第2卷,人民出版社1995年版,第18页。

作为个性化的成果的偶然,有别于生活中的偶然。生活中的许多偶然,远远不能充分表现必然,甚至是与必然无关的"真正"的偶然。而作为艺术典型的体现形式的偶然,则是充分表现必然的必要方式。显然,典型塑造的个性化,一刻也离不开概括化;个性化的成功,正是概括化的实现。同样,对于成功的典型塑造来说,概括化的过程,也正是个性化的过程。所以,个性越显特殊,越具偶然性,便越有活生生、意笃笃地展示必然的艺术魅力。

与列宾齐名的俄罗斯画家苏里科夫的《女贵族莫洛卓娃》,描绘的是 17 世纪俄国尼康大主教的反对者、宗教分离派的卓越人物女贵族莫洛卓娃被流放的情形。艺术巨匠创作这幅画的许多草图,表现了典型塑造概括化与个性化有机融合的鲜明轨迹。如三张女贵族莫洛卓娃的头部草图:第一张是他的姑母阿芙道契·瓦西里也夫娜,第二张是莫斯科旅馆的女招待费奥道娜,第三张是乌拉尔的女圣书学者。这些头像虽为生活原型,是带有特殊性的个别具体的偶然,但却无不熔铸进了艺术家对于表现对象的感受和理解,汇合了概括化和个性化的因素。最后,画家选择通常穿着黑衣服带有特殊表情的费奥道娜作为基本模特儿,完成了莫洛卓娃的典型塑造。画面表现的是莫洛卓娃被流放,乘坐雪橇经过莫斯科大街的景象。女主角身着黑色衣服,表示她对尘世生活的蔑视;那伸出的双指记号,则表示她不离弃自己的信仰;那睁大的眼睛和有些激动的嘴唇,流露着她对旧教的狂热感情;而那憔悴的脸和灰色的病态,则显示出这宗教狂热只不过是一种可怜的幻想。这是一幅概括了深刻的本质内容而又个性化了的艺术图像。就当时俄罗斯社会情况而言,尼康大主教的宗教改革是有利于生产力发展的进步措施。女贵族莫洛卓娃以虔诚的宗教献身精神反对宗教改革,是站在社会进步的对立面上,却得到了处于愚昧状态的宗教信徒的支持和拥护。这幅画,正确地概括了沙皇俄国时代新旧矛盾的斗争实质,深刻地展示了人民群众的悲惨命运。

典型塑造的概括化和个性化同时展开和完成的过程,正是艺术家的审美意象形成、发展、完善并转而在艺术构思和艺术传达中发挥统率作用的过程。杰出的艺术家的审美意象,总能够在一定程度上符合于客观现实的某些内容和必然规律。在这里,审美意象便成为一定社会生活的本质、必然和规律性的审美形式。同时,艺术家的审美意象,受制于艺术家的审美理想,又有其个人经验性,因而在对现实的本质把握中,又必然凝聚着特有的情感、认识、愿望、评价,构成鲜明的个性特色。这就表明,艺术家的审美意象,存在着历史的必然与经验的偶然,理性的普遍与感性的个别的内在矛盾。艺术家主观世界的这种对立统一,与反映客观现实的概括化与个性化的统一,当然是密切相关的。这两种对立统一的契合,便是艺术典型化的全部实质。

反映客观现实的概括化,是融合在个性化之中实现的。艺术家审美意象的必然性的理性内容,是建筑在个体经验性的感性基础之上并通过鲜明的个性特色发挥统率作用的。这样,典型化的艺术美创造活动,便具有了这样的特点:一方面,起着统率作用的审美意象,具有明显的经验差异和个性色彩;另一方面,被反映的现实对象,具有内部构成和感性形态上的多样性质。因此,一切成功的艺术典型,无例外的既反映着描写客体的鲜明特征,也体现着艺术家独有的创作个性。在艺术家审美理想的烛照和特定的审美意象统率下,经过典型化创造出来的审美意象,不仅无不具有于有限中展示无限的丰厚意蕴,而且呈现出千差万别,变化多端的独创性和丰富性。

偏重于表现的艺术的意境创造

偏重于表现的艺术注重艺术家主观情志的抒发,以创造真切感人的艺术意境为目标。观看齐白石画的虾,欣赏柴可夫斯基的乐曲,都可以从中感受和领悟到超出画面和音响的更为醇厚深远的意味。那潜藏在虾子形象之中的勃勃生机,那由此引发的联想和喜悦;那透过深沉的音响旋律、借助于特殊的听觉感应而产生的对于"俄罗斯的眼泪和苦难"的深切领会,那由动人心魄的哀伤转化而来的复杂的美感享受,体现出一种独特的审美效果,这就是"意境"所产生的感染力量。

意境,是中国古典美学中特有的重要范畴。唐代王昌龄在《诗格》中最初提出"意境"的概念①。此后,在诗论、画论之类的著作中,类似的说法屡见不鲜。如皎然说:"缘境不尽曰情。""诗情缘境发。"②刘禹锡说:"义得而言表,故微而难能,境生于象外,故精而寡和。"③司空图《二十四诗品》列举二十四种意境,力图以生动形象的描绘展现造化自然的气韵生动的图象,引导人们体味境象之外的生命律动。他在《与王驾评诗书》中提出"思与境谐",表明艺术想象与境(象外之象)的契合;又在《与李生论诗书》中提出"韵外之致"、"味外之旨",就是指诗的意境的特征。郭熙说:"春山烟云连绵,人欣欣;夏山嘉木繁阴,人坦坦;秋山明净摇落,人肃肃;冬山昏霾翳塞,

---

① 王昌龄说,"诗有三境",即物境、情境、意境,"三曰意境。亦张之于意而思之于心,则得其真矣。"此处所说的意境指内心意识的境界。参见《中国历代文论选》第 2 册,上海古籍出版社 1979 年版,第 80—89 页。

② 皎然:《诗式》;《秋日遥和卢使君游何山寺宿扬上人房论涅槃经义》。

③ 刘禹锡:《董氏武陵集记》。

人寂寂。看此画令人生此意,如真在此山中,此画之景外意也。"①所谓"景外意",就是指的绘画的意境。作品是否能引起欣赏者的艺术联想,是意境有无的关键性因素。笪重光说:"空本难图,实景清而空景现;神无可绘,真境逼而神境生。位置相戾,有画处多属赘疣;虚实相生,无画处皆成妙境。"②欣赏者能从"无画处"看出"妙境",则全凭"有画处"激起的艺术联想。因此,我们可以这样说:意境是情景交融、虚实相生的能够触发想象、引发情思的审美空间,是一个召唤接受者加以体验并唤起对宇宙人生的无限情思的艺术世界。因此,表现艺术意境创造与开拓的本质特征,就在于以有限的具体意象,寄寓真切的情思,从而表达出丰富的人生体验或对于生活必然性的理解。意境的创造与开拓,包括了艺术家主观世界的"意"和表现于艺术中的现实人生的"境"两个方面。现实人生中能够传达出生活精髓神趣的对象,是构成意境的客观基础;在有限的传神形态中,表现出艺术家对社会人生的真切而深刻的理解的无限情意,则是开拓意境的关键所在。

偏重于表现的艺术和偏重于再现的艺术一样,都不能没有欣赏者可感的具体的"形"。只有当艺术家所描绘的"形"生动传神,才有可能产生意境。"红杏枝头春意闹"③所言之"春意",本是不"闹"的,然而,"红杏"爬满"枝头",便仿佛显出一种"闹"意来。这一诗句也正因为极其生动传神,便有了"境界"。因此,我们可以说,形神兼备的审美意象,是意境创造的基础。在这里,"形似"还只是外貌的相像,未必能传达出内在的意蕴。艺术的真实,则须揭示生活的必然,这就要求在"形似"的基础上达到"神似"。顾恺之说:"人有长短,今既定远近以瞩其对,则不可改易阔促,错置高下也。凡生人亡有手揖眼视而前亡所对者,以形写神而空其实对,荃生之用乖,传神之趋失矣。空其实对则大失,对而不正则小失,不可不察也。一象之明昧,不若悟对之通神也。"④张彦远说:"鬼神人物,有生动之可状,须神韵而后全。若气韵不周,空陈形似,笔力未遒,空善赋彩,谓非妙也。"⑤苏轼说:"论画以形似,见与儿童邻。"⑥所以,凡是有意境的作品,总是形神兼备的。形神兼备,以形写神,就可以突破一览无余的有形实体的局限,创造出蕴蓄深厚的景外之意,弦外之音,味外之致。无限深广的社会现实生活的神髓韵味,透过活脱脱的生动意象传达出来,便能使读者领悟到

---

① 郭熙:《林泉高致集·山川训》,《画论丛刊》上卷,人民美术出版社 1960 年版,第 20 页。
② 笪重光:《画筌》,《画论丛刊》上卷,人民美术出版社 1960 年版,第 171 页。
③ 宋祁:《玉楼春·春景》:"东城渐觉风光好。縠皱波纹迎客棹。绿杨烟外晓寒轻,红杏枝头春意闹。……"
④ 顾恺之:《魏晋胜流画赞》,《历代名画记》卷五。
⑤ 张彦远:《论画六法》,《历代名画记》卷一。
⑥ 苏轼:《书鄢陵王主簿所画折枝二首》之一。

深刻的真理和无穷的意趣。显然，以"形"写"神"，从"形似"中求"神似"，是意境的创造的基本要求。

情景交融，情理统一，是意境的创造与开拓的核心。艺术家总是受到客观现实生活的触动，才萌生创作冲动的。在创作过程中，又把这深情的感悟贯注在审美意象当中，才能产生意境。当然，并非艺术家的一切感情，都能对意境的创造产生积极作用。只有那些与人民、与时代相通的感情，建立在与"理"相统一的基础之上的感情，亦即具有客观必然性的感情，才能扣动欣赏者的心弦，激起他们的艺术联想，使之进入广阔的艺术天地。这里所说的"理"，即事理，就是指客观事物的内在规律在艺术家头脑中的真切领悟。情与理相互统一，表达艺术家的情感与揭示事物发展的规律相结合，作品的意境才能开拓得更为深远。刘勰说："神用象通，情变所孕；物以貌求，心以理应。"①黄宗羲说："文以理为主，然而情不至则亦理之郛廓耳。"②这就是说，现实生活的哲理意蕴须通过具体的物象来表达，主体的情感在这里起着催生的作用；对象的描绘在求外貌之"真"的同时，还应显现艺术家对人生底蕴的深刻把握。只有在形神兼备的基础上，达到情理统一，才能在有限的意象中，展示出无限的韵味来，构成意蕴弥深的意境。南宋的画院用诗句作题目进行考试的种种佳话，便是生动的例子。《画继》中记载："所试之题如野水无人渡，孤舟尽日横，自第二人以下，多系空舟岸侧，或拳鹭于舷间，或栖鸦于篷背；独魁则不然，画一舟人卧于舟尾，横一孤笛。其意以为非无舟人，止无行人耳。"这一动人的画面，避免了无人的荒凉萧瑟之感，准确而又含蓄地突现了一幅闲散、缓慢、宁静、安逸的牧歌式情景，具有传达特定生活内容和情趣的诗情画意，可谓成功地创造并开拓了状难言之景列于目前，含不尽之意溢出画面的艺术意境。米开朗基罗为美狄奇家庙所雕刻的《昼》、《夜》、《晨》、《昏》四雕像，采用寓意性手法表现象征韶华之易逝，蕴含着深远的生命意味。其中特别是《夜》，创造了一个宁静、甜美的理想境界。在当时就有诗人写下赞颂《夜》的诗句："她睡着，但她具有生命的火焰/只要叫她醒来——她将与你说话。"对此，米开朗基罗回答说：

　　　　睡眠是甜蜜的，
　　　　成为顽石就更幸福；

---

① 刘勰：《文心雕龙·神思》。
② 黄宗羲：《论文管见》，北京大学哲学系美学教研室编：《中国美学史资料选编》(下册)，中华书局1981年版，第212页。

只要世上还有罪恶与耻辱的时候，

不见不闻、无知无觉，

于我是最大的快乐；

因此，不要惊醒我啊！

讲得轻些。①

这首诗显示了雕像作者当时内心的恐惧、悲伤和向往，同时也正好是对雕像的意境的揭示。从这里，我们不是清楚地看见了雕塑家对于美狄奇家族复辟并被迫为其制作雕像的现实的强烈不满的感情吗？而在这种不满背后所要告诉人们的是：现实的罪恶愈重，人们对罪恶的仇恨愈深，对幸福、安宁的向往也就愈强烈。

开拓意境的手段和形式，是多种多样的，具有无限广阔的艺术天地。各种艺术辩证手法的运用，更极显效果。这里，仅对虚实隐显的不同艺术处理略作阐释。实是直接性的形体描绘，虚是间接性的内在寓意，实中有虚，虚处见实，虚实并生，相得益彰，就能通过有限的个别对象，开拓出无限深厚的"意境"来。其间，对形、神、情、理辩证渗透关系组合方式的不同侧重，形成虚实隐显艺术处理的不同格局和特色，又可以造就出种种独具意味和情趣的意境。如偏重于间接表情的，以"境"胜，隐为特色，更显含蓄的醇美。陶渊明吟唱曰："采菊东篱下，悠然见南山。山气日夕佳，飞鸟相与还。"②这是一种并未直接抒发明确的思想情感的"无我之境"，但这一幅自然恬静的图画，却意趣弥深地传达了诗篇特有的生活内容和人生情趣。司空曙的诗句"雨中黄叶树，灯下白头人"③，又是一种间接表情的类型。笔先之"意"，言外之"神"，若隐若现，欲露不露，反复缠绵，而无一语道破，却借黄叶树与白头人的强烈对照，引发起读者深沉的联想、思索。这类作品，大多通过虚实关系特殊比例的独到处理，使作品更偏于间接性的品味，带引读者在客观意象中玩味捉摸，触发并推动想象趋向于徐缓渐进的深入理解。因此，尽管具体作品仍各有姿色和独特意趣，但特别含蓄深厚却是共同的。与此相对应的另一类作品，是偏重于直接抒情的，以"意"胜，露为特色，明晰见长。这类作品的虚实处理，在辩证统一中偏于直接性的突出，促使欣赏者的想象以迅速紧凑的运动节律趋向于理解，因而常常能造成拍案叫绝式的顿悟效果，其突出的审美特征，也正与间接性的深沉殊异，更多地表现为直接性的新

① 转引自李浴：《西方美术史纲》，辽宁美术出版社 1980 年版，第 272 页。

② 陶渊明：《饮酒二十首》之五。

③ 司空曙：《喜外弟卢纶见宿》。

颖。"云破月来花弄影",王国维赞美道:"着一弄字而境界全出矣"①。可谓言简意
赅地道破了这类诗句"意境"创造的奥秘。境界明晰而意趣无穷,也正是"意境"开拓
中一种独具魅力的表现形态。

12.3　艺术美的创造与艺术家

艺术作品及其艺术美,是艺术家的创造成果。艺术美的创造与艺术家的经历、
修养、人格都有着不可分割的密切关系。对此,我们拟从以下三个方面作一简略的
说明。

艺术美的创造与艺术家的生活实践

丰富多彩、有声有色、有形有相的人类所生存的世界,是艺术家生活的环境和精
神的家园,也是艺术美创造的源泉。艺术美的创造是从艺术家对于社会生活的直接
的或间接的感受开始的,必然以丰富的生活经验为依据。当然,艺术家的创造不等
于简单地复制生活现象,而是有选择、有加工的创作过程,其中常常伴随着夸张、变
形、虚构、幻想等成分,从而使艺术意象体系同普通实际生活相比,呈现出很大的不
同。由此还产生过两者都是美,究竟孰高孰低的争论。从表面现象看,艺术创作过
程似乎是艺术家任意所为,似乎是他想怎样表现就怎样表现,实际上,创作中的夸
张、变形、虚构、幻想等成分仍然是以生活实践为依据的,仍然脱离不了现实生活的
影子。鲁迅说:"描神画鬼,毫无对证,本可以专靠了神思,所谓'天马行空'似的挥写
了,然而他们写出来的,也不过是三只眼,长颈子,就是在常见的人体上,增加了眼睛
一只,增长了颈子二三尺而已。"②

艺术家在实践中不断积累和丰富自己的生活经验,是他进行艺术创作的基础。
这里说的生活经验,既包括他亲历亲为的直接经验,也包括他耳闻目睹的间接经验,
还包括他通过文化传承接受的历史经验,其中他的直接生活经验是深入开掘、有所
发现的基础。艺术家的生活经验的广度和深度,从根本上决定着艺术创作对生活反
映的深度和广度。艺术家只能表现他或直接或间接经验过并且深入体验和领悟过
的东西。因此,艺术家的社会生活实践,对艺术美的创造具有根本性的决定意义。

---

① 王国维:《人间词话》。
② 鲁迅:《叶紫作〈丰收〉序》,《鲁迅全集》第 6 卷,人民文学出版社 1981 年版,第 219 页。

毛泽东说："中国的革命的文学家艺术家,有出息的文学家艺术家,必须到群众中去,必须长期地无条件地全心全意地到工农兵群众中去,到火热的斗争中去,到唯一的最广大最丰富的源泉中去,观察、体验、研究、分析一切人,一切阶级,一切群众,一切生动的生活形式和斗争形式,一切文学和艺术的原始材料,然后才有可能进入创作过程。"①这是从创作规律出发,对要求革命的艺术家提出的一个十分重要的忠告。

艺术美的创造与艺术家的审美素养

艺术素养,是指艺术家的审美境界所达到的层次,包括其艺术知识的积累,艺术鉴赏的能力和创造审美意象的本领所达到的程度等等。这对艺术美的创造,当然是至关重要的。

在艺术美的创造中,艺术家的审美层次具有某种决定性的意义。面对丰富多彩的自然和社会生活,以及极其复杂多样的人生现象,人们有不同的审美感受。这种"不同"可以从许许多多的角度来加以辨析,但在所有这些横向平列的"不同"之中,一般说来,都可以按照审美境界的高下进行审美层次的区分。对审美境界高下具有决定性意义的内在因素,是艺术家的审美理想。如前面第十章所述,审美理想体现着人们进行美的创造的理想目标,具有明确的指向未来的倾向性,而它的核心则是作为人生目标的人格理想和为之献身的社会理想。艺术家的人格理想和社会理想自然有高下优劣之分,并且必然体现于他所创造的艺术作品之中。因此审美理想成为体现艺术家审美层次的主要标志,从而对艺术美的创造发挥着关键性的作用。事实上,艺术家从审美感知经审美体验到特定审美意象的形成,从艺术构思与艺术传达的渗透转进到艺术作品的完成和艺术美的创造,无不是在艺术家审美理想的烛照下步步推进直至实现的。一个人品低下的艺术家,是不可能创造出真正美的艺术作品的。因此,在特定的时代社会条件中,不断自觉地努力提高思想、道德和文化教养,在确立健康、高尚的人生追求的同时,建立并不断完善相应的审美理想,是艺术家提高审美素养的根本和关键所在。

艺术家艺术素养的突出体现,是艺术才能的高低。艺术才能,是指艺术家创造艺术美的能力。任何物质和精神创造,都须有特殊的能力。没有艺术才能,就无法进行艺术美的创造。艺术才能主要包括两个方面:一是对社会生活的审美体验和艺术构思的能力;一是传达审美体验,体现艺术构思的创造和表达能力。艺术家对生

---

① 　毛泽东:《在延安文艺座谈会上的讲话》,《毛泽东选集》第 3 卷,第 860—861 页。

活现象的敏锐的审美感知,强烈的情感反应,精细的特征辨析,清晰的细节记忆,丰富的联想、想象……以及由此获取独特的艺术构思并创造性地自由驾驭一定物质手段进行意象塑造的能力,就是这种艺术才能的具体表现。

具有高度的洞察力和惊人的创造性的艺术才能,常常被称作艺术天才。康德认为:"天才就是给艺术提供规则的才能(禀赋)。由于这种才能作为艺术家天生的创造性能力本身是属于自然的,所以我们也可以这样来表达:天才就是天生的内心素质,通过它自然给艺术提供规则。"①这种看法显然是过分夸张的。我们认为,天才虽具有"天赋"的因素,但更重要的,乃是后天锻炼培养的结果。具有一定天赋生理条件的个人,经勤奋锻炼、艰苦探索、积聚群众智慧和历代艺术经验,便有可能成为具有这种特殊才能的艺术天才。这种被称为"天才"的艺术家,能创造出具有开创性意义和价值的艺术珍品,足以代表他所生活的时代。

艺术才能在艺术美创造中的发挥,又具体表现为熟练的艺术技巧。艺术技巧包括对生活现象的观察、体验、选择、提炼、集中、概括等构思活动中各个环节的处理,也包括艺术传达活动中各种表现手法的运用和富于创造性的技能发挥,还包括支配和使用特定物质材料的技术的掌握。在不同艺术种类的创作中,艺术才能既有其共同性,又有各自特殊的性能和形态。艺术家必须在自己的生活实践和艺术实践中,不断锤炼艺术技巧,增强艺术才能,提高艺术素养,才能不断攀登艺术美创造的高峰。

艺术美的创造与艺术家的创作个性

艺术家的创作个性,亦称艺术风格,是艺术家的审美反映与审美创造的独特个性在艺术创作中显示出来的风貌和格调的独特表现。艺术家对客观世界的审美认识,与科学家的理性认识,有一个显著的不同特点,就是与个人的爱好和趣味密切相关。这就决定了在艺术美的创造活动中,为艺术家提供了充分发挥主观能动性和个性特点的广阔天地。艺术家由其独特的生活经验、思想情感、个人气质、审美理想及创作才能等因素的影响,会构成审美认识和艺术创作中主观方面某些相对稳定的明显特征,这也就是独特的艺术风格的形成。以我国戏曲表演艺术来说,梅兰芳在舞台上塑造的众多人物——无论是怀春的杜丽娘,或是哀怨的杨玉环;不管是不畏权势的赵艳容,或是老成持重的穆桂英等等,他对这些有着不同个性、不同处境和不同

---

① 康德:《判断力批判》第 46 节,邓晓芒译,人民出版社 2002 年版,第 151 页。

情感的女性人物的角色塑造,无不体现出他一贯的梅派特征。而周信芳在唱、念、做、打方面的沉着、刚劲和豪放等特点,即便在不同人物的幽默以至困惑等情状中都能得到体现。以文章的写作来说,"气以实志,志以定言;吐纳英华,莫非情性。是以贾生俊发,故文洁而体清;长卿傲诞,故理侈而辞溢;子云沈寂,故志隐而味深;子政简易,故趣昭而事博;孟坚雅懿,故裁密而思靡;平子淹通,故虑周而藻密;仲宣躁锐,故颖出而才果;公干气褊,故言壮而情骇;嗣宗俶傥,故响逸而调远;叔夜俊侠,故兴高而采烈;安仁轻敏,故锋发而韵流;士衡矜重,故情繁而辞隐。触类以推,表里必符。"①事实正是这样。

　　创作个性主要是由艺术家主观方面的特点造成的。但是,审美意识的个性差异,并不是纯个人的祖传本性。它的产生和形成,有着深刻的社会历史根源,明显地受到时代、阶级和民族因素的制约。因此,在艺术家的独特风格里面,也包含着民族风格、时代风格和阶级风格的因素。

　　艺术家的创作个性,对艺术美的创造具有特殊的重要意义。艺术的审美价值,当然首先是由其美的本质属性决定的,但由于艺术家主观方面的特点造成的作品艺术美的个性特色,则显然对构成艺术美的丰富性,具有十分积极和明显的意义。达·芬奇的智慧,米开朗基罗的力量,拉斐尔的优美,肖邦的高雅,柴可夫斯基的深沉,贝多芬的奔放,李白、郭沫若的激情,杜甫、鲁迅的严峻,……正是由于艺术家创作个性的存在,才不断地增添着琳琅满目的艺术百花园的无穷意趣,满足着人们丰富多样的审美要求。从另一方面来说,艺术贵在独创。艺术家的每一次创作,都应该是对社会生活的独创性的审美发现并以独特新颖的艺术形式表现出来,才能创造出独树一帜具有特殊审美价值的艺术美。

复习思考题

1. 试述艺术作品的创作过程。艺术构思、艺术传达的任务是什么?
2. 艺术典型化与艺术美的创造有什么样的关系?
3. 艺术意境的创造与艺术美的创造有什么样的关系?
4. 进行艺术美的创造对艺术家提出了哪些要求?

---

　　①　刘勰:《文心雕龙·体性》。

第 13 章　美　　育

　　美的创造,为人类带来双向的文明成果,它既美化着人的外部世界,也美化着创造的主体——人类自身。人自身的美化,可以自发进行,也可以自觉进行。如果设定一系列可控的审美活动,包括美的欣赏和美的创造,对人的情性施加积极影响,促成健全人格的建构,变审美活动为自觉的教育过程,那就是美育。简言之,美育即是以审美活动为中介,积极塑造人格的特定教育活动。从这个意义上说,美育是美的创造的合理延伸。

13.1　美育是人类实现自我发展需要的重要途径

　　"美育"(德文 Asthelische Erziehung)一语,最初由德国古典美学家席勒提出,这一名称尽管出现较晚,但人类的美育实践活动,却可以追溯到很早。当人类与周围世界发生审美关系伊始,美育活动就以其简单、朴素的方式应运而生了。此后,随着社会物质文明和精神文明的发展,随着人类主体意识的不断觉醒与提高,美育活动便日趋自觉与成熟,美育的内容也不断得到充实,因而也就愈益引起人们的重视。

美育思想的历史回顾

　　在我国,早在两千多年前,著名的思想家和教育家孔子便十分重视对于"诗""乐"的学习。他把体现贵贱等级制度的社会规范和道德规范的"礼",和合乎"礼"的各种艺术以及艺术审美教育的"乐"相提并论,共同置于学校教育科目"六艺"——礼、乐、射、御、书、数——的前列,认为礼可以安邦治民,乐可以移风易俗。要治理好一个国家,礼、乐相辅相成,缺一不可。他非常重视艺术教育的作用,"诗可以兴,可以观,可以群,可以怨。迩之事父,远之事君,多识于鸟兽草木之名"①。因而提出"不学诗,无以言"②。孔子更见出诗教、乐教与礼教相互配合,可以造就完善的人格,即所谓"兴于诗,立于礼,成于乐"③。即是说,通过学诗以"兴情",感发情志;通过学礼以"立身",确立处世的行为规范;通过学乐以"成性",陶铸优良的性格。六艺的设定和礼、乐(含诗)双修的举措,表明孔子对美育、德育、智育、体育及其相互关系,已有相当精深的理解。后来荀子更进了一步,他在《乐论》中指出:"夫乐者,乐也,人情之所必不免也,故人不能无乐。"又说:"夫声乐之入人也深,其化人也速"。这就不但强调了美育的重要性,也看到了美育"入""化"作用的特殊性。

　　在西方,古希腊哲学家也早就重视美育的重要作用。柏拉图的《理想国》提出,我们"应该寻找一些有本领的艺术家,把自然的优美方面描绘出来,使我们的青年们像住在风和日暖的地带一样,四围一切都对健康有益,天天耳濡目染于优美的作品,像从一种清幽境界呼吸一阵清风,来呼吸它们的好影响,使他们不知不觉地从小就培养起对于美的爱好,并且培养起融美于心灵的习惯"④。亚里士多德在《政治学》中明确地说:"音乐应该学习,并不只是为着某一个目的,而是同时为着几个目的,那就是(1)教育(2)净化(3)精神享受,也就是紧张劳动后的安静和休息。从此可知,各种和谐的乐调虽然各有用处,但是特殊的目的宜用特殊的乐调。要达到教育的目的,就应选用伦理的乐调……"⑤。古罗马诗人贺拉斯明确地提出"寓教于乐"的著名美育原则:"诗人的愿望应该是给人益处和乐趣,他写的东西应该给人以快感,同时对生活有帮助。……寓教于乐,既劝谕读者,又使他喜爱,才能符合众望。"⑥

　　这些中外先哲们,虽然各自生活的历史条件不同,但他们都提倡和推崇美育,把美育看作是完善和提高人的品格、才能不可缺少的途径。到了 18 世纪,当美学经过漫长的历史发展成为一门独立的学科以后,"美育"这个词也第一次被德国浪漫主义

---

　　①　《论语·阳货》。
　　②　《论语·季氏》。
　　③　《论语·泰伯》。
　　④　柏拉图:《文艺对话集》,朱光潜译,人民文学出版社 1963 年版,第 62 页。
　　⑤　见北京大学哲学系美学教研室编:《西方美学家论美和美感》,商务印书馆 1980 年版,第 44 页。
　　⑥　贺拉斯:《诗艺》,杨周翰译,《〈诗学〉〈诗艺〉》,人民文学出版社 1962 年版,第 155 页。

诗人和美学家席勒正式提了出来。从 1793 年开始,他在给一位丹麦亲王写的 27 篇《美育书简》中,正式把美育作为一个专门的独立的理论问题加以探索和研究。席勒的美育理论是以德国古典美学奠基人康德的美学思想为基础的。康德在其《判断力批判》中,把人类的精神活动分成"知、情、意"三个方面,并进而认为:不夹杂着任何利害关系的审美判断力,是沟通对自然规律必然性认识的"知"和获得道德与意志的自由的"意"之间的一座必不可少的桥梁。席勒则在此基础上,具体发挥了康德的美学思想,提出了美育问题。席勒认为:人既要受到自然力量和物质需要的强迫,又要受到理性法则的羁绊,所以,人在现实生活中是不自由的。那么,人如何才能从受自然力量的支配的"感性的人"变为能充分发挥自己意志的主动精神的"理性的人",形成完美的人格,从而获得自由呢? 席勒说:"从感觉的受动状态到思维和意志的能动状态的转变,只有通过审美自由的中间状态才能完成。……总之,要使感性的人成为理性的人,除了首先使他成为审美的人,没有其他途径。"①席勒甚至还认为,要实现政治的自由,也必须通过美育的道路。因为,只有把握美,人们才能够达到自由。在席勒看来,美育活动不仅是促使人性获得完善的手段,而且还是实现政治自由的手段。这种离开具体的物质基础,以为单凭美育就可以达到理想政治的观点,显然是一种不切实际的幻想,其根源在于席勒的唯心史观。但是,席勒对于美育问题的论述,无论在美学史上还是在教育史上,都有着重要的地位。他强调的美育可以促使人性获得完善的观点,对马克思后来提出关于人的个性全面发展的思想,显然是有启示作用的。

从 20 世纪初到五四运动前后,随着中西文化的交流和思想解放运动的兴起,我国著名学者王国维、蔡元培等也积极传播了西方的美育思想。1906 年,王国维在《论教育之宗旨》中指出:"完全之人物不可不备真美善之三德,欲达此理想,于是教育之事起。教育之事亦分为三部:智育、德育(即意志)、美育(即情育)是也。"他认为,教育的宗旨,就是要使"人之能力无不发达且调和"。因此,除了通过体育,"发达其身体"以外,还要通过智育、美育、德育,"发达其精神",以建立学生"真美善之三德"②。蔡元培更是我国近代倡导美育的先驱,他不仅在理论上对美育进行了全面、系统的探讨,而且还积极付之于实践。1912 年,当他出任民国政府第一任教育总长时,就着手教育改革,把美育规定为教育方针的内容之一。此外,他还创办音乐、美术的专门学校,开设美学课程,聘请教师甚至亲自授课等。1917 年,蔡元培出任北

---

① 席勒:《美育书简》,徐恒醇译,中国文联出版公司 1984 年版,第 116 页。
② 参见《中国近代教育史资料》下册,人民教育出版社 1962 年版,第 1008 页。

京大学校长时,又在当时新形势的推动下,响亮地提出了"以美育代宗教"的主张,鲜明地显示了他的美育思想的民主主义色彩①。蔡元培十分重视美育实施,但是面临半殖民地半封建的社会条件,其美育实践,依然收效甚微。

在美育发展史上,人们真正认识美育的性质,摆正美育的地位,还是在马克思主义诞生之后。马克思主义创始人,第一次在人类历史上正确地揭示了社会发展的客观规律,并在深刻批判资本主义社会现实和展望未来社会里全面发展的新人的论述中,提出了崭新的美学原则和教育理论,为科学的美育理论的确立,奠定了坚实的基础。马克思、恩格斯关于"自然人化"的思想,关于人的本质不断"提升"的论断,关于艺术教育的理论,关于在共产主义社会中人类实现对自身本质的真正占有从而得到全面发展的学说,对我们正确认识美育的性质,有着举世公认的指导意义。

美育与人类社会实践

美育产生和发展的根本动力,源于人类的社会实践活动之中。因为正是人在社会实践中的地位和作用,才使美育有了需要和可能。

一方面,人们在自己的生活与斗争中,必然会产生多种多样的需要并成为人类实践活动的原动力。这些需要,既有物质方面的,也有精神方面的;既有眼前的,也有长远的;既有个人的,也有族类的,如此等等。人们的需要并不是单向的、静止的,而是随着社会生产力的发展和人类自身本质力量的日益丰富而不断地扩展着、变化着。在绵延数百万年的原始社会里,人们的需要一直十分简单,他们所追求的不过是为了维护自身和族类生存所必需的物质生活资料。那时,他们所具备的创造能力,也局限在勉强能够获得这些资料的水平上。只有当生产力进一步发展,人们吃、喝、住、穿的需要得到基本满足以后,才会出现种种更高层次上的需要。在饮食方面,不仅要果腹充饥,而且要讲究营养与色、香、味;在居住方面,不仅要遮风避雨,而且要舒适美观;在穿着方面,不仅要防寒遮羞,而且要质料高贵,款式讲究;……一句话,单有物质的丰富还不够,还要求精神上的享受,需要艺术,需要美。

另一方面,客观自然界不会自动地满足人们日益增长的需要,人类要想从周围世界获得更多的东西,就必须通过教育和训练,不断发展自身的自由自觉的创造才能。人的实践能力愈强大,他所获得的东西也就愈多、愈好。因此,为了人类需求的增长不致落空,人类必须不断地提高、发展并进一步开拓自身的体力和智力,使经过

① 参见《蔡元培全集》第3卷,中华书局1984年版,第30—34页。

一代又一代的努力而累积的各种智慧、才能,在不断承传中得到更充分的发挥和进一步的发展。恩格斯在谈到无产阶级理应得到的受教育权利时,曾深刻指出:"每一个人都无可争辩地有权全面发展自己的才能"①。这其实就是人类历史发展提出的必然要求。

人是从动物进化而来的,人的欲望和需要,既同动物的有某种联系,更与之有本质的区别。人的欲望和需要绝不能局限于动物性的本能要求和生理满足,而应渗透着越来越丰富深刻的社会内容。鲁迅在 20 世纪 20 年代曾经说过:"我们目下的当务之急是:一要生存,二要温饱,三要发展。"②一般说来,"生存"与"温饱"是人基本和原始的需要,它天然合理,又包含着较多动物性的因素,属于最低层次的需要。"发展"的需要则是较高层次的需要,包含着丰富的社会时代内容。美国人本主义心理学家马斯洛将人的基本需要划分为五个层级:生理需要、安全需要、爱的需要、尊重的需要、自我实现的需要③。这些需要依照前后次序进入人们的注意中心,当前面的需要得到满足之后,就会有新的更高一级的需要产生出来。最后的"自我实现的需要",又称"发展的需要",是后起的追求存在价值的动机,被马斯洛称之为"后动机",包括多项"以某种方式献身于寻求我称为'存在'价值的东西"④,包括真、善、美,还有圆满、单纯、全面等等。马斯洛断言:"从人的天性中可以看出,人类总是不断地寻求一个更加充实的自我,追求更加完美的自我实现。"⑤应该说,马斯洛这一论断是完全符合社会上少数成功人士的实际的。但是,对于整个社会来说,并不是人人都可以做到的。如果我们客观地考察人类走过的历史就会发现,只能说越来越多的人们能够意识到"自我实现的需要"并付诸实践;这个从少数人到社会普遍意识到"自我实现的需要"的发展过程,乃是一个经历了千百年的不断觉醒的漫长过程。我国南京栖霞山的著名石窟,雕刻着众多的佛像,而在最后一个石窟中,却出现了一尊手执铁锤与铁锥的石工雕像。显然,他就代表了这些佛像的创造者。这一石工雕像的出现,与其说是为了雕塑者个人扬名,不如说是石工们对自己创造力量的一种觉醒与肯定。在中外文艺史上,不论是文人作品还是民间传说,都塑造了许多才艺非凡、光彩照人的人物形象。在这些高于实际生活的理想人物身上,同样表现了人

---

① 恩格斯:《在爱北斐特的演说》,《马克思恩格斯全集》第 2 卷,人民出版社 1957 年版,第 614 页。

② 鲁迅:《忽然想到(六)》,《鲁迅全集》第 3 卷,人民文学出版社 1981 年版,第 45 页。

③ 参见马斯洛:《人的动机理论》,陈炳权等译,林方主编:《人的潜能和价值》,华夏出版社 1987 年版,第 162—177 页。

④ 马斯洛:《自我实现及其超越》,林方主编:《人的潜能和价值》,华夏出版社 1987 年版,第 257—258 页。

⑤ 参见弗兰克·戈布尔:《第三思潮:马斯洛心理学》,吕明等译,上海译文出版社 1987 年版,第 64 页。

们对自身力量的认识和发展自己的强烈愿望。这都说明，人类只有到了明确意识到自己在实践中的创造能力时，才会自觉地塑造自己、发展自己。

人的自我塑造和自我发展，大体采取两种方式：一是依靠以生产劳动为核心的整个社会实践，在改造客观世界、发展客观世界、美化客观世界的过程中，不断地改造自己、发展自己、美化自己；二是依赖于教育，通过种种教育手段与途径，把人类在各个历史时代中积累起来的种种经验、才智、品格一代一代地传授下去，并使之推陈出新，发扬光大。人们把自己在处理各种人际关系上的伦理准则传授给下一代，这就有了德育；人们把自己在探究世界客观规律中所获得的种种知识传授给下一代，这就有了智育；人们把健全自身体魄的技能、技巧传授给下一代，这就有了体育；人们把审美经验、审美理想和审美成果传授给下一代，使之在继承已有成果的基础上，将感受美、鉴赏美与创造美的能力不断地推向前进，这就有了美育。总之，美育是人类实现自我发展需要的重要途径之一，它与德育、智育、体育一起，构成了全面教育的基本内容。

美育来自人类社会实践。一定时代的美育发展水平，不论是内容还是形式，都要受到一定社会生产力发展水平的制约。处于狩猎阶段的原始部族，其美育活动不仅带有明确的实用功利目的和巫术礼仪的神秘含义，而且也总是通过与狩猎生产直接相关的壁画、舞蹈等方式来实现的。到了农耕时期，美育就往往通过描绘植物的原始画和与采掘、耕作相关的舞蹈来进行了。随着社会生产力的发展，美育的内容和方式也日益丰富和多样化。对于自然美、社会美的欣赏，尤其是对于各种艺术作品的鉴赏，越来越成为美育和日常生活的重要组成部分。另一方面，美育活动总要消耗一定的物质财富，因而必不可免地依赖于一定的物质生产条件。超越物质条件的发展水平，盲目地无节制地进行和发展美育，其结果不仅会破坏社会生产力，而且也不利于美育的正常发展。墨子所说"食必常饱然后求美，衣必常暖然后求丽"①，就肯定开展审美活动必须有一定的物质基础作为前提条件而言，显然是正确的。

作为教育活动之一的美育的发展，除了受社会生产力及物质条件的制约之外，还会受到一定社会的政治、文化的巨大影响。由此不难理解，美育的发展并不总是与社会生产力的发展保持平衡。在社会生产水平还很低下的时代，由于政治、哲学及其他意识形态部门的影响，美育有可能相当发展，甚至达到很高的境地。比如伴随着古希腊艺术的繁荣，当时的美育也相当活跃。而在中世纪的欧洲，由于封建神权禁欲主义笼罩一切，审美领域百花纷谢，美育也极为冷落凋敝。直至文艺复兴时

---

① 《墨子·墨子佚文》。

期,在先进的资产阶级人文主义思想的影响下,艺术才出现空前繁荣,诸如但丁、卜迦丘、达·芬奇、莎士比亚的艺术杰作,不仅在当时发挥了巨大的审美教育作用,而且至今仍然保持有积极的美育意义。与此同理,在社会主义条件下的中国,虽然出现过像十年动乱期间那样美丑颠倒、百花凋零、美育备受摧残的局面,然而,在经过拨乱反正、改革开放的历史性转变之后,美育也随同整个教育事业一起,重新焕发出勃勃生机。如今,我国的综合国力大为增强,广大人民群众的物质生活水平显著提高,精神生活领域里的新的需要受到普遍重视,美育不但已在学校教育中确立其应有地位,而且已得到社会各界和人民群众的广泛关注和热烈参与。人们欣喜地发现,20 世纪初美育事业先驱者蔡元培等人的热情呼吁,正在和已经成为现实。

美育的实质及其特殊性

美育,通常亦称审美教育或美感教育,但它的内涵绝不仅仅限于"审美"或"美感"。由于美是人的本质力量的感性显现,美的感受能力、鉴赏能力和创造能力的培养,就不能不涉及到心理结构的完善、人生态度的优化和人格的全面建构等广泛的问题,因此,美育是人类全面发展教育的组成部分,是人类实现自我发展需要的重要途径。

美育作为动态过程,包含施教者、媒介、受教者三个环节。施教者按照特定的审美趣味和审美理想,选择适当的审美媒介(包括美的艺术在内的美的事物和美的创造活动),向受教者施加审美影响,从而陶冶其情性,塑造其人格。在这里,审美媒介对受教者的影响,是通过美感心理活动实现的。美的欣赏,激发受教者的审美情感,给对象以审美判断;美的创造,使受教者的审美情感得以抒发,并使之借助于媒介物质形态化。不论欣赏还是创造,都将受教者引入动情状态,经由施受双方美感的往复交流,受教者的情感自然而然受到特定审美趣味、审美理想的调控和规范。正是在这个意义上,美育被称为一种"情感教育"①。美育以美育人,实为以情感人,美育的实施过程是使人在情感上得到陶冶的过程。

"情感教育",规定着美育的实质及其特殊性。审美活动与认识活动、实用伦理活动的区别在此,美育与智育、德育的区别也在此。在认识活动和实用伦理活动中,情感和理性之间都有一定程度的距离。认识活动固然需从感性直观开始,而且需以理智感(如求知欲、好奇心等)为动力,但一旦进入认识过程,感性只充当逻辑理性的过渡环节,情感也不必介入其中,而要求将对象"中立化",作冷静的观察和连贯的思

---

① 参见朱光潜:《谈美感教育》,《朱光潜全集》第 4 卷,安徽教育出版社 1988 年版,第 145 页。

考,以求通过推理深化对于对象的认识。实用伦理活动,也会以一定的道德情感(如恻隐之心等)作动力,但道德情感具有强烈的功利性①,它始终要受行为规范的理性束缚,而且最终归结为道德理性。唯独审美活动,它从感性(包括感性直观和人的意欲)出发,始终不脱离感性,但感性和理性又时时处在交融统一之中。审美情感作为自由的愉悦,使感官的生理愉悦经内省转为精神愉悦,得以深化;经形式化而摆脱功利羁绊,得以净化。更重要的,审美情感的运行自觉不自觉地总会接受审美理想的范导,能进入对宇宙人生价值意义的体验和领悟,升华为超越感,即"心游神越"的最高愉悦。感性与理性,情与理和谐统一,彼此渗透,审美活动发挥着深化、净化和升华情感的独特功能,也赋予美育以不可替代的地位。

　　美育作为情感教育的上述功能,用传统美学的语言表述,就叫"颐情养性"。颐、养是可以互释的同义语,情性亦常连用。虽说对于"性",自先秦起就有性善、性恶、性善恶相混之类不同说法,但性静情动,"性之于情,犹波之于水,静时是水,动则是波,静时是性,动则是情"的基本看法②,却一直延续下来。诗、乐、书、画诸艺,既本乎情性、吟咏情性,也"持人情性"③。其中重要机制是优秀的艺术能使情感"发而中节",得以节制,不致泛漫无归。照儒家的看法,节制情感的力量来自伦理规范,即"礼"的要求。以"礼"节"情","发乎情止乎礼义"④,审美的情意感发被导入伦理道德,美育的作用仅限于充当德育的手段。宋明理学家主张"性即理",将"性"诠释为天理、良知,"颐情养性"的美育,便沦为德育的附庸。道家一直视"性"为人的自然天性,主张通过"情"的陶养,任其自然伸张而不致斫丧,"越名教而任自然"⑤,于是,审美情感自由成为张扬个性自由的风帆,消解固有礼教规范的溶剂。迨至 18 世纪中叶,戴震更起而反对"性即理"的旧说,确认"血气心知,性之实体","人生而后有欲、有情、有知,三者血气心知之自然也。"⑥他视"性"为自然之性,由欲、情、知三者组成,本可引出对"颐情养性"的新解释,对美育功能的新看法,可惜历史没有允许他走到这一步。

　　今天,我们完全有可能参照西方美学,赋予"颐情养性"以新的内涵。所谓"颐

---

　　①　"伦理行为或道德行为是受具有道德价值、可以进行道德评价的意识支配的行为,说到底,也就是受利害人己意识支配的行为"。王海明:《新伦理学》,商务印书馆 2001 年版,第 183 页。

　　②　《礼记·中庸》,孔颖达疏引梁代贺玚语,引自钱锺书《诗可以怨》,载《七缀集》,三联书店 2002 年版,第 122 页。早先《乐记·乐本》已称:"人生而静,天之性也;感于物而动,性之欲也。"

　　③　刘勰:"诗者,持也,持人情性。"(《文心雕龙·明诗》)

　　④　《诗大序》。

　　⑤　嵇康《释私论》:"矜尚不存乎心,故能越名教而任自然;情不系于所欲,故能审贵贱而通物情。"

　　⑥　戴震:《孟子字义疏证》,引自张岱年:《中国古典哲学概念范畴要论》,中国社会科学出版社 1989 年版,第 186—187 页。

情"，即陶养情感，完善审美的心理结构；所谓"养性"，即使包含知、情、意在内的整体心理结构得到全面、均衡的发展，得到合理而有效的整合。情，是知与意的中介，审美心理结构的完善，能避免智力结构与伦理结构的片面发展，使人不致流为工具理性的奴隶，成为冷酷无情的理智主义者，乃至堕落为智力犯罪的罪人；不致流为一味高蹈的道德主义者，乃至伪善的君子。而审美的超越性质，尤其可以使人忘怀于现实的利害得失，宠辱不惊，"以出世的精神，做入世的事业"①，并由此焕发大无畏的精神，勇猛精进，不断为人生开拓新的境界，做一个高尚的人。因此，我们认为审美教育的实质和目的就在于建构健康合理的心理结构，培养完整与自由的理想人格。

把握住美育的实质，其特殊性也就不难理解了。

首先，美育是自由自觉的过程。美育既以情动人，美育过程便不能有外在的强制，一切耳提面命、抽象说教的做法，都是多余的，有害的。因为你不能强迫任何人感动，也不能以说理代替感动。施教者固然可精心选择媒介，设计施教程序，但一进入审美的欣赏与创造，决定性的步骤只能是创设情境，诱发审美态度，使受教者主动去感受、鉴赏、创造。审美活动对于受教者来说，应该是兴致勃发，自由自在，不受任何外在干扰的。说到底，这是由审美活动的实质决定的。"通过自由去给予自由"②，是审美的基本法则。只有充分尊重受教者的个性自由，切实保证审美中感知、想象、情感、领悟等等心理功能和谐自由的活动，使美感始终不失其自由愉快的本色，美育才能发挥其"颐情养性"的功能。如山水游赏活动，受教者一旦受到宜人景物的感发，重峦叠翠，林木萧森，尽收眼底，流泉玲玲，好鸟和鸣，盈溢耳畔，就会如入圣境，陶醉其中。这时，一切外加的提示、解说都成蛇足，施教者最佳的态度是保持缄默，让受教者自己去接受大自然的赐予，感悟宇宙的奥秘。

其次，美育又是意识与无意识交互作用的过程。美育对于施受双方，都是自觉的、有意识地设定和参与的，但审美活动（感受、鉴赏与创造）予人情性的陶养，却如春风化雨，"随风潜入夜，润物细无声"③，往往是不知不觉、潜移默化地实现的。这是因为，审美具有"通过意识深入无意识"④的特点。从美的欣赏看，主要表现为美感心理的内化，即"内在图式"的建立。对于山水诗画的长期欣赏，能养成从山水风物美的形式发现诗情画意的独特眼光，即形成某种"图式"。它反过来引导人的山水

①　朱光潜《给青年的十二封信》附录：《悼夏孟刚》，《朱光潜全集》第 1 卷，安徽教育出版社 1987 年版，第 76 页。

②　席勒：《美育书简》，徐恒醇译，中国文联出版公司 1984 年版，第 145 页。

③　杜甫：《春夜喜雨》。

④　维戈茨基：《艺术心理学》，周新译，上海文艺出版社 1985 年版，第 342 页。

游赏,使人感到举目所见,无不"风景如画"。即便河畔溪边偶尔拾得怪石,也会在反复端详中发现其造型有如雕塑,其斑纹色彩有如图案、绘画,这便是"内在图式"在无意识之中发挥作用。从美的创造看,主要表现为操作从技能训练到无意识的熟练技巧的转化。熟能生巧,有意识的训练使人"习而成性",乃至达到"庖丁解牛"那种"以神遇不以目视"①的高度自由境界,它本身便能令人体验自由创造的莫大愉快。

最后,美育的心理效应是一种远期效应。审美能净化情感,唤起意志,增强毅力,建构人格,但并非一事一时、一朝一夕之功,而需日积月累,沉潜涵泳。它不像智育,可以用知识的定量定性分析检验效果,也不像德育,可以从受教者外在行为的改变与否见出成败,美育导致的情性变迁,是经历熏染、浸润而产生的内在心理能力的不断优化和心理结构的合理调整,渐而深,微而妙,体现出美育效应特有的沉潜性与长期性。因此,指望美育立竿见影,指望受教者通过一两次活动,一两次情感激动便发生人格的根本改变,是不现实的。特别是借美育以培育高尚的人生理想、超越的人生态度,更是需要从小抓起,贯穿人的整个一生。维戈茨基说得好:"艺术主要是组织我们未来的行为,是前进的方向,是一种要求,它也许永远不会实现但却迫使我们去追求生活表面以外的东西。"②戈氏此言,说的是艺术教育,但其基本精神,完全适用于整个美育。

13.2　美育与素质教育

20 世纪 90 年代以来我国的教育改革,把全面推行素质教育的使命,提到我们面前。这不单是对"应试教育"形成的种种弊端的纠偏反拨,而且还具有深远的战略意义。素质教育的总体目标是使受教者的个性得到全面发展,其潜能得到充分的发挥。这符合中国先哲关于"人尽其性"的理想,也符合马克思主义创始人对未来人类"联合体"③的展望。

美育是素质教育亟待强化的环节

从素质教育的目标反观教育现状,美育是最为触目的薄弱环节,亟待引起社会

---

① 《庄子·养生主》。
② 维戈茨基:《艺术心理学》,周新译,上海文艺出版社 1985 年版,第 337 页。
③ 马克思说:"我们设想社会的资本主义形式已被扬弃,社会已被组成一个自觉的和有计划的联合体……",《资本论》第 3 卷,《马克思恩格斯选集》第 2 卷,人民出版社 1995 年版,第 560 页。

各界的普遍重视,采取实际措施加以强化。

"应试教育"严重损害了教育的合理结构:以升学为唯一目的,一切围着考试转,导致学生课业负担奇重,德育、体育、美育的时间被大量挤占;智育本身,也因为盲目引进"标准化"考试,追求"唯一正确答案",使学生的学习过程变成机械式的死记硬背,严重地戕害了学生们在学习中的乐趣和创造性。美育因其远期效应而被视为"软任务",成了最大的受害者。在不少学校,不但艺术类课程不能正常开设,课外文娱活动不能正常开展,而且节假日也成了"补课日"、"作业日",美育几乎处在被取消的状态。"应试教育"造就了不少"高分低能"的书呆子。这些弊端引起了社会各界首先是教育界的深深忧虑。

教育主管部门已经采取种种行政手段遏制"应试教育",提倡素质教育。例如改编教材以减轻课业负担,改革考试内容与方法等等,但这些措施仍不足以从根本上纠正偏差。变"应试教育"为"素质教育",需要全体施教者,包括教育行政部门、教师和家长,实现教育观念的根本转变。学校教育,不仅要把学生培养成具有知识的人才,而且应该具有全面发展的独立个性,应该具备"完整的人"的全面素质和修养。在这个问题上,我们不应该忘记过去的教训。在 20 世纪 50—60 年代,我们曾按照"驯服工具"的模式去培养人,其结果限制了青年人的独立思考,许多人在十年动乱中充当政治斗争的盲目工具。而今,在市场经济和教育产业化的社会背景下,如果把学生仅仅看成"智力投资"的对象,把他们培养成一心挣钱的工具,那也会贻误一代又一代青年人,给国家民族的前途带来危害。

人,不应当沦为工具,不论是政治工具还是经济工具。个体人格——个性及其全面发展,应该受到普遍尊重。社会富裕程度的提高、财富的增长,应当和社会成员个性全面发展并辔而行。马克思在《经济学手稿(1857—1858 年)》中说得好:"事实上,如果抛掉狭隘的资产阶级形式,那么,财富岂不正是在普遍交换中造成的个人的需要、才能、享用、生产力等等的普遍性吗? 财富岂不正是人对自然力——既是通常所谓的'自然'力,又是人本身的自然力——统治的充分发展吗? 财富岂不正是人的创造天赋的绝对发挥吗? 这种发挥,除了先前的历史发展之外没有任何其他前提,而先前的历史发展使这种全面的发展,即不以旧有的尺度来衡量的人类全部力量的全面发展成为目的本身。在这里,人不是在某一种规定性上再生产自己,而是生产出他的全面性;不是力求停留在某种已经变成的东西上,而是处在变易的绝对运动之中。"①德智体美诸方面教育的实施,正是为了使人类"在变易的绝对运动之中"不

---

① 《马克思恩格斯全集》,第 46 卷(上册),人民出版社 1979 年版,第 486 页。

断地完善自己,从而"生产出他的全面性"。其中,美育的实施,不仅是不可或缺的一环,而且由于情感作为认识和意志的中介的特殊地位,由于作为情感教育的美育所特具的自由自觉、潜移默化的特点,还能成为提起全面教育的纽带,成为抵制"应试教育",消除其不良后果的解毒剂。

美育的直接职能是审美能力的培养,即提高审美的感受力、鉴赏力和创造力。审美感受力主要包括感知力和想象力,它的发展和提高,突出地表现为感性之中有理性、情感之中有判断的直觉体悟能力的形成和强化,它可以极大地帮助受教者从感性形式中直探其中的底蕴。这便能帮助智力结构的完善,使抽象的理性返回于感性,使知识不致成为枯燥的结论或僵硬的教条。审美鉴赏力的培养,能使受教者养成健康的审美趣味和高尚的审美理想,通过情感的升华和净化,对现实和艺术品的美丑作出公允判断。这种价值判断力的形成,能不断提升人的精神境界,树立审美的人生态度。这种态度无疑能使道德他律转化为道德自律,由心灵美化而善在其中。至于审美创造力的形成,那就更能增长人在实际操作中支配外部物质材料的才干和自由地将自己的想象、灵感转化为外在物态化形式的艺术才能,会丰富、提高智力的操作能力,即我们通常所说的"动手能力"。上述诸种能力的培养当然都是在审美感受获得愉悦的过程中实现的。而审美的愉悦能使人保持良好的心境,由心理的健康反过来滋养体魄的健康,那更是一目了然的。可见,美育以"颐情养性"为核心内容,可以使审美主体心灵得到陶冶,人格更趋完善,并且,促进人的智力开发,提高人的道德修养,有益于身心健康发展。

如果我们将素质教育,理解为人的全部心理结构的健全发育和协调发展,那么,美育这个在今天最显得薄弱、受"应试教育"冲击最大、损害最甚的环节,就理应加强、改进和不断发展。

美育与智育、德育、体育的互动关系

真、善、美是人类社会实践在漫长的历史中所创造的基本价值,三者互相区分又互相联结,共同统率着人类所积累的各种自然的、人文的、社会的知识体系。教育作为承传知识和价值观念、培养全面发展的新人的实践手段,便不能不在智育、德育和美育几方面同时并举,不容偏废。而体魄是智力、道德、审美能力的物质承担者,因而体质教育更是上述三育的基础环节。德、智、体、美四育,包涵了培养全面发展的新人所不可或缺的四个基本方面。

美育和智、德、体育的关系,是彼此渗透、相互促进的互动关系。即一方面,如上文所言,美育内在地潜藏着开发智力、增进道德和有益健康的因素,美育隐含智育、德育与体育的功能;另一方面,智、德、体育,又各自具有审美的成分,如能自觉地从美育的角度加以运用,美育便成为其余各育得力的辅翼,从而收到德、智、体、美相互促进、事半而功倍的效果。

德育,即道德教育,是明确善恶、规范行为、提倡优良道德的教育。道德的核心范畴是善。善的基本含义是人类在实践活动中所追求的有用的或有益于人类的功利价值,具体到人际关系范围来说,"善是一切符合道德目的、道德终极标准的伦理行为,也就是一切符合'增加社会和每个人的利益总量'的伦理行为,因而也就是增进社会和每个人利益的行为,也就是利他与利己的行为,说到底,也就是有利于人类的行为"①;恶则与此相反。道德是以善恶评价方式来评价和调节人的行为的规范手段和人类自我完善的一种社会价值形态。道德教育既包括需要强制遵守的行为规范的教育,还包括应该努力争取达到的优良品德的教育。实施德育当然可以利用典范事例来倡善惩恶,但其核心是让受教者确立明确的善恶原则,因而德育的基本教育手段是说理。如前所说,美离不开善,美以善为前提,善是美的灵魂,特别是在社会美领域表现更为明显;美又不等于善,美与善是两种不同的社会价值。美是或隐或显体现一定善的内涵的生活的感性形态,是令人动情、感到审美愉悦的生动的形象。美育的特点在于以生动具体的形象以及物态化的艺术意象来打动人,可以把比较抽象的善恶观念和道德原则寓于其中,使受教者首先受到情感上的感动和陶冶,于不知不觉中接受其中的道德观念。这就是以美引善。席勒说过:"要使感性的人成为理性的人,除了首先使他成为审美的人,没有其他途径。"②这话说得也许有些过分绝对了,但是,通过审美愉悦的途径潜移默化地实现道德教育,达到道德理性深入人心的效果,从而使受教者乐善好为,无疑是具有普遍性的行之有效的教育方法。孔子说:"知之者不如好之者,好之者不如乐之者。"③美育在动之以情中包含着晓之以理,寓教育于愉悦之中,使受教者性情得到陶冶,心灵得到塑造,从具体情景体验中领悟到生命的价值和人生的意义,唤起对于善恶、正义、应该的理解并落实于行动。美育对于受教者的影响作用往往是无形的、不知不觉的,所以才能使受教者心甘情愿地乐于行善,并在善行中进一步得到精神上的满足和愉悦。总之,实施美育,就是使人在对于美的追求中,明确善恶,振奋精神,使人热爱祖国,热爱生活,热

① 王海明:《新伦理学》,商务印书馆 2002 年版,第 246 页。
② 席勒:《美育书简》,徐恒醇译,中国文联出版公司 1984 年版,第 116 页。
③ 《论语·雍也》。

爱劳动，"归心"向善，从而乐于接受道德教育。

　　启示人们认识和掌握事物规律性的智育，是教育活动的基础环节。一个全面发展的人，必须具有丰富的科学知识和一定的劳动技巧。美育对于智育的实施，也有着不可忽略的独特作用。通过美育，能够以美导真。人们通过对于自然美、社会美、艺术美的欣赏，可以在愉悦精神的同时，了解历史，了解自然，了解社会，获得各种自然科学和社会科学的知识。同时，审美需要和审美修养可以推动人们的科学研究，这是为科学发展史上的许多事例所证明了的。由于美的事物在其外表感性形态之中包含着事物的内在规律，因而对于美的追求往往会引导人们对事物的客观规律的朦胧意识，修正自己的假说的谬误等等。世界著名科学家、相对论的发现者爱因斯坦，常常在头脑中进行设想性的"思想实验"①，许多科学家在评论中把爱因斯坦的研究方法称为在本质上是"美学的、直觉的"，认为与艺术家所用的方法具有某种共同性。爱因斯坦本人坦言："照亮我的道路，并且不断地给我新的勇气去愉快地正视生活的理想，是善、美和真。"②爱因斯坦深信大自然总是合乎规律的，而事物的美和大自然的和谐总是相一致的；因而一个更美的方案尽管目前条件下还不能证明它更合理，但却包含着一种潜在的规律性，因而能更深刻地反映着真。以美导真，吸引着科学家探索真理的奥秘，能够大大开拓人们的视野，充分调动人们学习、钻研的积极性。就是在日常学校教育中，运用以美导真的原则也会大大有利于调动学生学习的兴趣，更便于使学生认识和掌握事物的内在规律。例如在数学中通过公式、运算方程式所具有的对称、均衡等形式美特点，培养受教育的理性操作能力，启发他们认识和掌握运算规律。再如通过外出观光、远足旅行、美术写生、记观察日记以及参观博物馆、美术馆等等，培养学生的观察力、思考力和想象力，引导学生辨视事物的异同，发现特征，掌握变化，提高对于新生事物的热情和敏感等，从而引导他们掌握客观事物的规律，提高驾驭客观变化的能力。把美育和智育结合起来，就可以克服应试教育模式中那种割裂认知与情感、意志的做法，改变死记硬背的习惯，通过各种心理功能的协调运作，为创造性思维能力的发展开辟道路。

　　体育是以身体运动为手段，促进个体发育生长，增强体能、改善体质的教育。它偏重于感性的、生理的层面，却有着通向审美的诸多渠道。形体动作合乎既定规范，要求动作的均衡、协调，有如舞蹈；运动过程的流畅、优美，体现为快慢、强弱、高下的

---

　　①　"思想实验"(Eine Gedankenexperimot)，按照爱因斯坦的解释，在这种实验中，只对情况加以设想，并设法根据已知实验的结果来推断可能发生的事情。参看[美]乔治·伽莫夫：《物理学发展史》第六章"相对论的革命"，商务印书馆1981年版，第167页。

　　②　引自徐纪敏：《科学美学思想史》，湖南人民出版社1987年版，第618页。

节奏美,有如音乐。像艺术体操、中国武术等项目,不仅要求运动员具有良好的体能和出神入化的技巧,而且它本身也是人体动态美的自由创造,成为人们直接观赏的对象。一些大型团体运动项目,如篮球、排球、足球的竞技对抗,要求成员间动作的巧妙配合,更令人体验到激烈对抗中的群体和谐。这些审美因素虽不能等同于舞蹈、音乐的艺术活动,但要求体育运动参加者有必要的形式感、和谐感。如果我们通过美育,使受教育者有敏锐的对于形式美的感受能力,他们便会在体育运动中主动体验到审美的愉快。他们遵循既定规范完成形体动作,就能化被动为主动,求得形式美(含节奏美)与动作精确性的高度一致,体育成为健身与审美兼备的活动。这样的活动,人们常冠上"健美"的字样,活动的成果,是培养出具有良好体能与技巧,具有发达的肌肉和匀称、健美的体格,同时也焕发出朝气蓬勃的青春活力。

13.3　美育的实施

实施美育的三大途径

实施美育,不是某一部门的专职,而是整个社会的任务。过去人们一般较多地注意在学校里实施美育,其实这种看法是很不够的。我国近代教育家蔡元培提出,美育实施途径包括三大方面:一是家庭美育,二是学校美育,三是社会美育。就家庭美育来说,他提出要建立公共的胎教院和育婴院,这是美育的起点,让孕妇和儿童能生活在由自然美和艺术美构成的环境之中,用和谐幽雅的品格影响孕妇和儿童的心灵。就学校美育来说,他认为:"凡是学校所有的课程,都没有与美育无关的"①。他要求在学校中以各种美育的形式进行教育和学术活动,使学生能在学习专业知识中受到一定的美的熏陶;同时又在美育中学到某些知识。学校的一切建筑、陈列品,都要符合美育的条件。就社会美育来说,他认为要建立美育的机关,如美术馆、博物馆、植物园等,又要美化人类生活环境,使人们时时刻刻都能接触到美,处处得到美的教育。今天,我们所处的社会条件已和蔡元培当年不可同日而语,更应充分利用社会主义社会的优越性,更有效地多途径实施美育。

学校美育毫无疑问是实施美育的一个主要途径。在普及教育的中小学阶段,音乐、美术、语文等是直接与美育相关的,其他如地理课结合介绍祖国大好河山以唤起学生对祖国、对大自然的热爱,历史课中结合介绍历史人物的事迹以吸引和启发学

---

① 《美育实施的方法》,《蔡元培全集》第4卷,中华书局1984年版,第213页。

生的爱国主义情感等,对于进行美育来说,也是不可缺少的。就是属于自然科学的各门功课,也不是与美育无关的。在完整地反映客观规律基础上建立起来的科学表述方式和实践操作方式,例如数学方程式、几何图形,化学结晶式、分子式,天体模型及原子模型等等,较普遍地具有对称、均衡、秩序、多样的统一等形式美的特点。对于一个具有美学造诣同时又富有教育经验的教师来说,他完全可以在这些课程的教学中,既注重课程内容的科学性,又注意到表达、操作方式上的美的因素,从而借助美的规律引发学生的学习兴趣,加深对科学知识的掌握。像教师的仪表、教态、语言、板书等,都会直接影响美育的实施。在高等学校的专业教学中,美育也不应该被忽视。实践表明,越是高深的学问,越是深刻的反映着客观世界的内在规律,就越是与美的要求相契合。从根本上说,热爱科学、热爱生活同追求美是一致的,因此,提高审美修养,树立健康的审美观点,无论对于从事什么专业的人来说,都是培养自己成为全面发展的专业人才所不可缺少的方面,而决不是什么额外的负担。

家庭作为社会的细胞,是人们生活中的一个重要场所。家庭的格调、气氛,必然影响着每个家庭成员的情绪、思想、作风、性格,家庭成员共同的生活习惯、爱好,还能使青少年的心理倾向趋向于定型化。应该说,家庭也是进行美育的一个重要场所。父母是孩子的启蒙教师,他们的一言一行对于儿童的身心健康,有着直接的影响,因此,父母要格外重视对子女的美的教育。此外,家庭环境的清洁、美化,生活秩序的有条不紊,家庭成员间的互相关心,形成尊老爱幼、和睦相处、团结向上的良好气氛,会使人养成高尚的审美情趣,并自觉地抵制不健康的生活趣味。有些人总觉得家庭里讲究美一定要花许多钱。其实,美同讲排场、阔绰甚至奢侈显然是两回事,而节俭、朴素、整洁却一向是劳动人民的美德。室内陈设简朴实用,做到窗明几净,摆设得疏密有致,色彩调和,赏心悦目,就有利于人情绪安定,并陶冶人们爱清洁、讲秩序、重效率的作风。有些家庭不重视家庭美育,甚至残存着剥削阶级大家庭中那种勾心斗角、尔虞我诈、欺侮弱小等坏风气;在室内陈设上追求阔绰虚荣,或者浸润着俗不可耐的铜臭气,或者杂乱无章、尘封秽积,都是极不利于青少年的健康成长的。我们要建设社会主义精神文明,就必须注意以健康的审美观点、高尚的审美情趣,去不断浇灌家庭美育这块园地。

在人的一生中,更为广泛、更为普遍地影响人的审美意识的,当推社会美育。影剧院、展览馆、博物馆,名胜古迹,以及自然风景区都是人们喜爱去的美育场所;参加美术展览会、音乐会、节日庆典的仪式,英模事迹报告会,阅读文艺书刊,观赏戏剧演出,这也是人们乐于进行的美育活动。城乡环境的绿化,城镇市容的布局,车站码头的格式,也能不断地陶冶着人们的审美情趣。可以说人们一刻不能脱离的社会,无时无刻不在对人们进行着美育。因此,自觉地利用各种社会设施、社会活动和社会生活的环境,有目的地对人们进行美的教育,就能极大地开拓美育活动的天地。以往人们往往只重视艺术教育而忽视其它,以致把美育的内容局限在一个狭小的圈子里,显然是不够妥当的。要想真正把整个社会和生活环境统统变成进行美育的场所,就必须充分利用自然美、社会美和艺术美等领域中各种各样丰富多彩的审美对象。

实施美育的主要领域

哪里有美,哪里就是美育的舞台。美的存在领域也就是美育的实施场所,包括自然美、社会美和艺术美三大类。

自从人类开始用审美的眼光看待世界以来,大自然就成为人们的审美对象。人们通过劳动实践改造自然界的同时,便和自然界建立了亲和关系,也从自然风物的变化中直观到了人自身的力量。周围环境中的山山水水、草木虫鱼,都成为对人有情有义的对象物,人们从中发现、追寻、欣赏自然美,放松身心,寄托情意,因而自然物随之成为人的精神世界的组成部分,成为人格的返照。欣赏自然美不仅是慰情的手段,更可以激发对自然山川风物的喜爱。这种爱,通向道德,就转为对故国家园的热爱;通向人生感悟,就能养成善待自然、爱护环境的博大的天人合一的宇宙情怀。中华民族的先人们很早就把自然山水当作颐情养性的重要场所,追求"与天地并生,与万物为一"的人生最高境界,并以此作为人格力量的重要支撑,今天,这一传统观念适应生态平衡、科学发展新思想的需要,必将进一步放射出新的光辉。

社会美和人类社会实践有着直接联系。社会实践主体的美,体现为人们生活行为中的形体美和人格美;社会实践过程的美,体现为劳动美、技术美以及环境美;社会实践成果的美,体现为劳动产品的质料美、造型美和装饰美。上述社会美的各个领域,都可以成为人们欣赏的对象,成为实施美育的领域。这里的关键性条件在于,人们必须意识到它们是审美对象,彼此之间真正构成审美关系,才能发挥其美育作用。只要我们考察一下现实生活中周围的人们就不难发现,除了普遍关注身材、相貌、衣着、风度等外在美之外,其余的社会美对象在日常生活中往往是人们习以为常、熟视无睹的,是并未进入审美关系的对象。因此,借助社会美进行美育,首先就是要提醒人们关注社会生活现象的美的意蕴,以审美的眼光来看待和审视这些对象,使之真正进入审美关系,才能获得审美愉悦和审美评价。借助社会美进行美育,应以人自身的美为重心。人的形体美,特别是人格美必须通过人的社会实践行为,才能得到充分的显现；而人的社会实践行为只有既遵循规范又发自内心，诚恳得体，恰如其分，而不是虚与委蛇、矫揉造作，才能充分体现人的形体美、人格美。因此，对于处于社会实践活动中的活生生的受教育者来说，树立怎样的美的理想，追求怎样的人生价值，才是重心中的重心、关键中的关键。我们认为，人类历史上那些选择自觉地为社会、为人类的利益而贡献自己的一切的人，那些选定了自己的理想目标和人生道路而不懈努力的人，才是具有美的自由人格理想的人，才真正是马斯洛所谓的"自我实现的人"。这样的人自觉地肩负着对于社会、对于人类的崇高的责任感，不断地提高自己、充实自己、完善自己，将道德的外在规范化为持久的道德情操，将道德他律化为"从心所欲不逾矩"①的道德自律。这样的人格理想，将会扩展人的胸襟和眼光，引导人无怨无忧，光风霁月，俯仰无愧地度过自己的一生。

　　艺术美，作为艺术作品所呈现的美，在美育中占有重要的位置。艺术美是艺术家根据自己的审美理想在反映现实的基础上创造出来的。它可以使分散的现实美得到集中，使瞬息万变、稍纵即逝的现实美得到恒久的保存，使美、丑混杂的事物中的美得到提炼和净化，还可以通过对于丑的揭露来衬托美。艺术美可以而且应该比现实美更细致、更典型、更集中、更强烈，从而对于人们具有巨大的感染力。因此，应当创造各种条件，引导人们经常步入艺术世界，进行各种各样的艺术创作、艺术表演和艺术欣赏。在这里，选择第一流的经典性作品作教育媒介，养成纯正的审美趣味和精到的鉴赏力，具有决定性意义。经典艺术作品经历过无数世代的筛选和考验，具有永恒的魅力，理应作为首选。一个深受经典艺术熏陶的人，便有足够敏锐的洞察力，可以在现代良莠杂呈的艺术中，区别美丑、好坏，也会有健全的免疫力。高尚的趣味和高明的鉴赏力，能大大地开阔人们的眼界，启迪人们认识自己历史地形成的创造才能，使人们更为深刻地鉴别出现实生活中的美与丑。

实施美育必须适应受教者的年龄特征

　　由于受教者个体心理有一个明显的成长发展过程，各个年龄段各有不同的心理特点和审美要求，因此实施美育必须适应受教者的年龄特征。个体心理的发育成长，一般须经历幼儿期（7 岁以前）、少年期（7—13 岁）、青年初期（13—18 岁）三个年龄段。每个年龄段，个体审美心理的发展，也各具特征。美育的实施，需要从这些特征出发来精心规划，在媒介的选择、程序的设定、效应的预期上，都因势利导，循序渐

① 《论语·为政》。

进,美育的效果就会事半而功倍。

幼儿期可视为动态美感期。如果说婴儿主要是借助动作感受和认识世界,处于"动作思维"时期,那么,幼儿虽已开始形成内部语言和意识思考能力,但刚从"动作思维"状态摆脱出来,"仍然处于行动和操作的境地"①。表现在审美方面,幼儿美感也以动态为主,兴趣和注意力都极易转移,喜爱参与活动,并在活动中体验愉快和满足。"泛灵论"倾向是幼儿美感心理的又一特点,"儿童时期的泛灵论,乃是把事物视为有生命和有意向的东西的一种倾向。""把死板的物体生命化而把心灵世界物质化"②。内在主观世界与外界物质宇宙混沌一片,尚未完全分化。"泛灵论"滋养着幼儿非凡的想象力,会对童话、寓言、儿歌中呈现的幻化世界,信以为真。上述两种心理特征的交互融会便为儿童游戏提供了必要机制。游戏是幼儿的"主导活动"。作为克服主观世界与客观世界脱节的补偿手段,游戏以动态方式,虚拟一个接近成人生活的设定情境,并在这一情境的活动中得到满足。从最初的摹仿游戏(例如"摆家家")到联合游戏(扮演不同角色参与约定的共同活动),再到集体协作游戏,其社会化程度逐步增强,但从中体验到的"幻想的满足",并未削弱。这是一种"准审美活动",它具有审美陶冶情性的基本功能,又能普遍渗入到智育、德育、体育中去,在玩中学,学玩结合,是整个幼儿教育的基本特色。忘记幼儿美感以动态为主、缺乏静观能力的这一特点,搬用成人静观欣赏的模式去从事幼儿美育,决不会收到预期效果。

少年期是审美静观能力的形成期。这一时期内部语言的长足发展,使个体开始反省思考,抽象思维,客观世界的朦胧感与神秘感日渐破除,导致主客观的分化,"现实与梦境的分离"。与此相适应,时空观念逐渐成熟,感知表象不但得到丰富的贮藏,而且可以悬于心目,作内在的返观与品味。于是,少年们便能以冷静的直观,将流转不已、瞬息万变的外部现象,纳入一定形式,形成审美意象,从而,标志着静观欣赏态度的确立。对于个体审美心理发展而言,这是一个重要转变。从此,可以给他们安排系列性的艺术活动,通过由浅入深、由易到难地欣赏典范的绘画、音乐、文学作品,把他们引入艺术之门;可以更广泛地组织参观、游览,利用其好奇感和新鲜感,有意识增强其形象记忆与情绪记忆,为尝试独立的自觉的审美创造活动作准备。

青年初期是审美个性确立期。以少年男女的性成熟为标志,在个体气质、性格、智力、意志、情感、兴趣等方面,都出现迅速分化、稳定发展的态势,上述各项重要心

---

① 皮亚杰:《儿童的心理发展》,见傅统先译:《心理学研究文选》,山东教育出版社1982年版,第50页。

② 同上书,第46、47页。

理指标的自我评价和期望评价习惯,也开始树立,个体独立的个性风貌逐渐形成。在审美心理方面,有几个不容忽视的显著特征:一是审美的自主选择力大大增强,表现出急于摆脱长辈左右的独立性;二是开始树立人生理想,经常不由自主地陷入对宇宙人生的价值沉思,成为以审美理想引导其全部审美活动乃至全部人生的绝好时机;三是美感内容逐步深化,美感的经验内容开始和人生体验以及历史感、人世沧桑感结合一起,个体不但善于欣赏优美的对象,而且乐于欣赏崇高的对象和悲剧。最后,审美创造在这一阶段的显著特点是个体展现出创造"特长"的现象。特别是那些显露早期(有的甚至在幼年期)才华的孩子,这时会更加沉醉于所喜爱的审美创造的某些领域,这时,他们需要得到鼓励和呵护,也需要正确引导,务使不致荒废课业,不致干扰全面发展的正常进程。

我们的描述和理解尽管显得粗疏,但也足以证明,审美心理在各个年龄阶段的区别是明显的,其特殊性是不容忽视的。如果施教者在这方面能细心体察,据以及时调整自己实施美育的步骤、方法,那就能不失时机地帮助受教者,在审美心理上顺利发展,适时地成熟起来。

自我美育——美育的自觉形式

自我美育,又称审美的自我修养,指个体既是施教者也是受教者,在审美方面自己向自己施教。这首先是对施教者的要求,不论是教师、家长,一切有可能实施美育的主管部门的负责人和当事人,都应该通过自我教育具备必要的审美素养。同时,这也是审美教育的必要延伸和合理归趋。一切美育受教者,他在审美心理上成熟的表现,就是能在审美活动中表现出自己教育自己,自己陶冶自己的高度自觉性。

美育自身的特性,十分有利于受教形式向自觉形式过渡。"通过自由给予自由"这一审美基本法则,不但体现为审美中感受、判断和创造的自由,而且体现为审美体验的自主性。审美心理结构的完善,实际上是建立起对情感的自我省察、自我评价系统。在日常生活中,由于认识活动、实用活动要受种种现实条件、现实关系的制约,人们在生活中体验到的喜怒哀乐都匆匆一过,常常时过境迁、即行淡忘,来不及细行反顾。只有审美,只有在人们暂时超脱现实利害和现实时空种种限制的状态下,才能够对情感作从容体验和沉静回想,不但体验到不同情感的不同调质,而且自行评价不同情感的价值意义,分清病态与健康,卑俗与高尚,丑与美。这种情感自我评价系统一旦在内心建立起来,自我美育的能力,也就基本具备了。

自我美育的实施,一般说来,除了已经脱离学校教育的集体环境因而社会美育的重要性更为突出之外,与"他育"并无太大变化。但由于自我美育主要是对成年人的要求,因此其实施也有着与"他育"的诸般不同。成人在家庭生活、工作岗位的环境中,都有很多充当美育施教者的机会。施教者跟受教者应当同时活动,同受教育,并且力求在自己身上,取得最佳效果。成人的自我美育还可通过本职工作来实现。任何一项劳动生产、服务性工作,都或多或少存在审美因素,都这样那样通向实践过程中人的美、劳动美和技术美,都可能和产品的美打交道。发现其中的美,自觉从事其中美的创造,本身便是有效的自我美育。此外,节假日、双休日的生活安排,自觉地选择、参与健康有益的审美活动,如观看影剧、观摩展览、举家出游等等,更是自我美育的绝好手段。为了提高自我美育的能力,学习美学理论和应用美学知识以求得理论自觉,必不可少。健全的理论观点,可以使健康、高尚的审美趣味、审美理想得到支持而不断提升,足以指导人们自觉总结美育实践的经验,取得更佳的效果。

美育的终极目的,是审美式人生态度的形成,全面发展的个性的确立。这一目的的实现,严格说来,只有当美育取得自觉形式即进入自我美育阶段才有可能。这一目的的实现,不是一次性的,而是贯穿整个人生的持久过程。漫漫的人生旅途,有风和日丽的春景,也有凄风苦雨,乃至彻骨严寒的冬日,有坎坷、有曲折,有顺境、有逆境。在顺境中谈论美、创造美似乎不难,在逆境中保持审美心境,不能不是对审美趣味和审美理想的考验。而一个人,只要在任何处境中都坚持对美尤其是人格美的追求,以超越现实利害的态度对待人生,即使身处逆境,他也会从理想境界获取从精神上征服逆境的力量,无怨无悔地坚守自己的人格理想,实现人生的价值。

复习思考题

1. 怎样理解美育与人类社会实践的关系?
2. 怎样理解美育的实质?
3. 美育的特殊性在哪里?
4. 如何正确理解美育和智育、德育、体育的关系?
5. 实施美育的途径主要是什么?
6. 自我美育的重要意义何在?

初 版 本 后 记

为了适应高等学校美学教学的迫切需要,我们编写了这本《美学基本原理》。参加编写的院校和教师是:华东师范大学楼昔勇;上海师范大学刘叔成、凌珑;南京师范大学王长俊、王臻中;安徽师范大学汪裕雄;山东师范大学夏之放。编写过程的组织工作和定稿工作,由刘叔成、夏之放、楼昔勇三人负责。

编写工作的第一阶段,写出了全书的详细提纲,并以《美学纲要》之名内部发行,一面权充教材以应急需,一面借此向美学界的同志们广泛征求意见。现在这本《美学基本原理》,就是在《美学纲要》的基础上修订、充实而成的。

在整个编写过程中,我们得到不少美学界前辈和同行的热情鼓励和支持。上海美学研究会专门召开会议,对我们编写的"纲要"进行认真的讨论,提出许多修改意见。华东师范大学教授冯契同志,一直关心我们的工作,这次,又专门为本书撰写了序言。上海人民出版社的朱一智同志,始终与我们保持密切的联系,经常参加我们的活动,发表过许多很好的意见,为本书的编写和出版做了不少工作。还有更多的同志,他们在来信中,在各种会议上,都给了我们许多鼓励、鞭策和批评。在此,我们向曾经关心和帮助过我们的前辈和同志们,表示衷心的感谢。

我们编写组的同志,都是文艺理论教师,从事美学教学的时间不长。为了克服编写工作中遇到的困难,提高教材的质量,我们相互学习、相互磋商、相互鼓励。这本《美学基本原理》,就是我们团结、友谊的结晶。然而,限于我们的水平,书中会有不少缺点或错误,对此,我们仍恳切地希望得到美学界的前辈、同行和广大读者的批评指正。

《美学基本原理》编写组

1984 年 3 月 29 日

修 订 本 后 记

《美学基本原理》修订本又与读者见面了,我们想借此机会再说几句话。

记得还在 1984 年夏天,当我们在校阅初版本的清样时,心里不免有些惶然,因为我们不知道这本粗浅的著作,究竟会在持续发展的"美学热"中发挥怎样的作用。没有想到,该书出版后却得到国内专家、同行和广大读者的鼓励和支持。他们中有的写信,有的面谈,有的发表文章,热情鼓励我们,肯定我们的长处,指出我们的不足,很多高校还把它作为教材使用。这一切不仅使我们深深感到今天从事学术工作的良好环境,也使我们萌发起把该书再次进行修订的念头。

今年一月份,国家教委把该书的修订工作,正式列入"七五"高校文科教材建设规划,并委托华东师范大学邀集国内有关专家、教师,召开了《美学基本原理》修订讨论会,为我们编写组提供了一次很好的求教机会。参加这次会议的有:复旦大学蒋孔阳教授、邱明正副教授;山东大学周来祥教授;杭州大学朱克玲副教授;安徽大学杨忻葆副教授;湘潭大学潘泽宏副教授;西藏民族学院于乃昌副教授;上海社会科学院美学研究室蒋冰海主任、林同华副研究员;上海教育学院孙楚荣老师;上海人民出版社副总编辑黄行发同志、哲学编辑室主任朱一智同志;上海师范大学吴世常副教授;华东师范大学冯契教授、徐中玉教授、齐森华教授、黄世瑜副教授、刘辉扬副教授、夏中义讲师等。与会同志都以极其热情坦率的态度,为我们释疑解难,出谋划策,发表了许多指导性的意见。这次修订工作,正是在有关方面的关怀下,在专家和老师们的指点下进行的。在这里,我们向参加会议的同志,向长期关心、鼓励和支持我们的前辈、同行和广大读者表示真挚的谢意。

　　这次修改主要体现在以下几个方面：一是调整了某些章节。二是删改和充实了部分内容。三是文字上作了较多的变动。四是增加了思考题和阅读书目。修改中，尽管我们总是力求能吸收当前的研究成果，使之更加科学化，更加符合教学要求，但不足之处肯定还会很多，我们仍然殷切地希望得到前辈、同行和广大读者的批评、指正。

作　者

1986 年 12 月 3 日

三 版 本 后 记

　　《美学基本原理》自 1987 年修订出版以来,尽管出版界学术理论著作的出版不甚景气,但拙著居然还能连续印刷 20 多次,印数达 40 万册以上。对此,我们深深感到,这既是广大读者对我们的热情鼓励,又是一种有力鞭策,我们只能以实际行动来报答大家的青睐。

　　为了适应我国美学研究的形势和促进美学教学的发展,最近,我们又对该书作了一次较大的修订,在原来框架的基础上,对各个章节进行了适当的增删、调整,乃至重写。在修订中,我们总是希望能把这一工作尽量做得更好一些,但不足之处肯定还会很多,我们仍然希望美学界的同行和广大读者,还是能像以往一样,对我们继续进行帮助、批评和指正。

《美学基本原理》编写组

2001 年 4 月 12 日

第 四 版 后 记

　　《美学基本原理》自初版问世以来,特别是被正式列为全国"高等学校教材"以来,就被国内不少兄弟院校选为基本教材,并被确定为报考文艺学、艺术学、美学、文学艺术类教学论等专业研究生的指定参考书,因此得以连年重印。截止到 2009 年 2 月,已累计印刷 41 次,累计印数 615 500 册。这使我们既感到高兴又难免感到责任重大而内心惴惴。

　　世纪之交的十余年里,虽说"美学热"已经退潮,但美学类著作的出版一直呈现繁荣局面。全国同类教材以及以美学原理命名的学术著作已经出版了几十种,"百花齐放,百家争鸣"的大好局面已经形成,有些美学专著以采用新视角、突破成说为特色,完全展现出了新的面貌。相比之下,《美学基本原理》算是出版较早、坚持时间较长的一种。上海人民出版社对于本书仍将继续连年重印充满信心,与我们商议再一次修订之后新出第四版。这次修订尽量吸收国内外相关学术研究领域的新成果、新观点,也包括对某些新观点进行评述并提出了我们的商榷性意见,有些章节进行了较大的调整甚至重写;对全书的文字表达进行了一次锤炼和润色;校改经典著作引文,凡是人民出版社 1995 年新版《马克思恩格斯选集》中有了新的译文的,一律改用新译文;书中其他相关引文也重新校对,对于国外学术著作尽量采用新版本中的新译文。应该申明的是,本书的理论体系和整体章节框架构成了本书的基本特色,我们仍然坚持基本不动。

　　最后,谨向多年来关心支持本书的学界同仁、广大读者、青年学生表示感谢,并望继续给我们以批评指正。

《美学基本原理》编写组

2009 年 11 月 10 日

主要参考书目

马克思:《1844 年经济学哲学手稿》

马克思:《关于费尔巴哈的提纲》

马克思:《资本论》第 1 卷

恩格斯:《自然辩证法》

恩格斯:《反杜林论》

马克思、恩格斯:《德意志意识形态》

《马克思恩格斯选集》

列　宁:《哲学笔记》

毛泽东:《在延安文艺座谈会上的讲话》

普列汉诺夫:《没有地址的信》

普列汉诺夫:《艺术与社会生活》

《马克思恩格斯论文学与艺术》

《列宁论文学与艺术》

《毛泽东论文学与艺术》

王朝闻主编:《美学概论》

马奇主编:《西方美学史资料选编》

北京大学哲学系美学教研室编:《西方美学家论美和美感》

北京大学哲学系美学教研室编:《中国美学史资料选编》

鲍桑葵:《美学史》

吉尔伯特、库恩:《美学史》

朱光潜:《西方美学史》

蒋孔阳:《德国古典美学》

朱立元主编:《西方近代美学史》

朱　狄:《当代西方美学》

李泽厚、刘纲纪主编:《中国美学史》

叶　朗:《中国美学史大纲》

色诺芬:《回忆苏格拉底》

柏拉图:《文艺对话集》

亚里士多德:《诗学》

婆罗多牟尼:《舞论》

贺拉斯:《诗艺》

朗吉努斯:《论崇高》

奥古斯丁:《忏悔录》

《芬奇论绘画》

德锡尼:《为诗辩护》

布瓦洛:《诗的艺术》

维　柯:《新科学》

荷迦兹:《美的分析》

《狄德罗美学论文选》

鲍姆加登:《美学》

莱　辛:《拉奥孔》

莱　辛:《汉堡剧评》

康　德:《判断力批判》

康　德:《论美感和崇高感》

爱克曼辑录:《歌德谈话录》

席　勒:《美育书简》

休　谟:《人性论》

黑格尔:《美学》

费尔巴哈:《基督教的本质》

雨　果:《论文学》

丹　纳:《艺术哲学》

叔本华:《作为意志和表象的世界》

《别林斯基选集》

《车尔尼雪夫斯基选集》

车尔尼雪夫斯基:《艺术与现实的美学关系》

《杜布罗留波夫选集》

托尔斯泰:《艺术论》

尼　采:《悲剧的诞生》

柏格森:《形而上学引论》

立普斯:《论移情作用》

布　洛:《作为艺术因素与审美原则的"心理距离说"》

《罗丹艺术论》

格罗塞:《艺术的起源》

桑塔耶纳:《美感》

克罗齐:《美学原理》

帕　克:《美学原理》

卢卡契:《审美特性》

阿恩海姆:《艺术与视知觉》

门　罗:《走向科学的美学》

克莱夫·贝尔:《艺术》

苏珊·朗格:《情感与形式》

苏珊·朗格:《艺术问题》

《弗洛伊德论美文选》

容　格:《心理学与文学》

卡西尔:《人论》

《俄国形式主义文论选》

马斯洛:《自我实现的人》

马利坦:《艺术与诗中的创造性直觉》

李斯托威尔:《近代美学史述评》

波斯彼洛夫:《论美和艺术》

鲍列夫:《美学》

卡　冈:《美学和系统方法》

斯托洛维奇:《审美价值的本质》

万斯洛夫:《美的问题》

康定斯基:《论艺术的精神》

杜夫海纳主编:《美学文艺学方法论》

杜夫海纳:《美学与哲学》

李普曼:《当代美学》

霍尔等:《弗洛伊德心理学与西方文学》

阿多诺:《美学理论》

马尔库塞:《爱欲与文明》

海德格尔:《存在与时间》

海德格尔:《关于人道主义的书信》

巴赫金:《审美活动中的作者与主人公》

巴赫金:《陀思妥耶夫斯基诗学问题》

《老子》

《庄子》

《乐记》

嵇　康:《声无哀乐论》

陆　机:《文赋》

卫夫人:《笔阵图》

王羲之:《题笔阵图后》

顾恺之:《论画》

宗　炳:《画山水序》

王　微:《叙画》

谢　赫:《古画品录》

刘　勰:《文心雕龙》

钟　嵘:《诗品》

刘昼(刘勰?):《刘子》

虞世南:《笔髓论》

孙过庭:《书谱》

张怀瓘:《书断》

王　维:《山水诀》

王　维:《山水论》

杜　甫:《戏为六绝句》

皎　然:《诗式》

白居易:《与元九书》

张彦远:《历代名画记》

司空图:《诗品二十四则》

荆　浩:《笔法记》

郭　熙:《林泉高致》

郭若虚:《图画见闻志》

苏　轼:《东坡题跋》

张　戒:《岁寒堂诗话》

姜　夔:《白石道人诗说》

严　羽:《沧浪诗话》

王若虚:《滹南诗话》

元好问:《论诗三十首》

王　履:《华山图序》

谢　榛:《四溟诗话》

王世贞:《艺苑卮言》

李　贽:《童心说》

李　贽:《杂说》

胡应麟:《诗薮》

董其昌:《画禅室随笔》

王骥德:《曲律》

徐上瀛:《溪山琴况》

李　渔:《闲情偶寄》

王夫之:《姜斋诗话》

叶　燮:《原诗》

石　涛:《石涛话语录》

郑　燮:《题画》

袁　枚:《随园诗话》

刘熙载:《艺概》

梁启超:《饮冰室诗话》

王国维:《人间词话》

王国维:《红楼梦评论》

蔡元培:《以美育代宗教说》

朱光潜:《朱光潜美学文集》

宗白华:《美学散步》

宗白华:《艺境》

钱锺书:《谈艺录》

钱锺书:《管锥编》

蔡　仪:《新美学》

蔡仪主编:《美学原理》

蔡　仪:《探讨集》

李泽厚:《美学论集》

李泽厚:《美学三书》

《伍蠡甫艺术美学文集》

王朝闻:《一以当十》

吕　荧:《美学书怀》

高尔太:《美是自由的象征》

蒋孔阳:《美学新论》

刘纲纪:《艺术哲学》

徐复观:《中国艺术精神》

姚一苇:《审美范畴论》

张世英:《进入澄明之境》

张世英:《哲学导论》

图书在版编目(CIP)数据

美学基本原理/刘叔成等著.—4 版.—上海：上海人民
出版社,2010
ISBN 978 - 7 - 208 - 09133 - 7

Ⅰ.①美… Ⅱ.①刘… Ⅲ.①美学理论 Ⅳ.①B83

中国版本图书馆 CIP 数据核字(2010)第 030082 号

责任编辑 任俊萍
封面装帧 王小阳

美学基本原理（第四版）

刘叔成 夏之放 楼昔勇 等著

出 版	上海人民出版社	
	(200001 上海福建中路 193 号)	
发 行	上海人民出版社发行中心	
印 刷	常熟市新骅印刷有限公司	
开 本	720×1000 1/16	
印 张	23.5	
插 页	4	
字 数	413,000	
版 次	2010 年 7 月第 4 版	
印 次	2018 年 9 月第 7 次印刷	

ISBN 978 - 7 - 208 - 09133 - 7/B · 803
定 价 68.00 元